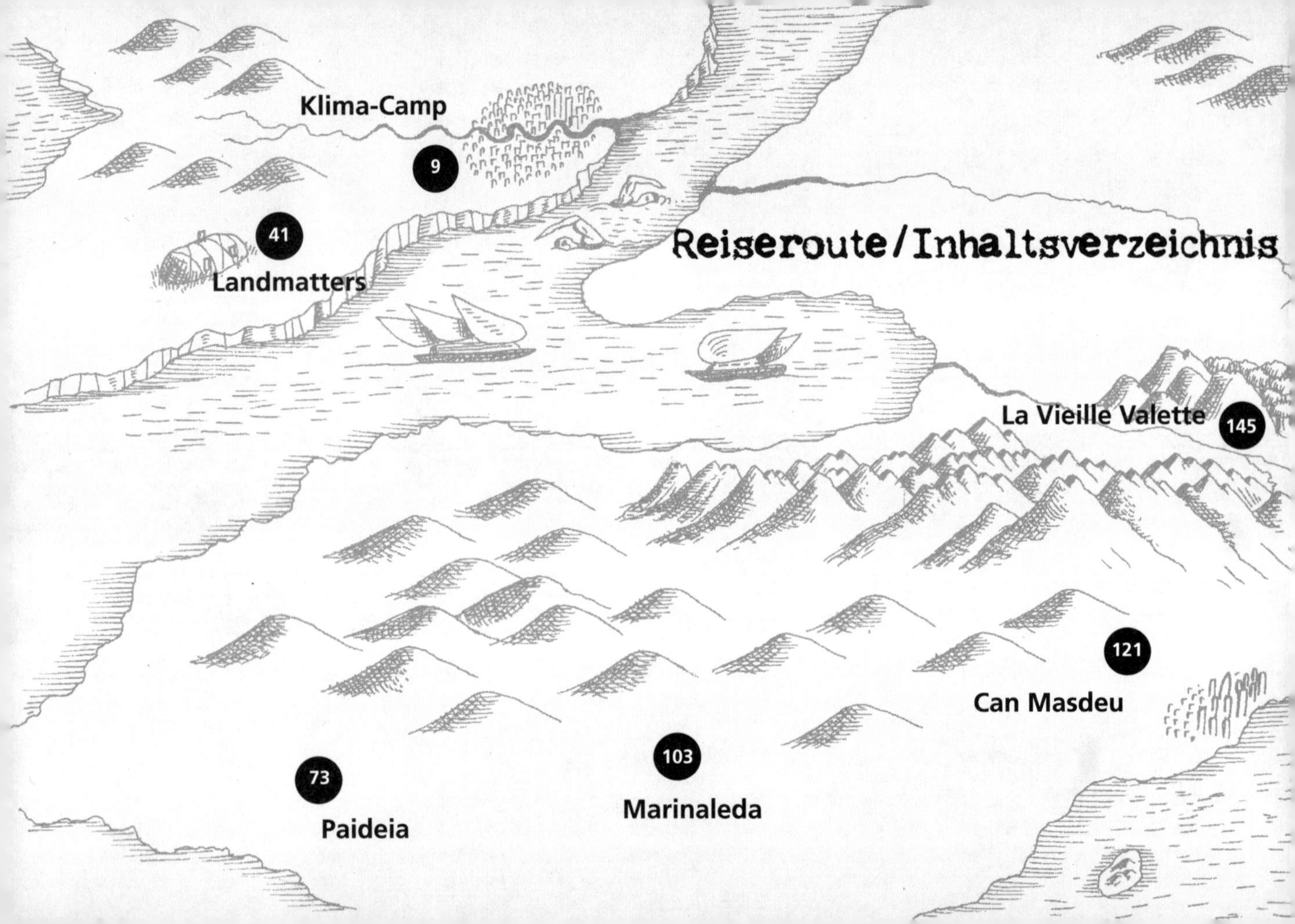
Reiseroute/Inhaltsverzeichnis
Klima-Camp
9
41
Landmatters
La Vieille Valette
145
121
Can Masdeu
103
73
Marinaleda
Paideia

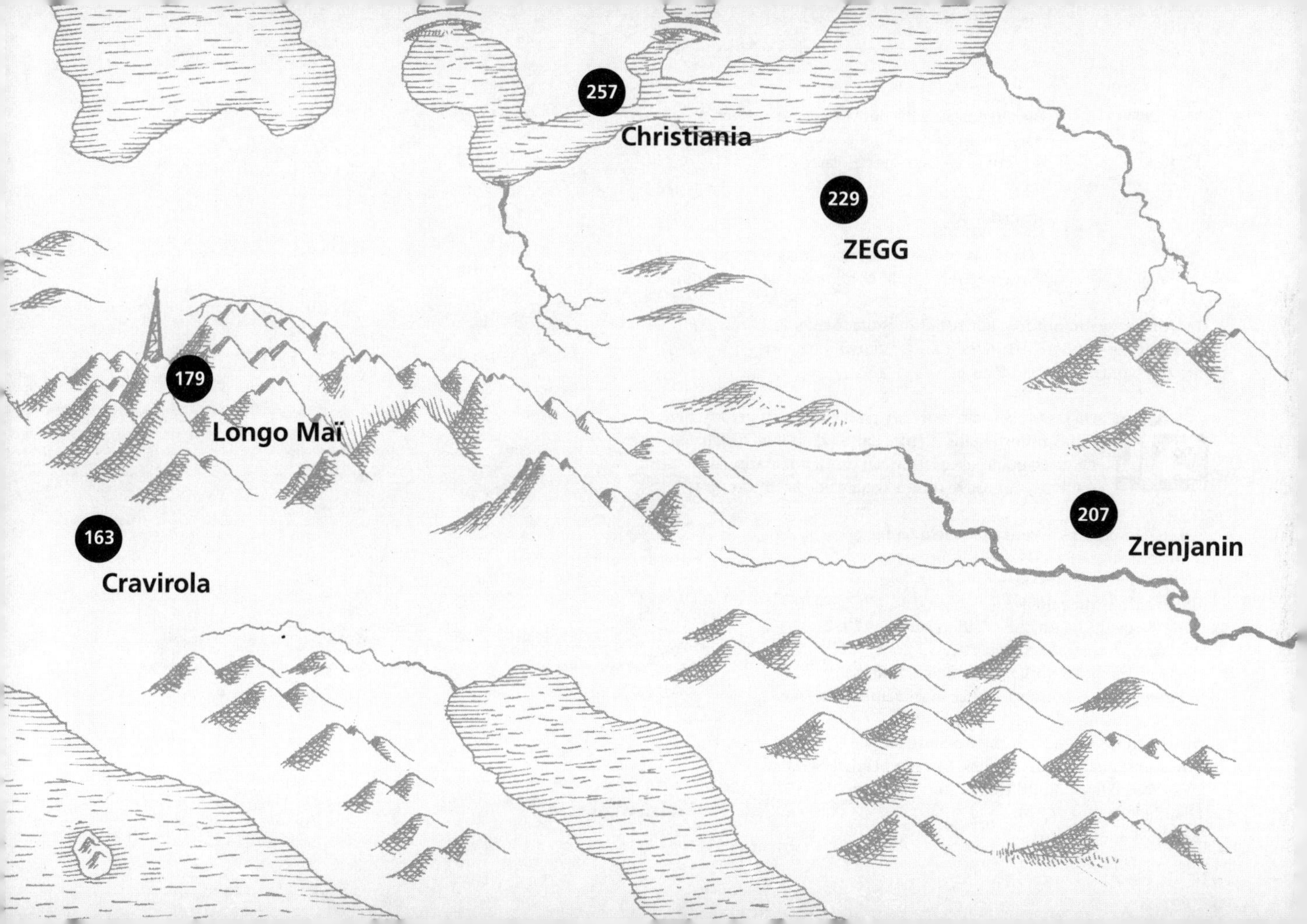
257
Christiania
229
ZEGG
179
Longo Maï
163
Cravirola
207
Zrenjanin

Der Film entstand mit freundlicher Unterstützung der Birkbeck
University of London, Arts Admin., Arts Council England
und des Lipman Milliband Trust

Avec le soutien du
CNL Centre national du livre

Dieses Werk wurde mit Unterstützung des französischen
Kulturministeriums, Centre national du livre, publiziert.
Ouvrage publié avec le soutien du Centre national
du livre – ministère français chargé de la culture.

EDITION NAUTILUS Verlag Lutz Schulenburg
Schützenstraße 49 a · D-22761 Hamburg
www.edition-nautilus.de

Deutsche Erstausgabe August 2012
Die Gestaltung des vorliegenden Buch/Films folgt
weitgehend der grafischen Konzeption der französischen
Ausgabe von SKART und CACTUS
www.skart.rs / www.cactusnetwork.org.uk
Druck und Bindung des Buches: Beltz Bad Langensalza
DVD-Produktion: BluBridge Systems, Stuttgart
1. Auflage August 2012
ISBN 978-3-89401-763-7

Pfade durch Utopia

Ein Buch/Film von

Isabelle Fremeaux & John Jordan

Aus dem Französischen übersetzt von Sophia Deeg

Edition Nautilus

Vorbemerkung für Leser und Zuschauer

Die Zukunft ist auch nicht mehr, was sie mal war. Unsere utopische Vorstellungskraft ist in der erstickenden Atmosphäre apokalyptischer Vorhersagen verkümmert: Klimakatastrophe, Energieverknappung, Aussterben ganzer Arten, wirtschaftlicher Niedergang, Kriege um Ressourcen. Sich eine untergehende Welt vorzustellen, scheint viel einfacher, als sich eine bessere Welt auszumalen. Aber gerade dann, wenn die Utopie unvorstellbar wird, ist sie am unerlässlichsten. Die Utopie, die weder ein Terrain im Nirgendwo ist, wohin man entflieht, noch ein universelles System und auch nicht die perfekte Zukunft, sondern vielmehr eine Angelegenheit, die uns unter die Haut geht, uns daran erinnert, dass wir uns mit den Brosamen der Gegenwart nicht zufrieden zu geben brauchen. Es gibt immer die Möglichkeit, woanders hinzugehen. Immer. In Wahrheit gibt es so viele Richtungen, wie es Visionen gibt.

Viele von uns fürchten, dass es nicht möglich ist, auf eine radikal andere Art zu leben. Aber liegt das nicht daran, dass die Utopien unsichtbar geworden sind, verdeckt von den Schatten, die der Kapitalismus auf alles wirft, was nicht nach seinem Bilde geschaffen ist? Wir haben diese Furcht in den Wind geschlagen und uns sieben Monate lang auf gewundenen Entdeckerpfaden bewegt. Es sind Wege, die Menschen allenthalben eingeschlagen haben, die aus ihren Träumen von einer anderen Welt ein Feld für konkrete Experimente in der Gegenwart machen. Wir wollten mit eigenen Augen die Vielfalt sehen, mit der man heute in Europa trotz des Kapitalismus auf ganz unterschiedliche Weise Mensch sein kann. Wir haben elf Projekte und Gemeinschaften besucht, und wir haben ihre jeweils andere Art zu lieben und zu essen, zu produzieren und zu teilen, auf der Welt zu sein und gemeinsame Entscheidungen zu treffen, zu unterrichten und zu rebellieren, eben zu leben kennengelernt.

Was ihr in Händen habt, ist nicht ein Buch plus DVD oder eine DVD mit Begleitbuch. Es ist ein Dialog zweier miteinander verschränkter Medien, eine Verbindung des Realen mit dem Imaginären, des Greifbaren mit dem Potenziellen. Während das Buch von einer Reise erzählt, gewissermaßen die Gegenwart dokumentiert, steht der Film in der Tradition der utopischen Literatur und führt die phantastische Vision einer anderen Welt vor Augen. Natürlich ist es an euch, mit dem einen oder dem anderen zu beginnen. Schließlich besteht die Utopie vielleicht gerade in dem Recht, seine eigenen Utopien zu wählen.

Klima-Camp

Die Karte ist unter einer Zeitung versteckt. Wir sind zu viert, liegen auf dem Rasen in einem Londoner Park. Die Wochenendspaziergänger flanieren zwischen den Bäumen und genießen die letzten Sonnenstrahlen des Spätsommers. Wir sprechen leise und lassen die Umgebung nicht aus den Augen. Vorne auf dem *Guardian* ist ein Foto unserer Freundin Christina. Sie wirkt ganz gelassen und einfach hinreißend mit ihrem T-Shirt, auf das *Flower Child* gestickt ist. Dieser Anblick steht in augenfälligem Kontrast zur beunruhigenden Überschrift in fetten Lettern: »Polizei bereitet Anti-Terror-Maßnahmen gegen die am Klima-Camp Beteiligten vor.«

Heute Abend entsteht in der Nähe des internationalen Flughafens Heathrow, der das dritthöchste Flugaufkommen weltweit aufzuweisen hat, aus dem Nichts und ohne dass irgendwer um Erlaubnis fragt, ein temporäres ökologisches Camp. Es wird rund zehn Tage lang ohne hierarchische Strukturen als vollkommen selbstverwaltetes Ökodorf funktionieren, mehrere Tausend Menschen empfangen und sowohl ein Ort des Lernens als auch der Ausgangspunkt für Aktionen des zivilen Widerstands sein. Jedenfalls wenn in den kommenden Stunden alles so läuft wie geplant. In der vergangenen Woche ist Christina verhaftet worden, als sie mit dem Rad um den Flughafen herumfuhr. Anschließend wurde sie dreißig Stunden lang in Isolationshaft festgehalten, weil sie »Material bei sich hatte, das zum Begehen terroristischer Straftaten dienen könnte«. Es bleibt allerdings ein Rätsel, wie eine Fahrradkarte und eine handgeschriebene Rezeptsammlung für Eiscremes bei einem Angriff auf einen Flughafen zum Einsatz kommen könnten. Was hingegen sonnenklar ist: Der Flughafeneigner – die *British Airport Authority* (BAA) – hat sich an die Behörden gewandt, und die überschlagen sich bereits: Jeder, der irgendwie mit der Organisation des Camps verbunden ist, kommt auf die Fahndungsliste. Der Rahmen dieser Fahndung ist so breit ausgelegt, dass jeder, der die U-Bahn zum Flughafen Heathrow nimmt, möglicherweise einbezogen ist.[1] Trotz unserer minutiösen Planung könnte unser Versuch, das Gelände heute Abend zu besetzen, im Keim erstickt werden.

»Nur drei Personen wissen, wo das Camp aufgeschlagen werden soll«, erklärt der *Guardian* seinen Lesern. Wir feixen. Auf der Karte, die wir anschauen, sobald sich die Spaziergänger mit ihren Hunden entfernt haben, prangt ein großes X. Obwohl das Angriffsziel, das heißt das Projekt einer weiteren

Landebahn für Heathrow, bereits im Juni öffentlich angekündigt wurde, und obwohl sich unsere gesamte Organisation auf öffentlichen Versammlungen entwickelt hat, kennt nur eine geheime Gruppe das Feld, das wir tatsächlich besetzen werden: die »Platz-Gruppe«. Auf den Versammlungen des Klima-Camps, die auf nationaler Ebene stattfanden, bekam diese Gruppe den Auftrag, einen passenden Ort zu suchen. Zwei, die dazugehören, sitzen hier gerade mit Isa und mir zusammen. Beide haben sie zu große Sonnenbrillen und Baseballcaps auf, die ihnen nicht gut stehen. Sie weisen uns ein, damit wir eine größere Gruppe darauf vorbereiten können, mit uns zusammen das Gelände zu besetzen. Im Verlauf der kommenden zwölf Stunden wird das Geheimnis nach und nach weiter gelüftet werden, sodass sich schließlich hundertfünfzig Aktivisten von rund zehn unterschiedlichen Ausgangspunkten aus perfekt koordiniert dem Gelände nähern und dort ankommen werden, um Zelte und Küchen aufzubauen und einzurichten, ehe die Polizei kapiert, was los ist. Der Plan ist reichlich gewagt, aber selten sind es die Ängstlichen, die Geschichte machen.

Isa und ich haben die nächsten fünfzig informiert. Jede Bezugsgruppe[2] ist jetzt mit einem neuen (insofern von der Polizei nicht zugeordneten) Mobiltelefon und mit einer Karte ausgestattet. Der Adrenalinspiegel steigt. Ich habe das Gefühl, dass mein Körper auseinanderfliegt. Ich bestehe nur noch aus hypersensiblem nackten Fleisch, mein Magen ist ein einziger Knoten. Unsere Augen schweifen in alle Richtungen, überall auf Gefahren gefasst. Wir sind in der U-Bahn. In den Tunneln, die sich durch den Siedlungsgürtel um die Stadt fressen, ist der Lärm ohrenbetäubend, ein scharfes metallisches Kreischen.

Unsere Gruppe hat sich für den ersten Abschnitt des Weges paarweise aufgeteilt. Wir tun unser Möglichstes, um sicherzugehen, dass uns die politische Polizei nicht gefolgt ist – wir steigen erst im letzten Moment in den Zug ein, genau dann, wenn sich die Türen wieder schließen; wir bewegen uns zum falschen Bahnsteig und kehren dann um. Aber immer noch kommt es uns so vor, als würden uns alle im Waggon beobachten. Mehrmals schaue ich an meiner Hose runter – ist der Hosenschlitz etwa offen? Prangt auf meinem Hemd ein riesiger Fleck? Sind wir wirklich so sichtbar, oder spielen meine Gefühle verrückt? Der Typ im weißen T-Shirt, der uns mustert, da bin ich mir ganz sicher, liest den *Guardian*. »Bitte lesen Sie nicht die erste Seite«, flehe ich ihn im Stillen an.

Ich werfe einen Blick auf das Handy – 20 Uhr: perfekt, alles läuft genau wie geplant. Wir sitzen in einer Pizzeria, ein banaler Ort, ganz nach Wunsch, am nördlichen Ende des Flughafens gelegen. Dies ist der Ausgangspunkt unserer Aktion. Hinter uns heben die Flieger in den nächtlichen Himmel ab, und vor uns liegt mit Sicherheit ein Abenteuer. Nie hätte ich gedacht, dass unsere siebenmonatige Reise in Sachen Utopie in einer solchen undefinierbaren Landschaft zwischen der Hölle eines Flughafens und dem Schatten der Vorstädte beginnen würde.

Hotelketten sind wie Plastikboxen neben einer Scheune aufgereiht, die aus dem Mittelalter stammt[3], in unmittelbarer Nachbarschaft von wunderschönen Nussbäumen, die sich vor einem Himmel abzeichnen, durch den sich Hunderte Kondensstreifen ziehen. Das Dorf erlebt langsam eine Entwicklung zum Nicht-Ort, zu einem neuen Nirgendwo. Das Trugbild unbegrenzten Wachstums hat das Dorf verarmen lassen, das einst eine reiche Vielfalt aufwies, hat es zu einem tristen und monotonen Ort gemacht. Seit dreißig Jahren breitet sich der Flughafen wie ein bösartiger Tumor aus. Falls 2020 dem Antrag der britischen Flughafenverwaltung stattgegeben wird, bedeutet dies für das alte Dorf Sipson: Es verschwindet von der Landkarte, und somit werden auch ringsum etwa tausend Wohnhäuser, einige Kneipen, Schulen und Kirchen verschwinden, um einer neuen Landebahn Platz zu machen.

Über den Ruinen des Dorfes werden sich die gewaltigen Rümpfe von Flugzeugen emporschwingen, die die Menschen in die Arme jener flüchtigen modernen Utopie des modernen Tourismus werfen. Sie werden den wenigen Privilegierten unter ihnen, die sich den Luxus leisten können, kostspielige Eskapaden ermöglichen, um den eingefriedeten Zonen von Arbeit und Überwachung zu entfliehen, vorübergehend die Nicht-Orte zu verlassen, wo heute alles, was einst wild war, kolonialisiert ist. Die Auswirkungen dieser Eskapaden kommen aber zu uns zurück wie ein Bumerang: Der ekelhafte Kerosin-Gestank schwebt über dem süßen Duft der Sommergräser.

Wäre er ein Land, würde dieser Flughafen den 71. Rang unter den Kohlendioxidemittenten einnehmen, somit auf der gleichen Stufe wie Aserbaidschan stehen und gleich hinter Neuseeland. Allein für die dritte Piste gilt, dass bei ihrem Bau – es handelt sich lediglich um eine einfache Bitumen-Bahn – so viel CO_2 freigesetzt wird, wie Kenia in einem ganzen Jahr emittiert. Rund 655 000 Flugzeuge werden den Himmel füllen, und 28 Millionen Autos werden die Straßen überfluten – ein weiteres widersinniges Projekt im Namen des wirtschaftlichen Fortschritts, das seinerseits zur weiteren Aufheizung des Klimas beitragen und uns dem Moment näher bringen wird, in dem das Ganze in Richtung Klimachaos kippt.

Hält man sich die Bedrohung durch einen *runaway climate change*[4] vor Augen und macht sich klar, in welchem Ausmaß unsere Ökosysteme bereits durch die Konsumgesellschaft zerrüttet sind, kann man die Welt nicht mehr so betrachten wie bisher. »Unter diesen Umständen verliert die Geschichte fast jede Bedeutung und so auch die meisten Pläne, die unsere Eltern für uns gemacht haben«, schreibt Albert Bates. »Wir werden den Planeten Mars nicht kolonialisieren. In den kommenden Jahrhunderten können wir von Erfolg sprechen, falls sich dann noch menschliche Kolonien auf der Erde gehalten haben.«[5]

Ich betrachte meinen Teller lauwarmer Spaghetti, aber mein Magen will nicht recht: Sind das da etwa meine eigenen Innereien in der Tomatensauce? Ich sterbe vor Hunger, schaffe es aber nicht, irgendwas zu mir zu nehmen. Die Angst raubt mir den Appetit. Ein Tisch ist auf den Namen Abbie Hoffman[6] reserviert worden, und unsere Gruppe von etwa zehn Personen tut so, als würde sie einen Geburtstag feiern. Wir sitzen gleich beim Eingang, vor einem großen Fenster. Auf der Straße patrouillieren Kleinbusse der Polizei. … Mist … Schnell, wir müssen einen Vorwand finden, warum wir lieber Tische weiter hinten hätten … Nein, das würde nur noch verdächtiger wirken. Wir müssen uns einfach setzen, uns entspannen, und diejenigen unter uns, die bei der Polizei bereits fotografisch erfasst sind, setzen sich mit dem Rücken zum Fenster. Und nicht vergessen – wir feiern Geburtstag!

Mit unseren Jacketts und eleganten Kleidern sind wir heute Abend besonders überzeugend. Vollkommen wird die Illusion durch einen großen Lilienstrauß in der Mitte des langen Tisches, ein Geschenk an die, deren »Geburtstag« wir heute »feiern«. Manche hier haben ein ganzes Jahr lang auf das hingearbeitet, was jetzt kommt.

Niemand von denen, die hier im Restaurant sitzen, niemand unter den Hunderten Aktivisten, die sich im Gebüsch und zwischen Lieferwagen, in Pubs und Bahnhöfen der Umgebung verbergen, weiß, wie alles ablaufen wird, aber alle haben wir ein gemeinsames Ziel: zu mehreren Hundert auf dem Gelände anzukommen und gewisse Dinge aufzubauen, bevor ein massives Polizeiaufgebot eintreffen wird.

Wir bestellen und versuchen, von allem und nichts zu reden, jedenfalls nicht vom Klima-Camp, auch nicht über Politik, Widerstand, die Umweltkrise oder was auch immer die anderen Gäste aufmerken lassen könnte. Viele haben ein Namensschild umhängen, um anzudeuten, dass sie auf dem Flughafen arbeiten. Mary, die mir gegenübersitzt, sagt, ein Auto sei vor dem Restaurant stehen geblieben: »Da sitzen zwei bullige Typen drin, die so aussehen, als würden sie auf irgendwas warten; sie trinken Kaffee aus einer Thermoskanne«, sagt sie leise zu mir. »Ich bin mir sicher, das sind Zivilbullen. Einer der beiden hat eben sein Fenster runtergelassen, um mit einem in der Bullenwanne zu reden, die an ihnen vorbeigefahren ist.«

Wir sitzen hier fest, bis wir den Anruf kriegen, der uns für die Operation mit dem Code-Namen »Brüllender Affe« grünes Licht gibt. Dann werden wir das Restaurant verlassen und dreißig Meter weit die Straße hochlaufen, über einen Zaun steigen und in nördlicher Richtung ein Feld überqueren, bis wir auf dem Gelände ankommen, das weniger als 500 Meter vom Flughafen und vom Sitz der BAA entfernt ist. So jedenfalls ist es geplant.

Wie wir es schaffen, an den Zivilbullen vorbeizukommen und über den Zaun zu springen, ohne dass es ihnen auffällt, ist eine andere Frage.

Die, deren Magen noch nicht rebelliert, essen ihre Mahlzeit. Wir bestellen Kaffee. Danach ist Warten angesagt. Und nun vergeht die Zeit sehr schleppend. Immer noch kein Anruf. Allmählich leert sich das Lokal. Mindestens vier Mal gehe ich aufs Klo, um mögliche SMS auf meinem Handy zu lesen und um mich von meinem Stress zu erleichtern. Kein Anruf. Die Tische werden abgeräumt, und der Raum füllt sich mit dem Geruch von Putzmitteln, während die Angestellten die Küche abschließend reinigen.

Draußen sind immer noch die Polizisten, und wir sind die letzten Gäste. Meine feuchte Hand umklammert das Telefon. Ich wünsche mir so sehr, dass es klingelt. Wenn wir hier rausgehen, haben wir kein Pub, kein Café, überhaupt keinen Ort, wo wir uns verstecken und weiter warten könnten. Die Kellnerin bittet uns zu zahlen. Wir nehmen uns so viel Zeit wie möglich dabei, die Rechnung unter uns aufzuteilen. Die Lampen werden allmählich ausgeschaltet. Warum bloß klingelt dieses verdammte Telefon nicht? Sind etwa alle schon verhaftet worden? Die Polizeibusse fahren weiterhin auf der Straße vorbei, ohne Sirene, einfach so. Wenigstens das muss ja wohl bedeuten, dass sie nichts von den Hunderten wissen, die sich jetzt bereits auf das Gelände zubewegen.

Das Telefon läutet. Endlich! Eine Stimme murmelt: »Los geht's!« Ein Wunder – die Zivilpolizisten haben ihren Wagen wegbewegt. Wir stehen auf und versuchen, das Lokal ohne besondere Eile zu verlassen. Nach rechts. Nicht stehen bleiben. Nicht umdrehen. Gehen, nicht rennen. Das Ende der Straße, das ist nicht weit. Keine Polizeifahrzeuge. Puh! Immer nach vorne schauen. Da ist der Zaun. Drüberspringen. Im Gänsemarsch übers Feld. Da wachsen Lupinen, die uns bis zu den Schultern reichen und uns das Gesicht streicheln. Das ist, als würden wir durch einen Zwergenwald gehen. Wir versuchen, so wenig Lärm wie möglich zu machen, aber das knackende Geräusch der trockenen Zweige unter unseren Füßen breitet sich in der Dunkelheit aus. Weiter, nach Norden. Wir sehen nicht, was vor uns ist. Wir bleiben stehen und versichern uns erneut mit Hilfe der Karte, wo der Platz ist. Wir dürften fast angekommen sein. Ich rechne jeden Augenblick damit, Blaulicht am Horizont aufblitzen zu sehen oder einen Spot, der von einem Hubschrauber der Polizei aus den Boden absucht. Nichts. Allseits herrscht totale Stille, beunruhigend. Ich fange an, es ein bisschen zu einfach zu finden.

Das Feld scheint kein Ende zu nehmen. Wir übersteigen einen weiteren Zaun. Befinden uns auf einem Pfad. Ich versuche, in der Dunkelheit die Karte zu lesen und gleichzeitig zu filmen. Dem Plan zufolge müssten wir ganz nah dran sein. Wir sehen uns um. Plötzlich zeichnen sich in der Dunkelheit Umrisse ab. Graue Silhouetten tauchen vor uns auf, es sind vielleicht zehn, wie Phantome. Ein paar helle Kleinbusse oder Lieferwagen nähern sich. Das müssen die Bullen sein. Sie haben allerdings kein Blaulicht. Sind wir angekommen?

»Schau mal, Dreibeine«, sagt Duncan, und ein strahlendes Lächeln breitet sich über sein Gesicht aus, »das sind wir!« Eindeutig, zwei Konstruktionen erheben sich in den Himmel, auf deren Spitzen akrobatische Gestalten herumturnen. Die Dreibeine, die ursprünglich erfunden wurden, um es Aktivisten zu ermöglichen, sich vor der Polizei in Sicherheit zu bringen, während ein Gelände oder eine Straße besetzt wird, sind zum Markenzeichen der Gruppen in Großbritannien geworden, die direkte Aktionen durchführen. Isa dreht sich zu mir um, strahlt mich mit großen Augen an. Ich frage sie: »Und, wie fühlst du dich?«

»Wow … schwer zu beschreiben«, antwortet sie.

Wir sprinten los und finden Anschluss an den Rest der Gruppe, wo wir uns sicher fühlen, wo wir all die vertrauten Gesichter vorfinden, die Blicke voll überschwänglicher Freude. Wir besetzten das Gelände – und weit und breit kein Bulle! Ich sehe zum Himmel, da ist eine Sternschnuppe. WIR HABEN ES GESCHAFFT!

Ein paar Sekunden später erscheint ein riesiger LKW, von dessen Ladefläche Veranstaltungszelte abgeladen werden. Alle packen an, Autoscheinwerfer und Lampen werfen ihr Licht über das Gelände. Wir schleppen Bretter und Pfosten. Aus der Dunkelheit tauchen von allen Ecken und Enden des Camps immer mehr Leute auf. Jeder scheint zu wissen, was zu tun ist, es geht keine Zeit verloren. Die Gruppe wird immer größer. Wir erwarten ständig die Ankunft der Polizei, aber es zeigt sich kein einziger Polizist. Ein provisorischer Zaun wird errichtet, an dem kleine Schilder mit der Aufschrift »Paragraf 6« angebracht sind. Sie besagen, dass es sich um ein besetztes Gelände gemäß Paragraf 6 des Strafrechts von 1977 handelt (in Großbritannien legal.[7]) Oliver, Archäologe von Beruf, legt die Platzaufteilung in Form eines Hufeisens mit Markierungsband fest, sodass morgen, wenn nochmals Hunderte von Menschen eintreffen, jeder weiß, wo er sein Zelt aufstellen, die Trocken-Toiletten installieren, die Werkstätten und Tagungsräume oder die Küchen einrichten kann. Die Mediengruppe sitzt im Kreis und fängt in der Dunkelheit an, eine Presseerklärung zu schreiben und zu telefonieren, um unseren Erfolg bekannt zu geben. Wie von Zauberhand sind drei Zirkuszelte ähnlich Segeln von Geisterschiffen in den Nachthimmel gewachsen, wo der Wind mit ihnen spielt.

Eine halbe Stunde später kommen etwa zehn Polizeifahrzeuge auf der Straße, die am Feld entlangführt, bei uns an. Ein höherrangiger Vertreter der Polizei taucht auf, umgeben von Mitgliedern des *Forward Intelligence Teams*[8], die die Blitzlichter ihrer Fotoapparate gewittern lassen, mit Videokameras filmen und uns mit ihren Taschenlampen blenden. Der leitende Polizeibeamte nähert sich auf dem Pfad, der zum Camp führt. Bei seiner Ansprache ist er sichtlich bemüht, Autorität auszustrahlen: »Ich bitte Sie im Namen des Eigentümers höflich, das Gelände zu verlassen.« Die meisten hier sind zu sehr mit dem Aufbau beschäftigt, als dass sie seine Gegenwart überhaupt mitbekommen würden, aber die, die auf ihn zugegangen sind, um ihn zu begrüßen, lachen einfach. »Daraus schließe ich, dass Sie sich weigern«, stellt er daraufhin fest und geht zurück zu den Fahrzeugen. Glaubt er etwa wirklich, dass wir nach monatelangen Vorbereitungen sagen werden: »Natürlich, Sie haben recht … tut uns leid. Wir werden sofort verschwinden«?

Es ist eine direkte Aktion. Wir haben nicht um Erlaubnis gebeten, sondern die Dinge selbst in die Hand genommen. Eine direkte Aktion – das heißt, man weigert sich, bei den Behörden für Aktivitäten die Erlaubnis einzuholen; es ist das Gegenteil eines Vorgehens, bei dem man Druck ausübt, indem man seinem Abgeordneten einen Brief schreibt oder sagt: »Ich meine, Sie sollten das und das tun.« Die direkte Aktion bedeutet zu handeln, nachdem man ein Problem ausgemacht hat, um es zu lösen, und das mit so wenig Vermittlung wie möglich. Wenn man hungernde Menschen auf der Straße sieht, tätigt man keine Überweisung an eine NGO, die sich um Obdachlose kümmert, sondern man organisiert eine Volxküche. Wenn ein Krieg erklärt wird, geht man nicht auf die Straße und fordert von der Regierung, dass sie mit dem Kriegführen aufhört, sondern man macht Kampfjets kampfunfähig[9] oder man blockiert die Nachschubwege. Auf diese Weise verhalten wir uns jetzt schon so, als wären wir frei, als gäbe es den Staat nicht mehr.[10]

Wir haben den Eigentümer des Landes, *Imperial College,* nicht um Erlaubnis gebeten, sein Land zu besetzen. Wir haben allerdings viele Monate damit verbracht, mit den Anwohnern der Gegend, deren Häuser durch den geplanten Ausbau des Flughafens bedroht sind, zusammenzuarbeiten. Viele von ihnen haben jahrelang gegen den stetig zunehmenden Flugverkehr gekämpft, der dafür verantwortlich ist, dass die Luft hier so verunreinigt ist wie nur an wenigen anderen Orten Europas. Nach vielen Versammlungen ist inzwischen selbst der hiesige Parlamentsabgeordnete bereit, die direkte Aktion zu unterstützen, und hat das Klima-Camp offiziell in seinen Wahlkreis eingeladen. Ich habe noch nie erlebt, dass eine anarchistisch inspirierte Gruppe irgendwo so willkommen war wie in diesem Fall.

Obwohl wir nicht alle das Wort »anarchistisch« verwenden, wenn wir unsere Politik bezeichnen, ist doch nicht zu übersehen, dass die Klima-Camp-Bewegung stark beeinflusst ist vom DIY(Do It Yourself)-Konzept: Das Camp ist eine Vorwegnahme einer Welt, die wir selber schaffen, und in der wir nicht mehr Experten oder Autoritäten oder Behörden auffordern, die Dinge »für« uns zu tun. Da wir die praktische Umsetzung abstrakten politischen Ideologien vorziehen, legen wir einfach los und »machen es selber«. Wir stellen gelegentlich Forderungen auf und setzen beispielsweise die British Airport Authority und die britische Regierung mit der Forderung unter Druck, ihre Pläne für eine dritte Landebahn fallen zu lassen. Doch hält die Bewegung diese Zwecke nicht für wichtiger als die Mittel. Die Schaffung einer Kultur der Eigenständigkeit ohne Hierarchien, sich eine Welt ohne Flughäfen und Regierungen vorzustellen und im Hier und Jetzt so zu leben, als wäre diese Welt schon der Fall – das ist ganz genauso wichtig.

Es ist eine Art pragmatischer Utopismus im Gewand eines »radikalen Lobbyismus«, und irgendwie scheint diese ungewöhnliche Mischung zu funktionieren; in weniger als vier Jahren hat sich die Beteiligung an der Bewegung verdreifacht.

Wir sind erschöpft, Mitternacht war vor einer Ewigkeit. Die Polizei hat rund um das Camp Kontrollpunkte eingerichtet. Sie lässt keines unserer Fahrzeuge in die Einfahrt, was bedeutet, dass unsere Rucksäcke und Zelte irgendwo draußen feststecken. Aber das macht erst mal nichts, jedenfalls nicht heute Nacht. In einem der Festzelte ist mit Hilfe einer der langen Stoffbahnen, die als Zeltwand dienen, ein riesengroßes kollektives Bett improvisiert worden. Darin haben zwanzig müde Aktivistinnen und Aktivisten Platz, die ein Abenteuer in ihren Schlaf mitnehmen und vielleicht schon vom nächsten träumen.

Da sind wir also, genau an der Stelle, wo die Landebahn angelegt werden soll. Das Camp läuft auf Hochtouren. Hunderte Zelte in allen möglichen Farbschattierungen flattern in der Brise, darunter nagelneue Domzelte direkt aus dem Camping-Fachgeschäft neben verschlissenen alten Armeezelten, die an ausgefransten Schnüren festgezurrt sind. Plastik-Festzelte in makellosem Weiß, unter deren Dach man sich eher eine Hochzeitsfeier in einem Vorort vorstellen würde, stehen gleich neben gemütlichen mongolischen Jurten, während sich die hinfälligen Skelette von Pavillons aus dem Gartencenter im Wind schütteln und biegen. Im Mittelpunkt des Camps steht ein majestätisches Zirkuszelt, dessen Bahnen sich mit jedem Windstoß, der über das vollkommen flache Feld fegt, wie die Haut eines kolossalen weißen Wals sanft atmend heben und senken. Über sein Dach ist ein riesiges Transparent gespannt, das groß genug ist, um von den Flugzeugen aus gelesen zu werden; darauf steht: *Dieser Planet hat keine Notausgänge.*

Reihenweise Solarpaneele saugen das wenige Licht ein, das durch die graue Wolkendecke bricht. Überall sitzen Leute im Kreis zusammen im Gras und diskutieren. Viele nehmen an Workshops teil, deren Zahl in die Hunderte geht. Das Angebot reicht von »Bauanleitung für supereffiziente Holz verbrennende Öfen« über »Die neuesten wissenschaftlichen Erkenntnisse über *runaway climate change*« und »Verbindungen zwischen Klimachaos und Klassenfrage« bis zu »Wie man am besten mit den Chemiewaffen der Polizei fertig wird«. Andere Aktivistinnen und Aktivisten sind bei Treffen, organisieren das Camp oder planen direkte Aktionen, die von dort ausgehen sollen.

Bizarre Gebilde aus aufeinandergestapelten Badewannen, die mit Heu gefüllt sind, filtern das benutzte Wasser, ehe es dem Boden zurückgegeben wird. Ein senfgelber Caravan aus den Siebzigern ist zur Erste-Hilfe-Station umfunktioniert worden. Es gibt auch eine Reihe von Solar-Duschen, die aus Teilen einer alten Zentralheizung und Sacktuch zusammengebastelt wurden; einen Pizza-Ofen aus Torf; eine Internet-Zentrale mit ultraschneller Breitbandverbindung via Satellit und ganzen Reihen gebrauchter Laptops auf Heuballen. Ein unentwegt behüpftes Trampolin erfreut sich im Kinderbereich großer Beliebtheit, und eine Kinderschar jagt einem Clown nach, der so tut, als würde er über das Gewirr der Abspannseile stolpern. Ein benachbarter Sikh-Tempel hat die blauen Rohre gespendet, die sich durch das Gras schlängeln und die zahlreichen Küchen und Waschplätze mit Wasser versorgen.

Gruppen staunender Pfadfinderinnen werden herumgeführt; ein als clownesker Pilot verkleideter Mann, der mit einer leeren Whisky-Flasche herumfuchtelt, singt zusammen mit einem Chor von falschen Stewardessen. Es gibt auch ein Kino, das mit »Pedalen-Power« betrieben wird, und einen Radiosender, der rund um die Uhr Programm macht. Bei einer Fahrradstation können Räder umsonst ausgeliehen werden, und ein Transparent mit einem Schriftzug aus Gaffer-Tape besagt: *Der Klimawandel bedeutet Krieg gegen die Armen*; ein paar Zelte weiter liegt ein Bewohner aus der Nachbarschaft in einem weißen Sarg, auf seiner Brust die Aufschrift: *Sipson ruhe in Frieden*. Journalistenteams von Fernsehsendern aus fernen Ländern wie Iran, Brasilien und Russland werden von Mitgliedern der Arbeitsgruppe Medienkontakte herumgeführt. Jemand hat eine ganze Ladung Hühner mitgebracht; sie rennen scharrend um einen vertieften Feuerplatz herum, um den ein paar Sofas gruppiert sind. Dutzende Holztoiletten sind gebaut worden, um aufzufangen, was 1500 Menschen in einer Woche kacken, es anschließend in Mülltonnen auf Rädern zu sammeln, deren Inhalt später auf einem benachbarten Bauernhof in reichhaltigen Kompost umgewandelt wird. Andere dieser städtischen Mülltonnen aus Plastik zeigen mit farbenfrohen Postern an, wo Recycling-Stationen sind, und sie dienen auch dazu, Lebensmittel und anderes für die Küchen herbeizurollen. Es ist kaum zu glauben, aber fast alles, was es auf dem Feld gibt, ist per Hand, Karren oder städtischer Mülltonne durch die Polizei-Absperrungen gebracht worden.

Das Camp hat vier Ziele, um die sich alles dreht: praktisch zu demonstrieren, dass eine ökologische Lebensführung nur einen geringen Fußabdruck hinterlässt; wirksame direkte Aktionen gegen die tieferen Ursachen des Klimawandels durchzuführen; uns theoretisch und praktisch gezielt auszubilden und nicht zuletzt, eine radikale Bewegung für Klima-Gerechtigkeit aufzubauen. Die Polizeiflut, die unser Camp umtost, ist dazu angetan, die flüchtige Utopie in eine belagerte Zitadelle zu verwandeln. Aber trotz der Durchsuchungen und Blockaden besuchen uns Tausende, manche neugierig, nachdem sie die weitreichende Medienberichterstattung mitbekommen haben; andere, weil sie die eine oder andere der hier vermittelten Fertigkeiten lernen wollen.

Das hohe Surren selbstgebastelter Windräder bildet zusammen mit dem konstant brummenden Hintergrundgeräusch der nur 500 Meter entfernt startenden Flugzeuge ein bizarres Duett. Der Kontrollturm mit seiner grünen Glasverkleidung und den wie Kreisel unablässig rotierenden Radarschirmen bildet den perfekten antiutopischen Hintergrund für dieses außerordentliche Experiment vorübergehenden utopischen Lebens.

Das Klima-Camp ist auf eine Struktur von Vierteln[11] oder Nachbarschaften aufgebaut. Eine Nachbarschaft ist um eine Küche herum organisiert, die jeweils von Leuten aus einer bestimmten Stadt oder Region geplant und aufgebaut wurde. So gibt es die Westside (mit Leuten aus Devon, dem Cornwall und dem

Westen des Landes) und die Eastside (Norfolk und East Anglia), Schottland, London, Oxford und Manchester – insgesamt elf Viertel sind es. Die Leute stellen ihr Zelt in dem Viertel auf, das ihrer Region entspricht, und nehmen dort jeden Morgen an den Zusammenkünften teil, bei denen die Organisation des Camps besprochen wird. Dabei geht es um das Organisatorische, das die Nachbarschaft betrifft, und das Politische in Bezug auf das ganze Camp. Rotierende »Sprecher« – nicht Repräsentanten, sondern eine Art Boten – werden in den »Sprecherrat« des Gesamtcamps delegiert und berichten wiederum dem Viertel, was dort verhandelt wurde. Manchmal ist dieses Hin und Her zeitaufwändig, aber es stellt sicher, dass das Camp horizontal organisiert ist, und garantiert eine gewisse Autonomie der Viertel.

Von unten betrachtet, am Boden, ähnelt das Klima-Camp einer Mischung aus mittelalterlichem Dorf und Subkulturfestival, Flüchtlingslager und futuristischer Rebellenenklave. Aus der Perspektive des Polizeihubschraubers – der merkwürdigerweise immer dann über uns kreist, wenn ein wichtiges Entscheidungstreffen stattfindet, was beim Diskutieren extrem auf die Nerven geht – muss das Camp einem Ameisenhaufen ähneln, mit Hunderten kleiner Wesen, die auf den breiten Schneisen herumwimmeln – die sind inzwischen mit Holzplanken belegt worden, um sie rollstuhlgerecht zu machen –, die zusammentreffen, sich unterhalten, von einem Zelt zum anderen gehen, telefonieren, sich manchmal in Gruppen zusammenfinden und dann wieder auseinanderstreben.

Tatsächlich ähnelt die Art, wie das Camp sich selber reguliert, dem Wunder des Ameisenhaufens, den Wissenschaftler als eines der erstrangigen Beispiele für die Fähigkeit der Natur hochhalten, das Funktionieren eines komplexen »gesellschaftlichen« Zusammenhangs ohne Befehlsketten von oben nach unten zu ermöglichen.[12] Das Phänomen ist als Schwarmintelligenz bekannt, wobei die Summe der Teile mehr als das Ganze ergibt. Anzutreffen ist es bei Bienen, Vogelschwärmen und bei gewissen Schimmelpilzen. Für uns, die wir eine Sicht der Welt haben, in der nichts ohne einen Chef oder eine zentrale Kontrollinstanz zu gehen scheint, gehört dieses Phänomen ins Reich der Magie.

Obwohl ich selber einer der Mit-Organisatoren des Camps bin, fühlt sich auch für mich die Art, wie es sich verwaltet, wie Zauberei an, wie ein Wunderwerk, das die Grenzen des Möglichen verschiebt. Ein Dorf, das illegal entsteht und sich selber mit Tausenden Menschen verwaltet, von denen sich viele noch nie gesehen haben. Wie die staatlichen Behörden es aus der Ferne wahrnehmen mögen, weiß ich nicht. Aber ich kann mir vorstellen, es muss für Leute, die davon ausgehen, dass Ordnung und Effizienz nur durch das Wirken einer Hierarchie möglich sind, ein ziemlich irritierender Anblick sein.

Es ist Mittagessenszeit, und der Duft von Gerichten, die in den vielen Nachbarschaftsküchen zubereitet werden, schwebt über dem ganzen Feld. »Wo sollen wir essen?«, fragt mich Isa. »Wie wärs mit Yorkshire«, ist mein Vorschlag. Sie lacht. Natürlich schlage ich nicht eine Fahrt von ein paar Hundert Kilometern vor, nur um essen zu gehen. Denn tatsächlich wird hier besonders viel Wert darauf gelegt, die Küchen mit lokal produzierten Nahrungsmitteln zu versorgen, um die Strecke möglichst kurz zu halten, die die Produkte von ihrem Ursprung bis auf unseren Teller zurücklegen. Was ich eigentlich vorhatte: ein paar Hundert Meter quer durchs Camp zur »Yorkshire-Nachbarschaft« zu gehen, deren Küche angeblich einen köstlichen Auberginen-Pilz-Eintopf, dazu Knoblauchpüree und einen würzigen Salat anbietet. Wie alle Speisen im Camp ist auch dieses Gericht vegan. Denn 18 Prozent der weltweiten Treibhausgase entstehen durch die landwirtschaftliche Tierhaltung; das ist mehr als der weltweite Beitrag zu diesen Emissionen durch alle Autos, Flugzeuge und sonstige Transportmittel zusammen. Durch eine vegane Küche lässt sich also leicht die CO_2-Bilanz reduzieren. Den köstlichen Düften nach zu urteilen, die uns heute aus allen Nachbarschaftsküchen anwehen, muss eine vegane Diät nicht bedeuten, dass man auf wohlschmeckendes Essen verzichtet.

Das Nachbarschaftssystem fördert die Entstehung neuer Vernetzungen zwischen Menschen, die nah beieinander wohnen, sich aber möglicherweise vor dem Camp noch nicht gekannt haben. Für die vielen, die sich erst seit kurzem engagieren, bringt es das System mit sich, dass sie, obwohl sie möglicherweise bei der Ankunft noch niemanden mit ähnlichen politischen Ansichten in ihrer Heimatstadt kennen, nach einer Woche Camp zusammen mit einer Gruppe gleichgesinnter rebellischer Nachbarn nach Hause zurückkehren. Netzwerke von Aktivisten aufzubauen, die möglicherweise weiter zusammenarbeiten, nachdem das Camp bereits vorüber ist, gehört zu den zentralen Anliegen. *Plane Stupid*[13], eine Gruppe, die gegen den Flugverkehr kämpft, bildete sich aufgrund von Gesprächen in einem der Zelte des ersten Klima-Camps und ist heute eines der aktivsten Netzwerke in Großbritannien, die direkte Aktionen planen.

Gruppen mit einer radikalen politischen Ausrichtung sind bekanntermaßen für Neulinge wie geschlossene Gesellschaften. Die dort herrschende Atmosphäre des Misstrauens und der Geheimnistuerei sowie ein festgelegtes ideologisches Selbstverständnis und subkulturelle Codes – das alles sind Hindernisse für eine breitere Öffnung. Trotz der Polizeiketten, die uns mit ihren Fotografen, die Material über uns sammeln, umschließen, und trotz der Durchsuchungen nach »Paragraf 44 des Antiterrorgesetzes«[14], alles Maßnahmen, die eindeutig darauf abzielen, einzuschüchtern und »nichtmilitante« Kreise abzuschrecken, versuchen wir im Camp, die Abschottung nach außen hinter uns zu lassen. Darin unterscheiden wir uns von anderen radikalen Milieus wie besetzten Häusern mit ihren verrammelten Türen oder Protestcamps mit ihren Trainings für die knallharte Konfrontation. Um einer solchen Atmosphäre entgegenzuwirken, wurde am Eingang zum Camp ein »Willkommenszelt« aufgestellt, wo Aktivisten den Ankommenden erklären, worum es bei dem Camp geht und wie es funktioniert. Das Camp ist räumlich so strukturiert, dass es die Entstehung eines freundlichen Umgangs miteinander fördert, was wiederum die Einbeziehung aller begünstigt, sodass die neuen Aktivisten sich einbringen und ein Zugehörigkeitsgefühl entwickeln können. Das ermöglicht es ihnen, die Rolle der reinen Konsumenten zu überwinden, es wird ein Raum geschaffen, der allen gehört, weil an seiner Konstituierung alle beteiligt sind. Die Bedeutung, die den Küchen und den dezentralen, überschaubaren nachbarschaftlichen Strukturen beigemessen wird, begünstigt den direkten Austausch und die Entstehung dieses temporären widerständigen Zusammenlebens. Das Ziel dabei ist, einen Raum ohne Eigentum und Autorität zu schaffen, einen Raum, in dem Freundschaft politisch wird.

Christine, eine Frau um die fünfzig aus der näheren Umgebung, erklärt es so: »Das Ding ist, du musst es erleben, um es zu verstehen. Man muss hingehen und die Leute kennenlernen, was ganz schnell geht. Du lernst sie kennen, und schon bist du mit ihnen zusammen.« Christine ist eine der Bewohnerinnen aus den benachbarten Dörfern, die bisher noch nie an einer politischen Aktion teilgenommen hatten, und für die die Erfahrung des Camps zutiefst aufwühlend war.

Das Klima-Camp ist weniger ideologisches Trainingsprogramm zur Einschwörung auf einen anderen Lebensstil, vielmehr regt es Leute an, zusammenzukommen und alternative Lebensformen miteinander auszuloten. Es ist eine radikale Einladung, anders zu leben. Wie die politische Theoretikerin Wendy Brown es ausdrückt: »Ein Interesse, dessen wir beraubt wurden, müssen wir erneut anregen, das Interesse daran, unser eigenes Leben zu meistern, und das Interesse an der allgemeinen Ordnung, in der wir leben. Das Interesse an der Freiheit muss geweckt werden.«[15]

Das Weiterbildungsprogramm auf dem Camp ist zweifellos der offenste und integrativste Aspekt des Ganzen und zieht viele Besucher an, die wegen der kostenlos angebotenen Workshops zu unterschiedlichsten Themen kommen. Gerade diese Offenheit der Workshops und die unvoreingenommene Einladung von Referenten hat zunächst manchen antikapitalistischen Aktivisten Sorgen gemacht. Es wurden nicht nur Referenten und Workshop-Leiter eingeladen, mit denen die Organisatoren des Klima-Camps einverstanden sind, sondern auch Klima-Aktivisten und Autoren, die für die Lösung der Probleme zentral gesteuerte, staatlich organisierte Technologien als angemessen betrachten; oder die einen grünen Kapitalismus für die einzige Möglichkeit halten, uns vor dem ökologischen Kollaps zu retten. Das sind Vorstellungen, die den politischen Ideen der meisten Camp-Initiatoren diametral entgegenstehen. Sie halten es eher mit der Journalistin und Aktivistin Ewa Jasiewicz: »Wenn wir unsere Energiequellen gegen andere austauschen, ohne die Quellen wirtschaftlicher und politischer Macht auszutauschen, wird das nichts ändern. Weder Kohle noch Atomkraft sind die Lösung; was wir brauchen, ist eine Revolution.«[16]

Die Revolution, die Ewa Jasiewicz fordert, hat allerdings nichts mit dem stinkenden Kadaver zu tun, der durch die vergangenen Jahrhunderte geschleppt wurde. Die meisten Menschen, die an der Klima-Camp-Bewegung beteiligt sind, sehen in einer Revolution nicht den Endpunkt, ein zukünftiges Ereignis oder eine einmalige Umwälzung. Für sie stellt sie eine bestimmte Perspektive dar, eine zutiefst kritische Sicht der Dinge, mit der eine radikale Ablehnung der gegenwärtig herrschenden Zustände verbunden ist, wobei sie dennoch davon ausgehen, dass der Schlüssel zu einer radikalen gesellschaftlichen Veränderung darin liegt, Räume zu schaffen, die Vielfalt und soziales Experiment fördern, Räume, in denen versucht wird, vorgefasste aktivistische Identitäten und Ideologien aufzubrechen. Dabei sind Fragen genauso wichtig wie Antworten, und Lernen durch Dissens wird als Weg gesehen, kreative Bündnisse einzugehen, die auf »nichtgemeinsamem Terrain« zustandekommen, wie es der Theoretiker und Aktivist Paul Chatterton ausdrückt, der auch an der Klima-Camp-Bewegung beteiligt ist: »nichtgemeinsames Terrain … (das sind) Räume, in denen Begegnungen zwischen unterschiedlichen Sichtweisen stattfinden können, wo sich eine aktivistische und eine nichtaktivistische Haltung verbinden können, wo Gemeinschaftlichkeit sich entwickeln und reifen kann, wo Erfahrung und Kritik miteinander geteilt werden können.«[17]

Viele kommen, um Techniken zu lernen, die ein Leben mit geringen ökologischen Auswirkungen ermöglichen: Wie man eine Komposttoilette baut (viel einfacher übrigens, als eine konventionelle einzurichten), oder wie mit geringsten Mitteln ein funktionierendes Windrad entstehen kann. »Ich habe meine Kinder mitgenommen … damit sie was über den Klimawandel und darüber erfahren, wie man ein ökologisch verträglicheres Leben führen kann«, sagte ein Teilnehmer. »Sie haben viel mehr gelernt als in den vergangenen fünf Jahren in der Schule.« Manche verlassen das Camp mit neuen Fertigkeiten, andere fühlen sich angeregt, vom Wissen zur Aktion überzugehen. Cat, eine Frau aus dem Team des Willkommens-Zelts, hat das verändernde Potenzial des Camps sehr schön auf den Punkt gebracht: »Täglich habe ich Dutzende Leute getroffen, für die das alles vollkommen neu war. Und täglich ist mir irgendjemand wiederbegegnet, den ich am Tag zuvor begrüßt hatte, und der jetzt an Konsensentscheidungsprozessen beteiligt war, sich als Beobachter in rechtlichen Auseinandersetzungen betätigte oder zusammen mit anderen Essen kochte, von dem zweihundert Leute satt wurden … das nenne ich Erfolg.«

Ich habe oft die überraschte Feststellung gehört: »Also, das ist ja so was von *gut organisiert!*« Oft ist es das Erste, was Journalisten oder Leuten von außen auffällt, wenn sie das erste Mal hierher kommen. Einmal habe ich so etwas von Linda gehört, einer der Anwohnerinnen, deren Haus mitten auf dem Gelände steht, auf dem die Landebahn gebaut werden soll. Wir lernten sie kennen, als sie gerade an allen Laternenpfählen des Dorfes Schilder mit der Parole anbrachte: »Keine dritte Landebahn«. Dabei sagte sie zu einem Journalisten: »Wir wären besser dran, wenn *die* unser Land führen würden.« Sie hatte offenbar die kritische Haltung des Camps gegenüber dem Staat und überhaupt die anarchistischen Grundideen nicht ganz begriffen. Aber das liegt vielleicht daran, dass in der Öffentlichkeit eine Vorstellung von Anarchismus als Chaos und Unordnung vorherrscht, während das Camp ein lebender Beweis für funktionierenden Anarchismus ist. Unser Anarchismus ist von der subtileren Art, der es nicht nötig hat, irgendeinen »-ismus« vor sich herzutragen. Es ist ein Anarchismus, der sich eher durch eine Einstellung und eine Art, die Dinge anzugehen, definiert als durch Theorie oder Identität; ein Anarchismus, der nicht bei jeder Gelegenheit die schwarze Fahne hissen muss und der eher da auftaucht, wo man ihn nicht vermutet und er jeden überrascht.

Isa und ich schlafen tief und fest in »Humphrey«, dem von meinem Sohn Jack so getauften Campingbus (eigentlich ein umfunktionierter Kastenwagen), unter unserer molligen, knallig pinkfarbenen Bettdecke. Die letzten Tage waren hektisch. Wir hatten keine Zeit zu schreiben oder zu filmen. Im Grunde hatten wir beschlossen, Kamera und Notebook beiseite zu legen und uns mit dem zu beschäftigen, was wir am liebsten tun – am Camp teilzunehmen statt es darzustellen. Isa hat die Tage damit verbracht, mit dem Medien-Team zusammen Presseerklärungen zu schreiben, Horden von Journalisten über den Platz zu führen und Dutzende Interviews zu geben. Ich habe mich an der Vorbereitung der großen direkten Aktion beteiligt, mit der wir den Hauptsitz der BAA lahmlegen wollen. Dazu gehörte auch das Basteln großer quadratischer Schilde mit jeweils einem beeindruckenden Foto eines Menschen, der irgendwo auf der Welt vom Klimachaos betroffen ist. Wenn wir uns durch die beim Sitz der BAA unvermeidlichen Polizeiketten durchkämpfen müssen, werden uns die Schilde nicht nur vor den Schlagstöcken schützen, die Szenen, wie die Polizisten die großen Fotos von alten Menschen, Kindern, sudanesischen Frauen, Bauern aus Bangladesch etc. brutal zerstören, werden beeindruckende Fernsehbilder abgeben. Hinter manchen der Schilde verbergen sich außerdem Pop-Up-Zelte, sodass wir, gleich wenn wir bei dem Firmensitz ankommen, ein Camp aufbauen können.

Immer mehr Aktionen sind inzwischen vom Camp ausgegangen. Zwei Flughäfen für Privatjets sind am letzten Donnerstag blockiert worden. Gestern haben sich sieben Aktivisten mit Superkleber am Haupteingang des Verkehrsministeriums festgeklebt, und ein lettischer Tourist, der zufällig vorbeikam, gesellte sich merkwürdigerweise zu ihnen und kettete sich an die Tore an. Als ihn die Polizei fragte, woher er komme, antwortete er: »Aus dem Wunderland.«

Die Medienschlacht hat begonnen. Die BAA hat achtzig Leute eigens dafür in ihrer PR-Abteilung eingestellt, um unserer Darstellung zu widersprechen, wonach ein Zusammenhang zwischen Luftfahrt und Klimakatastrophe besteht. Die Medienberichterstattung über uns ist weltweit und reicht von der *L.A. Times* bis zu den *China News*; wir sind in den Medien von insgesamt vierzig Ländern präsent. Der *London Evening Star* hat sich eine Geschichte über Klima-Camper ausgedacht, die damit drohen, auf dem Flughafen Bombenattrappen einzusetzen. Sie wurde von anderen Zeitungen aufgegriffen und wiederholt, so von der *Sun*, die titelt: »Öko-Spinner greifen an: Bombenanschlag auf Heathrow«. Wir antworten auf ihre finstere Propaganda: »Wir sind nur mit Expertise bewaffnet« und wiederholen, dass unser Kampf nicht den Fluggästen, sondern den Unternehmen gilt, die Flughäfen erweitern. Wir hätten nicht vor, Pisten zu blockieren.[18] Wir haben nicht bekannt gegeben, was wir am Hauptaktionstag vorhaben; so bleibt die Spannung für die Medien erhalten.

Die Entscheidungen im Camp werden im Rahmen großer Planungsversammlungen von manchmal 400 oder 500 Leuten getroffen – etwas, was die meisten Journalisten nicht begreifen oder wahrscheinlich nicht glauben. Sie denken offenbar immer noch, dass das Camp von ein paar »Stammesältesten«, wie sie sie nennen, geleitet wird.

Wegen des mahlenden Lärms von Jetmotoren, der unseren Wagen im Morgengrauen erzittern lässt und uns weckt, leiden wir ernsthaft unter Schlafmangel. Sie klingen wie Kreissägen, die die Wolken zerschneiden. Man versteht, warum in vielen Schulen der Gegend die Kinder nicht draußen auf dem Hof spielen dürfen: wegen des Lärms der Flugzeuge beim Starten und Landen. Neuere Studien haben im Übrigen nachgewiesen, dass das Krebsrisiko in der Nähe von Flughäfen ebenso steigt wie die Häufigkeit von Herzversagen und anderen stressbedingten Erkrankungen. Laut diesen Untersuchungen ist an solchen Orten auch die Lern- und Erinnerungsfähigkeit von Kindern erheblich beeinträchtigt. Es fällt schwer, sich 900 zusätzliche Flugzeuge täglich am Himmel über uns vorzustellen – genau das würde aber eine weitere Flugpiste mit sich bringen.

Unser Kastenwagen, der wie alle anderen Fahrzeuge dank der polizeilichen Staßensperren nicht ins Camp reinkommt, steht eingeengt in einer schmalen Lücke zwischen einer Wellblechwand und dem Drahtzaun um ein daran anschließendes Feld. Im Zaun ist ein Loch, durch das sich alle, die ins Camp rein oder aus dem Gelände raus wollen, durchschlängeln und so die Polizeiposten und die Durchsuchungen umgehen. Trotz dieses heimlichen Hin und Her ist unsere Ecke relativ ruhig. Das galt jedenfalls bis um vier Uhr eines Morgens, als der ganze Wagen unter heftigen Schlägen ans Fenster erbebt. Ich krieche aus dem Bett und ziehe die Vorhänge zur Seite. Der blendende Strahl einer Taschenlampe trifft mich ins verschlafene Gesicht. Es ist die Polizei.

Ich schiebe die Tür auf. Sechs Polizisten stehen um den Wagen herum. Sie kommen rein und durchsuchen alles. Jede Schublade wird ausgeleert, jede Schachtel geöffnet, sie blättern in utopischen Romanen, schauen in Isas kleine Behälter für die Kontaktlinsen und halten uns für Stunden wach. So jedenfalls kommt es uns um diese nächtliche Zeit vor. Sobald sie weg sind, versuche ich, wieder einzuschlafen, aber ich kann nicht aufhören zu grübeln, und mein ganzer Körper bebt vor Wut, weil sie uns schon wieder behandelt haben, als wären wir Terroristen. Worin besteht unser Verbrechen? Darin, dass wir uns weigern, um Erlaubnis zu fragen, und bereit sind, mit unserem zivilen Ungehorsam gegen Gesetze zu verstoßen? Ich glaube nicht, dass darin das eigentliche Verbrechen besteht. Klagt man uns an, weil wir die Regierung und die Unternehmen gedemütigt haben, indem wir die absurden Widersprüche zwischen dem, was sie über den Klimawandel verkünden, und dem, wie sie sich verhalten, aufgedeckt haben? Ich glaube, auch das ist es nicht. Ich denke, in ihren Augen ist es unser größtes Vergehen, dass das Klima-Camp eine Ermutigung zum Ungehorsam darstellt, dass es zeigt: Selbstverwaltung ist möglich. Die Bedrohung wirkt umso stärker, als das Beispiel weithin sichtbar ist, nicht irgendwo versteckt in einem fernen Tal oder an einem Berghang weit außerhalb der Stadt, sondern am Ende der Londoner U-Bahn-Linie Picadilly und unter den Blicken der Medien aus aller Welt.

Das Klima-Camp bringt Leute zusammen, wie Isa und ich es sind, Kampagnen-Aktivisten, geübt darin, Aktionen zu organisieren, sie überzeugend zu kommunizieren, Leute zu mobilisieren etc. Und es treffen sich hier auch die »Bastler-Aktivisten«, ein besseres Wort fällt mir nicht ein. Hacker, Gärtner, Handwerker, die wissen, wie man eine Solardusche aus Abfallmaterial baut, wie man eine komplexe Computer-Software entwickelt, mit deren Hilfe ein Verbund von achtzehn gebrauchten Laptops mit weniger als 450 Watt läuft[19], wie man Generatoren und Verstärker an Fahrräder anschließt, um dann ein Weilchen in den Hecken zu verschwinden und mit einem Arm voll essbarer Grünpflanzen und Kräuter für einen Salat zurückzukommen. Natürlich gibt es auch ein paar wenige Multitalente, die über beide Arten von Fähigkeiten und Fertigkeiten verfügen, aber für die meisten von uns gilt das nicht. Doch das Camp ermöglicht den Brückenschlag zwischen diesen beiden Kulturen und schafft Räume für einen ständigen Austausch. »Jeder gehört zur Belegschaft«, ist ein geflügeltes Wort im Camp, das besagt, jede und jeder ist an den praktischen Aufgaben des täglichen Lebens im Camp beteiligt: an Bauarbeiten, am Kochen, am Betrieb des Büros, das Werkzeug verleiht, an der Leerung der Komposttoiletten, am Abwasch, an der Organisation von Treffen, an Mediengesprächen und an den Sicherheits-Patrouillen, die täglich rund um die Uhr stattfinden. Es gibt die Möglichkeit, wenn man möchte, sich an allen diesen Aufgaben zu versuchen und sich neue Fertigkeiten anzueignen, das läuft alles ganz informell ab, aber die Dinge müssen erledigt und die Zeitplanung eingehalten werden.

Jeden Morgen findet ein Nachbarschaftstreffen statt, bei dem eine Liste der Aufgaben und Zeitpläne vorgelesen wird. Es finden sich Freiwillige, und der Zeitplan füllt sich. Natürlich sind manche Jobs attraktiver als andere, und eine der

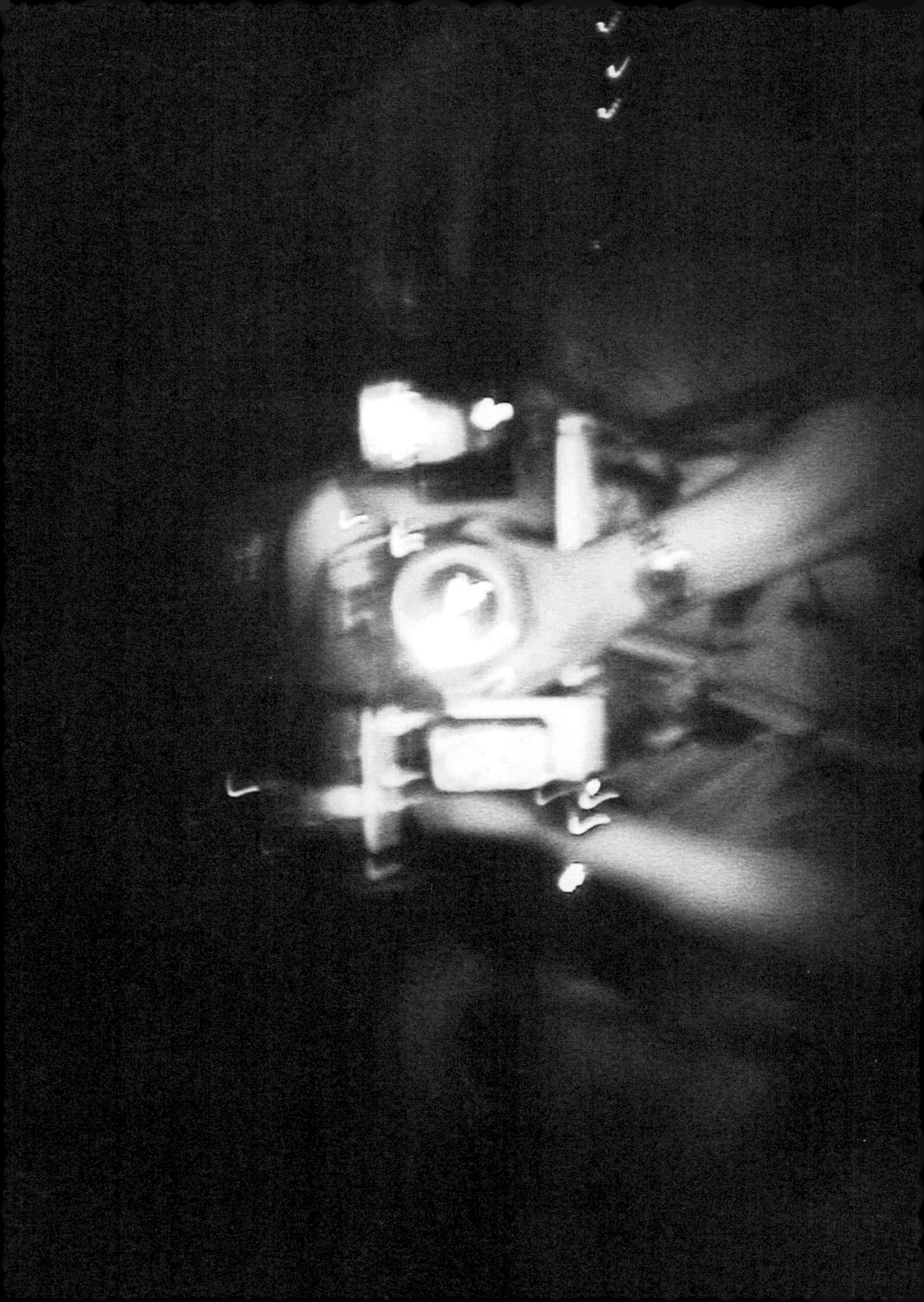

unbeliebtesten Aufgaben ist die »Bullenbeobachtung«: jeweils zu zweit, eingeteilt in Vier-Stunden-Schichten, Tag und Nacht durchgehend den Polizisten auf dem Gelände zu folgen. Obwohl wir eigentlich keine Polizei im Camp-Gelände haben wollten, wurde sie uns aufgedrängt. Seit sie am ersten Tag um fünf Uhr früh ins Camp eingefallen ist, müssen wir jetzt mit zwei Patrouillen à zwei Polizisten leben, die rund um die Uhr im Camp unterwegs sind. Die Polizei, die sich ihrerseits bereit erklärt hat, nicht in Zelte oder Arbeitsräume einzudringen, gibt vor, im Camp polizeiliche Aufgaben genauso wahrzunehmen »wie in irgendeinem Dorf«. Aber ich kenne keine Gemeinde mit rund tausend Einwohnern in diesem Land, in der Tag und Nacht vier Polizisten patrouillieren und auf angrenzenden Wegen 1800 weitere als Verstärkung bereitstehen.

Sich vier Stunden damit um die Ohren zu schlagen, dass man ein paar Polizisten beschattet, die in großen Kreisen herumspazieren, ist nicht gerade eine reizvolle Beschäftigung – besonders wenn es sich um die Schicht zwischen vier und acht Uhr früh handelt –, aber auch das hat seine Reize. Zufällig schnappe ich eines Nachts ein Gespräch zwischen einem »Beschatter« und einem Polizisten auf. »Wissen Sie«, erklärt der Aktivist dem Polizisten, »das Wort ›Anarchismus‹ hat nichts mit Chaos zu tun; wenn Sie mal im Wörterbuch nachschlagen, werden Sie sehen, es bedeutet einfach nur: ohne Herrscher oder Chef…« »Na gut«, unterbricht ihn der Polizist höflich, »es ist jetzt zwei Uhr früh, meine Schicht hat am Nachmittag begonnen, ich bin müde, und außerdem hatte ich diese Predigt über die Anarchie schon zwei Mal. Bitte lassen Sie uns einfach schweigend weitergehen.« Anscheinend war der Polizist bei seinen Patrouillengängen im Lager auch schon in den Genuss eines ausgiebigen Lehrgangs in Permakultur sowie einer Einführung in die Klimakunde gekommen. Der Austausch von Wissen kennt an diesem Ort keine Grenzen!

Kritiker einer selbstverwalteten Gesellschaft weisen häufig darauf hin, dass es nie gelingen kann, Menschen für die unangenehmen Tätigkeiten zu gewinnen, wobei eines ihrer Lieblingsbeispiele die Reinigung der Abflussrohre ist. Wer würde wohl ohne die monetäre Bestechung Lust haben, eine solche ekelhafte Arbeit zu tun?, fragen sie. Doch beim Klima-Camp scheint das Ausleeren der Komposttoiletten nicht weniger beliebt zu sein als den Bullen zu folgen oder zu kochen. Eine der freiwilligen Organisatorinnen der »Londoner Nachbarschaft« ist der lebende Beweis für die Effizienz derjenigen, die etwas mit Leidenschaft tun. Jeden Morgen steht sie beim ersten Nachbarschaftstreffen vor einem Haufen verschlafener Camper, mustert sie mit dem durchdringenden Blick ihrer blauen Augen und moderiert den Teil der Versammlung, bei dem es um die Freiwilligen geht, die sich für die verschiedenen Erledigungen des Tages melden. Eigentlich ist das eine Aufgabe, um die sich kaum jemand reißen würde, denn die Furcht vor jeder Art von Zwang und das Misstrauen in dieser Hinsicht sind ein gesunder Teil der Kultur, die auf dem Camp vorherrscht. Aber Hannah erledigt diese Aufgabe mit der Leichtigkeit und der Ausstrahlung eines Straßenhändlers, der ein Lebenselixier feilbietet. »Und wir haben jetzt Michael da hinten links, der sich für die Schicht von Mitternacht bis vier Uhr am hinteren Tor angeboten hat. Wir brauchen da noch jemanden, der Michael gerne ein bisschen …«, sie grinst verschmitzt, »… näher kennenlernen würde.« Ihr Lächeln breitet sich über dem ganzen Platz aus. Wenn jemand etwas mit größtem Vergnügen tut, dann kann der Charme dieser Person dabei unwiderstehlich sein, und Hannah bringt es fertig, ein banales morgendliches Treffen, bei dem die Arbeit aufgeteilt werden muss, in einen alle begeisternden Auftritt zu verwandeln.

Selbstverwaltung baut auf Leute mit dieser Art Energie und Begeisterung, die charismatischen Führungskräften nicht ganz unähnlich sind. Der entscheidende Unterschied liegt jedoch darin, dass diese Fähigkeiten niemals eingesetzt werden, um andere zu etwas zu drängen, sondern einfach nur dafür, einen kollektiven Prozess anzuregen und effizient gestalten zu helfen.

Die Selbstverwaltung baut auch auf die stilleren Leidenschaften derer, die schon um sechs aufstehen, um mit den Vorbereitungen fürs Frühstück anzufangen, auf die etwas verschrobenen Leidenschaften des Sicherheitsteams, das ein Funksystem für das Camp einrichtet, auf die Leidenschaft der Aktivisten am Willkommenstisch, die gerne eine freundliche Atmosphäre schaffen, und auf die Geduld derer, die das »Entspann-dich-Zelt« gestalten, wo du umsonst eine Massage bekommst oder einfach eine Tasse Tee und einen Plausch, solltest du, warum auch immer, bedrückt sein oder dir Sorgen machen.

Die Klima-Camp-Bewegung entstand aus der Frustration darüber, dass die globalisierungskritischen Proteste[20] anlässlich großer internationaler Gipfel der G8, der Welthandelsorganisation oder des Weltwährungsfonds ihr Überraschungspotenzials verloren hatten.[21] Die globale Elite hielt einen Gipfel ab, wir protestierten, sie ließ Tränengas gegen uns einsetzen und ließ uns verhaften, und wir wiederholten das Ritual im darauf folgenden Jahr. Das Problem der Gipfel-Mobilisierungen bestand auch darin, dass wir nie die Wahl trafen, wohin wir mobilisierten. Als der General der föderierten amerikanischen Staaten, Nathan Forest, gefragt wurde, wie es ihm gelungen sei, so viele Schlachten zu gewinnen, fasste er seine militärische Strategie in sechs Worten zusammen: »Als Erste und möglichst zahlreich ankommen.« Wenn man sein Kampfgebiet selber aussucht, indem man als Erster ankommt, stehen die Chancen zu gewinnen besser. Im Fall des Klima-Camps bedeutet gewinnen nicht nur, das Bewusstsein für das Desaster der Klimaveränderungen wecken, es bedeutet auch, die Kohlendioxidemissionen unmittelbar und an der Quelle zu unterbinden und dies mit Methoden, die in Einklang mit der Vision einer Gesellschaft stehen, in der wir leben wollen.

Im Jahr 2006 tat sich eine Handvoll Aktivisten aus den globalisierungskritischen Bewegungen und britischen ökologisch orientierten Gruppen zusammen, die mit den Methoden der direkten Aktion arbeiten[22] und beschlossen, nunmehr proaktiver vorzugehen. In diesem Zusammenhang entwickelten sie das

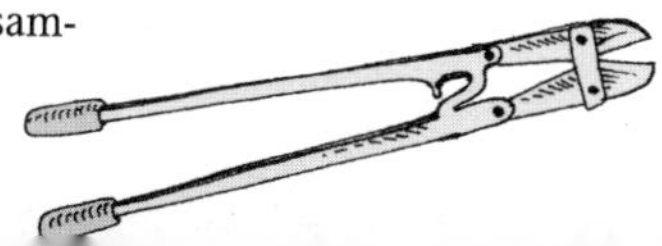

Konzept des Klima-Camps. Die Bewegung beschloss, wo und wann ein Camp errichtet würde und wogegen sich der zivile Ungehorsam in diesem Fall richten sollte. All das wurde in einem kollektiven Konsensverfahren geplant, in das Gruppen aus dem ganzen Land einbezogen waren.

Während die Aktionen selber Momente eines kollektiv erlebten aufregenden Abenteuers sind, bildet etwas sehr viel Banaleres, doch für unsere Praxis Zentrales ihre Grundlage: Versammlungen. Genau hier, im Kreis von rund hundert Menschen, sind die Wurzeln des gesellschaftlichen Experiments, hier gehen wir auf eine Art und Weise miteinander um, die bereits die angestrebte Welt ohne Hierarchien vorwegnimmt. Wie der Philosoph Fredric Jameson in seinem bahnbrechenden Werk über *The Desire Called Utopia* ausführt: »Das zentrale Problem aller politischen Philosophie (und später der Politikwissenschaft) ist die Konstitution der Gruppe.«[23] Die Techniken, die bei Versammlungen angewandt werden, mögen wie etwas anmuten, das zu banal ist, um es bei einer Reise durch Utopien zu berücksichtigen, doch gerade mit der Art, wie wir Ideen austauschen, unsere unterschiedlichen Standpunkte zur Kenntnis nehmen und gemeinsam Entscheidungen treffen, beginnt die Utopie. Anstelle von pyramidenförmigen Kontrollstrukturen, die von oben nach unten orientiert sind, praktiziert das Klima-Camp das, was manche als »Horizontalismus«[24] bezeichnen: Die Stimmen und Meinungen aller sollen hörbar gemacht werden, und Entscheidungen werden im Konsens getroffen. Mehrheitsentscheidungen gehen unweigerlich über die Minderheitsmeinungen hinweg, während das Konsensverfahren einen Versuch darstellt, Lösungen zu finden, bei denen jede und jeder das Gefühl bekommt, etwas beigetragen zu haben. Die Klima-Camp-Treffen gehören zu den offensten, im wahrsten Sinne demokratischen Prozessen, an denen ich je beteiligt war. Dabei wurden mit Bedacht entwickelte Moderationsmethoden angewandt, die Tagesordnung war genau durchdacht und vorbereitet worden, und so hatten diese Treffen nicht das Geringste mit den Verbalschlachten gemein, die man mit Versammlungen ohne Führung assoziiert.

Eine der innovativsten Techniken in diesem Zusammenhang ist die der Handsignale[25], die dazu dienen, während der Versammlung Meinungen und Positionierungen nonverbal zu signalisieren, darunter der »stille Applaus«, eine Geste, die ausdrückt, dass man zustimmt, und die es ermöglicht, den Grad an Übereinstimmung unter den Versammelten festzustellen. Diese Formen der nonverbalen Kommunikation sind unglaublich wirksam, da sie den Fluss der Debatte fördern und den Entscheidungsfindungsprozess beschleunigen.

Nach zwei Jahrzehnten Arbeit in nichthierarchischen Gruppen habe ich ein gerüttelt Maß an nicht enden wollenden ermüdenden Sitzungen hinter mir, bei denen man einfach zu keiner Entscheidung kommt und immer dieselben Personen sich nicht einigen können, und an deren Ende man mit dem Gefühl nach Hause geht, dass der Traum von einer nichthierarchischen Gesellschaft noch weiter weg ist als man zu Beginn angenommen hat. Diese Unfähigkeit, kollektiv zu kooperieren, ist 1970 in einem berühmten Artikel von der US-Amerikanerin Jo Freeman analysiert worden, die die »Tyrannei des Fehlens jeglicher Struktur« kritisiert, die sie in der damaligen Frauenbewegung zu entdecken glaubte. Zwar ist gegen ihre Analyse manches einzuwenden, doch kommt ihr das Verdienst zu, uns daran erinnert zu haben, dass Struktur nicht notwendigerweise mit Hierarchie gleichzusetzen ist, und insbesondere, dass »eine unstrukturierte Gruppe schaffen zu wollen, ebenso nutzlos und irreführend ist, wie vorzugeben, Informationen seien ›objektiv‹, die Sozialwissenschaften ›wertfrei‹ oder die Wirtschaft ›frei‹. Eine Gruppe, die ganz auf dem Prinzip des ›laissez faire‹ beruht, ist eine ebenso realistische Vorstellung wie die von einer ›laissez faire‹-Gesellschaft: Die Idee von der Gruppe ohne Strukturen vernebelt nur die Tatsache, dass in einer solchen Gruppe die Stärksten oder diejenigen, die bessere Karten haben, eine nicht mehr zur Diskussion stehende Herrschaft über die anderen durchsetzen können.«[26]

So entstehen tatsächlich unsichtbare Hierarchien, die umso schwerer abzubauen sind, als sie kaum erkannt werden. In einer Gruppe, deren zentrales Prinzip das der Selbstverwaltung ist, fällt es denjenigen, die de facto die Rolle der Elite spielen, umso schwerer, sich ihrer Macht bewusst zu werden (und ihren Rückzug aus dieser Position zu akzeptieren), als sie sie angeblich gar nicht haben. Das Instrumentarium des Klima-Camps sorgt mit dafür, dass die Gruppe tatsächlich horizontal organisiert und der Konsens echt ist.

Somit kann man zu einem Entscheidungsfindungsprozess kommen, dessen Qualität sich daran bemisst, wie Isabelle Stengers es ausdrückt, »dass alle, die daran teilgenommen haben, wissen, es ist ihre Entscheidung, an der sie persönlich ihren Anteil hatten, dass es aber der Erfolg des Kollektivs ist, wenn sie sagen können, ›das ist meine Entscheidung‹.«[27] Es geht nämlich nicht darum, aufgrund eines Machtkampfes von Konflikten und Koalitionsangeboten schließlich zu einem Kompromiss zu kommen. Im Gegenteil, die Entscheidung ist mithilfe der Fähigkeit der Gruppe zustande gekommen, alle Gesichtspunkte, die präsent sind, die Einsichten aller einzubeziehen. »Eine solche Entscheidung wird zur Übersetzung einer Position, die die Gruppe sich geschaffen hat, und stellt einen Beweis für die Kraft dar, die aus den anfänglich unterschiedlichen Positionen bezogen wurde; ein Ergebnis der Reise von den vielen ›ich meine‹ zum ›wir meinen‹.«[28]

Das Klima-Camp mag den Eindruck erwecken, es sei wie durch Zauberei mitten in der Nacht auf rätselhafte Weise entstanden, doch tatsächlich ist es das Ergebnis extrem harter Arbeit, die Hunderte monatelang im ganzen Land geleistet haben. Jede Entscheidung, die das ganze Camp angeht, wird bei den Treffen auf nationaler Ebene durch Konsens gefällt. Diese finden monatlich und rotierend in verschiedenen britischen Städten statt. Jeweils rund hundert Leute reisen an, diskutieren und planen ein ganzes Wochenende lang das Camp.

Niemand wird dafür bezahlt, manche arbeiten Vollzeit an den Vorbereitungen, andere einen Tag in der Woche und wieder andere schaffen es irgendwie, neben ihren anstrengenden Vollzeitjobs immer wieder ein bisschen Zeit aufzubringen. Manche nehmen sich eigens Urlaub, und manche Studierende schwänzen Lehrveranstaltungen oder, wenn sie bereits fertig sind mit dem Studium, organisieren sie im Rahmen eines »Forschungsprojekts« irgendeine Kampagne für eine Nichtregierungsorganisation. Wieder andere am Camp Beteiligte leben sehr bescheiden in besetzten Häusern von wiederverwerteten Materialien und Resten.

Für die unterschiedlichen Aspekte des Camps sind Arbeitsgruppen zuständig, die für jeden, der dazustößt, offen sind, das ganze Jahr über tätig sind und zu jeder Versammlung Delegierte schicken. Jede Gruppe konzentriert sich auf ein bestimmtes Thema. Im Rahmen ihrer klar umrissenen Aufgabe, die auf den nationalen Treffen festgelegt wird, treffen die Gruppen selbstständige Entscheidungen. Alle Themen, die das gesamte Camp betreffen, werden dagegen auf die Versammlung getragen und dort von allen besprochen und entschieden.

Aber nicht alles kann so transparent verhandelt werden. Die Zusammenkünfte sind für die Öffentlichkeit uneingeschränkt zugänglich, und so bleibt eine polizeiliche Infiltration nicht aus. Wüsste die Polizei jedoch im Vorfeld bereits, wo genau das Camp aufgeschlagen werden soll, würde sie die Errichtung mit Sicherheit verhindern. Daraus ergibt sich, dass eine geschlossene »Landgruppe« unerlässlich ist. Ein Jahr lang hat eine Handvoll Leute, die allgemein Vertrauen genießen und deren Identität bei den öffentlichen Treffen nie preisgegeben wird, das Vereinigte Königreich durchkämmt, um einen für die Abhaltung des Klima-Camp passenden Flecken zu finden. Die »Landgruppe« hat in jedem Fall einen genau festgelegten Auftrag: Sie muss ein Objekt ausmachen, das geeignet erscheint, die absurden Widersprüchlichkeiten von Regierungs- bzw. kapitalistischer Politik zum Klimawandel deutlich zu machen, und wo sich zugleich ein Feld befindet, das sich für eine Besetzung eignet. Es sollte auch so gelegen sein, dass man von dort aus direkte Aktionen planen kann, und so angenehm, dass genügend Leute Lust darauf haben können, eine Woche auf diesem Platz zu verbringen. Der darf nicht jederzeit leicht von der Polizei zu umstellen, zugleich aber muss er für Fahrzeuge so gut zugänglich sein, dass Material und Notfallhilfe hingebracht werden können. Der Platz sollte in der Nähe einer Trinkwasserquelle, aber nicht in direkter Nachbarschaft eines Wohngebiets liegen. Nicht ganz einfach, besonders da die ganze Recherche heimlich und ohne Einsatz von Computern oder Telefonen[29] vonstatten gehen und eine glaubwürdige Geschichte herhalten muss, falls man beim Ausgucken eines Platzes überrascht wird.

Die Entscheidung für Heathrow fiel bei einem der Treffen auf nationaler Ebene. Die »Landgruppe« hatte eine ganze Reihe unterschiedlicher »Angriffsziele« vorgeschlagen. Dazu gehörte eine Ölraffinerie ebenso wie der Bauplatz eines neuen Kohlekraftwerks in Kingsnorth, ein Gebiet, wo Kohle im Tagebau abgebaut wird, und auch die geplante dritte Landebahn.

Zu jedem Ort gab es eine Liste des Für und Wider und von strategischen und praktischen Begründungen, die für sie als mögliche Ziele sprachen. Die rund hundert Anwesenden mussten zu einer Konsensentscheidung kommen, wo das Camp stattfinden sollte.

Stunden hitziger und schwieriger Debatten waren unvermeidlich. Manche fürchteten – bis zu Tränenausbrüchen –, die Armee würde auf uns losgelassen, wenn wir uns den Flughafen vornehmen würden. Andere sprachen sich mit Leidenschaft für andere Orte aus; sie argumentierten, wenn erst einmal das Kraftwerk in Kingsnorth gebaut wäre, dann gäbe es kein Halten mehr für ein Comeback der »neuen« Kohle. Ich erinnere mich an eine junge Frau, die jeder und jedem intensiv in die Augen sah und uns sagte, die Regierung plane 26 Flughafenerweiterungen, obwohl wir doch bis 2010 eine zehnprozentige Reduzierung der Emissionen benötigten, um einen totalen, nicht mehr revidierbaren Klima-Kollaps zu verhindern. »Die wissenschaftlichen Beweise sind unabweisbar«, beschwor sie uns mit zitternder Stimme. »Wenn wir bis 2016 warten, stehen die Chancen 50 zu 50, dass wir eine Katastrophe erleben werden. Die dritte Landebahn darf auf keinen Fall gebaut werden!«

Die Meinungen änderten sich mit jedem überzeugenden, intelligenten Argument, das vorgebracht wurde. Diese Umschwünge waren deutlich spürbar, während es eben nicht um ein Hick-Hack zwischen festgefahrenen Positionen ging; alle waren wirklich aufgeschlossen und überlegten, was für die Bewegung am besten wäre, und waren nicht auf ihre persönliche Ansicht fixiert. Schritt für Schritt tasteten wir uns an die Entscheidung heran, aber in konsensbildenden Prozessen ist nichts entschieden, bis eine von allen getragene Übereinkunft gefunden ist. Um den Konsens zu »testen«, bedarf es einer Moderatorin oder eines Moderators.

Die Anspannung im Raum war greifbar, es fühlte sich an, als würden alle auf der Stuhlkante sitzen und sich festklammern. Die Moderatorin sprach ruhig, aber mit einer Spur Erschöpfung in der Stimme: »Es steht der Vorschlag, den Flughafen Heathrow zum Angriffsziel des Klima-Camps 2007 zu machen. Sind unter uns welche, die sich angesichts dieses Vorschlags zurückziehen?«

Konsens bedeutet nicht, dass Einstimmigkeit erzielt werden muss. Es geht vielmehr darum, kooperativ eine Idee zu entwickeln und eine Entscheidung zu treffen, mit der jeder Teilnehmer leben kann. Es ist unvermeidlich, dass gelegentlich ein Einzelner der Gruppenentscheidung nicht zustimmen kann.

Eine Möglichkeit besteht darin zu »blocken«, was bedeuten würde, die ganze Debatte müsste von neuem beginnen, oder die Gruppe käme zu dem Schluss, dass sie nicht zusammenarbeiten kann, und würde sich aufspalten. Doch das »Blocken« wird als letzter Ausweg betrachtet. Dazu kommt es nur, wenn die betreffende Person der Auffassung ist, dass der unmittelbar bevorstehende Beschluss mit den gemeinsamen grundlegenden ethischen Prinzipien unvereinbar ist. Meistens ist es aber so, dass sich Einzelne »zurückziehen«. Das bedeutet, sie sind mit der Entscheidung nicht einverstanden und werden wahrscheinlich bei diesem Projekt nicht mehr mitarbeiten, sie empfinden aber ihren Dissens nicht derart tiefgreifend, dass sie die Konsensentscheidung »blocken« und somit die Umsetzung verhindern wollen.

Sechs der Anwesenden hoben die Hand und wurden umgehend gebeten, sich zu äußern und ihren Rückzug zu begründen. Sie machten klar, warum sie nicht damit einverstanden waren, das Camp beim Flughafen abzuhalten. Alle lauschten respektvoll. Es war ein zutiefst demokratischer Prozess, der hier ablief, bei dem die Stimme von Minderheiten ebenso viel Zeit bekam wie diejenige der Mehrheit, die wiederum davon überzeugt war, von der Minderheit lernen zu können. Als die sechs sich geäußert hatten, eröffnete die Moderatorin erneut die Diskussion. Manchmal können gut begründete Rückzüge die Stimmung bei einem Treffen kippen lassen. Sechs von hundert ist kein zu vernachlässigender Anteil, und wenn sich weitere angeschlossen hätten, wäre es unwahrscheinlich gewesen, dass wir einen Konsens erreicht hätten.

Als die Diskussion zum Abschluss kam, testete die Moderatorin erneut den Konsens. Niemand blockte mehr. Ein Aufatmen ging durch den Raum. Wäre die Zahl der Rückzüge deutlich angestiegen, wären mehr Leute durch die Argumente überzeugt worden, dann hätte die Zwölf-Stunden-Debatte wohl von Neuem beginnen müssen. Doch diesmal zogen sich weniger Leute zurück. Vielleicht genügte es manchen, dass man ihnen zugehört hatte, um sich auf den Boden der kollektiven Entscheidung zurückzubegeben. »Haben wir einen Konsens erreicht?«, fragte die Moderatorin schließlich. Hundert Menschen bewegten die Hände in wortloser Zustimmung. »Wir haben einen Konsens: Das nächste Klima-Camp wird in Heathrow stattfinden!« Jubel brach los. Ich kriege jedes Mal wieder eine Gänsehaut, wenn ich an diesen Augenblick denke.

Natürlich hatten wir alle Angst. Mit Heathrow hatten wir uns eindeutig für die »Irrsinnsoption« entschieden. Doch im tiefsten Inneren wussten wir, dass eine Veränderung nur dann zustande kommt, wenn Bewegungen den Mut zum Wagnis aufbringen. Das reichhaltige Leben auf unserer Welt könnte untergehen, nur weil wir zu ängstlich sind. Allzu viele Akte des Gehorsams könnten Ozeane und Wälder, Böden und Wasser der Vernichtung preisgeben. Die Klimakrise unterscheidet sich grundlegend von allem, womit wir je konfrontiert waren. Sie ist keine historische Situation, in der wir den Kopf einziehen und abwarten könnten. Sie verlangt von uns, dass wir Widerstand leisten, Farbe bekennen und uns verweigern.

Das Camp findet seinen Abschluss mit 24 Stunden andauernden Aktionen gegen die Luftfahrtindustrie. Niemand hatte mit so vielen Aktivitäten in einer solchen Breite gerechnet. CNN ließ irgendwann sogar verlauten, es handle sich um einen »Klima-Aufstand in Großbritannien«.

Am darauf folgenden Nachmittag kamen tausend Menschen ins große Festzelt, um dort ein letztes Mal zusammenzutreffen. Im Verlauf einer guten Woche hatten auf dieser Art

Dorfplatz des Camps angespannte Großversammlungen stattgefunden, auf denen entschieden worden war, wie weiter vorgegangen werden würde; ausgelassene nächtliche Tanzereien, Kabaretts und leidenschaftliche politische Reden hatte das Zelt beherbergt, und jetzt ist es für uns an der Zeit, unsere Erlebnisse der vergangenen 24 Stunden auszutauschen.

Eine Frau steht auf: »Wir sind gerade vom Hauptsitz der BAA zurück, wir haben ihn außer Betrieb gesetzt. Die Spezialeinheiten der Polizei und die Reiterstaffel haben versucht uns abzuhalten, aber dank der grandiosen Fünf-Finger-Technik[30] haben wir sie überlistet … ein paar Hundert von uns haben in ihrem Park Zelte aufgestellt, und 24 Stunden lang ist niemand von der BAA zur Arbeit gekommen! Es war unglaublich.« Großer Jubel. Jemand anderes ergreift das Wort: »Wir haben uns mit schwarzem Sirup beschmiert, uns in Geschäftsanzügen am Sitz von *British Petroleum* angekettet und dabei einen Trauergesang für den Planeten angestimmt« – noch mehr Jubel. »Ich hab gerade eine Nachricht aus Leeds bekommen.« Ein hochaufgeschossener Mann fuchtelt mit seinem Handy herum. »Ein paar Leute haben Bridgeport besetzt, eine Investment-Firma, die Kapital für die Erweiterung des Flughafens Leeds-Bradford bereitstellt.« Eine Frau steht auf einem der Heuballen, die als Sitzgelegenheiten dienen: »Die Zufahrt zum Atomkraftwerk Sizewell ist fünf Stunden lang blockiert worden!« Jubel und Applaus. Ein Mann weiter hinten in der Runde übertönt das Klatschen: »Zehn Personen, die wunderschöne rote Herings-Masken trugen, sind auf das Bürogebäude von *Climate Care* geklettert und haben von da oben ein Transparent entrollt, auf dem stand: CARBON OFFSET = RED HERRING (CO_2-Kompensation ist Augenwischerei; ›red herring‹ bedeutet ›Finte‹, ›Täuschungs- oder Ablenkungsmanöver‹). Zehn andere haben dem Manager im Büro echte Fische übergeben und dazu eine Ausgabe des Berichts über den Mythos der CO_2-Kompensation.«

Immer neue Geschichten dieser Art nähren die Euphorie, und dann wird es plötzlich ganz still. Eine Mutter mit ihren beiden kleinen Söhnen kommt ins Zelt. Sie sind aus dem benachbarten Dorf. Sie tragen ein ungelenk gepinseltes Transparent mit der Aufschrift: »SIPSON DANKT EUCH.«[31] Mir kommen fast die Tränen. Ich sehe mich um und stelle fest, dass ich nicht der Einzige bin, dem es so geht. Es war ein weiter Weg seit den ersten Treffen im Gemeindezentrum von Sipson, wo wir die dortigen Anwohner trafen und zunächst befürchteten, dass direkte Aktionen sie abschrecken würden.

Inzwischen verbringen wir schon zwölf Tage auf diesem Feld. Die Seiten meines Notizbuchs sind so feucht, dass die Worte allmählich ineinander verschmieren. Es scheint schon seit Ewigkeiten zu regnen. Vor zwei Tagen war dieses Feld noch ein vorübergehendes belebtes Zuhause für zweitausend Menschen. Jetzt ist es fast leer, und die letzten verbliebenen Gerüste werden abgebaut. Die meisten Leute sind bereits gegangen. Mich überkommt ein Gefühl der Leere und des Verlusts nach all dem

Überschwang, nach der intensiven Erfahrung eines kollektiven schöpferischen Prozesses. Eine kleine Gruppe wird hier ausharren und noch ein paar Tage mit Hingabe daran arbeiten, ein vollkommen wiederhergestelltes Feld zurückzulassen. Nach dem Camp vom letzten Jahr schrieben uns die dortigen Zuständigen für den Naturschutz, wir hätten den Platz in einem besseren Zustand hinterlassen, als er zuvor gewesen sei.[32]

Alles ist so schnell verflogen, und doch haben wir fast ein ganzes Jahr gebraucht, um es vorzubereiten – ein Jahr für eine Woche auf einem Feld! Manchmal kommt uns das sinnlos und verrückt vor. Aber es war eine Woche, in der wir den Schritt aus der einschränkenden Logik einer Gesellschaft hinaus gewagt haben, die unsere Imagination bannt, sodass wir uns nichts anderes als die bestehenden Verhältnisse vorstellen können.

Jetzt kehren die Klima-Camper wieder zurück in die erdrückenden Arme von Konsum-Utopia, zurück zur Arbeit, zu den schrillen Farben der Supermärkte und Kaufhäuser, in die U-Bahn, wo man dem Blick des Nachbarn ausweicht, zu dem Vorgesetzten, der einen herumscheucht. Wir kehren zurück in die lähmenden Zusammenhänge des Gehorsams, wo wir unsere Kreativität, unsere Fähigkeit, die Welt selber zu gestalten, vergessen. Zurück, um uns wieder in den Rhythmus einzufügen, den der Kapitalismus vorgibt. Der flüchtige Lebensmoment ist vorbei, den wir uns zusammen geschaffen haben, ohne Vordenker, Direktoren oder die drückende Last einer Hierarchie.

Ich habe diese kurzen Unterbrechungen satt, die es nur einmal im Jahr gibt, diese Risse im festen Gewebe des Kapitalismus, die sich nur allzu rasch wieder schließen. Ich möchte jeden Morgen an einem Ort aufwachen, der sich so anfühlt wie das Klima-Camp der vergangenen Woche (allerdings ohne Polizei und Hubschrauber), ein Ort, an dem die Überwindung des Systems kein vorübergehender, sondern ein andauernder Prozess ist. Jede Gesellschaft braucht ihren Karneval, eine kurze Phase, in der sie kopfsteht, doch solange es uns nicht gelingt, diesen Momenten Dauer zu verleihen und sie in die alltägliche Normalität einzubetten, werden Veranstaltungen wie das Klima-Camp nichts weiter bleiben als ein weiteres Ventil für ein System, das kurz davor steht, aus allen Nähten zu platzen.

Diejenigen, die den Status quo aufrechterhalten, haben kaum etwas von den gelegentlichen Protesten und sogar Aufständen zu befürchten. Erst wenn dergleichen täglich und über Wochen stattfindet, wie 1968 in Paris, 2001 in Argentinien oder heute auf den Straßen Griechenlands, der arabischen Welt und in westlichen Metropolen, wird das zu Sand im Getriebe der Macht. Und wirklich ernst genommen wird es, wenn Tausende Erfahrungen mit einer anderen Art Leben machen, wenn sie die fabrizierten Glücksversprechen des Kapitalismus hinter sich lassen und anfangen, an eine mögliche und wünschenswerte Alternative zu glauben. Ein Leben, das einer anderen Logik folgt, probiert zu haben, und sei es auch nur für eine Woche, macht es möglich, sich allmählich vorzustellen, dass es etwas jenseits des Kapitalismus geben könnte, etwas, das gegen ihn gerichtet ist, auch wenn man noch mitten in den Verwüstungen steckt, die er allenthalben anrichtet.

Für viele Menschen, die sich alternative Lebensformen nie hätten vorstellen und noch weniger jemals hätten praktizieren können, ist so etwas wie das Klima-Camp eine unvergessliche Erfahrung, die sie tief prägt. Es ist das, was der radikale Theoretiker Stephan Duncombe als Träume bezeichnet, »die vor aller Augen geträumt werden«.[33] Doch Träume verfliegen meistens bald nach dem Aufwachen, und was wir auf dieser Reise suchen, sind Wege, den Traum von der Fahnenflucht aufrechtzuerhalten, diejenigen aufzusuchen, die den Mut hatten, ihre Abhängigkeit vom Kapitalismus dauerhaft abzuschütteln. Wir wollen von denen lernen, deren utopische Vorstellungskraft stark genug war, selbst eherne Gegebenheiten des Status quo in ihrer Lebenspraxis in Frage zu stellen. Unsere Reise wird uns an Orte führen, wo sich Leute mit kleinschrittigen Reformen nicht zufrieden geben und lieber ihr Leben vollkommen neu gestalten, angefangen bei dem, was sie essen, bis hin zu ihrer täglichen Arbeit, zur Erziehung ihrer Kinder, zu Formen des Wirtschaftens, zu ihrem Liebesleben und ihrem Verhältnis zum Privateigentum.

Unsere Exkursion an die Ränder Europas wird nicht einfach eine abenteuerliche Recherche mit dem Ergebnis eines weiteren kulturellen Produkts sein, dem Buch/Film in eurer Hand. Es wird vor allem eine Entdeckungsreise sein, von der wir uns erhoffen, dass sie uns im Vertrauen in unsere eigene utopische Vorstellungskraft bestärken und uns mit den Fähigkeiten ausstatten wird, die wir für unseren eigenen Absprung brauchen werden. Wenn wir zurückkommen, wollen wir befreundete Rebellen und utopisch Inspirierte zusammenbringen und gemeinsam unsere – sicher nicht perfekte – Utopie verwirklichen, die hoffentlich von längerer Dauer als ein Urlaub oder Traum sein wird.

»Utopia« ist ein Neologismus, der auf den mittelalterlichen Denker Thomas Morus zurückgeht: »u-topos«, griechisch für »Nicht-Ort«.

Die Suche nach Utopia ist mit hochfliegenden Gesellschaftsvisionen, aber auch mit der furchtbarsten Barbarei verbunden. Manche würden das Wort lieber auf einer der sprachlichen Müllhalden der Geschichte entsorgt sehen, wo hoffnungslos belastete Begriffe hingehören, die durch die Verbrechen – Gulags und Genozide –, die in ihrem Namen begangen wurden, für alle Zeiten unbrauchbar geworden sind. Doch der utopische Geist, die außerordentliche menschliche Fähigkeit, sich etwas vorzustellen, was die bestehende Realität qualitativ und in radikaler Form übersteigt, ist nicht verantwortlich für jene Schrecken. Das Streben nach Perfektion, Totalität und Uniformität hat die Utopie zunichte gemacht. Und letztendlich waren es die Träume Weniger von Kontrolle und Herrschaft über die Wünsche der Vielen, die die Visionen von einem glücklichen, schönen Ort (»eu-topia«) in die Albträume der Geschichte verkehrt haben.

Für Isa und mich hat die Utopie nichts mit dem Streben nach Perfektion in einer unerreichbaren Zukunft zu tun. Die Vorstellung, dass am fernen Horizont die perfekte Gesellschaft aufscheint und wir die Gegenwart für die glorreiche Zukunft hingeben sollen, war das Versprechen, das gerade von der Utopie wegführte. Für uns ist Utopie eine Praxis im Hier und Jetzt, ein Weg, trotz kapitalistischer Konsum-Utopie eine radikal andere Gegenwart zu leben und aufzubauen. Die falsche Utopie des Kapitalismus hat ihre schwankende Grundlage in den Schimären immer neuer unerfüllter Glücksversprechen und nährt sich von der Illusion ewigen materiellen Fortschritts. Die Konsum-Utopie war vielleicht die letzte und zugleich totalitärste Utopie des zwanzigsten Jahrhunderts, der ultimative Traum vom Nirwana, die perfekte ideologische Abstraktion. Eine Phantasie ohne Berücksichtigung der grundlegenden thermodynamischen Gegebenheit, dass wir auf einem endlichen Planeten leben. Konsum-Utopia leugnet jegliche Grundlage, es ist eine Utopie, die ihren *topos* vergessen hat.

Wie die schlimmsten Utopien lässt auch Konsum-Utopia keine Alternative zu und lässt diejenigen verhungern oder wirft sie ins Gefängnis, die ihren Regeln nicht gewachsen sind oder sich ihnen nicht unterwerfen. Sie gaukelt uns die Möglichkeit von Perfektion vor und lässt uns, unersättlich, immer noch mehr wollen, dabei hält sie uns in einem Zustand immerwährender Unzufriedenheit gefangen. Es ist eine Utopie, die sich in Zahlen ausdrückt, ein abstrakter Albtraum, der Menschen und Orte verschlingt und sie als Wirtschaftsstatistiken wieder ausspuckt.

Unsere Reise wird die Erkundung von Orten sein, an denen Menschen das Wagnis eingegangen sind, eine andere Art Utopie mitten im Kapitalismus und ihm zum Trotz tatsächlich umzusetzen und zu leben. Diese Utopien streben nicht nach Perfektion. Sie lassen sich einfach nicht durch eine Gesellschaft lähmen, die uns vermittelt, dass der Sprung vom Möglichen zum (noch) Undenkbaren ein unrealistisches Unterfangen und deshalb nicht einmal einen Versuch wert ist. Für Isa und mich bedeutet utopische Praxis, dass wir uns das Recht nehmen, uns eine Welt vorzustellen und sie zu verwirklichen, die weit besser als diese hier ist, und dabei nicht nur hinzunehmen, sondern es positiv zu sehen, dass sie nie vollkommen sein wird. Tatsächlich sind die besten Utopien die unerreichbaren, denn sie sind von der Freiheit beseelt, in allen Bereichen des täglichen Lebens das Experiment mit offenem Ausgang zuzulassen. Die Orte, die wir besuchen wollen, sind keine postrevolutionären Refugien, statisch und in insularer Abgeschiedenheit – im Gegenteil: Es sind Orte, die dazu beitragen, Utopie als Praxis neu zu definieren, bereits jetzt die beste mögliche Welt aufzubauen und nicht von einer in der Zukunft möglichen Perfektion zu träumen. Wir könnten sie vielleicht als unvollkommene Paradiese bezeichnen oder mit Chris Carlson als *Nowtopias*.[34]

»Es besteht eine direkte Entwicklungslinie zwischen den schönen Utopien zu den Konzentrationslagern«, schrieb

Vaclav Havel[35], der sich der Anti-Utopie widersetzte, die die Tschechoslowakei, damals Teil des Ostblocks, darstellte. Das Scheitern der kommunistischen Utopie hatte ihn »skeptisch und kritisch gegenüber Utopismus im Allgemeinen« werden lassen. Die Versuche, eine bessere Welt abstrakt zu planen und sie dann in der Realität durchzusetzen, hatten eine »total durchverwaltete« Welt hervorgebracht, in der alle Differenzen eingeebnet worden waren. Havel beschreibt dieses Projekt als »arrogantes Unternehmen der menschlichen Vernunft, das Leben zu planen, wobei man alles, was über das Projekt hinausgeht, es übersteigt oder außerhalb seiner Beschränkungen angesiedelt ist, beschneidet.« Was er schildert, ist eine intolerante Utopie, deren Perfektionismus Unterschiede und Vielfalt mit der Gewalt der Herrschaft unterdrücken muss. Erfahrungen wie die des Klima-Camps haben jedoch nichts gemein mit den historischen Utopien, die den Begriff so in Verruf gebracht haben. Vielmehr sind sie Frucht eines Utopismus, der gerade die Differenz ermutigt, statt Perfektion Brüche anstrebt und sich zugunsten gegenwärtiger Umsetzungen der Zukunftsmodelle entledigt. Die Utopien, die durch diese Art der Praxis entstehen, werden von denen definiert, die an diesem Prozess teilnehmen. Dabei gibt es keinen Plan, an den sich alle anpassen müssten, sondern einen Raum, den diejenigen, die ihn bewohnen, auch aufbauen.

Isa und ich haben unsere utopische Reise nicht nur deshalb mit dem Klima-Camp beginnen lassen, weil wir als Aktivisten und Organisatoren an dieser Bewegung intensiv beteiligt sind, sondern auch, weil es unserer Auffassung nach den utopischen Geist in doppelter Hinsicht neu definiert. Zum einen geht es darum, aktiv ein Mikromodell einer durch und durch demokratischen und radikal ökologischen Gesellschaft zu erschaffen. Zum anderen gehen die Klima-Camper davon aus, dass es nicht genügt, Alternativen zum Kapitalismus zu schaffen, zugleich muss auch dem selbstmörderischen Prozess entgegengetreten und Einhalt geboten werden. Kreatives Tun und Widerstand sind die dicht verwobenen Stränge radikaler Veränderung.

Der tiefe Graben zwischen denen, die eine neue Gesellschaft entstehen lassen wollen, und denen, die die bestehende bekämpfen, hat im vergangenen Jahrhundert die linke politische Landschaft gezeichnet. Marx warf den Utopisten des 19. Jahrhunderts vor, mit dem »Aufbau aller dieser spanischen Schlösser«[36] würden sie den Klassenkampf schwächen. Die Arbeiter wurden aufgefordert, jetzt zu kämpfen und die Utopie auf später zu verschieben. Die Erben der nach-68er Alternativkulturen erzählten uns dann, es genüge, sich von der Gesellschaft abzuwenden, auszusteigen und sich im Hier und Jetzt isolierte utopische Inseln zu schaffen.

Die meisten historischen Utopien zielten auf eine Welt ohne Kampf ab, eine Welt, die das menschliche Bedürfnis nach Ruhe und Harmonie befriedigen würde. Das Neue Jerusalem schwebte zum himmlischen Fanfarenklang herab, während sich Bauern trunken von einem Leben ohne Mühsal im Wolkenkuckucksheim räkelten. Es waren utopische Visionen, die Konflikte jeder Art ausschlossen. Viele der Kommunen der 1960er und späterer Jahre wurden von denen aufgebaut, die erschöpft waren und der Praxis des kämpferischen Protests der Neuen Linken und ihrer öffentlichen politischen Kultur den Rücken kehrten. Sie machten sich auf die Suche nach einer radikalen Politik des alltäglichen Lebens, die sie, weit entfernt von den Straßenkämpfen mit Tränengas und Polizeiprügeln, in privaten sozialen Netzwerken zu verwirklichen suchten. Doch in der Isolation verflog ihre radikale Kritik bald, viele Kommunen zerbrachen, und es folgte (insbesondere in den Vereinigten Staaten) die Netzkultur der 1980er Jahre. Manch einer und einem, die an solch einem Projekt teilgenommen hatten, fiel es nicht schwer, ihre libertären Werte der Offenheit spielend in die von der New Economy geforderte Flexibilität übergehen zu lassen. In den 1990er Jahren gab es nicht wenige ehemalige Hippie-Pazifisten, inzwischen in reiferem Alter, die ausgerechnet im militärisch-industriellen Komplex beruflich tätig waren, den sie ein Vierteljahrhundert zuvor noch bekämpft hatten.[37]

Keine der Strategien der 1960er Jahre ist per se problematisch. Sie wurden es erst durch die Trennung, sobald Aufbau und Verweigerung aufhörten, Teil derselben Kultur und Bewegungen zu sein. Die wenigen Bewegungen aus den 1960er Jahren, denen es gelang, alternative Lebensformen und radikalen Widerstand miteinander zu verbinden, wurden in extremer Weise verfolgt und unterdrückt. Die Black Panther Party in den USA war vielleicht das erfolgreichste, aber auch das tragischste Beispiel. Sie verband die bewaffnete Verteidigung von Gemeinden mit diversen Angeboten, die vom kostenlosen Frühstück über Drogen- und Alkoholrehabilitationsprogramme, Kleiderausgaben und Bildungsangebote bis hin zu Ambulanzen und medizinischen Servicezentren reichten. Die Black Panthers wurden vom FBI als »größte Bedrohung der inneren Sicherheit des Landes« eingeordnet.[38] Der Anti-Spionage-Dienst des FBI, COINTELPRO[39], unterwanderte und zerstörte ihre Organisation, 24 Mitglieder, die meisten um die zwanzig, wurden innerhalb von sechs Jahren von der Polizei erschossen; Crack, aus geheimen Fonds der CIA finanziert, floss in die Ghettos, und der Traum radikaler schwarzer Emanzipation und Selbstverwaltung war ausgeträumt.

Die Utopien des 21. Jahrhunderts könnten aus den Erfahrungen der Vergangenheit gelernt haben ... Wir hoffen, dass sich auf dieser Reise zeigen wird: Widerstand und Aufbau sind endlich versöhnt.

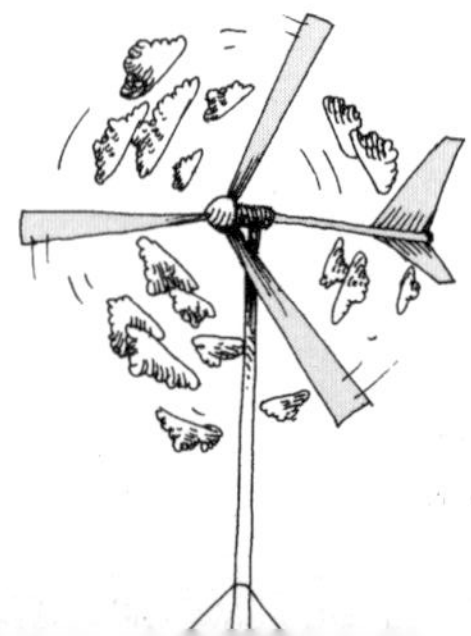

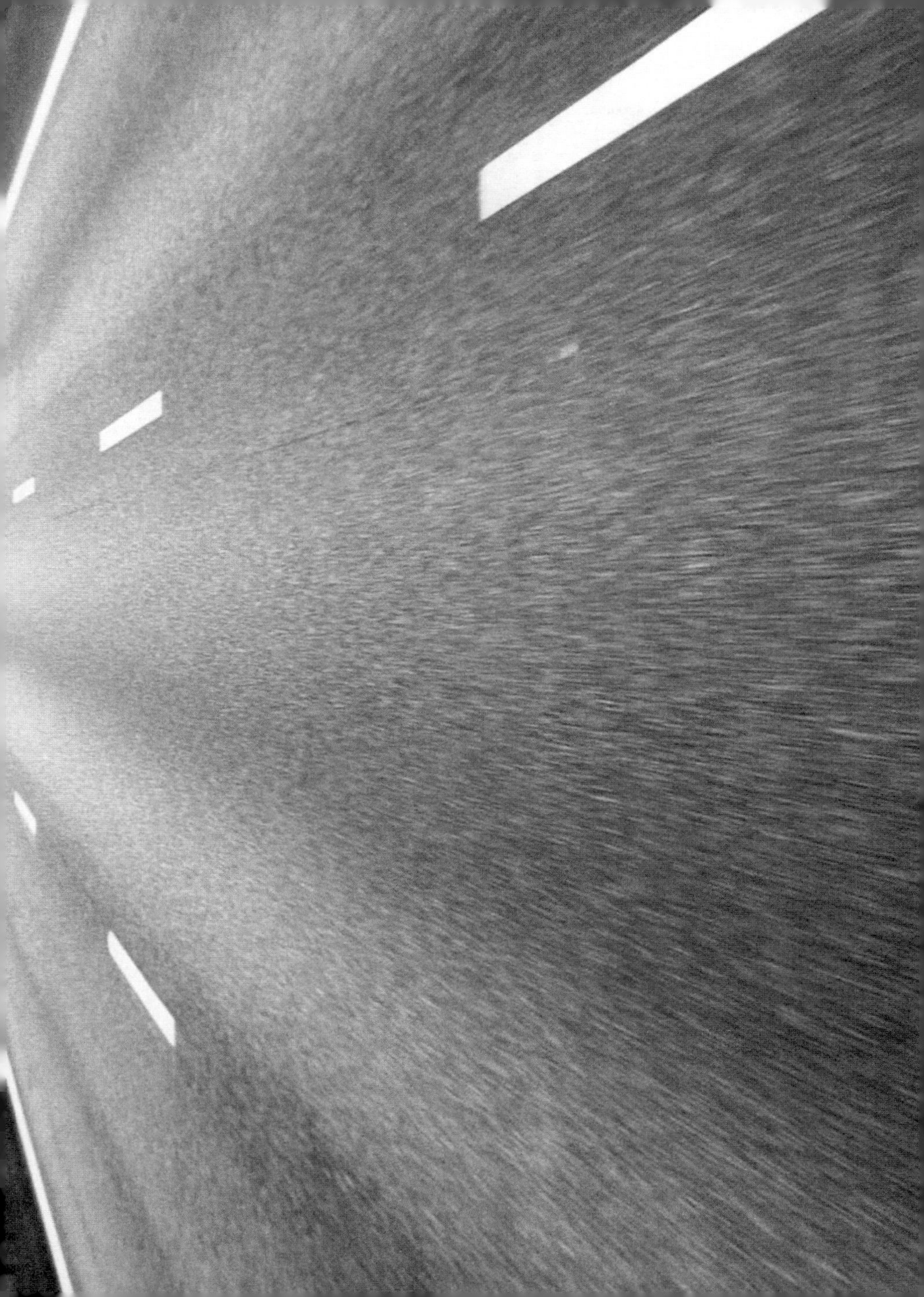

Landmatters[40]

Noch nie hatte mich das gleichmäßige Gequake einer Ente geweckt. Es nervt etwas, ist aber weniger deprimierend als die Nachrichten aus dem Radiowecker, die uns normalerweise in unserer Londoner Wohnung in den Tag katapultieren. Aus unerfindlichen Gründen haben wir nie einen anderen Sender eingestellt. Wir könnten uns von sanfter klassischer Musik wecken lassen, aber nein, wir haben uns für die Nachrichten entschieden, und es sind fast immer schlechte.

In London bin ich der Mediensucht erlegen. Ich kann es nicht lassen, mich mindestens stündlich, wenn nicht noch öfter, der aktuellen Schlagzeilen zu vergewissern oder einen Blick in meine Mails zu werfen. Woher kommt dieses krankhafte Verlangen? Schließlich bin ich weder Börsianer noch gibt es irgendeinen Grund, weshalb ich pausenlos den Finger am Puls der Zeit haben müsste.

Meine Informationssucht und der Zwang, die neuesten Nachrichten mitzubekommen, versetzen mich in ein »Raumdelirium«, wie es John Berger nennt, ein Zustand des Verlusts seiner selbst, bei dem »es keinen Horizont gibt … Es gibt keine Kontinuität der Handlungen; es gibt keine Pausen, keine Pfade, keine Muster, keine Vergangenheit, keine Zukunft. Da ist nur der Lärm einer disparaten, fragmentarischen Gegenwart.«[41] Und in dieser fortlaufenden Gegenwart, die ebenso emotionsentleert wie informationsüberflutet ist, fühle ich mich immer weniger in der Lage, mich mit meiner Welt zu verbinden oder sie zu verändern.

Mein Wunsch, durch diese Informationsflüsse Verbindungen herzustellen, macht mich zu jemandem, der »weiß«, was auf der Welt »passiert«, dabei aber die Verbindung zu meiner Welt, meiner Nachbarschaft, meinem Körper, dem Boden unter meinen Füßen verloren hat. Mit den Nachrichten aufzuwachen, bedeutet nur, dass wir uns noch entwurzelter und aufgewühlter fühlen, es verstärkt nur die Leere. Doch wenn wir hier auf diesem bewaldeten Hügel von Landmatters aufwachen, scheinen die Morgenstunden in der Stadt mit dem Radiowecker, der von Autobomben, Überflutungen und Hungersnöten kündet, fern. Das Quaken der Ente »Olive« und der liebliche Chor der Morgendämmerung erinnern uns nachdrücklich, wo wir gerade aufwachen.

Wir schlafen in einem *bender*, einem frühzeitlichen nomadischen Hauszelt aus gebogenen Haselzweigen, die mit Planen bedeckt sind. Es ist, als schliefe man in einem umgedrehten

Korb. Die kalte Luft kriecht mir über die Haut, ich stehe auf und gehe nach draußen. Das Gras ist hoch und taubedeckt. Um das Oval der Wiese, an deren Rand neu gepflanzte Obstbäume stehen, sind acht weitere *bender* aufgestellt, khakifarben, kuppelförmig und mit Solarpaneelen bestückt. Sie ducken sich in das Gebüsch, aus dem Vogelgezwitscher aufsteigt. Hunderte unterschiedlicher Flöten- und Zirplaute erheben sich und verklingen in der stillen Morgenluft, eine ausufernde Symphonie von Lebenslust und Liebe zu diesem Ort. In meiner Unwissenheit kann ich nicht ein einziges Lied erkennen oder eine Vogelart benennen, die an diesem üppigen morgendlichen Chor beteiligt ist, außer natürlich »Olive« mit ihrem Quaken.

Der Chor der Morgendämmerung hat sich verzogen, der rosarote Himmel geht in wolkenloses Blau über, und durch den Dunst, der von der Wiese aufsteigt, sehe ich eine gespenstische Gestalt, die sich auf mich zu bewegt. Sie trägt eine Sense. Glücklicherweise ist es nicht Gevatter Tod, der gekommen ist, mich niederzumähen, sondern die rotwangige schwangere Annie, eine der 18 Bewohnerinnen und Bewohner von Landmatters. Sie kommt aus einem ganz anderen Kontext, war ursprünglich PR-Beraterin im Modebereich, einem der konsumbesessensten Milieus überhaupt, und lebt jetzt in einer der ökologisch konsequentesten Gemeinschaften in Großbritannien. Sie ist der »Leere« der Modewelt, wie sie es nennt, entkommen, verliebte sich in Robin, der hier lebt, und ist vor ein paar Monaten nach Landmatters gezogen.

»Wir leben hier nicht ›auf dem Land‹«, sagt sie, »sondern wir leben hier mit dem Land, symbiotisch mit dem Land. Das vermittelt ein Gefühl von einer Zielgerichtetheit, die immerwährende Wahrnehmung des Landes als Quelle von allem ist sinnstiftend. Erst mal war ich einen Sommer lang hier und bin dann wieder in meine wunderschöne Wohnung in Brighton zurückgekehrt, einen Ort, den ich lange Jahre sehr mochte. Aber da saß ich dann und fragte mich immer häufiger: ›Und nun?‹ Auf einmal hatte es keine Bedeutung oder keinen Sinn mehr, dort zu leben. Und wenn ich jetzt mal ein paar Tage in der Stadt bin, dann fehlt mir das Land einfach, mir fehlen die Sterne bei Nacht … Irgendwas hier baut dich auf, auch wenn das Leben nicht leicht ist.« Sie fängt an, das Gras zu schneiden, ihre schwingenden Bewegungen wirken anmutig, und sie handhabt die Sense scheinbar mühelos. »Hin und wieder würde ich am liebsten abhauen, aber eigentlich ist das hier der Ort, an dem ich sein will.«

Der Umriss ihres schwangeren Bauchs entspricht dem Halbmond der Sense, den sie durch die Luft sausen lässt. Es sieht so leicht aus, aber sie macht mir klar, dass es das nicht ist. »Es heißt immer, es sei eins der am schwersten zu handhabenden Geräte«, sagt sie. »Es ist eine sehr althergebrachte Art der Arbeit und bedeutsam, dass wir mit der Sense arbeiten und das lernen«, – sie holt tief Atem – »es zeigt irgendwie, was wir wollen, dass wir die Dinge auf eine Art machen wollen, die erdverbundener ist, ohne Maschinen … mit mehr Sorgfalt und Können. Die Sense – das bedeutet, man macht die Dinge mit mehr Bedacht, aber es ist nicht einfach.« Sie lacht und ihre meerblauen Augen blitzen auf.

Das Leben in dieser pastoralen Idylle war zeitweise sehr beschwerlich. Als die ersten zehn von ihnen 2003 dieses knapp 17 Hektar umfassende Gelände bezogen, war an Wasser nur zu kommen, indem man einen steilen Abhang zum Bach hinunterging und mit den schweren gefüllten Wasserbehältern wieder hochkletterte. Das Ganze dauerte eine Stunde. Inzwischen wird Regenwasser auf dem Dach einer geräumigen Scheune gesammelt[42], die sie im vergangenen Jahr mit dem Eichenholz aus ihrem eigenen Wald gebaut haben; derzeit wird Geld für eine Bohrung auf der Wiese gesammelt, um die die *benders* gruppiert sind.

Dem gingen hitzige Diskussionen darüber voraus, ob es vertretbar sei, in die Erde zu bohren, um zum Grundwasser vorzudringen. Dabei spielte zum einen der tiefe Respekt eine Rolle, den die Bewohner von Landmatters genau wie viele indigene Völker gegenüber dem lebendigen Boden empfinden und der eine solche Bohrung als Sakrileg[43], als »Aderlass an Mutter Erde« erscheinen lässt. Doch es ging auch um den Wert natürlicher Ressourcen, dessen man sich bewusst ist. »Als wir das Wasser vom Bach holten, war jeder Tropfen wertvoll, und wir haben es sehr sparsam genutzt«, erklärt der Förster und Schreiner Oli, der die Scheune entworfen und gebaut hat. »Kaum waren wir in der Lage, das Regenwasser zu sammeln, haben wir angefangen, mehr zu benutzen, auch wenn das immer noch bedeutete, dass man bis zur Scheune gehen musste … Wer weiß, wie viel wir verbrauchen werden, wenn erst der Brunnen gebohrt ist. Es fällt schwer, etwas wertzuschätzen, das einfach aus dem Hahn kommt.«

Oli spielt in der Klima-Camp-Bewegung eine zentrale Rolle, und es ist nicht leicht für ihn, zwischen seinem Aktivismus dort und dem Leben und Projektaufbau hier in Landmatters die Balance zu finden. Während unseres Besuchs sehen wir ihn immer bei der Arbeit: wie er Bäume pflanzt, mit verschiedenen Werkzeugen von hier nach da eilt und zugleich seinen Job als Möbelschreiner organisatorisch auf die Reihe zu bekommen versucht. »Manchmal denke ich, wir müssen verrückt sein, freiwillig so zu leben«, meint er und lächelt. »Dann wieder denke ich, wir wären verrückt, es nicht zu tun.«

Die Frage der Bohrung wurde schließlich positiv entschieden; allerdings mit der Vorgabe, dass das Wasser mit einer Handpumpe an die Oberfläche befördert würde und so eine selbstauferlegte Einschränkung des Verbrauchs damit verbunden wäre. Nachdem bereits drei Babys hier leben und ein viertes unterwegs ist, fallen viele Windeln an, die gewaschen werden wollen, und so müssen praktische und ethische Erfordernisse gegeneinander abgewägt werden, auch wenn man versucht, die Erde so wenig wie möglich zu belasten. Genau um diese Fragestellungen geht es bei Landmatters: Energieverschwendung, sowohl der natürlichen Ressourcen als auch des Arbeitsaufwands, möglichst zu vermeiden und zugleich möglichst hohe Effizienz und ethische Stimmigkeit zu erreichen. Die Gründerinnen und Gründer des Projekts gingen vom Konzept der Permakultur aus, einem radikalen Konzept nachhaltiger Lebensform, bei der traditionelles Wissen und zeitgenössische ökologische Einsichten miteinander verbunden sind.

Die Grundidee der Permakultur lässt sich so zusammenfassen: Indem wir uns genau ansehen, wie Ökosysteme, etwa ein Wald oder die Prärie, funktionieren, können wir lernen, wie menschliche Lebensräume gestaltet werden müssten, die energieeffizient, robust, vielfältig und hoch produktiv sind. Auf vielen Ebenen ist das eine gedankliche Revolution; denn die Vorstellung, dass die natürliche Welt nichts weiter als seelenlose Materie ist, die erst einen Wert hat, wenn sie zum Produkt auf dem Markt geworden ist, wird in der Permakultur durch eine andere ersetzt. Sie fasst die Natur als außerordentlich komplexes und intelligentes System auf, dessen Grundprinzipien wir nachahmen sollten, falls uns daran gelegen ist, nicht weitere Leichenberge und Ruinenfelder, Kahlschläge und gekippte Meere zu hinterlassen, wie sie unsere Zivilisation unweigerlich mit sich bringt.

Vor dem Landkauf kannten sich noch nicht alle Beteiligten. Viele von ihnen hatten sich durch Starhawk kennengelernt, die bekannte Ökofeministin und Autorin eines utopischen Science-Fiction-Romans, den ich besonders gerne gelesen habe.[44] Sie gibt einen zweiwöchigen Intensivkurs, das sogenannte *Earth Activist Training*, bei dem es um Permakultur-Entwürfe, zivilen Ungehorsam und Gruppenarbeit zum Thema Rituale geht.[45] Andere hatten sich bei Protestcamps gegen den Straßenbau zu Anfang der 1990er Jahre kennengelernt.[46] Sie kamen dann alle 2003 zusammen, als einer von ihnen eine Rundmail an Aktivistennetzwerke rausschickte, um mitzuteilen, dass er unerwartet Eigentümer einer landwirtschaftlichen Fläche nahe dem Dörfchen Allaleigh in Süd-Devon geworden sei. Er hatte gehört, dass es zur Versteigerung stand, war einer Eingebung gefolgt und hatte in der verdeckten Auktion 60000 Pfund geboten. Da er wusste, dass viele seiner Freunde aus den Bewegungen, die sich der direkten Aktion verschrieben hatten, gerne aufs Land ziehen würden, hatte er sich gedacht, es sei sicher kein Fehler mitzubieten, war allerdings fast sicher gewesen, dass sein Angebot viel zu niedrig war. Aber er bekam den Zuschlag, hatte allerdings das Geld nicht. Ihm würde, falls er schnell genug handelte und es irgendwie aufbrächte, eine hinreißend schöne Anhöhe gehören, die inmitten der idyllischsten englischen Landschaft lag und auf der einen Seite einen Ausblick bis zum Meer am Horizont bot, auf der anderen Seite die zerklüftete Anhöhe von Dartmoor. Sein Freundeskreis kam überein, gemeinschaftlich Eigentümer zu werden, sie legten jeweils 3000 Pfund ein, den Rest liehen andere Freunde. Sie nahmen sich vor, an dem Ort eine Permakultur-Gemeinschaft aufzubauen, die auf und von dem Land leben, dort Problemlösungen angesichts des Klimawandels und der sich abzeichnenden Energie- und Nahrungsmittelkrise entwickeln und ihre Ideen auch nach außen verbreiten würde. Im Mittelpunkt stünden das Lernen und Lehren, sowohl durch ihr eigenes Lebensmodell, als auch durch Kurse und Workshops.

»Schon bei unserem ersten Treffen war klar, dass Landmatters keine abgeschiedene Insel fern der Welt sein sollte, sondern darauf angelegt war auszustrahlen. Es ist ein politischer Akt«, so Emma. »Ich habe immer eher versucht, das, woran ich glaube, umzusetzen oder zu verkörpern, anstatt politische Statements von mir zu geben«, meint sie, während sie Salat mit vielfarbigen essbaren Blüten dekoriert, die sie vor der Haustür ihres palastähnlichen *bender* gepflückt hat. Diese Inkarnation des Politischen geht auf das Bedürfnis zurück, alle Trennungen zu überwinden, sei es die zwischen seinen Überzeugungen und der Art, wie man lebt, oder die zwischen dem Essen auf dem Teller und der Spiritualität. Jede einzelne Handlung wird zu einem aufmerksam wahrgenommenen Moment, der mit allem anderen in der zeitlichen und örtlichen Umgebung verbunden ist und es beeinflusst. Das, was du jede Sekunde des Tages tust, wird dadurch zu Politik, dass du bestimmte Entscheidungen triffst; Politik ist nicht mehr das alle vier Jahre vollzogene Ritual des Kreuzchens auf dem Wahlzettel, damit ein anderer dich vertreten kann. Im Kern ist ein solches Leben der Versuch, Ausgewogenheit zu erreichen, was nicht immer leicht ist.

Für Emma, die als Kunstlehrerin an Grundschulen der Umgebung arbeitet, ist das Leben in Landmatters etwas ganz anderes als ihre zweieinhalb Jahre in einem Baumhaus, das sie aus Protest gegen den Bau einer Mine in Nordengland bewohnt hatte. »Ich habe ohne Geld gelebt und realisiert, dass manchmal die Dinge, die du brauchst, einfach zu dir kommen, und ich habe überlebt.« Aber sie war auch dem Zusammenbruch nahe, konnte die Widersprüche in ihrem Leben kaum ertragen. Einerseits hatte sie das Gefühl der allseitigen Verbundenheit entdeckt, und das half ihr über manch herbe Erfahrungen beim Leben im Wald hinweg; andererseits litt sie unter dem tiefen antagonistischen Dualismus, der das Ganze prägte. »Es ging immer um den Feind, die Minengesellschaft, die Polizei, den Staat – sie und uns«, sagt sie. Und ein weiterer Widerspruch zwang sie schließlich, ihr Leben zu ändern. Sie sah, dass viele ihrer Mitstreiter alles gaben, um gegen die Verwüstung des Landes zu kämpfen: Sie ketteten sich an Maschinen an, sie wurden immer wieder verhaftet, aber sie achteten kaum auf die eigene Gesundheit. Manche starben an einer Überdosis Drogen oder endeten in der Psychiatrie.

Die Widersprüche waren zu groß, und nachdem Emma eine Zeit lang herumgereist war, kaufte sie einen Anteil an der Landmatters-Kooperative. Dabei überzeugte es sie besonders, dass die Bewohnerinnen und Bewohner Wert darauf legten, sowohl für sich selber als auch für das Land zu sorgen. Ein solcher ganzheitlicher Weg der gesellschaftlichen Veränderung und Nachhaltigkeit war genau das, was sie suchte. »Ich bin ein Spiegelbild der Erde. Wenn ich ernährt werde, kann ich selber auch die Erde nähren«, sagt sie und serviert uns noch etwas Salat. Wir lagern unterdessen auf einem Berg orangefarbener Kissen.

Mit ihrem gigantischen *bender* hat Emma diese Form der Behausung auf eine neue Ebene gehoben. An einen kreisförmigen Zentralraum von fünf Metern Durchmesser schließen zwei geräumige Zellen an, die eine ein üppig ausgestattetes Schlafzimmer im »Beduinenstil«, das direkt einem *Schöner Wohnen*-Magazin entnommen zu sein scheint, die andere ein Meditationsraum mit einem Schrein und einem goldenen Buddha, um den herum pagane Symbolsteine aufgehäuft sind. Weiden- und Haselzweige ziehen sich, ineinander verwoben, über die Decke und halten das Dach aus farbenfrohen Tüchern und Decken, der Boden ist mit Läufern, Teppichen und Kissen bedeckt. Der ganze Raum wirkt anheimelnd. Die einzigen festen Gegenstände und geraden Linien: der Herd, in dem Holz verbrannt werden kann, die gekachelte Kocheinheit und das halbe Dutzend alter Fenster, die in die Stoffwände eingelassen sind und das sanfte Licht des Nachmittags einfallen lassen.

Ein *bender* nimmt niemals feste Gestalt an. Es ist eine durch und durch anpassungsfähige architektonische Form, die um die spezifischen Bedürfnisse seiner Bewohnerinnen und Bewohner herum und der Umwelt entsprechend gebaut werden kann. So leicht, rasch und billig, wie *bender* aufgebaut sind, können sie nach Bedarf auch verändert werden. Wird ein Kind geboren, kann innerhalb weniger Stunden eine neue Zelle angebaut werden, wenn nur ein paar Haselzweige und Leinwand vorhanden sind. Alles, woraus sie bestehen, kann ohne weiteres auch verrotten und von der Erde aufgenommen werden, und da sie kein Fundament haben, hinterlassen sie keine Spuren, wenn man sie abreißt. Die Häuser hier sind wie Ausläufer oder Erweiterungen der Bewohnerinnen und Bewohner selber, architektonische Verkörperung, ein Balance-Akt zwischen Leben und Politik, Träumen und Begehren, Heim und Selbst.

Die Üppigkeit von Emmas *bender* stellt eine kreative Entwicklung des althergebrachten nomadischen Habitats dar. Es ist eine für Landmatters typische Mischung von Tradition und Moderne, Luxus und Einfachheit. Nicht an das Abwassersystem, die Gas- oder Elektrizitätsversorgung angeschlossen, verfügen sie doch über – windkraftgetriebenes – Internet und WLAN sowie über fließendes Wasser.

Grundlage der Permakultur ist die Verbindung althergebrachter Kenntnisse eingeborener Völker mit den Einsichten moderner Naturwissenschaften. Vor allem aber lehrt sie uns, die Welt nicht als eine Ansammlung separater Gegenstände zu sehen, sondern als Gewebe sich wechselseitig bedingender Beziehungen mit dem Menschen als integralem Bestandteil.

Permakulturbauern versuchen, anders als es in unserer Gesellschaft der getrennten Fachgebiete und Spezialwissenschaften der Fall ist, die Welt immer als ein Ganzes zu betrachten. Für ein Unternehmen der Holzwirtschaft wäre der uralte Wald, der den Hang bedeckt, nichts weiter als eine Ansammlung von Bäumen, wobei jeder, entsprechend den aktuellen Holzpreisen, einen bestimmten Wert hat, der zu möglichst geringen Kosten auf dem Markt zu realisieren wäre. Jedes andere Lebewesen, das

Teil dieser reichhaltigen Landschaft ist, wäre irrelevant und bliebe unsichtbar. Wäre der Wald erst einmal gerodet, würde man anschließend Reihen identischer Bäume, wahrscheinlich Fichten, anpflanzen, die alles Leben unter ihren Nadeln begraben, aber für die Aktionäre schnelle Gewinne versprechen. Solche Bewirtschafter des Waldes sehen ihn vor lauter Bäumen nicht.

Eine Permakulturbäuerin hingegen sieht eine sich selbst erhaltende Vielfalt, einen Organismus, bei dem alles mit allem in einem komplexen Netzwerk gegenseitiger Unterstützung und zuträglicher Beziehungen verbunden ist.[47] Sie sieht, wie die Wurzeln der Bäume eng und bis in die feinsten Verästelungen mit einem dichten Geflecht von Mykorrhizapilzen[48] verquickt sind, die mit der Pflanze einen interessanten »Deal« eingehen, bei dem sie die Bäume mit Wasser, Sulfaten und Phosphaten versorgen und ihrerseits einen Teil der durch die Photosynthese der Bäume erzeugten Kohlehydrate erhalten und weitergeben. Sie sieht, wenn sie den Wald betrachtet, wie manche Bäume durch dieses Netz die Schösslinge neben sich nähren, und dass andere, die das Glück haben, in der Sonne zu stehen, denen helfen, die weiter weg im Schatten sind, selbst wenn sie einer anderen Spezies angehören. Sie sieht, wie die Vögel die Brombeersträucher unterstützen, indem sie deren Früchte fressen und die Samen in einen perfekten Kompostball eingehüllt wieder ausscheiden, sodass sie die besten Bedingungen haben, Wurzeln zu schlagen und zu sprießen. Sie sieht Tausende Blätter fallen und zu Schichten fruchtbaren Komposts werden, Nahrung für Würmer und Insekten, Mulch und Humus für die Pflanzen. Sie sieht, dass jedes Gramm dieses Bodens, der nicht gestört wird, über 1000 Millionen Bakterien enthält, durch und durch von Wurzeln durchzogen ist, von denen sich manche berühren und miteinander verwachsen, einander ihre Hormone weitergeben und so ihre Blütezeit synchronisieren, sodass die Fremdbestäubung durch einen zufälligen Windstoß oder eine Biene stattfinden kann. Sie sieht, wie manche Bäume in der Lage sind, ihren eigenen Regen zu erzeugen und so den Durst des Waldes löschen. Sie sieht im Wald einen Organismus und nicht nur viele Bäume.

Der Begriff »Permakultur«, zusammengesetzt aus »permanent« und »Agrikultur«, tauchte erstmals in den 1970er Jahren auf und deutete an, dass Systeme, bei denen Permakultur-Techniken angewandt wurden, sehr viel langfristiger überleben und produktiver sind als die kurzatmigen, verschwenderischen Formen der industriellen Landwirtschaft. Ursprünglich wurde dieses radikal ganzheitlich gedachte Modell angewandt, um sich selbst erhaltende menschliche Behausungen zu entwerfen, die den Menschen harmonisch integrieren und sich in die umgebende Landschaft fügen. Dabei sollten sie außerdem Nahrung, Unterkunft und Energie bereitstellen. Dreißig Jahre später jedoch werden Prinzipien der Permakultur in vielen unterschiedlichen Lebensbereichen angewandt: In der Landwirtschaft und von lokal begrenzten Ökonomien bis hin zur Stadtplanung, bei Strategien der direkten Aktion bis zur Gestaltung eines Büros kann diese ganzheitliche Herangehensweise überall Anwendung finden.

Die Idee entstand, als die australischen Wissenschaftler und Förster Bill Mollison und David Holmgren sich fragten, wie es kommt, dass ein Wald so außerordentlich produktiv ist und dennoch keine Energie vergeudet. Diese Frage stellte sich ihnen angesichts der 1973er Ölkrise und nachdem sie Zeugen der verheerenden Auswirkungen der europäischen landwirtschaftlichen Methoden auf die empfindlichen Böden ihrer Heimat geworden waren. Sie wollten herausfinden, ob es nicht möglich wäre, ein ebenso effizientes wie nachhaltiges System, wie es der Wald darstellt, nachzuahmen. Nach jahrelangen intensiven Studien kamen sie zu dem Schluss, dass es auf der Grundlage sorgfältiger Planung möglich sein müsse, und veröffentlichten *Permakultur*[49], ein Buch, das eine Zukunft auf der Grundlage einer der ältesten Weisheiten entwarf: dass wir Wesentliches von der Natur lernen können. Sie sahen den rettenden Ausweg aus der Katastrophe, in die die globale Konsumkultur führt, darin, sich am Vorbild der Natur und ihren Funktionsweisen zu orientieren. Die Schlussfolgerungen, die dabei gezogen wurden, wären durch drei Grundprinzipien zu ergänzen: sorgsamer Umgang mit der Erde und den Menschen und faires Teilen.

Das »Sorgen für die Erde« bedeutet anzuerkennen, dass unser Überleben in jeder Hinsicht von der Gesundheit des Ökosystems abhängt. Wir müssen *mit* unserem Ökosystem und nicht dagegen arbeiten und der Zerstörung unserer Böden, Biotope, Gewässer und der Atmosphäre entgegenwirken. Permakultur-Projekte sind so ausgelegt, dass sie die Produktivität für den Menschen erhöhen und zugleich die Ökosysteme möglichst wenig belasten und so wenig Land wie möglich nutzen. Auf diese Weise bleibt mehr Raum für Naturschutzgebiete; denn in diesem Konzept wird der freien Natur das gleiche Lebensrecht zugebilligt wie dem Menschen und seiner Zivilisation. Gleichheit auch innerhalb der menschlichen Gemeinschaft ist der zweite Grundsatz, der mit »für den Menschen sorgen« umschrieben ist. Während der umweltverträgliche Konsum und die grünen Technologien dahin tendieren, einer Elite zu entsprechen, die es sich leisten kann, Umweltbewusstsein zu kultivieren und »politisch korrekt« zu leben, fordert die Permakultur, dass die Grundbedürfnisse Nahrung, Wohnen, Bildung, sinnvolle Beschäftigung und gesunde soziale Beziehungen für alle garantiert sein müssen. Die Sorge für die Belange der Menschen beinhaltet, soll gesellschaftliche Veränderung ein partizipatorischer, dezentral organisierter, demokratischer Prozess sein, auch, dass die Fähigkeiten zum Aufbau von Gemeinschaften und von zwischenmenschlichen Beziehungen neu erlernt werden, nachdem sie in dem Kahlschlag verloren gegangen sind, den die individualistische Konsumgesellschaft hinterlassen hat. Doch es geht auch um jede und jeden Einzelnen selber; denn ein »ethisches« Leben ist nicht aufrechtzuerhalten, wenn wir nicht auch auf unser eigenes Wohlergehen achten. Wenn man täglich fünfzehn Stunden schuften muss, um ein ökologisch nachhaltiges Leben zu ermöglichen, dann stimmt was nicht.

Der dritte Grundsatz, das »gerechte Teilen«, stellt eine Synthese zwischen den anderen beiden dar und geht davon aus, dass wir auf einem endlichen Planeten mit endlichen Ressourcen leben, die wir zu gleichen Teilen zwischen allen Menschen und Lebewesen teilen müssen. Diese Idee steht in diametralem Gegensatz zur kapitalistischen Utopie, der Illusion unbeschränkten Wachstums, die die Einsicht des gesunden Menschenverstands ignoriert, dass jedes System seine Begrenzungen hat und bei Überforderung kollabiert.

Die Permakultur geht davon aus, dass dieser Zusammenbruch nur dann zu vermeiden und die grausame Armut, die Heimsuchung der Mehrheit der Weltbevölkerung, nur dann zu überwinden ist, wenn unser Konsum und unsere Bedürfnisse aufeinander abgestimmt werden, wenn der Verbrauch nicht erneuerbarer Ressourcen radikal reduziert wird und wir die Kultur hinter uns lassen, die mit der Verstärkung und Belohnung von Gier und exponentiellem Wachstum verbunden ist.[50]

Diese ethischen Prinzipien sind nicht nur der Permakultur eigen. Sie werden weltweit von den Bewegungen für soziale und Umweltgerechtigkeit geteilt. Die Originalität der Permakultur besteht darin, dass sie die Verbindung zwischen ihren ethischen Prinzipien und deren praktischer Anwendung herstellt. Letztere folgt einer ganzen Reihe von Grundsätzen, die alle aus der Beobachtung der natürlichen Welt abgeleitet sind.

Ich bin bei Josh, einem Musiker in den Dreißigern und Vater zweier Kinder. Josh macht hier einen Großteil der Gartenarbeit. Er wird mir einige der Prinzipien der Permakulturplanung erklären. Es sind einfache Sätze, Slogans und gedankliche Werkzeuge bei der Umsetzung der Permakulturideen. Sie bringen die Weisheit natürlicher Systeme auf den Punkt, man betrachtet sie als universell gültig, doch wie sie umgesetzt werden, hängt ganz vom Ort und der Situation ab.

Ich werde Josh bei der Ernte des Salats filmen, der auf dem Markt des fünfzehn Kilometer entfernten Totnes, der nächstgelegenen Stadt, verkauft werden wird. Wir fangen in der dunklen Küche des großen Gemeinschafts-*bender* an, in dem Gäste unterkommen, Versammlungen stattfinden und wo es das einzige Festnetztelefon gibt. Als wir nach draußen ans helle Tageslicht treten, empfängt uns ein ganz anderer Gemüsegarten: Keine ordentlichen Pflanzreihen, keine getrennten Blocks von Salatköpfen, die auf dem unkrautfreien Boden sitzen – nein, ein einziger üppiger Teppich aus Blättern und ein Durcheinander aus Blüten, niedrigen Büschen und jungen Bäumchen. Die meisten Permakulturen sehen nicht unbedingt aus wie Ökosysteme, sie spiegeln nur deren Grundmuster und Prinzipien, doch der Waldgarten tut beides. Und in einen solchen im Frühstadium sind wir soeben getreten.

»Der Waldgarten ist eine harmonische Mischung von Wildnis und Planung, von Chaos und Ordnung, geraden und gebrochenen Linien«, erklärt Josh und pflückt ein Sauerampfer-Blatt ab, das mit seinem frischen, zitronigen Geschmack überrascht. »Es ist ein Garten, der natürliches Waldgebiet imitiert. Übrigens gar nicht so ungewöhnlich, wenn man sich traditionelle Gärten ansieht, die keine Nutzgärten sind. Da findest du Bäume, darunter Sträucher und Büsche und darunter Bodendecker und schließlich Stauden. Bei der Permakultur machen wir dasselbe, nur mit essbaren oder Nutzpflanzen. Was dabei entsteht, ist eine Art zum Verspeisen geeignete Landschaft, die den Wald nachahmt; denn der ist im Grunde *die* natürliche ökologische Form schlechthin für diese Gegend. Es ist ein sehr stabiles Ökosystem mit ausgeprägter Biodiversität, und die Erträge sind höher als die jedes anderen Systems.«

Landmatters ist erst seit vier Jahren hier, und dieser Waldgarten stellt das erste Stadium einer sorgfältig durchdachten langfristigen Planung dar. »Die große Herausforderung besteht darin, dass die Planung selber langfristige Entwicklungen im Auge haben muss. Wenn der Höhepunkt oder die Reife erreicht ist, werden große Bäume das Bild beherrschen.« Dabei deutet er auf die kürzlich gepflanzten Esskastanien-Bäume. Aber erst mal sind die Bäume klein und andere, jüngere Pflanzen dominieren. »Wahrscheinlich haben die meisten von uns ihre Bäume zu eng gesetzt, aber das werden wir erst in zehn, fünfzehn Jahren merken.«

Wer hier lebt, denkt langfristig. In vieler Hinsicht ist dieser Garten für Joshs Kinder angelegt worden. Wenn seine Tochter Sasha zwanzig ist, wird sie hier unter einem Blätterdach gehen, nach oben greifen und auf der einen Seite Haselnüsse pflücken, auf der anderen Äpfel. Sie wird an Sträuchern vorbeistreifen, deren Zweige sich unter der Last der Himbeeren biegen, und sie wird sich bücken, um Erdbeeren zu pflücken. Sie wird Topinambur, mehrjährigen Spargel und den köstlichen wilden Spinat ernten können, der sich »Guter Heinrich« nennt. Wohin sie auch blickt, wird sie von einer Fülle unterschiedlicher Früchte umgeben sein, und wenn sie beladen mit dem, was sie geerntet hat, aus dem Wald tritt und wieder in ihre Küche kommt, wird ihr der Duft der Minze und des wilden Knoblauch entgegenschlagen – utopische Vision eines Garten Eden, den Menschen nach dem Vorbild des Waldes anzulegen gelernt haben. Doch es ist kein Hirngespinst, Waldgärten sind bewährte Praxis der Permakultur, und ähnliche Methoden sind von indigenen Völkern seit Urzeiten angewandt worden.

Besonders relevant sind sie gerade in Großbritannien, einer ursprünglich waldbedeckten Insel. Doch bereits 1700 waren 95% dieser vorwiegend aus Eichen und Buchen bestehenden Wälder verschwunden, zumeist umgewandelt in Ackerland. Seit 1945 sind von dem, was geblieben war, 45% gerodet und anderen Bestimmungen zugeführt worden.[51] Auf diese Weise wurde Großbritannien zu einem der waldärmsten Länder Europas. Aller Aufwand, der in diesem Land im Rahmen der konventionellen Landwirtschaft getrieben wird, dient im Wesentlichen einem Ziel: zu verhindern, dass das Land wieder zum Wald wird. Die Permakultur stellt sich der Problematik – des enormen Energieaufwandes für die Freilegung und das Pflügen des Bodens sowie für das Jäten der Felder und der weiteren Energie, die vergeudet wird, um den ausgelaugten Boden zu düngen –, indem sie das Problem zur Lösung macht. Die Erde will zurück in ihren Wald-Zustand: Lassen wir das also geschehen, aber auf eine Art, die für uns Menschen hoch produktiv ist. Warum gegen den Strom schwimmen?, fragt sich ein Gärtner, der zugleich Förster ist. Warum sich nicht der Strömung anvertrauen und der natürlichen Tendenz der Erde folgen, die wieder zu Wald werden will?[52] Diese Art zu denken illustriert zwei Grundsätze der Permakultur: Das Problem ist die Lösung, und: Gehe mit der Natur, nicht gegen sie. Ein weiteres im Waldgarten verkörpertes Prinzip ist das des minimalen Aufwands für maximalen Gewinn. Um das zu demonstrieren, weist mich Josh stolz auf eine Pflanze hin, an der die riesengroßen blaugrünlichen Blätter auffallen. »Das hier sind mehrjährige Brokkoli, die im Frühjahr jeweils neun Brokkoli-Köpfe produzieren und drei oder vier Jahre lang gute Erträge bringen.« Ein Lächeln zeichnet sich in seinem roten Bart ab. »Ich freue mich sehr, dass es uns gelungen ist, sie selber aus Samen zu ziehen, was normalerweise nicht einfach ist.«

Das Meiste von dem, was wir in Europa essen, kommt von einjährigen Pflanzen, die ausgesät, gezogen und geerntet werden, und das Jahr für Jahr aufs Neue. Samen werden zurückbehalten oder neu gekauft, der Boden wird fürs nächste Jahr vorbereitet, und das Ganze beginnt wieder. In diesem Zusammenhang stellt die Permakultur die Frage: »Warum Jahrespflanzen anbauen, wenn mehrjährige eine erhebliche Arbeitsersparnis bedeuten?« Sind sie erst einmal gepflanzt, liefern sie – wie die Brokkoli von Josh – mehrere Jahre – oder im Fall eines Nussbaums Jahrhunderte – lang ihre Früchte, ohne dass viel Mühe auf sie verwendet werden müsste.

Unsere Supermärkte verwirren uns zwar mit einer unüberschaubaren Produktpalette, doch tatsächlich stammen 75 % unserer Lebensmittel von lediglich zwölf Pflanzenarten, die fast alle einjährig sind und bei konventioneller Bewirtschaftung enorme Energiemengen verschlingen.[53] Dabei existiert eine große Zahl mehrjähriger essbarer bzw. Früchte tragender Pflanzen, die man, nachdem sie Tausende von Jahren genutzt wurden, heute vergessen hat oder der Kategorie »Unkraut« zuordnet. Die Permakulturbauern entdecken sie wieder und führen viele in ihren Waldgärten ein. Allein im Vereinigten Königreich können 7000 Pflanzenarten angebaut werden, die die Herstellung von Nahrung, Brennmaterial, Textilfasern, Dünger und Medikamenten ermöglichen und, nicht zu vergessen, zum Genuss einladen.[54]

Dafür bleibt tatsächlich mehr Zeit, wenn du in einer konsumierbaren Landschaft lebst. Zeit, sich unter einen Baum zu legen, Gedichte zu lesen oder zu schreiben, Musik zu hören oder einfach in den Himmel zu schauen, je nachdem, was du gerade am liebsten tust. Die Waldgärten verlangen in der Planungs- und Pflanzphase einen hohen Arbeitsaufwand, doch anschließend geht dieser auf ein Minimum zurück, da das System sich selbst reguliert. Nicht weit von Landmatters entfernt gibt es einen Waldgarten, der bereits das Stadium der Reife erreicht hat. Um ihn zu pflegen und seinen üppigen Ertrag manuell zu ernten, braucht es durchschnittlich nicht mehr als einen Tag Arbeit pro Woche, wobei auf die Pflege nur zehn Arbeitstage im Jahr entfallen.[55] Wenn in manchen Waldgärten entsprechend dem Motto der Permakultur – möglichst große Vielfalt! – rund 550 Spezies gedeihen, besteht kein Mangel an Wahlmöglichkeiten und unterschiedlichen Geschmacksrichtungen, oft mit entsprechenden Namen: »Jack-in-der-Hecke« für die Knoblauchsrauke, ein nach Knoblauch duftendes und schmeckendes Kraut; die Weiße Zimthimbeere mit köstlichen roten Früchten; die Trauerbirke mit ihrem nach trockenem Weißwein schmeckenden Saft; Hirtentäschel mit seinen Blättern, die der Wasserkresse ähneln.

Ein halber Hektar eines Waldgartens mit all seinen essbaren Schichten, ein bisschen wie übereinandergestapelte Felder, kann zehn Menschen und damit doppelt so viele ernähren wie konventionelle Landwirtschaft auf derselben Fläche. Weder mit der industriellen Monokultur eines Weizenfelds noch mit der Knochenarbeit traditioneller Biogärtnerei ist die Bewirtschaftung eines Waldgartens zu vergleichen.

Josh führt mich auf den Kamm des Hügels. Wir kommen an einem wunderschönen Rosenstrauch vorbei, der über und über rote Früchte trägt. »Das ist eine Apfelrose und ein ausgezeichnetes Beispiel für Permakultur«, sagt Josh und zerdrückt eine ungewöhnlich große, fleischige Hagebutte zwischen den Fingern. »Eines der Prinzipien, das die Permakultur von der Natur und ihrer Widerstandsfähigkeit gelernt hat, ist das ›Stapeln von Funktionen‹, wie man es nennt. Jedes Element innerhalb eines Systems sollte eine Reihe von Funktionen haben, und jede Funktion innerhalb eines Systems sollte auch von verschiedenen Elementen ausgeführt werden. Diese Rose hier hat ziemlich viele Funktionen. Der Strauch wird sich noch entfalten und einen Windschutz abgeben. Sie ist ganz schön stachelig und ihre Zweige eignen sich, um Zäune zu flechten, die die Tiere von bestimmten Pflanzen fernhalten. Sie blüht sehr schön, und mit den Blüten kann man einen köstlichen Tee machen, aber sie ist nicht nur erfreulich, sondern auch nützlich. Sie zieht nützliche Insekten an und ist auch bei Blattläusen sehr beliebt, die ihr nichts anhaben können. Auf diese Weise hält sie sie von anderen, empfindlicheren Pflanzen fern. Und außerdem trägt sie diese großen Hagebutten, die man essen kann. Ich habe sie auseinandergeschnitten, entkernt und sie trocknen lassen. Im Winter sind diese Trockenfrüchte eine exzellente Vitamin-C-Quelle. So sieht das ›Stapeln von Funktionen‹ aus.«

Joshs Korb ist randvoll mit frischem grünen Salat, und wir gehen zurück zu den *benders*. Bäume wurden hier so angepflanzt, dass sie ein weitläufiges Oval umschließen, das irgendwann der grüne Dorfplatz werden wird. In seiner Mitte liegen die Reste eines Maibaums, Überbleibsel von der 1.-Mai-Feier vor ein paar Monaten. Die wiederkehrenden Jahreszeiten ausdrücklich wahrzunehmen, ist für diese Gemeinschaft mit ihrem besonderen Verhältnis zur Zeit wichtig. Ich frage Josh: »Wenn ihr hier all die Bäume pflanzt, da müsst ihr doch die Zeit ganz anders erleben?«

»Ich denke, ja«, antwortet er, »was wir hier tun, ist wirklich merkwürdig. Viele Kulturen, die im Laufe der Geschichte in enger Verbindung mit dem Land lebten, haben einen Zeitbegriff, der Generationen umfasste, und sie kannten auch einen Jahreszyklus. Interessanterweise denken wir, wenn wir neue Permakulturprojekte aufbauen, an zukünftige Generationen, aber wir kennen nicht diesen Bezug zu den Generationen vor uns, den Vorfahren, die ihrerseits sehr langfristig dachten.«

Die Sonne geht unter. Kupferfarbene Lichtstrahlen färben die zarten Rauchfahnen, die von der Feuerkuhle neben dem Gemeinschafts-*bender* aufsteigen. Annie sitzt auf einem Baumstamm und schneidet Gemüse, in einem großen rußgeschwärzten Topf köchelt etwas vor sich hin, und der zweijährige Sylvan läuft barfuß umher und wankt dabei auf die typische Art der Kleinkinder – gefährlich nah am Feuer. Ich mache mir Sorgen, aber seine Mutter Ambuka sitzt ungerührt dabei, und mir wird klar, dass meine Ängste die eines Stadtbewohners sind. In der Stadt werden die Kinder in Watte gehüllt und kommen mit den Elementen in ihrer ursprünglichen Form nicht in Berührung: Feuer, Wasser, Erde. Sylvan wächst mit dieser Feuerstelle auf, kennt ihre Gefahren ganz genau.

Bis das Feuer in Gang gekommen ist, Wasser geholt wurde und die Vorbereitungen für das Essen anfangen konnten, ist eine halbe Stunde vergangen. Ich frage mich, wie es die Bewohner von Landmatters geschafft haben, sich an diese Langsamkeit zu gewöhnen. »Wir müssen uns hier langsamer bewegen«, sagt Annie, »und manchmal frustriert mich das, ich habe das Gefühl, so wenig an einem Tag zu schaffen.«

»Aber ihr erlebt die Zeit hier wohl anders, oder?«, frage ich. »Für euch scheint Qualität vor Quantität zu gehen.«

»Ja, das ist es wohl, was wir wenigstens versuchen«, sagt sie und schiebt einen weiteren Scheit ins Feuer. »Wenn du von der Natur abhängig bist, um sauber zu sein, dafür Regenwasser sammeln, Holz hacken musst – das kann sich so anfühlen wie eine ganze Reihe von heiligen Handlungen, ein Gebet. Sich zu waschen ist wie ein Gebet, wenn es mit Regenwasser geschieht oder im Bach. Und das Gemüse aus dem Garten zu holen, das alles sind direkte Verbindungen zur Natur. Und manchmal, heute Morgen zum Beispiel, als ich fürs Frühstück Brombeeren gesammelt habe – da denke ich ›wow, ist das eine schöne Art, den Tag zu beginnen‹! Aber an anderen Tagen denke ich, ›was ist dieser *bender* doch für ein Mist, nichts geht voran‹ und ›heute hätte ich wirklich das und das machen wollen, aber nein …‹ Ich komme nicht los von meinen Gewohnheiten eines westlichen Lebensstils im 21. Jahrhundert, der bedeutet: Es muss ganz viel getan werden. Ich messe meinen Wert irgendwie daran, was ich tue, was ich erledige, und das ist ein Wertesystem, das hier einfach nicht passt; denn ich schaffe hier oft nicht besonders viel. Wenn sich mein Selbstwertgefühl danach bemisst, na dann gute Nacht.«

»Manchmal denke ich, das Subversivste, was wir tun können, wäre, uns zu verlangsamen«, sage ich und weiß dabei sehr wohl, dass ich genau das am wenigsten kann. »Ich glaube, das ist für mich das Interessanteste an diesem Projekt.«

Annie antwortet, indem sie Sylvan eine Scheibe roher Zucchini aus dem Garten in den Mund schiebt.

Unsere Kultur ist süchtig nach dem Tun, oft auf Kosten des Seins. Zu erkennen, dass es manchmal das Beste ist, nichts zu tun und natürliche Systeme sich selbst regulieren zu lassen, ist eine der größten Herausforderungen, vor die die Permakultur uns stellt. In ihrer Terminologie wird diese Haltung als nachdenkliche und anhaltende Beobachtung bezeichnet. Ehe irgendetwas geplant oder ein Eingriff vorgenommen wird, ist ein längerer Zeitraum der Beobachtung gewidmet, um festzustellen, was schon vorhanden ist, um die Oberflächengestalt des Landes zu erkennen, die lokalen Besonderheiten (des Klimas oder der Tiere beispielsweise) und die bereits vorhandenen Ressourcen. Deshalb hat die Landmatters-Gruppe auch ein ganzes Jahr darauf verwendet, das Land genau zu erforschen, ehe sie es bezog. Durch alle vier Jahreszeiten hindurch beobachteten sie die 9 Hektar Wiesen und die 8 Hektar alten Waldgebiets, die sich hügelab bis an den Bach hinziehen, der ihr Land begrenzt. Sie sahen sich an, wie sich das Wasser vom Hügel nach unten ergießt, welche Bodenarten es gibt. Sie fertigten Karten mit den Zugangswegen, mit Hecken und geologischen Besonderheiten an. Sie stellten fest, wo spezielle Mikroklimata herrschten und welche Fauna sich dort fand. Sie vertieften sich in die Natur- und die Kulturgeschichte des Ortes, der zuletzt vor allem durch die Rinderhaltung geprägt gewesen war. Und schließlich erkundeten sie, wo welche ökonomischen Ressourcen in der Umgebung zu finden waren.

Selbstgenügsamkeit ist nicht das Ziel der Permakultur, der Schwerpunkt liegt auf dem Aufbau lokaler Interaktionen, die dauerhaft und widerstandsfähig sind und den Energieverbrauch möglichst gering halten. Was Ökosysteme unter anderem so effizient macht, ist ihre Diversität, nicht notwendigerweise die Vielzahl der Spezies, sondern die Vielfalt nützlicher Beziehungen zwischen ihnen. Patrick Whitefield definiert Permakultur als »die Kunst, wechselseitig vorteilhafte Beziehungen aufzubauen«[56]; Voraussetzung dabei ist, jedes Element einer Permakulturplanung richtig zu platzieren, wozu wiederum eine genaue Kenntnis jedes Elements und des Ortes selber erforderlich ist. Nachdem die Landmatters-Kooperative ein Jahr lang, überwiegend an Wochenenden, der Landschaft »zugehört« hatte, begann sie mit einer PASE-Übung (PASE steht für Plants, Animals, Structures, Events), um gemeinsam ihre Vision für die Zukunft des Ortes zu entwickeln. Der Grundsatz war, mit möglichst wenig Veränderung die größtmögliche Wirkung zu erzielen. Was wollten sie anbauen? Was für eine Art Behausung sollten sie bauen? Welche Energiequellen würden sie benötigen? Und – sehr wichtig – wo und wie sollte alles auf dem Gelände angesiedelt sein, um in möglichst günstigen Verbindungen zueinander und zum Ganzen zu stehen. Das war der Beginn eines Gestaltungsprozesses, und Monate später waren komplexe Diagramme entstanden, die die Beziehungen zwischen den extrem vielfältigen geplanten Aktivitäten darstellten, darunter: die Pflanzung von Weidenbäumen für die Korbherstellung, Kreativklausuren für Frauen, Workshops, um das Mähen mit der Sense zu erlernen, andere in Sachen Imkerei; der Aufbau einer Pilzzucht, der Bau von Komposttoiletten, Permakultur-Planungskurse, die Anpflanzung von Hecken, Kinderbetreuung, mit Sonnenenergie betriebenes Kino, Lehrgänge für das Spinnen von Wolle und für das Einspannen von Pferden für den Holztransport im Wald und schließlich Kurse zum Thema Überleben in der Natur.

Die kollektive Vision fügte sich zu einem spielerischen und dabei sehr detaillierten Schaubild, das inzwischen seinen stolzen Platz gleich am Eingang des Geländes gefunden hat. Wie alle Karten von Utopia ist auch diese eine Darstellung von Wünschen, die die Zukunftshoffnungen und -träume aufzeichnet. Doch anders als die meisten utopischen Entwürfe ist sie kein in Stein gemeißeltes Modell wie ein Straßenbauvorhaben der Regierung, für das eine Schneise in die Landschaft geschlagen und alles, was im Weg ist, niedergewalzt wird. Vielmehr handelt es sich um einen Plan, der davon ausgeht, dass in lebendigen Systemen nichts jemals abgeschlossen ist, dass sich alles ständig verändert. Die Dinge entwickeln sich, der Schwerpunkt des Engagements ändert sich bei manchen, Pflanzen wachsen und sterben ab, und somit beinhalten Permakulturprojekte im Verlauf des Beobachtungs-, Neubewertungs-, Planungs- und Umsetzungsprozesses ständige Veränderung. Man fühlt sich an Darwin erinnert, der feststellte: »Es ist nicht der Stärkste einer Spezies, der überlebt, oder der intelligenteste, sondern derjenige, der auf Veränderungen am anpassungsfähigsten reagiert.«[57]

Schließlich war es an der Zeit für die Mitstreiterinnen und Mitstreiter von Landmatters, dort hinzuziehen und ihre Vorhaben umzusetzen, doch eine Hürde war noch zu überwinden – das britische Planungsrecht! Das Land war unter anderem deshalb so billig gewesen, weil es kein Bauland war. Bebautes oder als Bauland ausgewiesenes Land ist in Großbritannien sehr teuer, während Agrarland relativ günstig ist, doch die Gesetze für das ländliche Bodennutzungskonzept sind extrem rigide. Diese Gesetzgebung stammt aus dem Jahr 1947 und machte damals durchaus Sinn, denn sie sorgte dafür, die unbegenzte Ausweitung der Vorstädte einzudämmen, und ohne sie wäre das ganze Land wahrscheinlich ein einziger gigantischer Vorort geworden. Doch die Landwirtschaft selber war von diesen Regulierungen ausgenommen, und so konnte ein Landwirt jederzeit Hecken beseitigen, Bäche umleiten, mit Beton und Asbest Scheunen oder Ställe für die Massentierhaltung hochziehen, ohne dafür eine Erlaubnis einholen zu müssen. Eine völlig neue, weitgehend industrielle, treibstoffabhängige Landwirtschaft, die kein Interesse daran hatte, die lebendigen Strukturen der Landschaft zu erhalten, bekam freie Hand, diese zu verwüsten.

Das andere mit der Politik der Bodennutzung verbundene Problem liegt darin, dass sie keinen Unterschied macht zwischen einem Millionär, der sich ein Ferienhaus mit zehn Zimmern und beheizbarem Pool bauen lässt, und einer Familie mit bescheidenem Einkommen, die auf dem Boden, der ihr zum Lebensunterhalt dient, aus ökologischen Beweggründen in einem Bauwagen leben möchte. Zwar gibt es Ausnahmeregelungen für Landwirte und Forstwirte, die auf ihrem eigenen Land leben wollen, doch die sind an bestimmte Konditionen gebunden: Die finanzielle Tragfähigkeit des Betriebs muss unter Beweis gestellt werden; es darf keine Einkünfte zusätzlich zu denen aus der Bewirtschaftung des Landes geben; und es muss nachgewiesen werden, dass die Wohnung auf dem Grundstück notwendig ist, um das Land zu bewirtschaften. Nur wenige können diesen Bedingungen entsprechen. Diejenigen, die ihr eigenes Gemüse anbauen und zusätzlich andere Einkommensformen nutzen wollen – etwa einen Job im IT-Bereich oder Bildungsangebote im Bereich Ökologie – erfüllen die Bedingungen nicht. Ärmeren Leuten auf dem Land, die nur für den Eigenbedarf produzieren möchten, erlaubt das Gesetz nicht, auf ihrem Grundstück auch zu wohnen. Es ist eine ganz auf die großflächige, industrielle Landwirtschaft ausgerichtete Politik, die den ökonomischen und den ökologischen Beitrag von Nebenerwerbsbetrieben ausschließt.

Für ein vergleichbares Stück Land mit Gebäuden, in denen die Landmatters-Gruppe Platz gehabt hätte, wären mindestens 1,2 Millionen Pfund aufzubringen gewesen, etwa zwanzig Mal so viel, wie sie jetzt ausgegeben hat. Mit ihren niedrigen Einkommen kam das für sie nicht in Frage. Im Fall ihres Landes, auf dem keine Häuser standen, hätten die Zuständigen von der Planungsbehörde verlangt, dass sie woanders wohnten und täglich zur Bearbeitung des Landes pendelten. Doch eine solche Verschwendung von Zeit und Energie ist mit den Grundprinzipien der Permakultur nicht vereinbar. Auch hätte diese Option es mit sich gebracht, dass die Mitglieder viele Stunden bezahlter Arbeit allein dafür hätten aufwänden müssen, ihre Mieten zu bezahlen. Für die Bewirtschaftung des Landes wäre entsprechend weniger Zeit übrig geblieben. Wenn sie dagegen auf ihrem Land lebten, würde sie das nur 30 bis 40 Pfund pro Woche kosten und ihnen genügend Zeit lassen, das Projekt zu entwickeln. Die einzig realistische Möglichkeit, die ihnen blieb, war der Landkauf trotz nicht erteilter Genehmigungen. Dann würden sie sich in ein Unternehmen stürzen, das den meisten von ihnen nur zu vertraut war: ihr illegaler Einzug auf dem Gelände, also eine direkte Aktion.

Charlotte, die an dem langen Eichentisch vor dem gemeinschaftlichen *bender* sitzt, erzählt, während der Duft der frisch gepflückten Blumen in der Luft hängt, wie der vier Jahre andauernde Kampf weiterging: »Als ich mir die Website von Allaleigh ansah, wusste ich, dass es hart werden würde. Die Behörden würden uns die erforderlichen Genehmigungen sicher nicht leicht geben. Doch es zog sich nicht so lange hin, wie ich befürchtet hatte. Ich hatte keine Angst, weil man solche Auseinandersetzungen nicht alleine und nur für sich ausficht. Es geht im Grunde um das Problem, dass in diesem Land eine verschwindende Minderheit riesige Ländereien besitzt.« Charlotte, eine Frau von Anfang vierzig, zerbrechlich, mit langem Haar, das sie offen trägt, und mit einem klugen Blick aus müden Augen, ist mehr als ihr halbes Leben lang Aktivistin. Sie hat sich in feministischen Bewegungen ebenso engagiert wie in Kampagnen für eine radfahrerfreundliche Stadtplanung, in Protesten gegen den Freihandel und in der Do-It-Yourself-(DIY)-Szene für freie Partys. Aber in den frühen 1980er Jahren fühlte sie sich ausgebrannt: »Ich war völlig verzweifelt, erlebte einen physischen und emotionalen Zusammenbruch. Politik kam mir plötzlich irrelevant vor, meine Überzeugungen zerrannen mir zwischen den Fingern. Ich fiel in ein tiefes Loch, und genau da wurde mir etwas klar: Die Erde, das Land ist die Grundlage von allem anderen – die Zerstörung der Ökosysteme, die Macht- und die Genderbeziehungen, alles hatte letztlich mit unserer Beziehung zum Land zu tun. Wenn es uns gelingen würde, die Probleme an der Wurzel, dem Boden selber, aus dem sie hervorgehen, anzupacken, dann könnte es uns vielleicht gelingen, die Dinge zu verändern.«

Schritt für Schritt machte sich die Kommune daran, ihre *bender* zu bauen, Solarpaneele aufzustellen und das Land zu bewirtschaften. Es war ein enormes Risiko. Sie würden vielleicht alles verlieren. Die Behörden konnten sie jederzeit mit einer 28-tägigen Vorwarnung räumen, doch sie spürten, dass sich in der öffentlichen Wahrnehmung etwas änderte, das Wissen um die ökologische Krise nahm allgemein zu, und immer mehr Menschen dachten über ein nachhaltiges Leben auf dem Land nach. Es wurde immer deutlicher, dass die Planungspolitik rückständig war und im Widerspruch zur Rhetorik der lokalen Verwaltung über Nachhaltigkeit, erschwingliche Mieten, die Schaffung von Arbeitsplätzen und die Wiederherstellung zerstörter landwirtschaftlicher Traditionen und natürlicher Räume stand.

Seit 1999 waren fast jeder Gemeinschaft, die aufs Land gezogen, ihre Pläne verwirklicht und sich eine geringe Ausbeutung und Schädigung der Umwelt zum Ziel gesetzt hatte, rückwirkend die entsprechenden Genehmigungen erteilt worden. Obwohl diese meistens mit zeitlichen Begrenzungen verbunden waren, schlugen die Präzedenzfälle eine Bresche in das zuvor undurchdringlich erscheinende Dickicht des Planungssystems. In Anerkennung der weitreichenden Nachhaltigkeit der Projekte wurde auf der juristischen Ebene zu ihren Gunsten entschieden. Charlotte hatte das Gefühl, dass die Zeit reif war, diese Entwicklung aktiv zu fördern. »Natürlich bin ich nicht per se gegen das Planungsrecht, nur bin ich gegen die Gesetze, die wir heute haben. Wir hatten angefangen, eine Tür, die sich einen Spaltbreit öffnete, aufzustoßen, und ich wollte mich so lange gegen sie lehnen, wie ich konnte.«

Die Vielfalt und der experimentelle Charakter eines Permakulturprojekts passte in keine der Schubladen mit den Etiketten »Landwirtschaft« oder »Forstwirtschaft«, und bald hetzte die Nachbarschaft gegen die »Hippies auf dem Berg«, wenn sie auch ein Jahr gebraucht hatte, um mitzubekommen, dass die dort lebten.

»Mir war klar, dass es ein Abnutzungskrieg sein würde, bei dem in jahrelangen Kämpfen winzige Fortschritte erreicht und dann wieder Niederlagen zu verkraften sein würden, aber von Anfang an habe ich es für eine politische Auseinandersetzung gehalten. Wir nahmen uns vor, mit den Planungsinstanzen zu arbeiten, um Präzedenzfälle einer Politik zugunsten der Landnutzung mit geringer Umweltbelastung zu schaffen, und dabei war es entscheidend, die Anerkennung der Permakultur durch die Planungsbehörden zu erreichen.«

Zu Beginn des Jahres 2006 reichten sie ihre Pläne bei der Behörde ein. Dabei waren sie sich bewusst, dass sie abgelehnt werden würden. Das geschah auch, und sie bekamen einen Räumungsbescheid: Alle *bender* mussten abgebaut werden, und sie durften nicht mehr auf dem Land wohnen. Doch sie legten Widerspruch ein, und der Fall musste in einer öffentlichen Anhörung behandelt werden. Solche Anhörungen werden nicht von überarbeiteten Behördenvertretern geleitet, sondern von Planungsexperten. Das garantiert eine umfassende Debatte und möglicherweise größere Erfolgschancen.

Simon Fairlie, der unermüdliche Aktivist und geniale Autodidakt in Landrechts-Angelegenheiten, der vielen Projekten dieser Art geholfen hat, ihre Verfahren zu gewinnen, hält viel von den öffentlichen Anhörungen: »Es ist etwas ganz anderes als der Mummenschanz auf den Sitzungen der Planungskommissionen der Landratsämter. Sie haben nicht die Zeit, die Dinge gründlich zu bearbeiten, und die gewählten Vertreterinnen und Vertreter verstehen meistens nichts davon. Die Inspektoren dagegen sind hochqualifizierte, sehr engagierte Leute.«[58]

Simon war nur einer der zahlreichen Freunde, die der Landmatters-Kommune in ihrem Kampf zur Seite standen. Die Unterstützer waren sehr unterschiedlich: Universitätsangehörige aus Plymouth, die Briefe an den Landrat schrieben; Anhänger heidnischer Bräuche, die im Wald magische Rituale zelebrierten; Experten, die bei der Anhörung aussagten, und Freiwillige, die im Rahmen des Projekts Tausende Bäume pflanzten.

Im Juli 2007 begann die öffentliche Anhörung. Im Versammlungsraum des Dorfes, der an den drei Tagen brechend voll war, wurde sie von Inspektor Alan Woolnough geleitet. Das Hauptargument von Landmatters war, dass in hohem Maße nachhaltige Entwicklungsprojekte, die sie »geringfügig belastende Entwicklungen«[59] nannten, als Ausnahmeprojekte betrachtet werden und nicht unter die normalen Regelungen fallen sollten. Dies solle besonders in Zeiten gelten, in denen die Gesellschaft auf der Suche nach neuen ökologischeren Lebensweisen ist. Sie wollten auf eine Änderung der Landnutzung hinaus: von der rein »landwirtschaftlichen« Bewirtschaftung zu einer »im Sinne der Permakultur, wobei Land- und Forstwirtschaft, Bildung und ergänzende ländliche Betriebe sowie Leben und Wohnen einer Gemeinschaft miteinander verknüpft werden, die in temporären, möglichst geringfügig belastenden ›Gebäuden‹ unterkommt«. Falls das gelänge, würde es einen wertvollen Präzedenzfall darstellen, doch zunächst war der Inspektor davon zu überzeugen, dass die Permakultur eine ernstzunehmende Methode darstellte, dass der Lebensstil der Kommune ökologisch nur außerordentlich geringfügige Auswirkungen hatte, und dass die Befürchtungen aufgebrachter Nachbarn völlig unbegründet waren.

In der ursprünglichen Ablehnung des Antrags hatte die Ratskommission geäußert, sie werde sich durch die Permakultur »nicht ablenken lassen«, da diese »letztendlich nichts anderes als eine spezielle Form der Landwirtschaft« sei. In den Augen des Rats konnte Landmatters nicht nachweisen, dass es ein landwirtschaftliches Projekt sei, und somit entspräche es nicht den Planungsregeln. Die Kooperative argumentierte, sie beantrage die Genehmigung als nachhaltig lebende und wirtschaftende Gemeinschaft und nicht nur, um einen landwirtschaftlichen Betrieb aufzubauen, obwohl sie auch als solcher produzieren würde. Der altgediente charismatische Permakulturbauer Andy Goldring sagte in seiner Stellungnahme, »von der Permakultur zu behaupten, sie sei nichts weiter als eine Form der Landwirtschaft, ist so, als würde man sagen, das Christentum sei nur eine andere Form des Gesangs«. Er argumentierte, da die Gesellschaft heute Maßnahmen gegen den Klimawandel und für Nachhaltigkeit ergriffen sehen wolle, sei gerade »das Experimentelle und Neuartige« an dem Projekt von den Planern positiv zu berücksichtigen.

Unterdessen blieben die Nachbarn dabei, Landmatters' »angeblich« ökologischer Lebensstil würde die ländliche Gegend in ihrer Beschaulichkeit ruinieren; denn das Projekt würde zu einem Anstieg des Autoverkehrs führen, und in Wahrheit gehe es den Hippies darum, die Behörde zu täuschen, um die Baugenehmigungen zu bekommen. Letztendlich wollten sie das Land dann wieder veräußern und sich mit den so gewonnenen Millionen in die Städte absetzen. Nichts war von der Wahrheit weiter entfernt als diese wilden Spekulationen.

Während es an Charlotte war, den Großteil des Schriftverkehrs und der strategischen Planung zu bewältigen, stand Rooh bei der abschließenden »Vorstellung« auf der Bühne. Sie sollte bei der Anhörung die Stimme von Landmatters sein. Sie, ehemalige Krankenschwester, die zur Permakultur-Lehrerin und Liedermacherin geworden war, hat nicht nur die Kooperative mitgegründet, sondern verfügt auch über eine Stimme, die sich Gehör zu verschaffen weiß. Ich hatte Rooh bereits vier Jahre zuvor in einem Hottub kennengelernt, wo wir zusammen mit vier anderen im warmen Wasser lagen und uns unter dem Sternenhimmel einweichten. Wir lagen mitten im Wald von Dean bis in die frühen Morgenstunden im warmen Wasser, und sie erzählte mir Geschichten aus ihrem ungewöhnlichen Leben. Wie viele meiner Generation von Aktivistinnen und Aktivisten hatte sie ihren Job aufgegeben, um in einem der dreißig Protest-Camps entlang der Route der Umgehungsstraße bei Newbury zu leben und auf diese Weise gegen die Zerstörung von

150 Hektar uralten Waldes in Hampshire zu kämpfen, der geopfert werden sollte, um ein paar Minuten Autofahrzeit einzusparen. Wie viele der an den Protesten Beteiligten hatte Rooh nie draußen im Freien gelebt. Plötzlich wechselte sie aus einer sterilen Wohnung auf die Äste eines Baums mitten in einem uralten Wald. Die Monate, in denen sie immer wieder im Dreck vor den Bulldozern lag und kaum einmal einen Fuß in ein Gebäude setzte, haben sie verändert.

In Newbury lernte Rooh Sally kennen. Die war dorthin gegangen, um bei den Aufräumarbeiten zu helfen, nachdem die Camps geräumt worden waren. Die Räumungen hatten die Kosten der Straße um 24 Millionen Pfund in die Höhe getrieben. Sally war in den Fünfzigern und litt an Arthritis. Sie hatte beschlossen, mit einem Handkarren auf den Straßen durch das Land zu ziehen. Solche Karren mit zwei Rädern und von der Größe eines kleinen Küchentischs kann man als eine Mischung aus Schubkarren und Miniwohnwagen beschreiben. Wenn sie aufwachte, lag vor ihr ein Tag, an dem sie den Karren schob und das aß, was sie am Straßenrand fand. Ihre Arthritis verschwand. Als sie Rooh traf, war sie bereits seit sieben Jahren auf den Straßen unterwegs, und als sie von Newbury aus weiterzog, kam Rooh mit. Bald hatte auch sie ihren Hauskarren.

Dreieinhalb Jahre wanderten sie durch Großbritannien. »Als wir anfingen, waren wir zu sechst«, erzählte mir Rooh, »und am Ende waren wir so ungefähr fünfzehn und dazu noch haufenweise Kinder, Hunde, Ziegen, Hühner, Pferde und alles Mögliche … wie so eine Menagerie aus alten Zeiten, die auf Fahrrädern, mit Karren und Wohnwagen von Ort zu Ort zog.«

Sie beschrieb, wie grundlegend anders sich das Leben anfühlte, wenn man auf diese Weise täglich wanderte. »Wenn ich so mit meinem Karren lief, hatte ich oft das Gefühl, mich aus dem ›Denkmodus‹ hinauszubegeben und ganz im ›Wahrnehmungsmodus‹, ganz im Augenblick zu leben. Im Augenblick zu sein, das bedeutet, da zu sein, wo der Zauber ist, und wenn du dein Leben ganz im Augenblick lebst, erfährst du wahrscheinlich mehr Synchronizität oder Entsprechung von Innen und Außen.« Ihr täglicher Rhythmus passte sich an die Langsamkeit der jahreszeitlichen Veränderungen an, und unterdessen schien es, als kämen die Dinge, die sie brauchte, zu ihr: ein wunderbarer Platz für die Übernachtung, genau das richtige Kraut am Wegesrand, um eine Erkältung zu behandeln, eine scheinbar zufällige Begegnung mit einem Freund.

Nie werde ich Roohs Geschichten von ihrer Zeit mit dem Handkarren vergessen, die sie mir im Hottub unter dem Sternenhimmel erzählte. Durch sie begriff ich, dass die Welt, je langsamer wir uns durch sie bewegen, sich uns umso mehr in all ihren Facetten offenbart. Vielleicht liegt es gar nicht an unserer Unwissenheit oder unserer üblen Absicht oder Gleichgültigkeit, wenn wir die Zerstörung unserer Welt geschehen lassen, sondern einfach daran, dass wir in unserer Hast übersehen – wir sind ein Teil von ihr! Damals, angeregt durch diese ungewöhnliche Frau, deren Haut dieselbe Rostfarbe hat wie die Erde des englischen Südwestens und deren Kenntnisse über die Natur unerschöpflich zu sein schienen, hatte ich mir geschworen, eines Tages Landmatters aufzusuchen. Es war also keine Überraschung, dass wir auf unserer utopischen Reise an diesem Ort als einem der ersten Halt machten.

Für die meisten Besucher wirkt Landmatters auf den ersten Blick wie eine Art Phantasiewelt à la Tolkien, fast erwartet man, dass Hobbits aus den *benders* hervorkriechen. Doch die Windturbinen, die WLANs, die Leute, die an Laptops sitzen, und die solarenergiebetriebenen DJ-Pulte lassen schnell erkennen, dass das hier kein Rückzug in eine herbeigeträumte Vergangenheit ist, sondern eine Brücke von dieser in die Zukunft. Eine Zukunft, die sich aus ihrer Abhängigkeit von fossilen Brennstoffen befreit hat und glücklich innerhalb der Grenzen der Biosphäre lebt. So hatte Rooh bei der öffentlichen Anhörung gesagt: »Wir sind weder Ludditen[60] noch Primitivisten; obwohl wir viel Technik aus der Vergangenheit nutzen, ist unser Blick eindeutig auf die Zukunft gerichtet. Wir entwickeln neue, zeitgemäße Formen, auf dem Land zu leben.«

Eine von Roohs Aufgaben bei der Anhörung war es gewesen, der Kommission zu beweisen, dass Landmatters ein Leben und Wirtschaften mit minimaler ökologischer Belastung verwirklicht. Daher gab Landmatters selber eine Analyse des eigenen ökologischen Fußabdrucks in Auftrag, also des Maßes an natürlichen Ressourcen, die das Projekt insgesamt verbraucht. Bei einer solchen Analyse wird gemessen, wie viel Land- und Meeresfläche benötigt wird, um den jeweiligen Konsum zu ermöglichen und dabei auf unschädliche Weise den anfallenden Müll zu absorbieren und sich zu regenerieren. Das Ergebnis bezüglich Landmatters war etwas erschreckend. Ein Bürger Großbritanniens hinterlässt wie die meisten Europäer einen Fußabdruck, der dreimal so groß ist wie einer, den der Planet schadlos verarbeiten könnte, d.h. wenn alle so leben würden, bräuchten wir drei Erden. Wenn wir es vermeiden wollen, das natürliche Kapital der Erde zu überfordern, sollte jeder einen ökologischen Fußabdruck hinterlassen, der von *einer* Erde zu verkraften ist. Das zu berechnen, ist nicht besonders kompliziert, aber wie sähe ein solcher ökologisch verträglicher Lebensstil aus?

Ich hätte gedacht, dass mein ökologischer Fußabdruck weit unter dem des britischen Durchschnittsbürgers läge und der – vergleichsweise winzige – von Landmatters natürlich noch viel weiter darunter. Schließlich habe ich die meiste Zeit meines Lebens kein Auto gehabt, fliege grundsätzlich nicht, kaufe Lebensmittel nicht im Supermarkt und achte darauf, dass es möglichst lokale Produkte sind, im übrigen kaufe ich fast alles Secondhand. Für die meisten Europäer wäre es kaum vorstellbar, so zu leben wie die Landmatters-Kommune: unter Segeltuchdächern, ohne Waschmaschine, Kühlschrank oder fließendes Wasser (obwohl die Generation unserer Mütter noch unter teilweise ähnlichen Bedingungen groß geworden ist). Landmatters riecht nach ökologischem Puritanismus oder einem Lebensstil wie in den am schwersten benachteiligten Gegenden des globalen Südens, und dennoch offenbarte der Bericht über Landmatters' Fußabdruck, dass selbst die an diesem Projekt Beteiligten eine um 0,3 zu große ökologische Spur hinterlassen, um für unseren einen Planeten tragbar zu sein, auch wenn ihr Fußabdruck nur 46% von dem eines durchschnittlichen britischen Bürgers ausmacht.

Es stellte sich heraus, dass ihr Durchschnittswert dadurch in die Höhe getrieben wird, dass einer von ihnen gelegentlich Fleisch, wenn auch Biofleisch, isst – die Ernährung mit Fleisch macht die Bewirtschaftung von siebenmal mehr Land erforderlich als eine vegetarische Ernährung. Der andere ungünstige Faktor war der Umstand, dass zwei Mitglieder ein Mal im Jahr mit ihrem Baby nach Deutschland fliegen, um ihre Familie zu besuchen. Unterm Strich hinterließ das Ergebnis Ratlosigkeit: Wie soll unsere Gesellschaft jemals globale Nachhaltigkeit erreichen, wenn selbst Menschen mit einem so bescheidenen Lebensstil wie in Landmatters das überschreiten, was unser Planet aushalten kann?

Die Details erwiesen sich immerhin teilweise als erfreulich. Hinsichtlich der Wohnform zeigte der Bericht, dass Landmatters mit einem 94% geringeren Fußabdruck als der, den eine durchschnittliche britische Wohnung hinterlässt, sehr gut abschneidet. Das liegt zum einen an den Recycling-Materialien, aus denen die *bender* bestehen, während die üblichen Baumaterialien, Ziegel und Zement, in der Gewinnung und Herstellung sehr energieintensiv sind. Zum anderen wird in Landmatters mit Holz geheizt, das in der Umgebung anfällt. Und errechnet man die durchschnittlich pro Bewohner verursachten Treibhausgas-Emissionen, stehen sie mit 3,6 Tonnen pro Person (im Vergleich zu den 10,92 Tonnen des Durchschnitts-Briten) nicht schlecht da. Auch die Tatsache, dass Landmatters bereits jetzt die 60%ige CO_2-Reduktion erreicht hat, die von der Regierung für 2050 angestrebt wird, konnte der Planungs-Inspektor nicht ignorieren.

Rooh erinnerte die bei der Anhörung Versammelten daran, dass der Rat des Landkreises von Devon selber in seinem Papier zur Klimaänderungs-Strategie als Hauptschritt eine Agenda genannt hatte, die geschaffen werden müsse, damit den Einsichten Taten folgen könnten. Mit »Agenda« meinte der Rat, wie er in diesem Papier schreibt, »dass wir wissen, was zu tun ist, dass wir davon ausgehen, dass unser Beitrag wichtig ist, wenn wir selber die Entscheidungen treffen können und über die Infrastruktur und die Ressourcen verfügen, die uns ein Handeln ermöglichen«. In gewisser Weise beschreibt das genau, was Landmatters umzusetzen versucht – wäre nur genau dieser Rat, der das geschrieben hat, auch bereit, der Kommune die Planungsgenehmigung zu geben, um seinen Worten Taten folgen zu lassen. Offensichtlich hatte der Rat den Text an der Vorderfront der Scheune von Landmatters nicht zur Kenntnis genommen – »Worte allein reichen nicht«.

Es folgten viele Stunden mit Vorträgen und Diskussionen. Nachbarn und Vertreter des Rats versuchten, jedes Argument von Landmatters auseinanderzunehmen. Im Laufe der Tage wurde die Atmosphäre in der Versammlungshalle immer angespannter. Gegen Ende hob eine letzte Zeugin aus dem Publikum die Hand. »Ich bin von hier«, sagte sie nervös. Niemand von den Vertreterinnen und Vertretern von Landmatters kannte sie. War es eine bisher unbekannte Vertreterin der aufgebrachten Nachbarn, die jetzt eine Bombe hochgehen lassen würde? Doch sie klang ehrlich und hatte nichts gemein mit der Trickserei und dem verbalen Schlagabtausch der vergangenen Tage. »Ich habe meinen Sohn nach Landmatters mitgenommen. Da hat er begriffen, dass das Wasser nicht aus dem Hahn kommt. Und das hat ihm klargemacht, worauf es im Leben ankommt.« Als Abschluss der Debatten hätte sich Landmatters keine schönere Äußerung wünschen können.

Der Planungs-Inspektor zog sich zurück, um seine Entscheidung zu fällen. Vier Wochen später kam die Nachricht: Landmatters wurde das Recht zugesprochen, mit acht »Gebäuden« für drei Jahre auf dem Platz zu bleiben. Der Inspektor erkannte an, dass der nachhaltige Lebensstil der Landmatters-Bewohner schwerer wiegen dürfe als die »eingeschränkte Beeinträchtigung anderer Interessen«. Er bezog sich in seiner Begründung ausdrücklich positiv auf die Permakultur: »Die Richtung, die die nationale Politik hin zu nachhaltigeren Entwicklungsmodellen eingeschlagen hat, und die Notwendigkeit, das Problem der Klimaveränderung anzugehen, liegen auf der Hand … In einem solchen Kontext scheint es mir von erheblichem ökologischen, erzieherischen und kulturellen Nutzen, die Permakultur weiter zu erforschen.« Das war für Großbritannien ein Präzedenzfall im Bereich der Landnutzung und für Landmatters möglicherweise der größte Sieg.

Der Kampf war lang und schwierig gewesen. Die Rechtskosten allein hatten diejenigen für die Errichtung der acht *benders* überstiegen, doch die emotionalen Kosten waren sogar noch höher gewesen. Die ständige Unsicherheit wegen des Risikos, womöglich die Wohnung zu verlieren, hatte zu Spannungen zwischen den Mitgliedern der Gemeinschaft geführt. Der Einspruch und die Anhörung hatte sie viel Energie gekostet, die sie lieber genutzt hätten, um den drängenden Fragen nach ganzheitlichen Lösungen zum Klimawandel und zum Ölfördermaximum nachzugehen. Aber immerhin hatten sie eine Entscheidung auf der Ebene der Planung und ihrer komplexen gesetzlichen Vorgaben bewirken können, die Maßstäbe setzte, indem sie für Ärmere die Möglichkeit eröffnete, ein nachhaltiges Leben auf dem Land zu führen. Doch weitere Hürden bleiben zu überwinden, denn mit der Entscheidung zu ihren Gunsten waren Auflagen verbunden, die sie zu erfüllen haben, wollen sie nicht in drei Jahren vor derselben Situation stehen wie jetzt.

Die Permakultur lehrt uns, die besonderen Bedingungen der Randbereiche zu nutzen, dort, wo Systeme sich überlappen. In den Ökosystemen zeigen sich gerade in den Rand- oder Übergangsbereichen Kreativität und Veränderung besonders ausgeprägt. Da, wo der Wald an die Wiese stößt oder die Meereswellen gegen die Küste branden, befinden sich die dynamischsten und verwundbarsten Teile eines Ökosystems. In diesen relativ eng umrissenen Bereichen stoßen unterschiedliche Spezies aufeinander, und die Maschine der Evolution dreht sich dort am schnellsten. Vierzehn Personen, die in *benders* leben und für die Gegend ungewöhnliches Gemüse anbauen, sehen vielleicht nicht danach aus, als würden sie die Welt aus den Angeln heben. Doch Systeme ändern sich selten von innen heraus, sie neigen eher dazu, ihr Gleichgewicht aufrecht zu erhalten. Oft kommt die Energie, die (relativ) geschlossene Systeme in Bewegung bringt, von außen, meistens von den Randgebieten. Und auch von sozialen Experimenten wie Landmatters, die am Rande der Gesellschaft stattfinden. Gerade hier wird die schwierige grundlegende Arbeit geleistet, die immer auch sehr angreifbar ist, es aber letztendlich Raumplanern, Bauern und vielen anderen ermöglicht, ihre Art zu leben und ihre Denksysteme zu verändern, der Ökologie Vorrang vor der Ökonomie einzuräumen und mit der Natur anstatt gegen sie zu arbeiten.

Der Ärmelkanal ist grau und aufgewühlt, die Fähre schaukelt in Richtung französische Küste. Zum ersten Mal seit Wochen gehe ich auf eine Toilette mit Wasserspülung. Etwas vollkommen Normales, aber sowohl das Klima-Camp als auch Landmatters hatten Kompostklos, und ich habe mich an den Duft des Sägemehls gewöhnt, der angenehm überrascht, wenn man eher mit einem ätzenden Gestank gerechnet hat. Ich bin sicher, dass unsere Enkel sich an den Kopf fassen werden, wenn man ihnen erzählt, wir hätten auf Trinkwasser geschissen – was für eine blödsinnige Vergeudung von höchst nützlichen und immer rarer werdenden Ressourcen: organischer Dünger und frisches Wasser! Den natürlichen Zyklus von Getreide, das zu Nahrung wird, die zu Scheiße wird, die zu Dünger wird, der Getreide wachsen lässt – das zu ignorieren, bringt nicht nur unsägliche Verschmutzung von Flüssen und Meeren mit sich, perpetuiert unsere Abhängigkeit von Düngemitteln auf Erdöl-Basis, es lässt uns auch weiterhin in der Furcht unserer Kultur vor der gerne ausgeblendeten Dreifaltigkeit verharren: dem Inneren unseres Körpers mit seinen Organen, unserer Scheiße, die dort entsteht, und dem Tod. Wenn das vergangene Jahrhundert Fortschritt unter anderem darüber definierte, wie weit du deine Scheiße von dir wegschieben kannst, wird zukünftiger Fortschritt vielleicht eher mit der Fähigkeit in Verbindung gebracht werden, möglichst großen Nutzen aus ihr zu ziehen.

Der Dieselgeruch hängt uns noch lange, nachdem wir das Schiff verlassen haben, in der Nase. Auf makellos gepflegten Straßen gleiten wir nach Südfrankreich. Dann lassen wir Frankreich hinter uns, und im hügeligen Baskenland, wo wir kilometerweit durch dichte Wälder fahren, empfängt uns eine frischere Luft. Es geht bergab und wir sind erneut in der beigefarbenen heißen Ebene, wo Störche ihre Nester auf Leitungsmasten gebaut haben.

Wir übernachten auf einem staubigen Hügel im Nordwesten Spaniens auf halbem Weg zwischen San Sebastián und Burgos. Nicht weit von unserem Schlafplatz erhebt sich die überdimensionale Skulptur eines Hirtenjungen, die sich strahlend weiß vor einer pockennarbigen Felswand abzeichnet, 27 Tonnen gemeißelter Stein, um des heroischen Knaben zu gedenken, der vom Blitz erschlagen wurde. Das in Gegenwart General Francos und einer Handvoll Bischöfe 1961 eingeweihte Werk sieht eher militärisch als pastoral aus und gibt einem zu bedenken, wie wenig die Überhöhung einer ländlichen Idylle manchmal vom Faschismus trennt.

Ein mysteriöses Grafitto, das uns letztes Jahr in London auffiel, verkündete: »Die 1930er kehren wieder.« Und tatsächlich scheinen gerade jetzt die 1930er Jahre einen beängstigenden Schatten auf unsere Zukunft zu werfen. Aber diesmal starren wir nicht nur in den Abgrund wirtschaftlichen Chaos, wir sehen, um mit den Worten eines wissenschaftlichen Beraters der britischen Regierung zu sprechen, einen »wahren Sturm« auf uns zukommen, der uns Wasser- und Lebensmittelknappheit bei zugleich hohen Energiekosten bringen wird. Unsere Wachstumsgesellschaft erreicht derzeit den Gipfel ihrer Entwicklung, und das Einzige, was wir mit Sicherheit sagen können, ist, dass jede exponentielle Wachstumskurve auch einmal fallen muss. Der Niedergang aber erweist sich häufig als düsteres Vorspiel, das eine zukünftige autoritäre Entwicklung ankündigt.

Eine Krise löst flutartige Migrationsbwegungen aus. Die Zahl derer, die Zuflucht suchen, wird steigen, sei es innerhalb von Ländern oder von außerhalb. Sie werden überfluteten Küstenstädten zu entkommen suchen, oder sie werden vor den sich ausbreitenden Dürren und den Wüstenbildungen des globalen Südens fliehen. Bei knapper werdenden Ressourcen wird es leichter werden, Gesellschaften dahingehend zu manipulieren, dass sie glauben, sich vor der Bedrohung durch »die Anderen«, »die Fremden« schützen zu müssen. Die Art, wie der Faschismus die grünen Bewegungen in der ersten Hälfte des zwanzigsten Jahrhunderts vereinnahmt hat, sollte in diesem Zusammenhang als negative Lehre betrachtet werden.

In den frühen 1930er Jahren begann der Nationalsozialismus, sich mit Teilen der Völkischen Jugendbewegung der zwanziger Jahre zu verbinden. Deren protohippieartige ökologische Bestrebungen, Naturmystizismus und agrarische Siedlerbewegung konnte er leicht in Richtung eines fremdenfeindlichen Nationalismus manipulieren. Die Liebe zur Natur veränderte sich schrittweise zu einer Ideologie des biologischen Determinismus und der Vorstellung von der Überlegenheit der »arischen Rasse«.

Ernst Lehman, Professor der Botanik, der den Nationalsozialismus als »politisch angewandte Biologie« kennzeichnete, schrieb 1934: »Nur durch die Reintegration der Menschheit ins Ganze der Natur kann unser Volk stärker werden. Das ist die fundamentale biologische Aufgabe unserer Zeit.«[61] Die Energie der völkischen Bewegung und die allgemeine Unsicherheit der Zeit konnten von militanten Nazis leicht dazu genutzt werden, den Boden für ihre völkermörderischen Bestrebungen zu bereiten. Europas erste und größte »grüne« Utopie kam mit Soldatenstiefeln: Bauernhöfe wurden Teil des »Lebensraums«, Millionen Bäume wurden am Rand der neuen Autobahnen gepflanzt und biodynamische Gärten gleichzeitig mit Konzentrationslagern angelegt. Dieser ganze verdrehte Kosmos kam als tiefgrünes Heidentum daher. Die »Natur« als Maßstab, als übergeordneter Wert, als mystische Instanz wurde Kern einer in letzter Konsequenz mörderischen Ideologie.

Heute begegnet uns allenthalben eine Rechte, die versucht, ihre eiserne Pranke der Macht im Glacéhandschuh der Ökologie zu verbergen. Die erste Partei in Großbritannien, die (nach der *Green Party*) auf ihrer Website ausführlich auf das globale Ölfördermaximum einging, war die rechte *British National Party*; die Konservativen änderten ihr Logo, ursprünglich eine Art olympische Fackel, in eine englische Eiche, und der bekannte Ökologe James Lovelock ist der Meinung, dass es angesichts der Klimakatastrophe unvermeidlich sein könnte, »die Demokratie zeitweise auszusetzen«. Sind das die ersten giftigen Keime eines neuerlichen grünen Faschismus? Ist das die Rückkehr zu einem autoritären System als letzter Ausweg für eine Gesellschaft, die aus den Fugen gerät? Allzu oft haben Krisen zum Vorwand gedient, die die Menschen mit einem falschen Versprechen von Sicherheit zum Autoritarismus verleitet haben.

Was wir unbedingt brauchen, sind Modelle antiautoritärer Gesellschaften, die krisenfest sind und Sicherheit durch Zusammenarbeit bieten. Eine unserer Hoffnungen, die wir mit dieser Reise verbinden, ist die, Mikromodelle alternativer Gesellschaftsformen zu finden, bei denen soziale und ökologische Gerechtigkeit die entscheidenden Werte sind. Die Beteiligten sollten begriffen haben, dass wir die Unterjochung der natürlichen Welt solange nicht überwinden werden, wie wir uns weiterhin gegenseitig beherrschen. Wir suchen nicht nach einer perfekten Welt, sondern nach solchen, die den Nachweis liefern, dass das Abgleiten in autoritäre Gesellschaftsformen nicht vorprogrammiert ist, und dass der Aufbau von Alternativen nicht nur möglich, sondern auch erstrebenswert ist.

Während die Geschichte der autoritären Systeme der 1930er Jahre wohlbekannt ist und uns Hitler, Mussolini, Franco und Stalin aus den Schulbüchern anstarren, ist nur wenig von den Erfahrungen von Gesellschaften bekannt, die ohne Herrschaft ausgekommen sind. Doch es gibt sie, die vergessene Geschichte, und in diesen ausgedörrten Ebenen, die wir durchqueren, hatte sie ihren Ursprung. Die spanische Revolution von 1936 bis 39, die oft einfach als Bürgerkrieg bezeichnet wird, der zwischen Faschismus und liberaler Demokratie wütete, war tatsächlich eine der bemerkenswertesten sozialen Revolutionen. Sie war tiefgreifender als die russische Revolution in ihren Anfängen und von längerer Dauer als die Pariser Commune. Es war ein Volksaufstand, der das schändliche Vorurteil vom Volk, das sich nicht selbst regieren kann, erschütterte und die Richtigkeit von Proudhons scheinbar paradoxer Behauptung bewies: »Anarchie ist Ordnung.«

Überall im Land warfen Millionen Menschen in den Gebieten, die nach dem Militärputsch Francos gegen die Unterwerfung unter sein Regime Widerstand leisteten, die Fesseln von Hierarchie und Regierung ab. Sie lebten und arbeiteten in Kollektiven, verwalteten Tausende Städte und Dörfer selber, indem sie Bürgerversammlungen organisierten, ausgedehnte ländliche Flächen bearbeiteten und Teile der Industrie in eigener Regie verwalteten.[62]

Spanien ist der einzige Staat der Moderne, in dem sich der Anarchismus zu einer so breiten Bewegung entwickelte, dass es tatsächlich gelang, das tägliche Leben von Millionen Menschen, die die Kraft der Selbstorganisation entdeckt hatten, anarchistisch zu organisieren.

Viele Anarchistinnen und Anarchisten von heute träumen davon, einen spontanen Massenaufstand in Gang zu setzen. Doch die spanische Erfahrung zeigt, dass solche Explosionen tiefe Wurzeln haben und nicht plötzlich aus dem Nichts entstehen. Die Revolution in Spanien war das Ergebnis der anarchistischen Bildung und dreier Generationen, in denen sich die Bewegung herausgebildet hatte; anarchistische Einstellungen waren bereits in die Massenkultur eingegangen. Für viele bäuerliche Gemeinden war eine Welt, in der man sich keiner äußeren Autorität beugte und in der Menschen aus einem grundsätzlichen Gerechtigkeitsgefühl heraus freiwillig miteinander kooperierten, keine utopische Schimäre, sondern lebendige Erinnerung an vorkapitalistische kollektive dörfliche Traditionen.[63] Eine lange Geschichte selbstverwalteter agrarischer Gemeinschaften mit eigenen Gesetzen und Grundsätzen stellte den fruchtbaren Boden für dezentrale anarchistische politische Praxis und Theorie dar, die sich in den 1870er Jahren zu verbreiten begann. Annähernd jede radikale spanische politische Bewegung vor 1936 war deutlich durch einen anarchistischen Geist geprägt, wenn sie sich nicht sogar ausdrücklich als anarchistisch bezeichnete. Der spanische Anarchismus blühte nicht nur in den Städten, sondern auch auf dem Land, und nicht nur in der Theorie, sondern er wurde auch gelebt.[64]

Als sich die faschistischen Truppen Francos erhoben, reagierte die gewählte linke Volksfront-Regierung hilflos, weil sie annahm, dass Widerstand sinnlos wäre. Doch anarchistische Bewegungen wie die F.A.I. (*Federación Anarchista Iberica*) und Gewerkschaften, besonders die eineinhalb Millionen starke CNT (*Confederatión National del Trabajo*) sahen es anders. Sie nahmen die Dinge selber in die Hand, überfielen die Kasernen der Armee, nahmen sich die Waffen und organisierten den massenhaften Aufstand gegen den Faschismus und für die Freiheit. Innerhalb weniger Monate umfassten die kollektiv verwalteten Kommunen rund drei Millionen Menschen. Dörfliche Volksversammlungen, an denen die gesamte Bevölkerung einschließlich der Frauen und Kinder beteiligt war, verbanden sich mit den entsprechenden Versammlungen in Städten und Metropolen. In Aragonien wurden auf diese Weise drei Viertel der Provinz kollektiv verwaltet. Zahlreiche Basiskommunen schafften das Geld ab und ersetzten es durch ein Tauschsystem. In Katalonien, wo 60 Prozent der spanischen Industrie ansässig war, wurde die Wirtschaft zu 75 Prozent von den Arbeitern kontrolliert. In Barcelona selber verwalteten Mitglieder der CNT Fabriken und den öffentlichen Dienstleistungsbereich, also Telefon, Transport, Gas und Elektrizität. Schwarz-rote Fahnen flatterten an Traktoren, Trambahnen waren mit anarchistischen Symbolen bemalt, Dorfbrunnen wurden zu Ehren der F.A.I. neu gestaltet und Straßen und Gassen waren übersät mit Plakaten, die Land und Freiheit für alle verkündeten.

Diese berauschende Ära erlebte auch die Erfindung des politisch motivierten Bankraubs. Buenaventura Durruti, einer der kühnsten Anarchisten des Landes, setzte das »enteignete« Geld ein, um anarchistische Schulen zu finanzieren, die allein in Katalonien von mehr als 60 000 Schülerinnen und Schülern besucht wurden. Als ein Reporter des *Toronto Star* nach der Schlacht zur Befreiung Aragoniens von den faschistischen Truppen Durruti darauf hinwies, dass die anarchistische Revolution »auf einem Trümmerhaufen sitzen würde«, antwortete er bekanntlich: »Wir sind diejenigen, die all die Paläste und Städte gebaut haben. … Wir Arbeiter können sie jederzeit durch neue, schönere Bauwerke ersetzen. Ruinen machen uns keine Angst. … Soll doch die Bourgeoisie ihre Welt in Trümmern zurücklassen, ehe sie von der Bühne der Geschichte abtritt. Wir tragen eine neue Welt in unserem Herzen, und die wird weiterhin wachsen und gedeihen. Das tut sie auch jetzt, während ich spreche ...«[65]

Drei Monate später, als seine berühmte Kolonne sich den Truppen Francos und der Luftwaffe der Nazis entgegenstellte, die Madrid zerstörten, wurde er von einem Irrläufer tödlich getroffen. Nach zwei Jahren war das Experiment der Bevölkerung, ihr Leben als nichthierarchische Gesellschaft zu organisieren, den Bomben Hitlers und Mussolinis zum Opfer gefallen und von anderen, vor allem Stalin, erbarmungslos verraten worden. Eine Million Menschen hatten ihr Leben verloren, Zehntausende waren eingekerkert oder ins Exil gezwungen worden, und Spanien blieb bis zu Francos Tod im Jahr 1975 eine Militärdiktatur.

ESCUELA
LIBRE
PAIDEIA

Paideia

Merida wurde auf Ruinen errichtet. Es war eine der bedeutendsten Städte des Römischen Reichs und liegt im trockenen Südwesten der iberischen Halbinsel. Viele ihrer heutigen Hochhäuser erheben sich über den Fundamenten römischer Bauwerke, wobei manche diese in sich aufgenommen haben. Glatter Beton und Glas über antikem Stein. Pinkfarbene Schilder weisen den Weg zur Touristeninformation und zum Tempel der Diana. Die Vergangenheit schimmert hier allenthalben hinter der Gegenwart hervor. Das römische Imperium ging unter, weil es sich militärisch und auch ökologisch übernommen hatte. Am Tag unserer Ankunft hängen alle Flaggen in der Stadt auf Halbmast: Zwei spanische Soldaten sind in Afghanistan gefallen. Imperien lernen nur selten voneinander.

Seit 29 Jahren beherbergt diese Stadt von 55 000 Einwohnern die wohl einzige aktive anarchistische Schule in Spanien. Seit wir von diesem legendären Ort gehört hatten, wollten wir ihn unbedingt kennenlernen, doch es ist extrem schwer, eine Besuchserlaubnis zu bekommen. Zunächst wurde unsere Anfrage eingehend geprüft. Wir mussten glaubhaft machen, dass wir wirklich »Anarchisten« sind, eine Maßnahme, um sensationslüsterne Journalisten abzuhalten. Nach einigem Hin und Her lud uns die Schule ein, dort drei Tage zu verbringen. Filmen durften wir allerdings nicht, weil die Absprachen mit Eltern und Schülern zu kompliziert gewesen wären.

Kim und Carlos, Freunde von *Escanda*[66], einem antikapitalistischen Kollektiv in Asturien, halfen uns dabei, den Besuch zu organsieren, und kamen als Dolmetscher mit. Kim hat in Großbritannien das radikale Volksbildungsprojekt *Trapese*[67] aufgebaut, das in der Vorbereitungsphase zu vielen der antikapitalistischen Gipfelprotesten Europas getourt ist. Carlos war an der Planung eines Windparks in Gemeinschaftseigentum beteiligt und hat in Madrid in einem besetzten Haus, das als Bürgertreff fungierte, Immigranten Spanisch beigebracht. Wir trinken ein Gläschen in der neonbeleuchteten Bar eines verlassenen städtischen Campingplatzes. Über den Bildschirm eines alten Fernsehers flackern halluzinatorische Impressionen von der Erhebung buddhistischer Mönche in Rangoon. Morgen Abend werden wir das Kollektiv treffen, das die Schule leitet. Wir fühlen uns merkwürdig angespannt. Haben wir unsere Hausaufgaben ordentlich gemacht? Werden wir's womöglich vermasseln und uns durch irgendwelche »bürgerlichen« Fehltritte verraten?

Paideia ist in einem alten zweistöckigen zartgelben Bauernhaus untergebracht, das einst am Rande der Stadt lag und von Feldern und üppigen Olivenhainen umgeben war – Grün, so weit das Auge reicht. Dieses Jahr sind die Bäume allesamt niedergewalzt worden, und die Schule liegt nunmehr inmitten einer verödeten Landschaft aufgewühlter brauner Erde und teilweise fertiggestellter Straßen. Die ursprünglichen Stadtentwicklungspläne sahen einen Kreisverkehr genau da vor, wo der alte Bauernhof steht. Die Schule hat sich dieser Planung entgegengestellt, und Paideia wurde vor dem Abriss bewahrt. Die Stadtentwickler haben ihren Kreisverkehr dreißig Meter nach rechts verlegt.

Jetzt wirkt die Schule wie eine von der Wüstenei der unaufhaltsamen Verstädterung bedrohte Oase. Bedrohlich wirkende Riesenbulldozer streichen um die Ränder des Geländes, und die alten Mauern und Böden des Hauses erzittern mit jedem Brocken Erdreich, der ausgehoben wird. Wenn die Bulldozer erst einmal abgezogen sind, werden um die Schule herum 1500 nagelneue identische Vororthäuschen entstehen – »Wir bauen Ihre Zukunft« verkünden die farbenfrohen Tafeln der Bauträger.

Diese Woche beginnt die Schule wieder. Das Kollektiv, das die Schule verwaltet, hat uns zu einem Treffen heute Abend gebeten, wenn die 58 Kinder bereits alle zu Hause sind. Nach einem langen Arbeitstag von 10 Uhr in der Früh bis 6 Uhr am Abend mit den Schülerinnen und Schülern und anschließend bis 21 Uhr mit Verwaltungstätigkeiten werden wir von den Mitgliedern des Kollektivs dennoch mit großer Herzlichkeit begrüßt. Wir setzen uns an einen Tisch, um den herum Regale aufgestellt sind, die unter der Last von Büchern und Papierstapeln zu ächzen scheinen. Jeder aus dem Kollektiv stellt sich uns vor. Pepa, eine Frau Anfang sechzig, ist eine der Gründerinnen und die wichtigste Theoretikerin des Projekts. Sie hat soeben ihr sechstes Buch über libertäre Pädagogik herausgebracht. Sie ist klein, aber wie ein Fels in der Brandung; aus ihrem Blick spricht eine Entschlossenheit, die keinen Zweifel aufkommen lässt: Es dürfte leichter sein, Berge zu versetzen, als sie von etwas abzubringen. Wenn man aber von ihrem feuerrot gefärbten Haarschopf absieht, könnte sie eine vollkommen »normale« Lehrerin an irgendeiner Schule sein, und das gilt auch für die anderen sieben Frauen und den einen Mann, die mit uns am Tisch sitzen. Dennoch legen sie alle Wert darauf, dass sie keine »Lehrer« sind; sie verstehen sich vielmehr als Anleiter, die Erfahrungen ermöglichen und Prozesse anregen, und weniger als Vermittler von Wissen. Die meisten Schüler nennen sie beim Vornamen oder bezeichnen sie einfach als »die Erwachsenen«.

Anders als die »freien Schulen« wie etwa A.S. Neills Summerhill[68] in Großbritannien, versteht man in Paideia die Freiheit des Aufwachsens nicht im Sinne von Passivität. Es herrscht hier nicht die Grundeinstellung des Laissez-Faire, das den Kindern die Freiheit einräumen würde, unter den Augen von Lehrern, die sich jeglicher Stellungnahme enthalten, jederzeit zu tun, was sie wollen. Hier findet ein dynamischer Prozess statt, der darauf abzielt, auf der Basis klar umrissener Werte miteinander eine Arbeitsgemeinschaft aufzubauen, wobei die Rechte der Erzieher und der Schüler als gleichwertig angesehen werden. Für das Leben und Lernen sind sieben Grundwerte entscheidend, die aus der anarchistischen Philosophie stammen: Gleichheit, Gerechtigkeit, Solidarität, Freiheit, Gewaltlosigkeit, Kultur und als Wichtigstes: Glück. Sie – und erst danach Mathematik, Sprachen und Geschichte – sind die eigentlichen »Unterrichtsfächer«. *Wie* aber diese Werte angeeignet werden, das ist genauso wichtig wie ihr Inhalt.

»Die ersten Wochen nach der Rückkehr aus den Sommerferien sind ganz anders als der normale Schulalltag«, macht uns Pepa klar, »das ist immer eine problematische Übergangszeit, nachdem die Kinder zwei volle Monate bei ihren Eltern und Großeltern gelebt haben. Da wird ihnen alles abgenommen, sie schauen sehr viel fern, geraten unter den Einfluss von Konsum und Konkurrenz um alles und jedes. Die Kinder verlieren ihre Selbstständigkeit.« Sie schüttelt den Kopf. »Wenn sie zurückkommen, haben sie vergessen, wie man Sachen macht … sollen zum Beispiel Karotten geschnitten werden, schauen sie uns groß an – sie haben vergessen, wie das geht … Sie sind innerlich unfrei, wenn sie fragen müssen, was sie tun sollen.«

Das Kollektiv erklärt uns, dass im Mittelpunkt der Praxis in Paideia das Bemühen steht, den Kindern zur Selbstständigkeit zu verhelfen, indem sie lernen, ihre Angelegenheiten selber in die Hand zu nehmen, und das bereits vom Alter von 18 Monaten an, bis sie schließlich mit 16 Jahren die Schule verlassen. In dieser ganzen Zeit sind sie es – in Zusammenarbeit mit den Erwachsenen –, die die Schule am Laufen halten. Jeder Aspekt des schulischen Lebens wird auf Versammlungen festgelegt, an denen die Schüler und das Kollektiv der Erwachsenen teilnehmen. Von der Zubereitung des Mittagessens über den Stundenplan und die Fächerwahl bis hin zur Bearbeitung von Konflikten wird jedes Detail diskutiert und gemeinsam umgesetzt, ohne dass autoritärer Zwang aufkommt. »Wenn sie selber wissen, was sie wollen, sind sie auch frei«, erklärt Pepa, »es ist so viel einfacher, sich sagen zu lassen, was man zu tun hat, als frei zu sein. Die Verantwortung an andere abzutreten, ist leicht.«

Nachdem nicht wenige Schülerinnen und Schüler aus den Sommerferien eine Tendenz zur Unselbstständigkeit mitgebracht haben, wird der Schulalltag vorübergehend unter eine Art Mandat – *mandado*[69] – gestellt, das heißt, ausnahmsweise gilt eine Art Regelung der Dinge »von oben«. Es ist ein Ausnahmezustand, der sich gelegentlich auf Einzelfälle bezieht, doch derzeit gilt er für die Schule insgesamt. Da die Schüler nicht mehr in der Lage sind, die Initiative zu ergreifen und die Dinge selbstständig zu tun, sondern die Autoritätspersonen (die Erwachsenen) fragen, was sie tun sollen, werden sie unter ein »Mandat« gestellt oder, mit anderen Worten, vom Lehrpersonal dirigiert. Dieser Ausnahmezustand gilt so lange, bis die Schüler beschließen, eine Versammlung einzuberufen, auf der sie diskutieren, ob sie wieder einen Zustand der Freiheit und

Verantwortlichkeit erreicht haben. Wenn Konsens über die Aufhebung des Mandatzustands herrscht, findet die Schule wieder zu ihrem normalen Prozedere zurück, und niemandem wird mehr sein Verhalten vorgeschrieben. »Sie müssen wieder zu ihren anarchistischen Werten zurückfinden«, ist Pepas Schlussfolgerung. »Das dauert nicht lange. Niemand lässt sich gerne die ganze Zeit sagen, was er tun soll und was nicht. Doch wenn sie frei sein wollen, müssen sie dafür auch kämpfen.«

Wir haben bisher noch keine Schülerinnen und Schüler gesehen, aber trotzdem fühle ich mich schon so, als hätte man mich auf die andere Seite des Spiegels katapultiert, wo die Welt auf dem Kopf steht. Noch in dieser Nacht rufe ich meinen zwölfjährigen Sohn Jack in London an. Das Motto seiner Schule, das stolz auf einer heraldisch gestalteten Steinplatte über dem Haupteingang prangt, lautet »Diene und Gehorche«. Ich versuche ihm zu erklären, dass man in der anarchistischen Schule ein Problem hat, wenn man einen Lehrer um Erlaubnis bittet, etwas zu tun, anstatt einfach selber loszulegen. Sein verblüfftes Schweigen ist beredt; es verrät, wie groß der Sprung ist, den er, genau wie wir, entgegen der Intuition vollbringen muss, um wirklich zu realisieren, was das eben Gesagte bedeutet. Ist das tatsächlich eine Schule, an der du dafür »bestraft« wirst, unfrei zu sein?

Der Schulbus trifft ein, ein langgestrecktes, elegantes, nagelneues weißes Fahrzeug, aus dem die Kinder strömen. Die älteren halten die kleinen an der Hand und helfen ihnen die Treppen hinunter und auf das Schulgelände, wo sie die beiden erwartungsvollen Schulhunde tätscheln und von den Erwachsenen mit Küssen empfangen werden. Ich habe traurige Erinnerungen daran, wie es war, wenn ich meinen Sohn zum Kindergarten brachte. Viele Kinder weinten, als sie durch die Tore der Institution geschoben wurden – das brach mir jeden Morgen das Herz. Hier dagegen scheint es keine Tränen zu geben, stattdessen überall Lächeln und hier und da ein unbeschwertes Hüpfen. Die kleineren Kinder von 18 Monaten bis fünf Jahren lösen sich aus dem Pulk und bewegen sich in Richtung des Kindergarten-Anbaus. Wir bleiben mit den älteren beim Hauptgebäude.

In einem großen Tohuwabohu zerstreuen sich die Kinder in alle Richtungen, um sich zu ihren jeweiligen »kollektiven Arbeitsgruppen« zusammenzutun. Wir folgen der Kochgruppe: Sieben Kinder im Alter von fünf bis sechzehn gehen in die Küche, binden sich blendend weiße Schürzen um und fangen an, die Gerichte für den Tag zuzubereiten. Draußen schaukeln zwei Kinder an einem Trapez unter einer knorrigen alten Zypresse. Alle anderen sind beschäftigt. Manche jäten Unkraut im Garten, andere machen in den Klassenzimmern sauber, ein paar kehren den Boden mit Besen, die fast zweimal so groß sind wie sie selber. Obwohl der »Mandatszustand« herrscht, scheint niemand irgendwem zu sagen, was er zu tun hat – es passiert einfach. Das ganze Gebäude ist belebt von den unermüdlich hierhin und dahin eilenden Kindern voller Tatendrang, und die

Dinge werden erledigt, ohne dass jemand herumkommandieren oder dass der schrille Ton einer Stimme oder einer Schulglocke die Kinder antreiben würde. Eine solche existiert nicht einmal, und die einzige Uhr, die ich ausmachen kann, ein kleines Ding aus Plastik, ist in einer Küchenecke versteckt. In der Küche bereitet die Kochgruppe unter angeregtem Plaudern das Frühstück zu.

Beim Anblick Fünfjähriger, die mit großen Messern hantieren, emsig Tomaten schnipseln oder in einem blubbernden Großküchenkessel rühren, kann ich nicht umhin, eine gewisse Anspannung zu empfinden. Einen winzigen Augenblick lang fühle ich mich zurückversetzt in den mentalen Zustand einer uns allen eingehämmerten Kultur der Kontrolle, der Sorge um Gesundheit und Sicherheit, die das institutionelle Leben auf Kosten von Verantwortung und Erfahrung beherrscht. Als mir klar wird, dass die kleineren Kinder von größeren und von Lali, einer der Erwachsenen, beaufsichtigt werden, mache ich mich von den Bedenken frei und kann den süßen Karamellduft brutzelnder Zwiebeln genießen, der dem riesigen Topf entströmt.

Der sechs Jahre alte Manu ist damit beschäftigt, Fliegen totzuschlagen, die es wagen, sich auf den Resopalflächen der langen Esstische niederzulassen. »Wir essen hier ganz viele verschiedene Sachen. Unser Essen ist das beste auf der ganzen Welt«, erklärt er uns zwischen tödlichen Schlägen mit seinem Geschirrtuch. Ich kann kaum glauben, dass eine Schulspeisung so gut schmecken soll. Aber wenn du die Gerichte zusammen mit Freunden zubereitet hast, dann muss es eine ganz andere kulinarische Erfahrung sein als der Fraß, an den sich die meisten von uns in diesem Zusammenhang erinnern. »Ist es auch die beste Schule der Welt?«, frage ich. »Na klar«, sagt er und grinst mich an.

Jeden Freitag trifft sich die Arbeitsgruppe, die den Speiseplan für die ganze Woche bespricht und die Zubereitung aller Mahlzeiten für 60 Personen täglich organisiert. Die Teilnehmer sind zwischen sechs und dreizehn Jahren alt, eines der Kinder hat den Vorsitz, und ein Erzieher ist dabei, um die Kinder in Ernährungsfragen und im Sinne einer ausgeglichenen Diät zu beraten. So beschließt die Gruppe das Menü für jeden Tag. Jedes Kind schlägt eine Speise vor, über die diskutiert wird, bis man sich einigt. Sollte jemand zufällig gerade Geburtstag haben, darf er für diesen Tag das Menü ohne Debatte bestimmen. Sobald der Speiseplan für die Woche feststeht, sehen die Kinder nach, was an Vorräten noch vorhanden ist. Einkaufslisten werden geschrieben, und die Kinder entscheiden, wer bei den Großhändlern anruft, um die Vorräte für die Woche zu bestellen. Das Kochen beginnt. Nächste Woche wird eine andere Gruppe diese Aufgaben übernehmen.

»Auf geht's, Manu, Zeit zum Arbeiten«, ruft Carlos aus der Küche. Obwohl er erst sieben und nicht der offizielle Koordinator der Kochgruppe ist – das ist vielmehr der 13-jährige Arai –, sieht Carlos, was zu tun ist, und kann Manu freundlich vom Fliegenschlachten weg- und zurück in die Küche locken, wo er beim Gemüseschneiden helfen soll. Unterdessen ziehen drei Kinder, die nicht älter als neun Jahre sein können, mit Stift und

Block durch die ganze Schule und fragen jeden, wie viele Spiegeleier er haben möchte. Sie hüpfen die Holztreppe hoch und vorbei an einem gerahmten Poster aus den 1930er Jahren, auf dem ein Bauer beim Dreschen abgebildet ist. Darüber steht: »Wenn der Tyrann nicht derjenige ist, der den Weizen anbaut; warum bittest du ihn dann um Brot?«

Das Essen wird in Paideia als zentraler Aspekt des Sozialisierungsprozesses angesehen. Es ist nicht nur eine einfache Art, zusammenzukommen und Beziehungen aufzubauen, da die Kinder die Möglichkeit haben, das, was sie essen, auszuwählen und selber zuzubereiten, können sie auch viel unabhängiger und selbstständiger werden. Es mindert ihre Abhängigkeit von den Eltern.

»Frühstück!«, schreien die Kinder nebenan. Die Kindergartenkinder essen morgens als Erste. Sie kommen in Begleitung eines Erwachsenen, und halten sich an den Händchen. Ein Fünfjähriger und zwei Dreijährige fangen an, den Tisch für den gesamten Kindergarten – 23 Gedecke – zu decken. Sie reichen kaum bis an die Besteckschubfächer. Kim und ich helfen ihnen; wir achten dabei darauf, nicht die Kontrolle oder Verantwortung zu übernehmen. Ernesto schaut zu Kim hoch, die ihn um einiges überragt, und erklärt ihr ernst und hilfsbereit: »Du solltest besser jedes Mal nur einen Teller tragen, sonst könnte es gefährlich werden.« Wir sind erst seit zwei Stunden hier, doch die solidarische Art des Umgangs, die ermutigt und praktiziert wird, ist allenthalben spürbar. Ob es der kleine Ernesto ist, der der 35-jährigen Kim einen guten Rat gibt, oder die älteren Kinder, die den jüngeren die Schnürsenkel binden, alles strahlt den Geist der Zusammenarbeit aus.

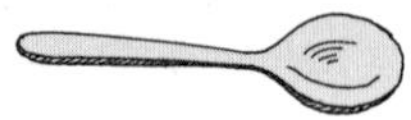

Die weißen Wände des Essraums nebenan sind mit farbigen Papieren bedeckt, auf denen jeweils ein Zitat steht. Das erste, auf das ich aufmerksam werde, ist das mit Joseph Proudhons berühmten Worten: »Regiert sein heißt, bei jeder Handlung, bei jedem Geschäft, bei jeder Bewegung versteuert, patentiert, notiert, registriert, erfasst, taxiert, gestempelt, vermessen, bewertet, lizensiert, autorisiert, befürwortet, ermahnt, behindert, reformiert, ausgerichtet, bestraft zu werden.«[70] Liest man das an diesem Ort, dann erscheint es als eine ziemlich genaue Beschreibung nicht nur der »regierten« Gesellschaft, sondern auch des gesamten staatlichen Schulsystems.

Keine Schule, sei sie staatlich oder nicht, ist wertfrei. Die staatlichen Schulen sind ein wirksames Instrument der Reproduktion kapitalistischer Werte. Der englische Philosoph William Goodwin aus dem 18. Jahrhundert, den man als Großvater des Anarchismus bezeichnen kann, ging von zwei Achsen der Macht aus: Regierung und Erziehung. Aufgrund der Feststellung, dass Regierungen von der Zustimmung der Regierten abhängen, war klar, dass der Bereich der Bildung und Erziehung der wichtigste Bereich des politischen Kampfes war, denn genau dort wurde das Denken der Menschen geprägt. Als 1783 öffentlich über die Einrichtung eines staatlichen Bildungssystems für alle debattiert wurde, veröffentlichte er den Entwurf einer Schule, in der Autorität abgeschafft und die Selbstbestimmung des Kindes respektiert werden sollte. Zugleich äußerte er die Befürchtung, dass im Falle einer Bildung in staatlicher Hand »der Staat sie gewiss dazu nutzen wird, seinen Einfluss zu verstärken und seine Institutionen zu verewigen«[71].

Seine Vision kam einer Warnung gleich: Der Individualismus, das Konkurrenzdenken und die Hinnahme von Hierarchie und Autorität, also die in unserer Kultur vorherrschenden Werte, werden bis heute auf subtile Weise in unserem Bildungssystem gefördert. Auch wenn sie nicht unbedingt offen in den Lehrplänen stehen, werden diese Werte durch die Lernbedingungen und die Art, wie die Schulen funktionieren, vermittelt. Es handelt sich um eine Art »versteckten Lehrplan«, dessen implizierte Werte und Prioritäten unbewusst aufgenommen werden. Es ist keine offene Indoktrination, sondern eine unterschwellige Beeinflussung, die vom alltäglichen Klima und den schulischen Strukturen ausgeht, von der Lehrer-Schüler-Beziehung, der Gestaltung des Klassenzimmers, der Art, wie die Schule geführt wird, dem System von Lob und Tadel und so weiter. Hinzu kommen die unausgesprochenen Grundannahmen der Lehrer, die täglich gewisse Botschaften aussenden: Nur Kinder, die gute Leistungen erbringen, zählen; die Werte der Mittelklasse genießen höheres Ansehen als die der Arbeiterklasse; dem Gesetz zu folgen, ist gut, es nicht zu tun, schlecht; gewisse Berufe sind mehr wert als andere; seinen Beitrag zur bestehenden Gesellschaft zu leisten, wird anerkannt, sie zu kritisieren, eher nicht. Obwohl es eine lange Tradition anarchistischer Ideen und Praktiken in Bildung und Erziehung gibt und viele von ihnen im Laufe der Zeit auch ihren Platz in der staatlichen Schulbildung gefunden haben, wird das in den Werken zur Geschichte der Erziehung und Pädagogik kaum je erwähnt.

»Die Kinder werden daran gewöhnt, im Sinne der gesellschaftlichen Dogmen, die uns beherrschen, zu gehorchen und zu denken«[72], schrieb der spanische Anarchist und Erzieher Francisco Ferrer über die zu Beginn des 19. Jahrhunderts von der katholischen Kirche betriebenen öffentlichen Schulen. Seine von der Religion befreite *Escuela Moderna* (»Moderne Schule«) gründete auf der Idee, »eher Begabungen aufzudecken, als Wissen einzuhämmern«, ein Prozess, bei dem sich das Selbst oder der ganz einzigartige Geist des Kindes entwickelt und eher genährt als geformt oder unterdrückt wird.[73] Seine Ideen verbreiteten sich, nachdem er 1909 in der Folge der blutigen Niederschlagung eines Antikriegsprotests in Katalonien in einem Scheinprozess verurteilt und hingerichtet worden war, was allgemein verurteilt wurde. Daraufhin gründeten sich in Spanien 48 Schulen, die sich an seinen Ideen orientierten; weitere Gründungen folgten überall auf der Welt. Die Vorstellung, dass Erziehung eine Quelle der Emanzipation und nicht der Entfremdung sein könnte, gewann an Boden. Ferrer selbst hatten frühere anarchistische Experimente in Frankreich zu einer öffentlichen Schule in Cempuis angeregt, an der Jungen und

Mädchen gemeinsam unterrichtet wurden (damals etwas vollkommen Neues); dort wurden die Ideen einer integralen Erziehung, wie sie Paul Robin entwickelt hatte, umgesetzt. Das Ziel war es, das Potenzial eines Kindes in allen seinen Aspekten zu entwickeln, auf der physischen, der intellektuellen sowie der moralischen Ebene. Später lernte Ferrer La Ruche kennen, eine unabhängige Einrichtung, die eine Schule mit einem kooperativ organisierten Hof verband und sich durch Honig-Produktion finanzierte. Das Tragische daran war, dass erst die Hinrichtung Ferrers dazu führte, dass diese Ideen einen breiteren öffentlichen Widerhall fanden.

Für Anarchisten ist die Vorstellung von Lehrern, die Kindern ihre Autorität aufdrängen, und von einer hierarchischen Lernsituation, bei der Wissen in die stillen, gehorsamen Köpfe von Schülern gefüllt wird, ein Unding. Trotz der Entwicklung neuer Lehrmethoden im 20. Jahrhundert und des Trends zum »schülerzentrierten Lernen« bleiben die den meisten Schulen zugrunde liegenden Strukturen dieselben. Immer noch ist es der Lehrer, der entscheidet, wann und wo das »schülerzentrierte Lernen« stattfindet und was der Schüler lernt. Der Schüler ist ganz sicher nicht der Ausgangspunkt, sondern vielmehr passiver Empfänger von Entscheidungen, die von »oben« kommen. Anstatt zu lernen, ihr Schicksal selber in die Hand zu nehmen, lernen die Schüler, sich nach anderen zu richten. Ihnen wird, so der Autor Derrick Jensen, der zentrale Glaube unserer Kultur eingeimpft, nämlich, »dass es nicht nur akzeptabel, sondern wünschenswert und notwendig ist, andere unserem Willen zu unterwerfen«[74]. Nachdem sie zwölf oder mehr Jahre lang sechs Stunden täglich an einem Ort verbringen, an dem sie im Grunde nichts zu sagen haben, wo sie keine andere Erfahrung machen als die, gegängelt zu werden, wird eine tiefe Passivität zur Normalität, das Kind ist bis auf die Knochen vom hoffnungslosen Gefühl der Unterworfenheit durchdrungen. Damit ist es bestens auf sein zukünftiges Konsumentendasein vorbereitet.

»Religion raus aus der Schule!« kann man auf einem der rotschwarzen Sticker lesen, die auf der großen Eichentür zur Eingangshalle der Schule kleben. Kinder rennen die Holztreppen hoch und runter, und ihr Trappeln ist im ganzen Haus zu hören. Eine große, dünne Sechzehnjährige mit sommersprossigem herzförmigen Gesicht und riesigen Ringen an den Ohren rennt auf uns zu. Man begrüßt sich mit Wangenküssen, und sie stellt sich als Jara vor. »Das war jetzt gerade unsere gemeinsame Arbeitssitzung«, erzählt sie uns atemlos, »also, da kochen wir, machen sauber und so, alle zusammen.« Sie wirbelt herum. »Ich kann euch unseren Stundenplan erklären.« Sie führt uns zu einem Pinnbrett aus Kork am Ende der Halle. Neben vergilbten Postkarten der im revolutionären Jahr 1936 von Anarchisten betriebenen Bahn sind vielfarbige Listen von Arbeitsgruppen und zahlreiche mit Kinderzeichnungen verzierte Stundenpläne aufgehängt.

»Nach der gemeinsamen Arbeit gibt's erst mal Frühstück. Anschließend haben wir entweder eine Versammlung oder nehmen an einem Workshop teil. Dann haben wir bis zum

Essen frei – wenn wir nicht gerade die Kochgruppe der Woche sind. Danach sind wieder gemeinsame Arbeiten angesagt, anschließend ein Workshop, und am Ende um fünf gibt's Tee, bevor wir heimfahren.«

Es fällt Jara auf, dass sie das Gespräch dominiert, und sie wendet sich an Manuel, einen scheuen, pickligen Mitschüler. Sie fordert ihn auf, weiter zu berichten. Dass ein Teenager so aufmerksam auf andere achtet, scheint mir etwas ganz Besonderes zu sein.

»Wie werden denn eigentlich die Entscheidungen über die Zeiteinteilung getroffen?«, frage ich Manuel. »In der Vollversammlung«, antwortet er. »Zu Beginn jedes Trimesters halten wir Vollversammlungen ab, um zu untersuchen, wie das vergangene Trimester verlaufen ist, und zu entscheiden, welche Themen wir in den Workshops vertiefen wollen, an welchen Arbeitsgruppen wir teilnehmen wollen und wie die zeitliche Aufteilung sein soll.« In der höheren Schule gibt es vier Altersgruppen, jede hat einen Namen, den sie sich selber gegeben hat, und einen eigenen Klassenraum: die »Coole Gruppe«, das sind die Fünf- bis Siebenjährigen, die »Tornados« die Sieben- bis Achtjährigen, die »Gruppe Eins« die Neun- bis Elfjährigen und die »Gruppe Zwei« die Zwölf- bis Fünfzehnjährigen. Niemand spricht hier von Unterrichtsstunden, stattdessen heißt es immer »Workshops«, wohl weil das spanische Wort für Unterrichtsstunde zu sehr an die einstige religiös geprägte öffentliche Schule erinnert und es Anarchisten besonders am Herzen liegt, dass die Religion aus der Schule verschwindet, zumal in einem Land, in dem die Kirche die rechte Hand der faschistischen Diktatur gewesen ist.

Ich frage Lali, ob wir an einem Workshop teilnehmen können. »Fragt nicht mich«, sagt sie streng, »fragt die Kinder.« Im Bewusstsein des *faux pas*, der mir gerade unterlaufen ist, nicke ich verlegen. Trotz jahrzehntelanger Arbeit in antiautoritären Bewegungen habe ich immer noch nicht das tief verwurzelte Bedürfnis abgeschüttelt, mich an Autoritäten zu orientieren.

Im Klassenzimmer treffen wir Chris an, der vollkommen vertieft über sein Arbeitsbuch gebeugt ist. Mit seinem blonden Haar und den strahlend blauen Augen sticht er zwischen den anderen Kindern hervor, die alle ein mediterranes Aussehen haben. »Hast du was dagegen, wenn wir reinkommen«, fragen wir. »Natürlich nicht«, sagt er auf Englisch mit einem deutlich erkennbaren Yorkshire-Akzent. Chris ist vor zwei Jahren im Alter von zehn Jahren nach Merida gekommen. Seine Mutter war bereits seit sechs Jahren in Großbritannien in einer psychiatrischen Einrichtung gewesen, während sein Vater das Haus nicht mehr verließ, vollkommen paralysiert durch manisch-depressive Schübe, die ihn heimsuchten. Als die Situation untragbar wurde, schickte man Chris zu den Großeltern, die wie viele Briten ihr Alter in Spanien verbringen.

Zunächst ging er auf die staatliche Schule, wo er aber kaum Spanisch lernte. Die einzige Gelegenheit für ihn, die Sprache zu üben, war der Spielplatz, während er die Schultage überwiegend schweigend in der Klasse saß und

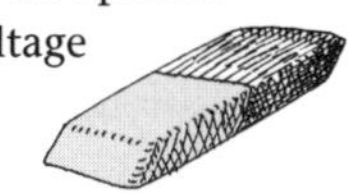

unverständliche Worte hörte. Auf diese Weise lernte er nichts. Dass er nach Paideia kam, hatte weniger mit anarchistischer Politik als vielmehr damit zu tun, dass er dort eine einzigartige Lernatmosphäre vorfand, da es eine Schule ist, die nicht nur von den Gesprächen der Kinder lebt, sondern auch von den Schülerinnen und Schülern selber mittels Debatten auf der Vollversammlung gestaltet wird.

Die Vollversammlung ist das zentrale Organ des schulischen Lebens. Alle nehmen teil, denn dort werden die Entscheidungen getroffen, die die ganze Schule betreffen. Bei ihrer Arbeit stützt sich die Versammlung auf eine ganze Reihe von »Kommissionen«, die beobachten und berichten, was in der Schule vorgeht. Sie bestehen jeweils aus zwei bis vier Kindern, die auf diese Weise das Funktionieren der Schule für diese selber spiegeln. Sie informieren die Vollversammlung und versorgen sie mit Analysen. Alle vierzehn Tage rotieren sie.

»Ich bin in der ›Problemlösungs-Kommission‹«, erzählt uns Chris, und diese Rolle genießt er ganz offensichtlich. »Ich muss aufpassen, ob irgendwo Probleme oder Konflikte entstehen … wenn es so was gibt, dann gehen wir hin und versuchen zu helfen, und wenn wir dann keine Lösung finden, berufen wir eine Versammlung ein.« Er erklärt uns, dass es eine Kommission gibt, die sich um den Schulbus kümmert, eine andere, die ein Auge auf die Lehrmaterialien hat und – besonders interessant – eine »Wertekommission«, die beobachtet, wie die Werte von Gleichheit, Gerechtigkeit, Solidarität, Freiheit, Gewaltlosigkeit, Kultur und Glück umgesetzt werden.

Kein Inspektor der Regierung hat je einen Fuß in die Schule gesetzt, doch wahrscheinlich ist es die am genauesten überwachte Schule des Landes, wenn auch nicht durch auswärtige Kräfte, sondern durch die Kinder selber, durch ihre Kommissionen. Anders als die Bürokraten inspizieren sie nicht eine Schule, die sie nicht von innen kennen, sondern eine, zu der sie selber gehören, von der sie ein Teil sind. Anders als die Regierung gehen sie nicht mit Kriterien an die Sache heran, die von irgendwem weit weg entwickelt wurden. Sie wenden die Kriterien an, die von den Gründern der Schule aufgestellt wurden und auf deren Grundlage sie weiterhin funktioniert. Anders als Inspektoren oder Schulräte wenden sie kein abstraktes Wissen an, vielmehr stützen sie sich auf Einsichten, die sie selber durch ihre eigenen Beobachtungen gewonnen haben. Sie begreifen tatsächlich die Kultur, die die Grundlage dieser Schule bildet, und den Kontext, in den sie eingebettet ist, denn sie selber sind es, die das Ganze tragen und jeden Tag mit Leben füllen.

Beim Lernen in Paideia geht es nicht um den Erwerb abstrakten Wissens – Daten, Fakten und Arithmetik –, es geht um etwas viel Grundlegenderes: die Ermutigung dazu, auf eine andere Art an der Welt teilzuhaben. Dabei sind alle Sinne beteiligt, und die Fähigkeit entwickelt sich, die eigenen Potenziale und die der anderen zu entdecken. Indem die Schule den Schülerinnen und Schülern die genannten sieben Werte gewissermaßen »einflößt«, bietet sie ihnen eine klare und zugleich dynamische Ausrichtung an. Im Unterschied zu den »verborgenen Lehrplänen« der staatlichen Schulen stellen diese menschlichen Grundprinzipien greifbare Anhaltspunkte des Lehrens und Lernens dar. Sie sind das Herzstück der Schulkultur, auf sie bezieht man sich ständig, analysiert sie und denkt über sie nach.

Beim Treffen mit den Erziehern am Abend zuvor wurden uns diese Werte genauer erläutert. Solidarität, Gerechtigkeit, Freiheit und Gewaltlosigkeit sind alle dazu angetan, Konflikte durch Dialog zu lösen – ein Schlüsselelement der Schulkultur. Kinder wurden bisher überhaupt nur dann der Schule verwiesen, wenn sie wiederholt gewalttätig geworden sind. »Kultur« bedeutet hier die Aneignung von Kompetenzen, die den Kindern zur Unabhängigkeit von den Deutungen der Welt durch andere verhelfen. Und Glück oder Glücklichsein wird als etwas betrachtet, das mehr ist als ein spezifischer Wert, vielmehr stellt es die Summe aller Werte dar. Allerdings »geht es dabei nicht darum, dass man alles bekommt, was man sich wünscht«, erläutert Pepa. »Es geht darum, emotionale Reife und Stabilität zu entwickeln, nicht darum, etwas zu ›haben‹.«

Die Erzieher geben offen zu, dass der Wert der Gleichheit am schwierigsten zu erfüllen ist – ein Problem, das zu einer der umstrittensten Vorgehensweisen an der Schule geführt hat. Die Kinder kommen aus unterschiedlichen gesellschaftlichen Zusammenhängen und Schichten. Ihre Eltern sind alles Mögliche, vom höheren Beamten bis zur Hilfskraft in einem Schönheitssalon. Um soziale Privilegien aufzuheben, untersagt die Schule den Schülern jegliche außerschulischen Aktivitäten. Wenn manche Kinder allabendlich Reitstunden oder Privatunterricht nehmen würden, während andere daheim vor der Glotze säßen, würden sie sich aufgrund ihres unterschiedlichen sozialen Hintergrunds am nächsten Morgen in der Schule nicht als Gleiche begegnen. Diese Maßnahme ist umstritten, aber die Erzieher haben einen sehr klaren Standpunkt. »Alle sollen die gleichen Möglichkeiten zu lernen haben«, schließt Josefa das Gespräch ab.

Die Geschichtswerkstatt ist in vollem Gange. »Ich mag Geschichte«, sagt Chris, »besonders das napoleonische Zeitalter. Wir sollten aus den Fehlern der Vergangenheit lernen, um sie nicht zu wiederholen.« Er hat sich auf der Vollversammlung für das Thema entschieden, als das Lehrer-Team ein Dutzend verschiedene Workshops zur Auswahl stellte und die Klassen gemeinsam jeweils fünf davon auswählten. Die Klasse von Chris entschied sich für: Geschichte, Englisch, Weltwirtschaft, Grammatik und Kunst.

Die Fenster der Klassenzimmer stehen weit offen, und der Duft aus der Küche weht herein. Obwohl an der hinteren Wand eine große Tafel angebracht ist, steht kein dozierender Lehrer davor; im ganzen Raum ist überhaupt kein Erwachsener zu sehen. Das halbe Dutzend Schülerinnen und Schüler sitzt sich an Tischen gegenüber, die einen Kreis bilden, und jeder ist in seine Arbeit vertieft. Manche machen sich mit großer Sorgfalt Notizen oder füllen die Lücken in ihrem Arbeitsbuch, andere lehnen sich auf ihren Stühlen zurück und reden miteinander. Hin und wieder steht Chris auf und holt sich ein Buch aus einem der Regale der Klassenbibliothek. Anton hat gerade einem Mitschüler einen Radiergummi an den Kopf geworfen. Iban bittet Miguel, ihm zu helfen: »Ich schaffe das nicht, ich versteh's nicht.« Miguel lehnt sich vor, um es ihm zu erklären. Iban fängt daraufhin an, etwas in sein Buch zu schreiben, aber wenig später ist er wieder abgelenkt. »Gib mir mal deinen Bleistift, Miguel«, womit er auch schon über den Tisch hinweg danach langt. »Nein, ich arbeite«, antwortet Miguel ärgerlich. »Gib endlich Ruhe, Iban«, schimpft Anton.

Es herrscht fröhliche Unordnung, aber offenbar wird auch etwas gelernt dabei, wenn man nach den ausgezeichneten Prüfungsergebnissen urteilen kann, die die Schüler erzielen, wenn sie Paideia mit sechzehn verlassen. Die Schule ist vom Staat nicht wirklich anerkannt worden, sie existiert in einer Art rechtlichem Niemandsland. Daher können die Schüler hier keine Abschlussprüfungen ablegen und müssen diese an der örtlichen staatlichen Schule nachholen.

Pepa kommt wie zufällig vorbei. »Wenn ihr fertig seid, kann ich eure Arbeit gerne korrigieren«, bietet sie an. Iban geht raus, aber Anton gibt ihr sein Übungsheft, und Pepa korrigiert es sorgfältig. »Hmm … es hapert an der Grammatik, genau wie im letzten Jahr«, meint sie und geht weiter, in einen anderen Klassenraum.

»Scheiße«, brummt Anton und zerknüllt seinen Arbeitsbogen. »Ich muss es noch mal neu machen.«

»Wenn ihr nicht unbedingt arbeiten müsst, warum macht ihr's dann?«, fragen wir die Kinder. Chris und Anton erklären uns, dass die Schüler »Verpflichtungen« unterschreiben. Darauf sind die persönlichen Verpflichtungen, die einzugehen sie sich entschieden haben, aufgelistet. Außerdem tragen sie dort das Datum ein, an dem sie das Versprochene abgeschlossen haben werden. Solche Verpflichtungen umfassen die Zahl der Projekte und Übungshefte, die sie bearbeiten werden, aber auch, wie sie die anarchistischen Werte umsetzen, an welchen Gemeinschaftsarbeiten sie sich beteiligen werden und schließlich, wie sie sich auf einer affektiven Ebene einsetzen werden. Am Ende des Trimesters schätzen sie gegenseitig ein, inwieweit sie ihre Verpflichtungen tatsächlich erfüllt haben. Wenn die Versammlung zu dem Schluss kommt, dass ein Schüler das, was er sich vorgenommen hat, nicht vollständig eingelöst hat, kann sie ihn für eine Zeit lang unter Mandat stellen. Letztendlich sind sie nur sich selbst oder dem Kollektiv, wie sie die Schule häufig nennen, Rechenschaft schuldig.

Sie nehmen sich auch vor, »intellektuelle Arbeit« zu leisten, wie sie es nennen. Dabei geht es um ein vollkommen selbstbestimmtes Projekt, ein Thema ihrer Wahl. Chris hat sich entschieden, sich mit dem Römischen Reich zu beschäftigen. In vierzehn Tagen wird er vor seiner Gruppe stehen und das Thema präsentieren. Er wird keine Note bekommen, es gibt hier weder Prüfungen noch Benotungen. Er wird aber an »La Prueba Larga« (dem großen Test) am Ende des Trimesters teilnehmen müssen, bei dem er in Pepas Arbeitszimmer einem

Erzieher gegenübersitzt. Es ist eine ganzheitliche Bewertung des Kindes, wobei alles berücksichtigt wird, von der motorischen Koordinationsfähigkeit bis zu den Fähigkeiten im Rechnen, von der charakterlichen Entwicklung bis zu der Art, wie es sich auf den Versammlungen einbringt, vom Temperament bis zur Diktion, vom künstlerischen Talent bis zur Beziehung zum Essen, von emotionalen Qualitäten bis zu sozialen Fähigkeiten, vom Erfassen historischer Phänomene bis hin zur Beziehung zum eigenen Körper. All das wird in den psychopädagogischen Aufstellungen festgehalten und ist nur eines von zahlreichen Dokumentationen, Tabellen und unterschiedlichen Schriftstücken, die alle zusammen die pädagogischen Lernziele von Paideia ausmachen.

Jara bringt uns in Pepas Büro. Überall hängen politische Poster. Ein besonders großes an der offenen Tür verkündet in leuchtend gelben Lettern: »Wenn für eine bessere Welt zu kämpfen bedeutet, Terrorist zu sein, dann bin ich einer.« Der schlaksige Teenager lässt sich auf dem großen, mit Papierkram übersäten Schreibtisch nieder. »Das hier ist das Büro der Direktorin«, sagt sie schelmisch.

»Nennt ihr sie ›Direktorin‹?«, frage ich.

»Nee, einfach ›Pepa‹. Was ganz komisch ist – die meisten in Merida verstehen das hier nicht so *richtig*. Sie denken, es ist so eine Art Internat oder so was. Für Leute, die psychisch krank sind. Die denken, hier lernt man überhaupt nichts. Es ist ihnen unheimlich. Aber«, sie lacht, »viele von unseren Freunden sind neidisch, weil wir keine Prüfungen haben und bei nichts durchfallen können.«

Ich frage nach, ob es wirklich keine Form von Strafe gibt, abgesehen vom Mandat, das im Grunde keine ist. »Die größte Strafe ist es, von der Teilnahme am Gemeinschaftsleben ausgeschlossen zu werden, Dinge allein machen zu müssen, ohne deine Freunde zu essen und zu lernen. Manchmal muss man den ganzen Tag lang kochen. Ich hab zur Strafe mal zwei Wochen allein in diesem Büro verbracht. Niemand durfte vorbeikommen – na ja, es sind natürlich trotzdem welche gekommen, und ich war nicht allein.« Sie grinst. »Wenn du beschließt, dass du so weit bist zurückzukehren, gehst du zur Versammlung und erklärst, dass dir klar ist, warum du bestraft wurdest, und dass du über dein Verhalten nachgedacht hast.« Sie schaut an die Decke. »Weißt du, man merkt das, wenn Leute sich verändert haben. Auf der Versammlung kriegst du das mit, wenn jemand sich über sein Verhalten wirklich Gedanken gemacht hat. Dann treffen alle die Entscheidung, ob du vom Ausschluss entlassen wirst oder nicht. Manchmal gibt's auch erst mal eine Bewährungszeit.« Sie lässt ihre langen Beine unterm Tisch hin- und herbaumeln. »Ich finde, es ist eine gerechte Art von Bestrafung.«

Wie von einer anarchistischen Schule nicht anders zu erwarten, ist es auch schon zu Schüler-Aufständen gekommen. Der bedeutendste begann, wie es sein sollte, nämlich während einer Vollversammlung. Das war vor fünf Jahren, als die Schüler alle Erwachsenen ausschlossen und die Schule selber verwalteten.

Meistens bewegen sich alle frei in der Schule, verlassen oder betreten die Klassenräume, wie es ihnen gerade passt. Man sieht kaum einmal eine geschlossene Tür. Bei den Vollversammlungen gilt allerdings die strikte Regel, dass niemand den Raum verlassen darf, ohne den Versammlungsleiter zu fragen. Das macht Sinn, denn nichts stört die kollektive Entscheidungsfindung mehr als ein Rein- und Rauslaufen während der Zusammenkunft.

»Einmal«, erzählt Jara begeistert, »haben wir uns bei einer Versammlung alle angeschrien und durcheinandergeredet. Pepa war stinksauer und ist ganz plötzlich weggegangen. Die anderen Erwachsenen haben es genauso gemacht. Die Kinder beschlossen daraufhin, dass sie alle ausgeschlossen werden sollten, da sie ja einfach rausgegangen waren, ohne den Versammlungsleiter um Erlaubnis zu bitten. Die Erwachsenen sahen das ein und zogen sich ganz zurück. Sie verbrachten ihre Tage mit Lesen und Kartenspielen und kümmerten sich im Übrigen nur um die Kleinen. So mussten die älteren Kinder die Rollen der Erwachsenen übernehmen, die Arbeiten der Jüngeren korrigieren etc. Das hatte zur Folge, dass sie nicht mehr zu ihren eigenen Dingen kamen. Nach einer Woche haben wir festgestellt, dass es so nicht geht.« Daraufhin riefen die Kinder die Erwachsenen auf, wieder an einer Versammlung teilzunehmen. Sie entschuldigten sich und baten sie zurückzukommen. Es hatte sich herausgestellt, dass es zu viel Arbeit war, die Schule ohne die Erwachsenen am Laufen zu halten!

»Wenn ich meinen Freundinnen und Freunden ›draußen‹ die Geschichte unserer ›Schulbesetzung‹ erzähle, dann glauben sie mir nicht«, sagt sie kopfschüttelnd.

Paideia hat eine wechselvolle Geschichte: Die Schule wurde 1978 gegründet, nachdem ein ähnliches Projekt in Fregal de la Sierra (das dieselben drei Frauen ins Leben gerufen hatten) von der rechtsgerichteten Verwaltung geschlossen worden war. Sie war immer als Kooperative aus Eltern, Unterstützern des Projekts und dem Pädagogenkollektiv organisiert gewesen. Im Laufe der Jahre kam es zu Spaltungen, Umstürzen seitens der Eltern, einmal mit dem Ziel, das Prinzip der Selbstverwaltung abzuschaffen. Hauptreibungspunkte ergaben sich mit Eltern, die den Unterschied zwischen einer fortschrittlichen und einer echten freien Schule nicht begriffen. Für die Gründerinnen ist Paideia nicht einfach nur eine Alternative zu den normalen öffentlichen Schulen – es ist vielmehr eine radikale Kritik an allem, was Schule normalerweise bedeutet. Manche Eltern wollten aus Paideia eine Schule für die Kinder der Bourgeoisie machen, so Pepa: »Sie wollten die Pädagogik ohne die Ideologie«, erklärt sie uns sichtlich indigniert. Die Schule hat die Krisen überstanden, indem sie sich unablässig verändert, entwickelt und auf die Probleme reagiert hat. Kaum etwas scheint hier zu verharren, und die anarchistische Neigung zum permanenten Experiment ist wohl der Schlüssel zur Langlebigkeit des Projekts.

Es fehlt allerdings fast immer am Geld, wie der etwas heruntergekommene Zustand von Gebäuden und Ausstattung zeigt. Das monatliche Schulgeld von 545 Euro, das für einen Schüler zu entrichten ist, muss für den Erhalt der Schule, die Miete, den Schulbus, die Mahlzeiten und Unterrichtsmaterialien reichen; was dann noch bleibt, geht an das Kollektiv. Wenn Eltern nicht in der Lage sind, für das Schulgeld aufzukommen, wird ihnen die Möglichkeit eingeräumt, in Raten zu zahlen. Außerdem gibt es einen Solidaritätsfonds, in den Eltern einzahlen, die sich mehr als das angesetzte Schulgeld leisten können und so Eltern helfen, für die die monatlichen Zahlungen unerschwinglich sind. Kein Kind, so versichert man uns, wurde jemals nicht aufgenommen, weil seine Eltern das Schulgeld nicht hätten zahlen können.

Wieder streift ein Bulldozer den Zaun um die Schule, wieder bebt der Boden unter unseren Füßen, während der Wind eine Staubwolke aufwirbelt. »Ist dieser Ort eine Insel?«, frage ich Gloria. Sie kann es sich nicht leisten, nur in Paideia zu arbeiten, wo die Bezahlung so niedrig ist. Also unterrichtet sie auch an einer staatlichen Schule. »Nein, eine Insel ist Paideia nicht«, meint sie. »Im Gegenteil, Schülerinnen und Schüler verlassen uns mit der Fähigkeit zur kritischen Analyse. Sie können sich einlassen auf die Welt und sie herausfordern. Im staatlichen System wird gar nichts einer kritischen Betrachtung unterzogen, dort gründet alles auf Herrschaft und Autorität. Das gilt für das Verhältnis zwischen Lehrern und Schülern, aber auch zwischen älteren und jüngeren Schülern, dem Direktor und dem Kollegium. Es gibt so viele Autoritätsbeziehungen und keine Liebe. Das ist die Insel, und die Kinder selber sind dort lauter individualistische Inseln.«

Manchmal hat Gloria das Gefühl, eine Art Doppelleben zu führen. »In den staatlichen Schulen werden die Kinder von den Lehrern nicht geliebt, im Gegenteil, sie werden zum Feind, und es geht vor allem darum, sie zu domestizieren.« Sie glaubt, dass die Erfahrung der ersten Schuljahre für die Kinder zutiefst verstörend ist. Wenn sie mit fünf oder sechs Jahren in die Grundschule kommen, ändert sich plötzlich alles für sie – bis eben noch bedeutete Lernen für sie, dass man miteinander spricht und spielt, und jetzt muss man stillsitzen und leise sein. Das lässt sich nur erreichen, indem Angst und Schrecken, Strafen und Autorität verbreitet werden.«

Gloria hat versucht, etwas von der Paideia-Pädagogik im staatlichen System anzuwenden, aber das ist kein leichtes Unterfangen: »Die Kinder reagieren verwirrt, wenn sie plötzlich reden, Versammlungen einberufen, kritisieren dürfen. In meinen Klassen setze ich Versammlungen ein, aber die anderen Lehrer sind absolut dagegen, fühlen sich persönlich bedroht. Die Eltern hielten es am Anfang für Zeitverschwendung, besonders wenn die Kinder es wichtiger fanden, Konflikte zu lösen als Mathe und Sprachen zu lernen. Inzischen haben sie aber eingesehen, dass es der Mühe wert ist.«

Im Klassenzimmer zu ebener Erde findet ein Kreuzstich-Kurs statt. Der sechsjährige Pablo ist ein neuer Schüler, der seit weniger als zwei Wochen hier ist. Er hat Mühe, mit seinen dünnen Fingerchen die Nadel durch den Stoff zu bekommen. Ich frage ihn, worin sich diese Schule von der staatlichen unterscheidet, von der er gekommen ist. »Na ja, in jeder Schule gibt es gute und böse Kinder«, fängt er an, aber ehe er weiterreden kann, lehnt sich Lali zu ihm über den Tisch, schaut ihm fest in die Augen und sagt: »Pablo, ›gut‹ und ›böse‹ sind religiöse Begriffe! Es gibt keine guten und bösen Kinder, einfach nur Kinder.« Ich bin ein bisschen schockiert über diesen wie mir scheint recht autoritären Vorstoß. Soll das tatsächlich Lehren ohne Zwang sein?

Ich stelle fest, es fällt mir schwer, meine Sichtweise von der Lehrerrolle hinter mir zu lassen. Ich kann mir nur zwei Arten von Lehrern vorstellen, entweder den autoritären, der seine Ansichten aufzwingt, oder denjenigen, der nach dem Laissez-Faire-Prinzip verfährt, der progressive also, der die Kinder sich in ihrem Potenzial entfalten lässt, kaum je eingreift und weitgehend passiv bleibt. Doch keine dieser Rollen entspricht dem, wie in Paideia miteinander umgegangen wird. Denn beide implizieren eine Art Hierarchie oder festgelegte Rollenverteilung: Im erstgenannten Fall ist der Lehrer »oben«, im anderen Fall steht das Kind im Mittelpunkt. In einer anarchistischen Schule ist die *Partnerschaft* zwischen Erwachsenem und Schüler das Entscheidende. Es gibt keine Zentren oder Abstufungen der Macht, beide Parteien sind Teil der Gruppe und haben somit auch gleiche Rechte. Es geht nicht darum, die Rechte des Lehrers zu negieren oder die Freiheit des Kindes über alles zu stellen. Vielmehr sind beide als autonome Wesen zu respektieren, die ein Recht auf ihre eigene Würde haben. Es ist eine Beziehung, die sich auf gegenseitige Ergänzung und nicht auf Zwang gründet.

Keine der beiden Parteien kann der anderen ihre Sicht der Dinge aufzwingen, doch beide erkennen an, dass sie bei unterschiedlichen Fähigkeiten gleiche Macht besitzen. Sie sind nicht unbedingt in ihrem Wissen gleich, auch nicht im Zugang zu Informationen, in der Fähigkeit, eine Lernsituation zu gestalten. Und niemand leugnet die »natürliche« Autorität der Erwachsenen, die mit ihrem Alter, ihrer Lebenserfahrung und schlicht ihrer Körpergröße zusammenhängt. Weil aber der Anarchismus grundsätzlich Machtbeziehungen infrage stellt, wird alles dafür getan, den Machtmissbrauch, in welcher Form auch immer und von wem auch immer er ausgehen mag, einzuschränken. Die Lehrerinnen und Lehrer sorgen unablässig und kompromisslos sowohl für den Raum, in dem sich die Freiheit entfalten kann, als auch für den Rahmen, der durch bestimmte klare moralische Werte gegeben ist.

Die Pädagogen in Paideia ähneln eher älteren Geschwistern als Eltern. Nicht Zuckerbrot und Peitsche setzen sie ein, sondern Mittel, die Spiegeln oder Linsen entsprechen – Spiegel, die den Kindern eine Rückmeldung und eine Reflexion ihrer Freiheitserfahrung liefern; Linsen, die das Schulleben immer wieder auf Werte zurückführen und auf sie fokussieren, die besonders sinnstiftend sind.

Die Nachmittagssonne brennt auf uns nieder, wir ziehen uns an den Rand des Spielplatzes zurück, wo es schattig ist. Da plaudern wir mit den ehemaligen Schülerinnen Laura und Johanna. Sie sind beide achtzehn, tragen enge weiße Jeans und bauchfreie Tops. Sie wirken selbstbewusst und gelassen. »Ich komme nach dem Gymnasium oft hier vorbei«, erzählt uns Lara. Sie hat große braune Augen, eine dichte Mähne aus dunklem verfilzten Haar rahmt ihr Gesicht. Sie und Johanna besuchen das örtliche »instituto«, ein Gymnasium, an dem sie sich auf ihr Abitur vorbereiten. Trotzdem ist es ihnen immer noch wichtig mitzubekommen, wie es in Paideia weitergeht. »Denn«, so erklärt Laura, »es ist hier nicht so sehr wie an einer Schule, mehr wie in einer Familie. Die Leute sind verantwortlich füreinander und gehen gegenseitig Verpflichtungen ein. Man hilft einander.«

»Was hier echt hart ist«, wendet Johanna ein, »dass du an dir arbeitest, dich ständig selber forderst. Unterm Strich lohnt es sich, ist befriedigend, weil du wirklich weiterkommst. Aber …« Sie hält inne. »Was außerdem hart ist«, und sie klingt ein bisschen traurig, »ist das Weggehen. Dass du Paideia irgendwann verlassen musst.«

Uns interessiert, wie es einem wohl geht, wenn man die Freiheit von Paideia gegen die Rigidität einer staatlichen Institution eintauscht.

»Das Erste, was mir auffiel, waren die Sitzreihen. Wir saßen nicht mehr im Kreis«, sagt Laura und kann es rückblickend wieder kaum glauben. »Ich fand es unmöglich«, ereifert sie sich, »dass ich meinen Freunden den Rücken zukehren sollte … Und auch die Beziehungen zwischen Lehrern und Schülern und auch unter den Schülern – das ist alles völlig anders, irgendwie machomäßig, als würden die ganze Zeit Kerle rumschreien und anderen sagen, was sie zu tun haben.« Sie sagt, dass Paideia ihr beigebracht hat, *wie* man lernt, und ihr damit einen großen Vorsprung gegenüber den anderen Schülern mitgegeben hat, die das nicht können oder nicht motiviert sind, wenn sie nicht dazu angeleitet werden. »Und ich bin auch glücklicher als sie«, meint sie. »Die Schüler am Gymnasium sind auch glücklich, aber es ist eine oberflächliche Zufriedenheit. Wenn sie ihren Computer und ihre Videospiele abschalten, wissen sie nichts mit sich anzufangen. Wir haben Spaß mit Freundinnen, wenn wir mit Leuten zusammen sind und quatschen.«

»Würdet ihr euch selber als Anarchistinnen bezeichnen?«, will ich wissen.

»Nein«, antwortet Johanna, »uns fehlen das Wissen und die Erfahrung, um sagen zu können, wir seien Anarchistinnen.«

Isa und ich sind von ihrer Bescheidenheit beeindruckt. Uns sind nicht wenige Teenager begegnet, die, ohne zu zögern, von sich behaupteten, sie seien Anarchisten. Beweis: das große A im Kreis auf dem Rücken ihrer Kapuzenshirts. Ihre »Qualifikation« hat vor allem mit Mode und großer Geste zu tun. Diese beiden jungen Mädchen dagegen haben vierzehn Jahre ihres

Lebens in einer Gemeinschaft von fünfzig Erwachsenen und Kindern gelebt und sie nach anarchistischen Prinzipien mitgestaltet, und trotzdem glauben sie, diese Bezeichnung nicht zu verdienen. »Hier lernen wir, für das, was wir denken, einzustehen«, sagt Laura, »nicht irgendwas zu werden, sondern uns selber zu erschaffen, sodass wir unseren eigenen Standpunkt, unsere eigene Weltsicht herausbilden können ... Wir werden es niemals zulassen, dass uns irgendjemand unsere Freiheit nimmt.«

Der Name Paideia ist einem klassischen griechischen Konzept der Bildung des Bürgers entlehnt; ein Lernprozess auf persönlicher und sozialer Ebene soll zu aktiver Bürgerbeteiligung qualifizieren. Dabei kommt es nicht darauf an, dass irgendein »Stoff« vermittelt wird, sondern darauf, eine funktionierende Lerngemeinschaft zu schaffen. Für die Griechen bedeutete *Paideia* mehr als Bildung oder Erziehung; es war vielmehr ein lebenslanger Prozess der Charakterbildung zur Vorbereitung auf die Teilnahme an der direkten Demokratie. Wissen und Kenntnisse wurden dabei auch angeeignet, aber vor allem ging es darum, eine Lebenspraxis selbstbestimmter Bürgerbeteiligung zu schaffen.

Viele Lehrer halten sich für Vertreter einer Form von Pädagogik, die sich von den autoritären Modellen der Vergangenheit unterscheidet, einer Pädagogik, die den Schülern die Wahl lässt und sie darin bestärkt, die Initiative zu ergreifen, die sie zu »freien« Menschen macht und ihnen die Mittel an die Hand gibt, in der Welt der Arbeit, die sie erwartet, ihren Weg zu finden. Doch, wie der Historiker libertärer Pädagogik Michael Smith schreibt, handelt es sich dabei eher um »die Frage einer lockereren Einstellung gegenüber den Schülern als um durchdachte theoretische Überlegungen«[75] zum Wesen der Freiheit und der Frage der Macht.

Hier an der Schule geht man davon aus, dass Freiheit nicht lehrbar, sondern nur erfahrbar ist. Mehr noch: Wenn die Freiheit einfach nur gewährt wird, führt das zu einer verzerrten individualistischen Vorstellung von Freiheit, wie sie in der kapitalistischen Kultur verbreitet ist. Für Paideia ist Freiheit ein aktiver Prozess, die Kunst, Persönlichkeiten zu entwickeln, die durchaus etwas wollen, wobei ihr Wollen mit einem wachen Bewusstsein über sich selbst und die Verbindung zum anderen Hand in Hand geht. Nur auf der Grundlage einer verwandelten Identität ist man in der Lage, das aufmerksame Selbstbewusstsein zu entwickeln, dessen es bedarf, um sein Leben bewusst zu gestalten und zugleich mit anderen sich selbst verwirklichenden Menschen gemeinschaftlich zusammenzuleben.[76] Die Schülerinnen und Schüler lernen, frei zu sein, indem sie zusammenarbeiten und so gemeinsam die kollektiven Bedingungen für Freiheit schaffen, nicht für eine unbegrenzte Freiheit, sondern für »gemeinschaftliche Identität«[77], wie es der politische Philosoph Alan Ritter ausdrückt. Die Schule bietet den Raum für eine Art direktes Feedback zwischen individueller Freiheit und kollektiver Verantwortlichkeit, die Hand in Hand gehen und sich in Richtung einer größeren oder übergeordneten Freiheit gegenseitig verstärken.

Man wirft Anarchisten häufig und zu Unrecht vor, dass sie die menschliche Natur allzu naiv und optimistisch einschätzen. Doch tatsächlich nehmen sie nicht an, dass Menschen grundsätzlich »gut« sind. Zwar mögen wir alle ursprünglich mit einem freien Willen ausgestattet sein, der aber nicht unbedingt auch »gut« ist. Wäre die menschliche Natur perfekt und immer altruistisch, dann würden wir nicht – so der große anarchistische Geograf Kropotkin – »Paläste bauen, solange es noch Elendsquartiere gibt«.[78] Die anarchistische Theorie geht davon aus, dass wir sowohl den Antrieb zur Kooperation als auch den zur Konkurrenz in uns tragen, Altruismus und Eigennutz, dass aber Kultur und Gesellschaft des Kapitalismus unsere negativsten Seiten fördern. Deshalb »muss Macht aufgelöst werden«, so der anarchistische Theoretiker John Clark, nicht so sehr, weil jeder immer *gut* wäre, sondern weil bei einer Konzentration der Macht manche Menschen dazu neigen, extrem *bösartig* zu werden.[79]

Auf dem Schulgelände ist Ruhe eingekehrt, die Kinder sind nach Hause gefahren. Wir finden einen ungestörten Moment, um mit Pepa zu sprechen. Ich frage sie, wodurch sich die ideale Schülerin, der ideale Schüler auszeichne. Sie antwortet ohne zu zögern: »Dadurch, dass sie oder er auf Schritt und Tritt die Anarchie und die anarchistischen Werte praktiziert. In Spanien«, fährt sie fort, »begreifen viele junge Leute, die den anarchistischen Ideen zugeneigt sind, nicht wirklich, worum es dabei geht. Gewalt und Rebellion ziehen sie an, doch die grundlegenden Werte machen sie sich nicht zu eigen. Stattdessen pflegen sie genau das, was auch der Staat dem Anarchismus zuschreibt: Unordnung und Schmutz. Wenn du deine Art zu denken nicht verändern kannst, änderst du gar nichts.«

Ich frage sie, warum sich offenbar nur wenige ehemalige Schüler mit Anarchismus und Aktivismus identifizieren. »Wir legen es nicht darauf an, am laufenden Meter Anarchisten zu produzieren. Sie müssen ihren Weg selber finden.«

»Aber seht ihr nicht irgendwelche greifbaren politischen Auswirkungen in der Gesellschaft?«, frage ich.

»Doch. Die Schüler geben anderen ihre Werte weiter, und auf der lokalen Ebene findet man tatsächlich mehr freies Denken, libertäre Gewerkschaften und eine ausgeprägt alternative Kultur. Viele entscheiden sich schließlich für eine Arbeit, bei der sie andere unterstützen: Psychologie, Pädagogik, Sozialarbeit etc. … Aber!«, sie fährt sich durch die leuchtend rote Mähne: »Eine der bedeutendsten Auswirkungen liegt darin, dass keiner unserer Schüler jemals zur Armee gegangen, Banker oder Priester geworden ist.« Ein verschmitztes Grinsen breitet sich auf ihrem Gesicht aus: »Und nicht eine oder einer von ihnen hat geheiratet.«

Ein Dutzend Kinder, keines älter als sieben, marschiert mit entschlossenen Mienen zur offenen Tür des Klassenzimmers hinaus. »Pablo hat mich gebissen, wir brauchen eine Versammlung!«, erklärt Miguel. Unterdessen wird Pablo, ein Neuer, in die Haupthalle eskortiert. Man sucht sich eine Ecke und lässt sich dort am Boden nieder. Die Kinder bilden einen Kreis oder besser gesagt eine Art Haufen kauernder Körper mit Armen und Beinen über- und untereinander. Alle reden gleichzeitig. Es wird wild gestikuliert. Adriane, eine sehr selbstbewusste Siebenjährige, reißt ein Blatt aus ihrem Notizblock und zeichnet zwei Spalten ein – eine für die Rednerliste, eine für die Vorschläge. Sie fängt an zu moderieren. Es wird ruhig. Die Kinder heben eines nach dem anderen die Hand, um auf die Rednerliste zu kommen. Ich kann's nicht fassen, was ich da vor mir sehe. Wenn in meiner Schule früher jemand dich gebissen hat, hast du zurückgebissen. Hier organisieren sie eine Versammlung!

Miguel erklärt ruhig das Vorgefallene: »Pablo hat mir mein Arbeitsbuch weggenommen und mich dann gebissen.« Die anderen Kinder beschreiben, was sie gesehen haben. Die meisten wirken dabei ganz entspannt, es ist schließlich eine ganz normale Konfliktlösung. Pablo reagiert anders. Er ist angespannt, frustriert, zappelt nervös und schreit: »Warum verlangt Miguel eine Versammlung, wo ich doch gar nichts getan hab?« Er wartet nicht, bis ihn die Moderatorin aufruft. Das überrascht eigentlich nicht, denn während die meisten Kinder hier seit ihrem Schuleintritt mit eineinhalb Jahren an Schulversammlungen teilgenommen haben, ist Pablo erst seit zwei Wochen in Paideia.

Schließlich kommt Lali dazu. Sie hat mitbekommen, wie Pablo außer der Reihe gesprochen hat, und möchte sehen, ob sie helfen kann.

»Ich wollte nur Miguels Zeichnung sehen … und der hat mich nicht gelassen. Aber gebissen hab ich ihn nicht«, behauptet Pablo. Miguel zeigt der Runde den Biss, der sich auf seinem Arm abzeichnet. Die Kinder schauen ihn sich sehr genau an. Dann stellt jemand fest, dass man den Biss, wie er sich abzeichnet, und die Anordnung der Zähne vergleichen und so denjenigen, der gebissen hat, identifizieren kann. Daraufhin beißt sich jeder in den Arm, um den eigenen Zahnabdruck zu sehen. Doch der von Pablo passt nicht mit dem Biss auf Miguels Arm zusammen. »Ich mach doch den Mund gar nicht so weit auf, wenn ich beiße!«, versichert Pablo und demonstriert mit der entsprechenden Grimasse, was er meint.

»Hast du dich selbst gebissen?«, befragt Lali Miguel, doch der schüttelt unverfroren den Kopf.

»Okay, Pablo«, wendet sich Lali an ihn, »du kannst nicht jemanden zwingen, dir sein Bild zu zeigen. Wenn dein Freund dir sagt, er will nicht, dass du das oder das tust, dann lässt du es.« Sie wendet sich an Miguel: »Und du musst Pablo helfen, wenn du siehst, dass er Sachen mit Gewalt durchzusetzen versucht.«

Adriane meint, es sei jetzt an der Zeit, Vorschläge zu machen. »Ich schlage vor, Pablo soll nicht in der Tornado-Gruppe sein«, sagt Carlos. Ein anderer Vorschlag: Er soll für eine Zeit lang nicht am Gemeinschaftsleben teilnehmen. »Ich hab auch einen Vorschlag«, meint Lali. »Pablo ist neu und muss noch lernen, sich anders zu verhalten. Wie kann er das, ohne in der Gruppe zu sein? Die Gruppe muss ihm helfen, und er muss die Gruppe respektieren.« Adriane fasst die Vorschläge zusammen, zu jedem wird eine Abstimmung durchgeführt. Adriane zählt die erhobenen Hände und notiert die Ergebnisse. Abgesehen von Miguel, der sich der Stimme enthält, wird Lalis Vorschlag einstimmig angenommen.

»Wer hat jetzt gewonnen?«, fragt Pablo mit aggressivem Unterton.

»Nicht zu fassen, zwölf Leute nehmen sich die Zeit, um dein Problem zu besprechen, und du konzentrierst dich noch nicht mal!«, sagt Lali. Mir tut er fast schon leid. Es muss ganz schön schwer sein, wenn man von einer staatlichen Schule hierher kommt. Die anarchistischen Werte der Kooperation und Gewaltlosigkeit sind ihm sicher ganz fremd.

Pablo blickt zu Lali auf: »Aber wenn ich mit ihnen spielen will«, murrt er, »dann lassen sie mich nicht.«

»Du musst sie respektieren. Wenn sie nein sagen, dann musst du das respektieren.« Lali nimmt Pablo mit in den Kreuzstich-Kurs. Nach und nach verlassen die Kinder die Halle.

Laut Pepa muss man die Autorität, wenn man sie weglässt, durch Kreativität ersetzen. Ich erinnere mich an meine Schule als einen Ort, der durchdrungen war von einer Atmosphäre der Starrheit und Rigidität, einen Ort, an dem sich kaum etwas veränderte, an dem ein Schuljahr dem anderen zum Verwechseln ähnelte, an dem der Körper ruhiggestellt und der Stundenplan festgelegt war.

Ganz selten einmal konnte ein kathartischer Ausbruch die eisesstarre Routine unterbrechen, doch die Autoritäten boten dem sehr schnell Einhalt. Nichts von alledem in Paideia, wo eine vollkommen andere Atmosphäre herrscht. Hier gibt es immer Bewegung, nicht nur die der Kinder, die sich überall im Gebäude tummeln, sondern auch Bewegung im Sinne permanenter Entwicklung und Anpassung der Schule. Stundenpläne, Themenschwerpunkte, Arbeitsgruppen, das alles wird ständig neu überlegt, überprüft, angepasst und auf bestimmte Schüler und Situationen zugeschnitten. Das Einzige, was feststeht, sind die anarchistischen Grundwerte, die moralische Basis; alles andere steht immer wieder zur Diskussion und wird auf den Versammlungen weiterentwickelt.

Man könnte einwänden, dass dieser ständige Fluss der Dinge destabilisierend wirkt und dem Lernen nicht zuträglich ist. Doch für anarchistische Pädagogen ist nun einmal die Ermutigung zum interaktiven Experimentieren eine der Grundbedingungen ihres Tuns. Das Lernen ist für sie ein kontinuierlicher Rückkopplungsprozess, den der freie Wille antreibt. Um dieses Lernmodell zu begreifen, muss man sich nur vor Augen halten, mit welcher Geschwindigkeit und spielerischen Freiheit ein Kind das Sprechen lernt. Doch es vergeht nicht viel Zeit, und der freie Wille des Kindes wird nach und nach gebrochen, weil es sich dem Willen anderer beugt. Die Rolle anarchistischer Pädagogik besteht nun darin, sich auf den freien Willen zurückzubesinnen, und das nicht nur um der praktizierten Freiheit willen, sondern auch, weil der freie Wille als Katalysator qualitativen Lernens gesehen wird, das heißt des Lernens zu lernen. Das wiederum ist ein großer Schritt in Richtung Unabhängigkeit.

Das Pädagogenkollektiv erzählt uns, dass im Lauf der letzten zehn Jahre häufig kleine Kinder nach Paideia kamen, die bereits mit Schulbeginn in ihrem Verhalten kapitalistisch geprägte Züge hatten. Der Geist von Individualismus, Konkurrenzstreben und passivem Hinnehmen formt die Kinder in immer jüngeren Jahren. Inzwischen werden nur Schüler von unter neun Jahren angenommen. Im Alter von neun Jahren, berichtet uns Pepa, hat das System sie bereits mental so sehr geprägt, dass es unmöglich für sie ist, frei zu sein. Aber sie macht uns Mut, indem sie versichert, dass sie glaubt, als Erwachsene haben wir die Fähigkeit, unsere Freiheit wiederzuerlangen, indem wir uns dekonstruieren und neu beginnen können. »Aber leicht ist es nicht, ganz eindeutig.«

Alles, was in Paideia geschieht, ist die Summe der einzelnen freien Willen. Es ist eine Kombination der Wünsche jedes Kindes und jedes Erwachsenen, die durch die Versammlungen miteinander verbunden werden und so eine Gruppendynamik in Gang setzen, die ein Höchstmaß an individueller Freiheit *und* Gleichheit ermöglicht. Anders als Liberalismus und Sozialismus geht der Anarchismus von einer Verschränkung von Freiheit und Gleichheit aus. Während der Sozialismus Gleichheit anstrebt und dafür bereit ist, die Freiheit zu opfern, und der Liberalismus die Freiheit auf Kosten der Gleichheit über alles stellt, sind die Anarchisten davon überzeugt, dass die eine ohne die andere nicht zu haben ist. »Behandle andere so, wie du selber behandelt werden möchtest«, ist laut Kropotkin das höchste moralische Prinzip des Anarchismus.[80]

Kinder werden (in Mitteleuropa und manchen anderen Teilen der Welt) zunehmend in einer Art Schutzraum, fern der Welt, großgezogen. Sie fühlen sich ohne Macht und Einfluss auf ihr eigenes Leben und entwickeln kaum ein Gefühl für das Leben anderer. Vielleicht sollte es uns nicht überraschen, wenn ihre unterdrückte Kreativität und ihre Abenteuerlust, die über das hinausgeht, was Videospiele bieten, sich gelegentlich in blutiger Rache an genau den Institutionen Luft macht, die ihnen verboten haben, sie selber zu sein. Vielleicht sollten wir die Zunahme von Schießereien an Schulen und die Brandstiftungen, die sich während der Vorstadtaufstände 2005 in Frankreich auch gegen Schulen richteten, unter anderem im Zusammenhang mit einem Lehrplan begreifen, der zwingt und kontrolliert, der Konkurrenzverhalten und nicht Wohlwollen fördert.

Paideia weckt die sozialen Instinkte der Kinder. Ihr Wunsch, auf die Bedürfnisse anderer einzugehen, wird durch die tägliche Praxis des kollektiven Zusammenlebens geweckt. Indem sie sich am freien Willen der anderen reiben, indem sie debattieren und streiten, diskutieren und gemeinsam zu Entscheidungen kommen, wird ihr Netz von Freundschaften gestärkt und erweitert. Letztendlich findet an einer anarchistischen

Schule eine Erziehung zur Empathie statt; es geht bei diesem Lernprozess darum, den anderen genauso zu kennen wie sich selbst.

In der modernen Kindheit dagegen hat sich eine destruktive soziale Gefühlsarmut breitgemacht. Immer mehr Kinder verbringen ihre Freizeit alleine, in einer Art isolierender Trance vor flimmernden Bildschirmen und von der Fülle der Informationen von SMS, Twitter, Facebook etc. überwältigt, während sie ihren quasi fixierten Körper vergessen. Zweifellos findet eine grundlegende Veränderung ihrer kognitiven Fähigkeiten statt.

Keine Generation von Kindern hat es je erlebt, dass ihr Geist von einem solchen Tsunami virtueller Stimuli geformt wurde. Sie haben keine Zeit für Kontemplation oder Überlegung, keine Zeit zu staunen, keine Zeit, ihren eigenen Körper kennenzulernen oder gar den anderer wirklich zu berühren.

Als wir uns an unserem letzten Abend in der Schule verabschieden, erzählt uns Josefa, eine der Pädagoginnen, eine Geschichte. Die Kinder waren unterwegs auf einem Schulausflug. Eines der Mädchen hatte Bauchweh und bekam plötzlich schrecklichen Durchfall. Sie ging in einer Bar auf die Toilette, um sich umzuziehen, und erschien anschließend nur mit ihrer Unterwäsche bekleidet; ihre anderen schmutzigen Kleidungsstücke hatte sie in eine Plastiktüte gestopft. Als sie im Park ankam, wo ihre Mitschüler Picknick machten, beschlossen sie, sich solidarisch zu verhalten. Sie zogen sich alle bis auf die Unterwäsche aus und verbrachten so den Rest des Tages.

Plötzlich bersten die Wolken, es regnet in Strömen. Rund um die anarchistische Schule entstehen rasch Pfützen in der Größe von Seen. Die Kinder nutzen das umgehend, um Inseln aus bunten Milchflaschenkästen zu bauen und von einem zum anderen zu hüpfen. Unter Gelächter tanzen sie über die wacklige Konstruktion und versuchen, dabei möglichst die Balance zu halten. Andere Kinder werfen Papierschiffchen vom Balkon, die durch die Luft taumeln und im schlammigen Wasser landen. Da schaukeln sie wild auf und ab. Die dunklen Wolken eines Gewitters nähern sich. Wir sind traurig, weil wir abreisen. Wir sind nur drei Tage hier gewesen, doch unsere Einsicht in das, was Freiheit bedeutet und wie sie umgesetzt werden kann, hat sich in einer Weise erweitert, wie wir es uns zuvor nicht hätten vorstellen können.

»Habt ihr schon mal von dem spanischen Dorf gehört, das Polizei und Pfaffen rausgeworfen hat?«, fragt uns Kim, als wir gerade dabei sind, uns im engen Wohnlaster an den Esstisch zu klemmen. Ich bin zunächst mal auf einen Witz gefasst oder auf eine Geschichte über die Revolution von 1936. Aber nein, es stellt sich heraus, dass es ein real existierendes Dorf ist und sie und Carlos vorhaben, als nächstes dorthin zu fahren.

»Kommt doch einfach mit, es passt perfekt zu eurer utopischen Reise!«, lockt uns Kim.

Wir schauen uns eher zögerlich an, Isa und ich, schließlich wäre es ein Umweg auf unserer genau durchgeplanten Reise. Wir sind erst seit einem Monat unterwegs. Wenn wir jetzt schon anfangen, uns von der gut durchdachten Route abbringen zu lassen … Wir haben ein ganzes Jahr gebraucht, um diese Reise zu planen und mit den verschiedenen Gemeinschaften genaue Absprachen über unseren jeweiligen Aufenthalt zu treffen. Auch die Dauer der Fahrten von einem Ort zum nächsten sind genau überlegt, die Entfernungen und Benzinkosten berechnet. Unser utopisches Unternehmen steckt in einem engen Korsett. Isa mit ihrem Organisationstalent hat die Route genau ausgearbeitet und mir und meiner romantischen Schwärmerei realistische Grenzen gesetzt. Mir wäre es sehr schwer gefallen, eine Auswahl der anzusteuernden Projekte zu treffen, ich wäre am liebsten überall hingefahren.

Aber da taucht ein neues Utopia am Horizont auf, und vielleicht sollten wir doch unsere Planung ein bisschen modifizieren. Ich bin gleich Feuer und Flamme, aber Isas »Nein!« klingt mir schon im Ohr. Isa und ich streiten selten, wenn aber, dann kann es heftig werden. Kim ahnt nicht, welches Pulverfass sie da aufgemacht hat.

Ein Entscheidungsprozess von Monaten liegt hinter uns, in dessen Verlauf wir Adressbücher alternativer Projekte[81] gewälzt, gegoogelt und das Internet nach utopischen Lebenszeichen durchforstet haben. Wir haben Freunden Dutzende Mails geschickt und sie nach den »drei bedeutendsten Utopias« gefragt. Eines war dabei von vornherein klar: Wir würden nur Projekte ohne hierarchische Ordnung und Gurus berücksichtigen, und solche mit spiritueller Ausrichtung kamen für uns nicht in Frage, nicht weil wir fanatische Rationalisten wären, sondern weil wir denken, Gemeinschaften, deren Gemeinsamkeit ein ganz bestimmter spiritueller Weg ist, entfalten eine ganz eigene Dynamik, nämlich die ihres Glaubens, der sie zusammenhält.

Wir waren aufgeschlossen gegenüber Gemeinschaften mit Mitgliedern, die etwa gewisse heidnische oder buddhistische Bräuche pflegen oder auch als Anarchisten einem Tolstoi'schen Christentum anhängen. War aber ein von allen geteilter Glaube Grundlage des Ganzen, kam das Projekt nicht auf unsere Liste. Trotz dieser einschränkenden Kriterien entdeckten wir mit der Zeit immer mehr Gemeinschaften, mehr als wir uns je vorgestellt hatten.

Beispiele utopischen Gemeinschaftslebens sind im Laufe der Geschichte immer wieder und gelegentlich auch gehäuft aufgetaucht. Höhepunkte stellten die erste Hälfte des 19. Jahrhunderts und die sechziger und siebziger Jahre des vergangenen Jahrhunderts dar. Allein an der Westküste der USA lebten in den siebziger Jahren über eine Million Menschen in Kollektiven. Doch man erinnert sich daran wohl nur als an eines von vielen kurzlebigen Experimenten, deren Scheitern nur zu deutlich ablesbar ist am leeren Blick ausgebrannter Althippies und dem zerstörten Leben von verwirrten Kindern, die nicht wissen, wer ihre Eltern sind. Die Geschichte vom Leben in Kollektiven, die der Kapitalismus erzählt, ähnelt einer Folge zerbrochener Träume[82], es ist eine Erzählung vom bitteren Preis, den die zu entrichten haben, die vom rechten Weg abkommen. Die Phantome von Jonestown und Waco[83] mit ihren größenwahnsinnigen Führern und ihren Massakern suchen uns nachhaltiger heim als uns die Geschichten von Christiania oder Longo Maï inspirieren, die von utopischen Gemeinschaften ohne Führer erzählen und bereits seit mehr als zwei Generationen bestehen. Die setzten wir selbstverständlich ganz oben auf unsere Liste.

Schließlich waren es dreißig mögliche Orte, die in die engere Wahl kamen, und nun stellte sich die Frage, wie viele von ihnen wir in sieben Monaten würden ansteuern können. Dabei war es uns wichtig, dass wir nicht Dutzende Projekte einfach abhakten. Andererseits ging es uns auch nicht um eine akademische Studie. Wir hofften zeigen zu können, dass es immer noch möglich ist, auf unserem Kontinent utopische Gemeinschaften zu finden. Wir wollten sowohl die Unterschiedlichkeit der Formen zeigen als auch vermitteln, wie sich in jedem Zusammenhang das tägliche Leben anfühlt. Schließlich beschlossen wir nach sorgfältiger Überlegung, die Liste auf zwölf Projekte zusammenzustreichen, wobei wir an jedem Ort jeweils rund zwei Wochen verbringen würden. Für Paideia hatten wir einen kürzeren Aufenthalt eingeplant, weil eine längere Anwesenheit den Schulbetrieb beeinträchtigt hätte.

Ein paar Hundert E-Mails später und nachdem wir viele Stunden über Landkarten gebrütet und spezielle Täler und Berggipfel identifiziert hatten, wo unsere zukünftigen Gastgeber uns erwarteten, legten wir unsere Route fest. Als wir losfuhren, nahmen wir an, dass wir bei unserer Planung unterschiedliche Aspekte von Lebensmodellen berücksichtigt hatten: Bildung und Erziehung, Selbstverwaltung, Lebensmittel, Sex, Familie und Fabrik. In unsere rigide Zeiteinteilung allerdings nicht einbezogen war das Unerwartete.

Kim flüstert Isa ins Ohr: »Utopia heißt flexibel sein.« Wunderbarerweise ist damit die Gefahr eines Streits zwischen Isa und mir gebannt. Kim hat natürlich recht. Man würde Utopia nie finden, wenn man den Weg dahin vorab plant und sich nur auf bekannten Pfaden bewegt. Ganz sicher erfordert eine utopische Eskapade Umwege und Ablenkungen, verlorene Karten, Irrungen und Wirrungen. Expeditionen, die das Unerwartete vermeiden wollen, ähneln eher dem Vormarsch einer Armee als einer Entdeckungsreise. Sobald diese Reise aufhört, ein Abenteuer zu sein, verlieren wir Utopia aus den Augen. Natürlich werden wir Kim und Carlos zum priester- und polizeifreien Dorf folgen. Der Abweg ist zum Teil der Reiseroute geworden.

Wir verlassen Merida bei dichtem Regen. Während wir in Richtung Süden fahren, blicken wir auf unsere Erfahrungen an der Schule zurück und stellen fest, dass wir alle vier sehr aufgewühlt sind. Noch nie hatten wir Kinder so frei agieren sehen wie dort. Noch nie hatten wir die Entfaltung von Freiheit erlebt, die zugleich so sehr von Verantwortlichkeit durchdrungen war. Nie hätten wir gedacht, dass Vierjährige in der Lage sein könnten, Versammlungen zu leiten, an denen Eineinhalbjährige teilnehmen. Nie hätten wir vermutet, dass eine Schule ganz ohne Ausübung von Zwang Werte vermitteln könnte.

Doch eines fragten wir uns immer wieder: Warum wurden so wenige der ehemaligen Schülerinnen und Schüler »Aktivisten«? War die Schule tatsächlich in soziale Bewegungen eingebettet, oder entließ sie lediglich freie Kinder, die dann als atomisierte Individuen in der kapitalistischen Gesellschaft arbeiteten? Wünschten sich diese jungen Erwachsenen, die doch den Anarchismus »gelernt« hatten, tatsächlich eine radikale Veränderung? Oder verhielt es sich so, wie von dem politischen Philosophen und Sozio-Ökologen Murray Bookchin in seiner Kritik des zeitgenössischen Anarchismus von 1995[84] behauptet: Sie »scheuen jedes ernsthafte Engagement im Rahmen einer organisierten, programmatisch kohärenten Konfrontation mit der bestehenden Ordnung«. Sicher träfe auf sie nicht sein kritischer Terminus der »Lifestyle-Anarchisten« zu, die sich in Subkulturen tummeln, einen Anarcho-Individualismus mit »polymorphen Vorstellungen von Widerstand … zelebrieren … abgelöst von der öffentlichen Sphäre«.[85] Vielleicht hat die Schule sie gelehrt, trickreich zu agieren: ihren Anarchismus hinter der Rolle der Friseuse, des Briefträgers, der Psychologin, des Lehrers, der Anwältin oder des Krankenpflegers zu verbergen und dabei in ihre jeweilige Umgebung eingebettet zu arbeiten. Falls das zutreffen sollte, würden sie die Arbeitsteilung vermeiden, die mit der Rolle des Aktivisten als Experten in Sachen soziale Veränderung einhergeht. Auf dieses Problem hat Andrew X in seinem ausgezeichneten Essay *Give up Activism* hingewiesen: »Wenn du dich selber als Aktivistin oder Aktivisten definierst, bedeutet das, du hältst dich in gewisser Weise für privilegiert oder weiter als andere. Dir ist bewusster als ihnen, dass eine gesellschaftliche Veränderung nottut, du weißt mehr als sie darüber, wie man sie herbeiführt, und du stehst an vorderster Front oder bist führend im praktischen Kampf für diese Veränderung.«[86] Ein solcher Aktivismus, so führt er aus, reproduziert nicht nur die kapitalistische Arbeitsteilung, er fördert Hierarchiebildung, fetischisiert die Aktion und die Selbstaufopferung und isoliert den »Aktivisten« von den »normalen Menschen«. So verstandener und gelebter »Aktivismus« steht in den meisten Fällen einer wirklichen Veränderung eher im Wege.

Der Sturm folgt uns zu unserem unerwarteten Utopia, dem Dorf Marinaleda. Bei unserer Fahrt durch die Ebenen der Extremadura flackert ein Blitz über einem fernen Berg, und die Luft ist erfüllt von Zittern und Beben. Die Straßen, auf denen wir fahren, sind überflutet. Es wird Nacht, und Carlos versucht, uns das berühmte anarchistische Lied »A las Barricadas« aus dem Bürgerkrieg beizubringen. Mit seinen Wolken und schwarzen Fahnen passt es sehr gut zur Stimmung dieser stürmischen Nachtfahrt. Er erzählt uns auch davon, wie ihm eines Tages plötzlich aufging, was Anarchismus eigentlich ist, und er beschreibt es als eine Art Offenbarung: »Es war so, als ob mich der Blitz getroffen und das Wort Gottes sich mir offenbart hätte … außer, dass natürlich kein Gott im Spiel war«, sagt er lachend, »und auch keine Herren. Nur die Einsicht in das Potenzial von Menschen, ihr Leben in die eigenen Hände zu nehmen. Das scheint so wunderbar offensichtlich.«

Die große Frage bei der spanischen Revolution ist die, warum das Experiment eines massenhaft praktizierten Anarchismus von so kurzer Dauer war – es überlebte kaum irgendwo zwei Jahre. Lag es daran, dass – wie Hobbes und seine historische Kohorte von Menschenfeinden vermutlich argumentieren würden – der Mensch ohne Führung in sein von Natur aus gieriges, unkooperatives Verhalten zurückfällt? Oder sollte es etwa das Ergebnis aktivistischer »Identität« sein, die die Revolution vom Pfad der Wahrheit abgebracht hat?

Carlos erklärt uns, es habe damals in Spanien tatsächlich sehr viele gegeben, in deren Kultur die anarchistischen Vorstellungen tief verankert gewesen seien, und dass es auch eine »Aktivisten-Klasse« gegeben habe, die Organisatorinnen und Organisatoren der CNT. Diese war eine tatsächlich demokratische, autonome Struktur, in der es keinen einzigen bezahlten Delegierten gab und selbstverständlich jedes Mitglied eines Komitees abberufen werden konnte. Die CNT setzte sich für Selbstverwaltung und Autonomie ein und sah im Staat die Quelle allen gesellschaftlichen Übels. »Die revolutionäre Macht gibt es nicht, weil jede Macht reaktionär ist, sagte die CNT. Die Macht korrumpiert sowohl diejenigen, die sie ausüben, als auch diejenigen, über die sie ausgeübt wird: Wer glaubt, er könne den Staat erobern, weiß nicht, dass der Staat alle seine Eroberer besiegt; es gibt keine guten und schlechten Politiker, nur schlechte und noch schlechtere; die beste Regierung ist keine Regierung … einen Politiker zu wählen bedeutet, sich selber aufzugeben. Eure Gewerkschaft – das seid ihr.«

Während der ersten zehn Monate der Volkserhebung nach dem Staatsstreich durch General Franco am 19. Juli 1936 waren die CNT und die F.A.I. die bedeutendsten Organisationen des republikanischen Spanien. Das Land folgte ihrem Aufruf zugunsten einer Kollektivierung des Bodens und der Fabriken, und der gesellschaftliche Umsturz nahm seinen Lauf.

»Doch dann«, sagte Carlos, »fing die Aktivisten-Klasse an, die Macht zu lieben und Kompromisse mit der Regierung einzugehen. Danach dauerte es nicht lange, bis die Revolution verkümmerte.« Im September 1936 traten zentrale CNT-Kader im Zuge einer unglaublichen Kehrtwende der katalanischen

Regierung bei. Bald hatten sie vergessen, dass sie einfache Delegierte waren, und begannen die Basisbewegungen zu kontrollieren. Sie gingen davon aus, dass die gesellschaftliche Umwälzung dem Krieg gegen Franco geopfert werden musste. Nach einem Monat wurde ein Gesetz verabschiedet, das die Anerkennung von Kollektiven festlegte, diese aber zugleich der Kontrolle durch die Regierung, nicht durch die Arbeiter, unterwarf. Das Abgleiten in die zentralisierte Kontrolle hatte begonnen, und das großartigste utopische Experiment der Selbstverwaltung in Europa war vorüber. Wie in der Geschichte von Basisbewegungen immer wieder, war auch hier nicht die Bevölkerung auf Macht aus, sondern diejenigen, die sich zu ihren Führern aufgeschwungen hatten.

Es würde interessant sein, das Dorf kennenzulernen, in dem der Bürgermeister seit dreißig Jahren an der Macht ist. Das passt eigentlich nicht mit unserem Vorsatz zusammen, Orte mit Führern zu meiden. Aber angeblich fungiert er nur als eine Art Aushängeschild für eine Gemeinde, die sich selbst als direkte Demokratie verwaltet. Wir werden sehen …

Wir haben zwei Tage Fahrt vor uns und übernachten am Rande eines steil abfallenden Tals. Uns fällt sofort ein eigenartiger Geruch auf, den wir nicht bestimmen können, süßlich und beißend zugleich. Das Gewitter hält die ganze Nacht an. Blitze erhellen den schwarzen Himmel, Baumsilhouetten huschen über den Horizont.

Am Morgen sehen wir, wo wir übernachtet haben: am Rande einer apokalyptischen Szenerie. Verbrannte Eukalyptusbäume, so weit das Auge reicht, eine tote Landschaft aus verbrannter Erde und verkohlten Stümpfen erstreckt sich bis hinab zum rauschenden Fluss, und die einzigen Überlebenden sind die Ameisen, Meister der führerlosen Gesellschaft.

UNA UTOPIA

Marinaleda

Wir sind mitten im Backofen Andalusiens, hundert Kilometer nord-östlich von Sevilla. Die Straße schlängelt sich durch sanfte Hügel, die von Olivenplantagen überzogen sind. Kilometerlang fahren wir durch diese industriellen Olivenpflanzungen, Tausende Bäume in gleichen Abständen rechtwinklig aufgereiht ergeben ein starres Gitter, das über der Landschaft liegt. Die schmale Straße frisst sich unbeirrt durch die ausgedörrte Landschaft, die nur hin und wieder den Blick auf ein weißes Dorf freigibt. Es sind nicht die pittoresken Juwelen aus dem Mittelalter, die in touristischen Broschüren angepriesen werden. Diese Dörfer wirken vielmehr wie Orte, die eigentlich keine sind, Siedlungen, die nur errichtet wurden, um wieder zusammenzufallen, Schlafstätten für Arbeitsmigranten, nicht Dörfer, in denen das gute Leben zu Hause ist. Wir nehmen an, bald müsse Marinaleda, »das Andere«, am Horizont auftauchen.

Wir kommen an einer langen weißen Wand vorbei, auf der farbenfrohe Malereien zu sehen sind: ein riesiges violettes feministisches Symbol und die Worte »I love you free«; eine Faust, die sich über einem schwarz-roten Planeten erhebt und die Parole »Guerra social contra el Capital«; ein ausgestrichenes Hakenkreuz, und schließlich kündigt das offizielle Ortsschild Marinaleda an. Darunter das neu hinzugefügte Emaille-Schild, weiß auf schwarzem Grund: NO A LA GUERRA. Wir sind eindeutig angekommen.

Die Hauptstraße mit ihren Alleebäumen und Bänken, auf denen plaudernd Bewohnerinnen und Bewohner sitzen, bildet das Rückgrat des Städtchens. Wir kommen an einem großen Park vorbei, dem ersten Grün seit vielen Reisekilometern. Wir suchen den *Syndicato de Obreros del Campo* (SOC – Gewerkschaft der Landarbeiter) im *Casa del Pueblo* (Volkshaus). Es ist ausgemacht, dass uns Carlos' und Kims Freunde dort an der Bar erwarten. Wir kommen an einem Nachtklub vorbei, auf dessen Fassade eine gigantische silberfarbene Gitarre prangt. Das scheint ebenso wenig der Treffpunkt zu sein wie ein paar kleinere Bars. Die Straßenschilder, in Terrakottafliesen gebrannt, lesen sich wie der Index einer Revolutions-Enzyklopädie: *Calle Ernesto Che Guevara*, *Calle Salvador Allende*, *Calle Gandhi*, *Avenida de la Libertad*. Wände und Laternenpfähle sind mit sonnengebleichten Plakaten gepflastert, auf denen immer wieder das Portrait eines Mannes mit grauem Bart und breitem Lächeln zu sehen ist: »Seid realistisch, verlangt das Unmögliche!«, heißt es dazu und: »Wählt Juan Manuel Sánchez Gordillo.« Das muss der berühmte Bürgermeister sein.

Endlich haben wir die Casa del Pueblo, versteckt hinter einem städtischen Brunnen, gefunden. In großen Lettern aus Stahl steht über der Terrasse der Bar: MARINALEDA – UNA UTOPIA HACIA LA PAZ – OTRO MUNDO ES POSSIBILE (Marinaleda – Ein Utopie in Richtung Frieden – Eine andere Welt ist möglich). Ich muss mich daran erinnern, dass ich hier nicht in Kuba oder in einem zapatistischen Dorf in Chiapas bin. Andalusien ist wohl eine der am wenigsten europäischen Regionen Europas. Es liegt am südwestlichen Rand des Kontinents, erlebte siebenhundert Jahre islamischer Präsenz, hat intensive anarchistische Erfahrungen und kennt eine gnadenlose ländliche Armut. Doch es ist immer noch Teil des spanischen Staates und insofern auch Teil der neoliberalen EU-Herrschaft. Angeblich.

Die Bar ist knallvoll. Alte Männer mit sonnengegerbten Gesichtern und aufgekrempelten Hemdsärmeln gestikulieren über ihrem Bier, Kinder rennen rein und raus, schlittern über die grünen und weißen Fliesen. Alles hier drinnen ist übrigens grün und weiß. Denn hier sind wir nicht nur im Hauptquartier einer der radikalsten Gewerkschaften Europas, der SOC, die mit ihren 20000 Mitgliedern seit Mitte der siebziger Jahre die Methode der direkten Aktion einsetzt, um prekär beschäftigte (migrantische ebenso wie spanische) und arbeitslose Landarbeiter zu unterstützen. Die Casa ist auch der Mittelpunkt eines Ortes, der von einer Partei regiert wird, die für regionale Autonomie steht, und Grün und Weiß sind die Farben der andalusischen Fahne.

Zwischen zwei gewaltigen Flachbildschirmen, aus denen lautstark im Wechsel kitschige spanische Musikvideos und Nachrichtensendungen tönen, hängen große Fotos von Versammlungen jubelnder brasilianischer Bauern der Landlosenbewegung mit Mistgabeln und Sensen. Auf der Toilette fällt mir ein Poster mit einer Parodie des Vaterunser auf. Verfasser ist der allgegenwärtige Bürgermeister. Eine Zeile lautet: »Sie bezeichnen uns als Idioten, weil wir nicht müde werden, für die Utopie zu kämpfen.« Der Umweg scheint uns eine unerwartete Utopie beschert zu haben.

Kim und Carlos' Freunde vom Kollektiv »Escanda« sitzen mit sechs kolumbianischen politischen Aktivistinnen und Aktivisten um einen großen Tisch herum. Sie sind im Rahmen eines Programms der lokalen Regierung von Asturien hier. Sie lädt Kolumbianerinnen und Kolumbianer, über denen eine Todesdrohung schwebt, ein, sich mit Wohnung, Handy und etwas Geld sechs Monate im Land aufzuhalten und über die politische Situation in Kolumbien zu berichten. Jedes Jahr besucht eine solche Gruppe Marinaleda. Für sie bedeutet der Spanienaufenthalt eine kurze Auszeit von der ständigen Bedrohung durch Paramilitärs, der sie zu Hause ausgesetzt sind. Wir schütteln jedem die Hand und setzen uns mit an den Tisch. Es gibt ein köstliches Essen mit Garnelen, Pommes Frites und Tortilla.

Alles geht »aufs Haus« bzw. wird auf Einladung des Bürgermeisters serviert. Das Mittagessen dehnt sich bis in den warmen Herbstnachmittag aus. Dazu gibt es kühles Bier und anschließend starken Kaffee. Alle anderen um den Tisch Versammelten sind seit gestern im Dorf. Wir sind hier angekommen, ohne viel mehr über den Ort zu wissen, als dass er Polizei und Priester losgeworden ist. Wir sind begierig, mehr zu erfahren, und fangen an, unsere neuen Freundinnen und Freunde zu befragen.

Wenn man einmal von der Plakatierung an allen Wänden absieht, unterscheidet sich das Städtchen in nichts von jedem anderen ländlichen spanischen Ort. Es gibt nicht den leisesten Hinweis auf irgendeine Subkultur, keine Punks oder Hippies, nur Landarbeiter und ihre Familien, die ihren alltäglichen Tätigkeiten nachgehen. Doch unter der Oberfläche der Normalität erschließt sich eine außergewöhnliche Geschichte, eine Geschichte vom Mut und der Hartnäckigkeit verarmter Bauern, die den Herzog von seinem Land verjagt haben, eine Geschichte von gemeinsamem Kampf und Erfolg, von der Schaffung einer rettenden Lebensgrundlage, die in diesem Teil Spaniens mit seinen 25 Prozent Arbeitslosigkeit von besonderer Bedeutung ist: ein Job für jeden.

In der Abenddämmerung füllen sich die Bäume an der Hauptstraße Avenida de la Libertad mit Horden von Staren, die sich für die Nacht hier versammeln. Ihr aufgeregtes Gezwitscher erfüllt die Stadt. Dann regnet es, und die Straßen verwandeln sich in reißende braune Sturzbäche. Wir parken unser Auto in der Nähe der städtischen Sporthalle, in der die Kolumbianer untergebracht sind, da es in Marinaleda weder ein Hotel noch eine Pension gibt. Für morgen, hören wir, ist im Dorf ein Generalstreik ausgerufen.

Auf dem ausgedörrten Fußballfeld zeichnen sich mit Beginn des Sonnenaufgangs die bizarren Schatten der Bäume ab. Das Dorf scheint noch zu schlafen, so still ist es. Heute Vormittag wird der Bürgermeister eine Erklärung vor dem Gericht in der nahe gelegenen Stadt Estepa abgeben. Der Generalstreik wurde ausgerufen, damit eine große Zahl Unterstützer dabei sein kann. Gegen ihn und den Gemeinderat wurde Anklage erhoben, weil Marinaledas lokaler Fernsehsender, der vom Ort betrieben wird, illegal gesendet hat, indem er die Frequenz des Senders »Discovery Channel« ohne Berechtigung genutzt hat. Der Bürgermeister könnte zu zwei Jahren Gefängnis verurteilt werden, doch das ist nichts Außergewöhnliches für Gordillo: Marinaledas Bürgermeister hat bereits sieben Mal im Knast gesessen und zwei Mordanschläge überlebt, der eine von einem Faschisten, der andere von einem unzufriedenen Polizisten. Der Ruhe im Ort nach zu urteilen, scheint der Streikaufruf von allen befolgt worden zu sein.

Wir schließen uns dem langen Auto-Konvoi an, der sich hügelan in Richtung Estepa schlängelt. Auf den Straßen um das Gericht haben sich viele Menschen versammelt. Jung und Alt drängen sich auf den schmalen Trottoirs, der ganze Ort scheint gekommen zu sein. Als Gordillo in stolzer Haltung auf das Gerichtsgebäude zugeht, wird gerufen: »Das Volk ist mit dir.« Die Partei des Bürgermeisters, der CUT-BAI (*Colectivo de Unidad de los Travajadores – Bloque Andaluz de Izquierdas*), eine antikapitalistische andalusische Partei, hat im Rat von Marinaleda mit sieben von zwölf Sitzen die absolute Mehrheit; die restlichen Ratsmitglieder gehören der PSOE, der sozialdemokratischen Partei Spaniens, an. Sie wohnen allesamt nicht im Ort, beschuldigen aber den Bürgermeister bei jeder sich bietenden Gelegenheit des Despotismus, wird uns erzählt. Viele Kritiker bezeichnen ihn als autokratischen Kommunisten, worauf er entgegnet, dass er selber nicht weiß, wie er sich einordnen soll. Er versteht sich als Grüner, Sozialist und Utilitarist. Seit 1979 ist er immer wieder mit überwältigender Mehrheit gewählt worden. Nur wenige Politiker erfreuen sich einer solchen Popularität, aber es sind auch nur wenige, die wie Gordillo von Anfang an den Vollversammlungen ihre Macht gelassen haben. Diese, genau wie die CUT-BAI-Ratsmitglieder, haben das Recht, ihn jederzeit zu entlassen.

Der Gerichtstermin dauert zwei Stunden. Schließlich erscheint der Bürgermeister vor der wartenden Menge, die ihm entgegenströmt. Er gibt eine kurze Stellungnahme ab. Die andalusische Nationalhymne wird angestimmt. Dann begibt sich der lange Auto-Konvoi zurück nach Marinaleda, wo eine Versammlung stattfinden soll.

Bei unserer Rückkehr stellen wir fest, dass der Parkplatz bei der großen Versammlungshalle voll ist – jeder will wissen, wie die Gerichtsverhandlung verlaufen ist. Der Bürgermeister lässt nicht lange auf sich warten: »Sie versuchen uns, den Armen, die Redefreiheit zu nehmen. Sie wollen wissen, wer für das Fernsehprogramm verantwortlich ist, wer die Rechnungen bezahlt und so weiter, und ich sage ihnen, wir arbeiten alle umsonst, wir sind alle eins, Marinaleda-TV gehört dem Ort, niemand hat die Führung.« Er dankt allen dafür, dass sie gestreikt und ihn unterstützt haben: »Der Richter hat sich in der Verhandlung viel freundlicher verhalten, weil er wusste, dass ihr alle draußen wart.« Das wird mit Gelächter quittiert. »Nachdem wir dem Herzog das Land abgenommen haben, können wir hier tun, was wir wollen, wir werden immer unabhängiger, nichts kann uns mehr aufhalten.« Noch einmal erklingt, diesmal etwas weniger harmonisch, die andalusische Nationalhymne, und alle gehen nach Hause.

Am nächsten Morgen werden wir von kolumbianischer Rebellen-Popmusik geweckt, die aus der Sporthalle dringt. Es ist eine schräge Mischung aus Punk, kitschigem Pop und Folk und klingt trotz allem überraschend vergnügt. An diesem Morgen signalisieren die Kinderrufe vom Schulhof und die Sirene von der Ölpresse, dass Marinaleda zu Normalität und Arbeit zurückgekehrt ist.

Wie ist es dazu gekommen, dass sich dieser sterbende Ort mit seinen Tagelöhnern in ein blühendes Modell wirtschaftlicher Nachhaltigkeit und direkter Demokratie verwandelt hat? Obwohl wir Autoritäten keinesfalls große Bedeutung zumessen wollen, möchten wir doch unbedingt den legendären Bürgermeister kennenlernen. Er scheint jedenfalls ein guter Geschichtenerzähler zu sein.

Nachdem er unsere Verabredung zum Mittagessen offenbar vergessen hat, rufen wir ihn schließlich an. Es stellt sich heraus, er ist bei einem Treffen in Sevilla. Er entschuldigt sich und nennt eine spätere Uhrzeit am Abend. Als er schließlich ankommt, ist es schon nach acht. Wir sehen ihn über den Parkplatz der Stadthalle schlendern, er ist Ende fünfzig, doch in seinem Vollbart blitzt ein verschmitztes, jugendliches Grinsen auf. Ein paar Minuten bleibt er bei einem Ortsbewohner stehen, um mit ihm über zwei soeben – wie üblich in den Farben Grün und Weiß – fertiggestellte Transparente zu beraten, die morgen bei einer Protestaktion gegen Immobilienspekulation in Sevilla zum Einsatz kommen sollen.

Dann begrüßt er uns und schließt die Tür zum Rathaus auf. Wie viele der offiziellen Gebäude in der Gegend ist es eine merkwürdige architektonische Mischung aus langweiligem Verwaltungsbaustil der 1980er Jahre und maurisch inspirierten Bögen. Das offizielle Logo – »Marinaleda: eine Utopie in Richtung Frieden« mit der weißen Taube, die mit Olivenzweig im Schnabel über dem Dorf schwebt, schmückt die Marmorfassade des Gebäudes.

Der große Eichentisch im Büro des Bürgermeisters ist von drei Fahnen flankiert: der des republikanischen Spanien (ohne das königliche Wappen), der blauen mit den goldenen Sternen der EU und natürlich der andalusischen. Eine Luftaufnahme des Dorfes nimmt einen Großteil der rückwärtigen Wand ein, und ein Foto von Che, wie er auf einem Podium eine Rede hält, ruft uns in Erinnerung, dass der Bürgermeister, den wir jetzt interviewen werden, ein ganz besonderer ist. Wir lassen uns zusammen am runden Tisch in einer Ecke des Raums nieder und fangen an.

»Die Linke muss sich so weit links wie möglich positionieren und deshalb nicht weniger als das Utopische anstreben, nicht im Sinne einer Chimäre, sondern als das Recht der Menschen auf ihre Träume, ihr Recht, Träume wahr zu machen, indem sie für sie kämpfen. Wir haben davon geträumt, der Arbeitslosigkeit zu entkommen, und dachten, die beste Möglichkeit bestehe darin, Land zu haben. Wir finden, das Land gehört niemandem, es ist keine Ware, sondern ein Recht.« Er sieht uns direkt in die Augen, er spricht rhythmisch, und uns wird klar, dass uns eher eine ausführliche politische Rede als eine intime Plauderei erwartet. Und obwohl er diese Geschichte sicher schon oft erzählt hat, wirkt sein Charisma einnehmend. Wir hören ihm gerne und gespannt zu.

»Also zuerst haben wir uns im Rahmen der Gewerkschaften politisch organisiert. Dann dachten wir, wir sollten möglichst auch das Rathaus übernehmen und an den Ratswahlen teilnehmen. Wir erreichten die absolute Mehrheit, die wir bis heute immer wieder bestätigt bekommen haben. Wir sind der Auffassung, Macht ist nicht neutral, die Macht in Arbeiterhand muss eine Gegenmacht sein, eine andere Art von Macht. Deshalb meinen wir, wirkliche Teilhabe ist entscheidend, und haben die Vollversammlung der Ortsbewohnerinnen und -bewohner zum höchsten Entscheidungsorgan gemacht. Uns ist klar geworden, dass direkte Demokratie besser als repräsentative ist, denn die Leute nehmen dann nicht nur alle vier Jahre bei den Wahlen politischen Einfluss, sondern jeden Tag in allen Angelegenheiten des täglichen Lebens. Aber obwohl wir die direkte Demokratie als eine Verbesserung gegenüber der bürgerlichen Demokratie erlebt haben, wurde uns bald klar, dass politische ohne wirtschaftliche Demokratie eine große Lüge ist.« Er schweigt. Ich blicke zu Isa und sehe, dass sie lächelt. Hier sind wir also in einem kleinen spanischen Rathaus, filmen einen Bürgermeister für einen utopischen »Dokumentarfilm«, und er braucht gar nicht so zu tun, als versetze er sich in die Zukunft – er erzählt einfach eine wahre Geschichte. Es ist zu schön, um wahr zu sein.

Er fährt fort, während er mit seinen Armbändern spielt. »Also haben wir uns gefragt, wie können wir die Arbeitslosigkeit überwinden? Wir brauchen Land. Und wer hat das ganze Land rundum? Der Herzog von Infantado. Ihm gehören 17000 Hektar … Wir haben also angefangen, sein Land zu besetzen. Hundertmal haben wir das gemacht, wir haben Generalstreiks und Hungerstreiks organisiert, Straßen und die Abflug- und Landebahnen der Flughäfen von Madrid und Sevilla blockiert. Wir haben uns vor seine Erntemaschinen geworfen. Nach Jahren des Kampfes ist es uns 1991 gelungen, Land zu bekommen – 1200 Hektar, die wir heute mithilfe von acht Kooperativen bewirtschaften.« Allmählich frage ich mich, ob das hier nur ein Bürgermeister mit einer blühenden Phantasie ist. Warum haben wir eigentlich bisher nie davon gehört? Ich kann mir nicht vorstellen, dass es viele Dörfer in Europa gibt, in denen die mittellosen Landarbeiter das Land des örtlichen aristokratischen Großgrundbesitzers übernommen haben.

»Das Land zu bekommen, war ein großer Schritt vorwärts, aber uns wurde klar, dass Land, einfach das Land, auf dem wir arbeiteten, nicht ausreichte, um das Problem der Arbeitslosigkeit zu lösen. Also haben wir Betriebe aufgebaut, in denen die Früchte des Landes verarbeitet werden: Paprika, Artischocken, Bohnen, Oliven und Olivenöl. Jetzt haben wir tatsächlich Vollbeschäftigung.« Er lächelt zufrieden.

»Was haben wir davon, dass die Arbeiter Eigentümer von Land und Produktion sind? Erstens haben wir keine Arbeitslosigkeit mehr, niemand muss den Ort verlassen oder für den Großgrundbesitzer arbeiten, jeder arbeitet auf dem eigenen Land und für sich selbst. Zweitens haben wir dafür gesorgt, dass niemand mehr auswandern muss, niemand muss mehr Marinaleda verlassen und in Frankreich oder Deutschland arbeiten. Drittens haben wir der kapitalistischen Ausbeutung durch den Großgrundbesitzer die Basis entzogen. Der Überschuss, den der Arbeiter erwirtschaftet, fließt in Form einer sicheren Arbeitsstelle zu ihm zurück. Viertens sind wir keine mittellose Klasse mehr, sondern eine Klasse mit kollektivem Landbesitz und einer eigenen Industrie. Und schließlich haben wir die Lebensbedingungen der Menschen um 180% verbessert.«

Wir führen eigentlich kein Interview. Die Erfolgsgeschichte sprudelt nur so aus ihm heraus.

»Das Allgemeinwohl kennt keine Grenzen«, sagt er, »Grenzen hat nur das private Wohl.« Er berichtet uns von der radikalen Wohnungspolitik in Marinaleda, die die Menschen für 15 Euro im Monat mit einer Wohnung ohne Abzahlung eines Kredits versorgt. Er schildert die günstige Versorgung mit Kindergartenplätzen und die Altersheime, die unentgeltlich sind, ein System von Berufsausbildungen, das olympische Schwimmbad und die Sporthalle.

»Der Kapitalismus ist ein räuberisches und terroristisches System«, fährt er fort. »Räuberisch, denn er basiert auf Ausbeutung und Ungleichheit; terroristisch, denn er setzt Gewalt ein, um die Privilegien der Wenigen zu schützen … Unsere Erfahrung lehrt uns, dass eine andere Welt möglich ist, eine andere Gesellschaft, eine andere Art zu leben, und was wir brauchen, ist nichts weiter als politischer Mut, die Bereitschaft zu kämpfen und Einigkeit. Wir wollten zeigen, dass das möglich ist, und das ist uns gelungen.«

Isa fragt ihn nach den schönsten Momenten in dem langen Kampf für das Land. »Als siebenhundert von uns für dreizehn Tage in den Hungerstreik gingen. Das brachte wirklich die Situation der prekär beschäftigten Tagelöhner ans Licht, es war ein Wendepunkt. Mein anderer ›Lieblingsmoment‹«, und hier scheint die Lücke zwischen seinen Zähnen, während er lächelt, noch breiter zu werden, »das war, als wir nach zehn Jahren endlich gewonnen hatten und man uns die Schlüssel zu den Toren des landwirtschaftlichen Betriebs übergab, der bis dahin im Besitz des Herzogs gewesen war. Obwohl ich einer der leidenschaftlichsten Träumer war, hätte auch ich nicht gedacht, dass wir in so kurzer Zeit so viel erreichen würden. Was an diesem Ort das Schöne ist – er lässt das Unmögliche möglich erscheinen. Die Linke sollte utopisch sein und die Leute einladen zu träumen und ihre Träume zu verwirklichen. Wenn sie das nicht tut, ist sie Teil des Systems.« Er überreicht uns die Glanzbroschüre der Stadt, ein 76 Seiten starkes, ziemlich gewichtiges Werk: »Wir machen Geschichte, wir bauen die Zukunft auf.« Auf dem Deckblatt ist eine Reihe Frauen zu sehen, die in dem Artischocken verarbeitenden Betrieb am Fließband arbeiten. Das ist eine ganz andere Zukunft als die von unseren Freundinnen und Freunden von Landmatters erträumte, aber sicher eine, die von Tausenden Dorfbewohnern gelebt und gewünscht wird.

Wir danken ihm für das Gespräch, und er lädt uns ein, morgen die Felder und Betriebe anzusehen. Beim Weggehen fällt mein Blick auf eine VHS-Kassette auf seinem Tisch, und ich beuge mich vor, um zu sehen, welcher Film es ist. Ich erkenne Kirk Douglas hoch zu Ross und mit einem Schwert bewaffnet. Es ist der Film über Spartacus und den Sklavenaufstand. Besser hätten wir es uns auch nicht ausdenken können …

Durch den Ort zieht unablässig der Duft gerösteter Paprika. In einer Seitenstraße deutet ein kleiner leuchtend roter Paprika-Berg darauf hin, dass es dort zu einem der als Kooperative organisierten Weiterverarbeitungsbetriebe geht. Wir treten in einen höhlenartigen Raum, in dem bis zur Decke hoch glitzernde Dosen aufgestapelt sind. Dampf wallt auf, sobald ein Wasserstrahl die verbrannte schwarze Haut von unzähligen Paprikas abspült, die aus einem röhrenden Grillapparat purzeln. Frauen, in Reihen nebeneinander, greifen unablässig nach den gegrillten Früchten, Hunderte Hände füllen eine schier endlose Folge von Dosen und Gläsern mit Paprikas. Stahl reibt sich an Stahl, Hebel quietschen, und Zahnräder drehen sich. Die Frauen, die alle die gleichen grünen Arbeitsoveralls tragen, sind leicht über das Fließband gebeugt, während ihre Hände, die in Gummihandschuhen stecken, wieder und wieder die gleichen Bewegungen ausführen. Inmitten des Getöses hört man sie reden und lachen.

Gestern hat Eduardo, einer der Stadträte, zu uns gesagt: »Wir sind herumgestoßen und geschlagen worden, so ging es lange, aber wir haben uns nicht kleinkriegen lassen. Zu Anfang haben wir bei allen Aktionen ein Spruchband getragen, auf dem stand: ›Land, Arbeit und Würde‹. Und jetzt haben wir, was wir wollten: Land und Arbeit und daher auch Würde.« Ganz ohne Zweifel gibt es die demütigende ländliche Armut, in der Marinaleda so lange gefangen war, nicht mehr und ist das Joch feudaler Abhängigkeit abgeschüttelt. Aber ich kann nicht umhin, mich zu fragen, ob es wirklich einem Leben in Würde entspricht, wenn man jeden Tag seines Arbeitslebens am selben Fließband steht und acht Stunden lang die gleichen Handbewegungen wiederholt – Kooperative hin oder her.

Die Organisationsformen mögen sich verändert haben, die Beziehungen zwischen denen, die hier arbeiten, haben zweifellos eine grundlegende Wandlung erfahren – aber ist die Natur der Arbeit unter den Bedingungen der Kooperative tatsächlich eine andere als die unter kapitalistischen Bedingungen? Der Profit mag geteilt und reinvestiert werden, und ganz sicher gibt es hier weder einen Boss noch Aktionäre, die einen Überschuss absahnen und davon unbeschwert leben, während andere arbeiten. Es mag auch einen ausgeprägteren Gemeinschaftssinn und eine ganz andere Qualität der Zusammenarbeit geben als fast überall in der kapitalistischen Wirtschaft. Aber eintönige, repetitive Arbeit lässt unsere Kreativität verkümmern. Ist das mit dem utopischen Anspruch des Ortes vereinbar? Selbst hier, in dieser Kooperative, die erkämpft wurde, ist der Körper dem Kommando der Maschine untergeordnet, gehorcht die Produktion der Diktatur des Marktes, und seine Autonomie muss man draußen vor den Toren des Fabriktors zurücklassen. Das Lohnverhältnis, der breite Graben, der die meisten von uns von der Welt, die wir (re)produzieren, trennt, er bleibt.

Bei den fünfhundert Jobs, die in den Kooperativen geschaffen wurden, haben die Leute die Wahl zwischen der Arbeit auf dem Feld oder der weiterverarbeitenden Produktion in den Betrieben. Das ist sicher besser, als gar keine Wahl zu haben, oder vor der traurigen Wahl zu stehen, welches seiner Kinder man ernährt, oder ob man das Geld lieber für Brot oder für Medikamente ausgibt – eine Situation, an die sich manche der Älteren in Marinaleda noch allzu gut erinnern. Aber ich sehe die

Frauen, die am Fließband die Paprikas sortieren, und ich frage mich, ob nicht manch eine von ihnen davon geträumt hat, etwas anderes als Fließbandarbeiterin zu werden. Ich frage mich, ob sie vielleicht lieber gärtnern oder als Ingenieurinnen arbeiten, Festbanketts gestalten oder Holzarbeiten machen, Schals weben oder Geschichtsbücher schreiben würden.

Wir gehen durch das Tor zum alten Gutshaus des Herzogs. »*Este Cortijo es para los jornaleros en paro de Marinaleda*« (Dieses Gut gehört den arbeitslosen Tagelöhnern von Marinaleda) – So steht es in großen, sorgfältig gemalten schwarzen Lettern an der hohen Hofmauer. Wir suchen die Paprikafelder. Um den Gutshof herum dehnen sich die Olivenplantagen unendlich weit aus. Wir laufen auf steinigen, trockenen Pfaden und finden ihn schließlich, den grün-roten Flickenteppich, der sich einen sanften Hügel hinab erstreckt. Manche der Pflücker tragen T-Shirts mit der Aufschrift »Die Utopie will errungen werden«. Als dieses Land noch dem Herzog gehörte, wurde dort vor allem Baumwolle angebaut, die man mit Maschinen erntete. Im Verlauf der Kämpfe fielen diese Maschinen, verhasste Symbole der Mechanisierung, Arbeitsplatzvernichtung und Verarmung der Bauern, immer wieder Sabotageakten zum Opfer. Nachdem das Land enteignet worden war, wurden auf vielen Flächen Sorten angebaut, deren Kultivierung und Veredelung arbeitsintensiv ist und auf diese Weise Arbeitsplätze schafft.

Als wir mit den Paprika-Pflückern sprechen, die alle die gleiche Arbeit tun, die gleichen roten Früchte ernten, sechs Stunden täglich unter das gleiche Arbeitsjoch gezwungen sind, frage ich mich, was Charles Fourier[87], der utopische Denker des 19. Jahrhunderts, der mir der liebste ist, wohl zu dieser Utopie des 21. Jahrhunderts zu sagen hätte. Er beschreibt einen Arbeitstag, an dem jede Gruppe von Menschen keine Arbeit länger als zwei Stunden verrichten, der Einzelne von der Apfelernte zum Fischen, vom Verfassen von Opernlibretti zum Kochen von Festmahlen wechseln würde, wo alles frei gewählt und gänzlich anders wäre als die Mühsal, die sich in Marinaleda vor unseren Augen abzuspielen scheint. Die Gesellschaft, die Fourier vorschwebte, würde vor allem die Diversität und die Differenz hervorheben und fördern. Man würde sich in Bezugsgruppen zusammentun (diesen Begriff benutzte er als Erster), die sich jeweils einer spezifischen Aufgabe widmeten, für die sie sich ganz besonders interessierten. Alle zwei Stunden würden die Arbeiter ihre Beschäftigung gegen eine andere und somit auch ihre Bezugsgruppe austauschen. Jede Gruppe würde mit Bedacht so zusammengesetzt sein, dass extrem unterschiedliche Persönlichkeiten die verordnete Dissonanz geradezu befördern würden, die gemäß Fourier das zentrale Moment der Harmonie ist, weshalb er seiner phantastisch radikalen ländlichen Utopie eben diesen Namen gab.

Während Charles Fourier vor allem wegen seiner Phalanstère-Ideen und seiner geplanten Orgien bekannt ist, war er in seiner Kritik der Arbeit Marx um mehrere Generationen voraus, wenn sie auch fundamental anders war. Er glaubte, dass Arbeit unsere tiefsten Wünsche und Bedürfnisse befriedigen könne, dass die »anziehende Arbeit« der äußerste Ausdruck des Selbst sei, wenn, und das ist wesentlich, sie frei gewählt ist.

Wenn auch die Arbeitswelt in Marinaleda nicht unbedingt utopisch sein mag, ist doch der schuldenfreie Wohnungsbau ein faszinierendes Modell. Gloria, die wir in den Paprikafeldern getroffen haben, verdient an einem 6,5-Stunden-Arbeitstag garantierte 47 Euro, einen hohen Lohn für Landarbeiter. Da sie nichts für ihr Dreizimmerhäuschen abzubezahlen hat und nur 15 Euro pro Monat Wohngeld entrichtet, ist ihr Leben mit dem ihrer Eltern nicht zu vergleichen. Und sie ist befreit von den heimtückischsten Ketten des Kapitalismus, den Schulden.

Mit der explosionsartigen Zunahme der Konsumentenverschuldung in den meisten westlichen Ländern gehen Depressionen, Stress und andere psychische Probleme ebenso einher wie das Scheitern von Beziehungen und Selbstmorde.[88] Um die Schulden abzubezahlen, die meistens durch Hypotheken entstehen, haben wir längere Arbeitstage als die meisten unserer Vorfahren. Im England des 12. Jahrhunderts hatten die Bauern mehr freie Tage als der Durchschnittsarbeiter im heutigen Großbritannien. Sie waren am Gemeindeland und an gemeinschaftlichen Ressourcen beteiligt und brauchten daher nur 15 Wochen pro Jahr zu arbeiten, um sich angemessen mit Lebensmitteln und einer Wohnmöglichkeit zu versorgen. Als die Reichen das gemeinschaftlich bewirtschaftete Land einfriedeten[89], stieg die Arbeitszeit, und die freien Tage wurden weniger; 1595 waren es bereits 40 Wochen, die benötigt wurden, um versorgt zu sein. Heute müssen in den meisten Teilen Europas in einer Familie beide Elternteile zur Ermöglichung eines einigermaßen »angenehmen« Lebens Vollzeit arbeiten, wobei sie sich durchschnittlich nur drei Wochen Ferien im Jahr leisten können.[90]

Gloria lädt uns für den nächsten Tag zu sich nach Hause ein. Sie möchte uns gerne anschaulich demonstrieren, wie die Versorgung mit Wohnraum in Marinaleda funktioniert. Sie stellt uns ihrem Mann und ihrer vierjährigen Tochter vor, die gerade Marinaleda-TV schaut. Vor 15 Jahren bewohnten ihre Eltern, so wie fast alle anderen in Marinaleda auch, zusammen mit drei weiteren Familien ein winziges dörfliches Häuschen. Es war die Zeit, als sie nie wissen konnten, was sie am nächsten Tag erwartete, ob sie auf den Feldern Arbeit haben würden oder nicht. Wenn sie Glück hatten, gab es über das ganze Jahr verteilt insgesamt drei Monate Arbeit. Es herrschte Armut. Ihr Leben war von der Erntesaison für die Oliven und von den Launen des Herzogs abhängig. Viele ihrer Freunde hatten Marinaleda verlassen, um in Frankreich oder Deutschland ihr Glück, eine verlässlichere Lebensgrundlage zu suchen.

Gloria war so alt wie jetzt ihre Tochter, als das Jahrzehnt des Kampfes für das Land endlich zu einem glücklichen Abschluss kam. Sie erinnert sich daran, wie sie dabei war, um aus

Zweigen Hütten zu bauen, die sie vor der glühenden Sonne schützen sollten, als die Dorfbewohner neunzig Tage lang das Gut des Herzogs besetzten. »Fast alle im Dorf beteiligten sich an dem Kampf, aber es gab auch ein paar, die sich raushielten«, erzählt sie und zündet sich eine Zigarette an. Sie streicht sich das Haar aus der Stirn. »Wenn wir von den Feldbesetzungen zurückkamen, lachten sie uns aus und meinten: ›Der Herzog hat so viel Macht, ihr werdet nichts erreichen, ihr vergeudet nur eure Zeit.‹«

Doch tatsächlich waren sie es, die sich täuschten. Schließlich beugten sich der Herzog und die andalusische Regierung dem Druck. Sie hatten einfach genug von den Besetzungen ihrer Felder, Büros und der Flughäfen. Ein rechtliches Prozedere begann, bei dem der Herzog das Land offiziell der andalusischen Regierung übereignete, die es wiederum dem Rat von Marinaleda für ein symbolisches Entgelt überließ. »Die gute Nachricht erreichte uns bei unserem Dorffest, und da haben wir natürlich einen weiteren Tag drangehängt und statt vier fünf Tage lang gefeiert.« Sie lacht vergnügt. Andere Landbesitzer vor Ort wurden nervös und fingen an, ihr Land zu verkaufen, das dann teilweise zu Bauland erklärt wurde, um die große Wohnungsnot zu lindern.

Gloria ist nicht die Eigentümerin dieses Hauses. Es gehört nach wie vor der Kommune. Ihre Familie ist hier nur vorübergehend untergebracht, bis ihr eigenes Haus fertig ist. In ein paar Monaten werden sie in ein neues Haus umziehen, das ihr Mann Marino zusammen mit anderen Dorfbewohnern im Rahmen des Eigenbauprojekts errichtet. Jeder Bürger von Marinaleda kann daran teilnehmen, aber es gibt eine Warteliste, und Familien oder Paare kommen zuerst, unabhängig davon, ob sie verheiratet sind oder nicht. Bei unserer Ankunft bricht Marino gerade zur monatlichen Versammlung der Eigenbauer auf, bei der sie sich mit den Architekten treffen.

Laut dem Beauftragten der Vereinten Nationen für die Menschenrechte ist die gegenwärtige spanische Wohnungspolitik nicht geeignet, die Bedürfnisse der ärmsten 25 Prozent der Bevölkerung zu befriedigen. Wenn einem in Spanien auf Schritt und Tritt ganze Wälder von Baukränen begegnen und allenthalben frisch gegossener Zement auffällt, kündet dies ganz überwiegend von spekulativen Bauprojekten, und häufig handelt es sich um Zweit- oder Luxuswohnungen. Hier in Marinaleda hat sich der Rat eine Lösung einfallen lassen, die auf lokaler Ebene die nationale Krise angeht. »Aber wie schafft es die Gemeinde, für 15 Euro im Monat Häuser mit mehr als drei Zimmern anzubieten?«, fragt Isa. Gloria erklärt es uns, während sie ihre orangefarbene Designer-Brille putzt.

Normalerweise ist in Spanien der Boden der teuerste Posten beim Hausbau, er macht etwa 50 Prozent der Kosten aus, die aufgebracht werden müssen. In Marinaleda wird er unentgeltlich von der Stadt zur Verfügung gestellt, und die Arbeit wird von den Bewohnern selber erbracht. Daher muss nur noch das Material finanziert werden. Das wird für 30000 Euro von der andalusischen Regierung angeboten; die 15 Euro im Monat und ein kommunaler Zuschuss decken diese Kosten.

Wie kommt es, dass sich Marinaleda das leisten kann? Einer der Gründe liegt darin, dass die Kommune an anderen Stellen spart, ohne aber Arbeitsplätze zu vernichten. Vielmehr betreibt sie eine Politik der Vergesellschaftung der Verantwortung. Das Jahresbudget der Gemeinde wird durch die Nachbarschaftsversammlungen beschlossen und vom Rat bestätigt. Da es im Ort keine Polizei gibt, werden 350000 Euro im Jahr eingespart. Einen Großteil der Straßenreinigung und kommunalen Instandhaltungsarbeiten erledigen die Bewohner unentgeltlich, wenn sie ein Mal im Monat zum »Roten Sonntag« zusammenkommen.

Die Häuser werden in Gemeinschaftsarbeit errichtet, jede Familie muss mindestens 400 Arbeitstage beitragen. Für diejenigen, die keine handwerklichen Kenntnisse haben, sieht das Programm Einführungskurse ins Maurern, Schreinern und andere für das Bauen erforderliche Fähigkeiten vor. Es ist seinerseits mit dem Angebot an die Jugendlichen des Dorfes verbunden, eine handwerkliche Lehre zu machen. Kann sich kein Familienmitglied von der Arbeit freinehmen – Mitarbeiter in den Dorf-Kooperativen bekommen ohne Weiteres unbezahlten Urlaub, um zu bauen –, bezahlen sie andere Eigenbauer, die für sie einspringen. Marino beispielsweise arbeitet Vollzeit im Hausbau, wobei er für die Hälfte der Zeit bezahlt wird, während die andere Hälfte der Zeit seinen 400 Tagen unentgeltlicher Bauarbeit entsprechen. Auf diese Weise sind bereits 300 Häuser entstanden, und nach dem von Gloria und Marino mit seinem Innenhof, seinem Kamin und dem großzügigen Wohnzimmer zu urteilen, werden die geplanten weiteren 120 Häuser nicht weniger gemütlich ausfallen.

In drei bis vier Jahren ist ein Häuserblock fertig, und in der Bauzeit weiß noch niemand, wem welches Haus gehören wird. Sobald das aber entschieden ist, kann jede Familie die Veränderungen am Grundriss vornehmen, die sie sich wünscht. Das fertige Haus gehört ihnen, und sie können es an ihre Nachkommen vererben, dürfen es aber nicht verkaufen. Wenn sie den Ort verlassen wollen, geht das Haus zurück an die Kommune.

Vom Wohnungsbauprogramm in Marinaleda spricht Gloria sehr überzeugt, aber als wir Fragen nach dem Bürgermeister und den Versammlungen stellen, scheint sie unsicher. Isa fragt: »Nehmen die Leute immer noch aktiv an den Versammlungen teil? Was würde aus Marinaleda, wenn der Bürgermeister von einem Traktor überfahren würde?« Gloria spielt nervös mit ihrem Feuerzeug.

»Die aktive Teilnahme hat ganz eindeutig abgenommen, den Leuten geht's viel besser, sie haben ein Haus, ein Auto. Man braucht nicht mehr auf die Straße zu gehen und zu protestieren. Die Bedingungen haben sich sehr verändert.« Sie holt tief Luft. »Wir wären wirklich zu blöd, wenn wir das alles den Bach runtergehen ließen. Der Bürgermeister braucht es nicht wirklich, er hat sein Einkommen als Lehrer. Er lebt nicht mehr vom Land, aber wir schon, und unsere Kinder in Zukunft auch. Wir wären sehr dumm, wenn wir das alles sausen lassen würden.«

»Marinaleda benutzt in seinem offiziellen Wahlspruch das Wort ›Utopie‹. Was bedeutet Utopie für dich?«, frage ich sie.

»Es ist nicht leicht, das zu erreichen, was das Wort bedeutet, aber ich glaube, wir haben es geschafft. Meine Eltern hätten es sich absolut nicht vorstellen können, dass wir gegen den mächtigen Herzog kämpfen und uns würden durchsetzen können, aber genau das haben wir getan. Also ist es möglich.« Sie zündet sich noch eine Zigarette an.

»Aber«, fragt Carlos, »fehlt euch noch irgendwas an der vollkommenen Utopie?«

»In Marinaleda?« Sie denkt kurz nach. »Nein! – Klar, es gibt manches, was man noch verbessern kann. Aber so, wie es ist, ist es schon ziemlich gut. Wir sind ein kleiner Ort, und trotzdem schaffen wir Sachen, die niemand sonst schafft. Jeden Sommer haben wir zehn palästinensische Kinder hier bei uns wohnen, und in ganz Spanien sind es insgesamt fünfzig. Stell dir mal vor, zehn von ihnen entscheiden sich für Marinaleda, obwohl du uns kaum auf den Landkarten findest.«

An unserem ersten Tag hier, als wir zur Demonstration vor dem Gericht in Estepa unterwegs waren, sprachen wir mit Sara, einer jungen Frau, Paprikapflückerin, grade mal zwanzig. Sie sei überzeugt von dem politischen Prozess in Marinaleda und unterstütze ihn, »aber«, so sagte sie schulterzuckend, »es ist langweilig hier wie in jedem kleinen Kaff von 3000 Einwohnern, echt fad«. Vielleicht ist das der springende Punkt. Als wir in Marinaleda ankamen, vermuteten wir das Hauptproblem in der Frage der Konzentration der Macht, besonders angesichts der bereits extrem langen Amtszeit Gordillos. Aber er und der gesamte Gemeinderat scheinen zur Machtabgabe bereit zu sein. Nachdem nun aber der Kampf vorüber und das Land gewonnen ist, drängt es die jüngere Generation der Nachgeborenen nicht mehr danach, Teil der Gegenmacht zu sein, die während der Kämpfe aufgebaut wurde.

Wieder einmal erweist es sich als entscheidend, dass die beiden Stränge radikaler Veränderung gleichermaßen berücksichtigt werden: die Erschaffung des Neuen und der Widerstand, der Kampf gegen den Zwang von außen und der parallele Aufbau lokaler Gegenmacht. Wenn die Waagschale sich allzu sehr zum Kampf neigt, kann es leicht geschehen, dass sich die Hoffnung verflüchtigt, sobald greifbare Erfolge ausbleiben. Aber wenn der Kampf aufhört und nur noch Erfolg übrig bleibt, kann das Leben allzu bequem werden. Langeweile und Apathie machen sich breit. Unser Aufenthalt im Ort war zu kurz, wir konnten nur an wenigen Versammlungen teilnehmen, aber es war nicht zu übersehen, dass sich nur wenige junge Leute am politischen Leben beteiligen. Die einzige Gelegenheit, bei der uns Jugendliche aus Marinaleda begegneten, war eine Lehrlingsveranstaltung, bei der ein Dutzend Teenager, die alle vom Bürgermeister zur Verfügung gestellte identische Che-Guevara-T-Shirts trugen, einem großen Publikum das Lehrlingsprogramm von Marinaleda präsentierten. Als die Diskussion eröffnet wurde, meldete sich einer der jüngeren Aktivisten aus Kolumbien mit großer Dringlichkeit zu Wort:

»Ihr habt ja keine Ahnung, was ihr für ein Glück habt!« Er sprang auf und zeigte auf das Podium der Lehrlinge. »In meinem Land lässt man Leute verschwinden oder ermordet sie, nur weil sie an einer Versammlung teilnehmen, sie werden umgebracht, nur weil sie Demokratie praktizieren. Warum nehmt ihr nicht am politischen Leben eures Dorfes teil?« Die Antwort war eine leichte Verlegenheit, aber die Gesichter der Jugendlichen auf dem Podium zeigten keine große Bewegung, und der Lehrer äußerte zur Überbrückung etwas relativ Belangloses.

Die Macht im Staat zu ergreifen, führt unweigerlich zu Missbrauch, Korruption und Blutvergießen und dazu, dass die direkte Demokratie, die die Teilhabe aller garantiert, gewaltsam zerschlagen wird.

Das scheint in Marinaleda nicht das Problem zu sein, im Gegenteil: Diese Kommune kann als echter Versuch gelten, den »libertären Munizipalismus« umzusetzen, von dem Murray Bookchin spricht.[91] Die Macht geht in Marinaleda von der lokalen Ebene aus und ist nicht in wenigen Händen konzentriert. Die zentrale Idee Bookchins ist die Ausdehnung der – jeweils am Ort verankerten – partizipatorischen Demokratie auf ein Netzwerk föderierter freier Städte, die sich schließlich vom Staat lösen. Damit ist nicht die Ablehnung jeglicher Form repräsentativer Macht gemeint, sondern ihre Rückführung auf den strategischen Gebrauch auf der niedrigsten lokalen Ebene als Gemeinde- oder Stadtrat. Über dieser Ebene wird Politik laut Bookchin zur »Staatskunst« oder zum Machterhalt, der durch ferne Zwangsinstitutionen und Bürokratien professionell betrieben wird. »Wirkliche Politik« findet zwischen Leuten statt, die sich vor Ort auskennen und am Leben der Gemeinschaft teilnehmen, in ihrer Öffentlichkeit stehen und sich persönlich kennen und begegnen.

Die Entwicklung des libertären Munizipalismus nimmt ihren Ausgang bei den sozialen Bewegungen, die für die Wahlen auf der untersten repräsentativen Ebene Kandidatinnen und Kandidaten aufstellen und dabei nicht das Ziel verfolgen, zu einer Partei zu werden und staatliche Macht anzustreben.[92] Es geht ihnen vielmehr darum, die staatlichen Institutionen aufzulösen und abzubauen, indem sie den Staat als Ort der Macht schlicht ignorieren. Die Kandidaten fungieren als Sprecherinnen und Sprecher der Basisversammlungen, die die Entscheidungen treffen. Ziel ist die Schaffung funktionierender Formen von Gegenmacht. Etablieren sich diese in Städten und Dörfern, die sich wiederum miteinander verbinden, mit anderen Worten, vervielfältigt sich die Kommune der Kommunen, wird der zentralisierte Nationalstaat überflüssig und verkümmert von alleine, wie Bookchin annimmt.

Den Erfolg seines Konzepts sieht Bookchin in Abhängigkeit von »Paideia«, eben der attischen erzieherischen Praxis, die wir bereits in der anarchistischen Schule antrafen. Direkte Demokratie zu leben, setzt gewisse Kompetenzen voraus, die erworben werden müssen. Dazu gehört die Fähigkeit, aktiv an Versammlungen teilzunehmen, den Prozess der Entscheidungsfindung auf der Grundlage des Konsens mitzugestalten, sich gerne mit seinen Nachbarn abzustimmen und vieles andere mehr. So etwas lernen wir nur durch die Praxis. Die Schaffung libertärer Strukturen auf der Ebene der Städte und Gemeinden bietet genau diesen Lernprozess.

Interessanterweise scheint die Erziehung in Marinaleda diese Art der politischen Charakterbildung nicht besonders zu berücksichtigen. Denn obwohl der Bürgermeister an der Schule des Ortes Geschichtslehrer ist, ist sie eine der wenigen Institutionen, die nach wie vor staatlich sind. Anders als an der anarchistischen Schule beinhaltet der Lehrplan in Marinaleda nicht die Praxis kollektiver Entscheidungsfindung und der Selbstorganisation. Ich frage mich, ob die Verhältnisse möglicherweise anders aussähen, wenn Kinder und Jugendliche in Marinaleda solche Kompetenzen in der Schule erwerben würden. Wäre so das Abgleiten in Apathie und Konsummentalität vermeidbar?

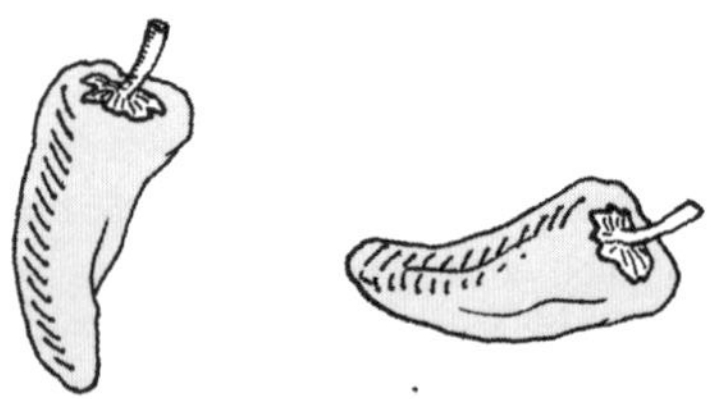

Wieder ist es Zeit weiterzuziehen. Auch von Kim und Carlos verabschieden wir uns, um unsere Reise fortzusetzen: nach Katalonien.

Eine typische Western-Szenerie bietet sich uns bald, nachdem wir losgefahren sind: eine knochentrockene Ebene, ausgelaugte braune bis gelbe Erde. Gelegentlich zeichnen sich auf diesem kargen Hintergrund die hageren Umrisse von Baumskeletten ab, darüber ein bleicher Horizont. Wir bewegen uns entlang der südlichen spanischen Küste in Richtung Nordosten. Granada, Murcia, Alicante. Und dann beginnt die Verwüstung. Zunehmend ist die Küste durch einen Wald hagerer Wolkenkratzer verstellt, die, dicht an dicht gebaut, zu einem Vorhang aus Beton werden, hinter dem das Meer den Blicken entzogen ist. Bars locken mit »*all day breakfasts*« und »Currywurst«, schrille Themenparks mit viel Plastik überziehen die Hügel, und Golfplätze saugen die letzten Grundwasserreserven dieser bedrohlich wasserarmen Region in ihr saftiges Grün.

Diese einst wunderschöne Küste mit ihren weiß gekalkten Fischerdörfern erlebte eine gründliche Verwandlung, nachdem der Bürgermeister eines der Dörfer 1950 General Franco nahelegte, er möge Touristinnen das Tragen von Bikinis am Strand seines Dorfes Benidorm erlauben. Trotz Exkommunikations-Androhungen seitens der katholischen Kirche gegenüber dem Bürgermeister wurde die Bikini-Lizenz erteilt, auch die Pauschalreise war eine Erfindung jener Zeit, und so sind heute in Benidorm mehr als 330 Hochhäuser zu bewundern. Jahrzehntelang verschwanden kontinuierlich Flächen in Fußballfeldgröße unter einer Betonschicht.

Die Costa Blanca – eine weiße Küste, an der weiße Menschen sich bis zum Morgengrauen amüsieren, während die leblosen Körper schwarzer Menschen an die Strände der Umgebung gespült werden.

Immer wieder weht uns durch das Autofenster ein übler Geruch an. Wie kann das sein in diesem Ferienparadies? Allmählich dämmert es uns: Der Gestank steigt uns immer dann in die Nase, wenn wir über eine Brücke fahren. Der Blick nach unten offenbart nicht, wie zu erwarten, einen Fluss, sondern vielmehr gebleichten, getrockneten Matsch, der sich an die längst vergangenen Wellen schmiegt, der die Gestalt der Geister versickerter Flüsse angenommen hat – und nach Scheiße stinkt, nichts anderes ist als eben das. In der Sonne gebackene Scheiße, die blieb, während die Flüsse verschwanden.

Ich kann mich nicht gegen den Gedanken wehren, dass das der Gestank der Zukunft ist, der Gestank eines Systems, das an der Flucht vor der Vergänglichkeit und der Furcht vor dem Niedergang zugrunde geht, als die ein gedrosseltes kapitalistisches Wachstum begriffen wird.

Unsere Ankunft in Barcelona trägt nicht gerade zur Hebung meiner Stimmung bei. Dank meiner legendären Unfähigkeit, Karten zu lesen, haben wir uns wieder mal verfahren und landen schließlich auf Umwegen durch hässliche Stadtrandgebiete in einer Gegend am Meer, wo wir übernachten werden. Es ist ein Viertel, das für die Olympischen Spiele von 1992 »aufgewertet« wurde, nicht zu unterscheiden von irgendeiner städtischen Umgebung, über die sich Immobilienspekulanten und Stadtentwickler hergemacht haben. Fassaden aus Stahl und Glas bestimmen das Bild, ganze Bündel von Überwachungskameras lauern über der Ausfahrt einer Tiefgarage, verödete Erkerfenster starren auf einen tristen Platz herab, auf dem mickrige Palmen mitten im Beton ums Überleben kämpfen.

Can Masdeu

Am nächsten Morgen setzt sich John hinters Steuer, um uns zu unserer nächsten Etappe, Can Masdeu, zu bringen. Vor ein paar Jahren ist er schon einmal kurz dort gewesen. Nach zwanzig Minuten auf Umgehungsstraßen kommen wir nach Canyelles, ein Arme-Leute-Viertel im Nordosten von Barcelona. John parkt zwischen einem Einkaufszentrum und tristen Sozialwohnblocks und meint, wir könnten doch hier frühstücken: *churros* und heiße Schokolade. Es fällt mir schwer, das abzulehnen, aber zugleich bin ich auch unruhig, weil ich nicht möchte, dass wir zu spät bei unseren Gastgebern ankommen. »Kein Problem«, beruhigt er mich, »es ist nur zwei Minuten von hier.« Ich weiß nicht recht; er dagegen scheint sich seiner Sache ganz sicher zu sein. Angeblich ist es doch ein Projekt auf dem Land, und es geht um Biolandbau. Aber urbaner als dieses Viertel gehts eigentlich nicht. Ich frage ihn also, wie das sein kann, und er tut geheimnisvoll. Eine Stunde später sitzen wir wieder im Auto und kriechen ein paar hundert Meter hinter dem Einkaufszentrum bergauf, um bald zu unserer Rechten einen Weg zu entdecken, der durch eine Kette abgesperrt ist. Daneben verkündet ein Schild: »Vall de Can Masdeu«. Dazu ein Schablonengraffito der berühmten Faust des Widerstands, die sich gegen alle Formen der Unterdrückung reckt, doch hier wurde sie der spezifischen Realität angepasst: Sie hält eine Karotte hoch!

Da sind wir also, John hatte recht. Wir parken und machen uns auf. Der Sandweg führt mitten durch dichten Wald. Eine vollkommen unerwartete, abrupte Veränderung der Landschaft. Ich kann kaum glauben, dass hundert Meter weiter unten die Stadt brodelt und lärmt. Ein paar Minuten später sehe ich auf der Anhöhe über dem Tal ein gewaltiges ockerfarbenes Gebäude aufragen, das rundherum von zehn oder mehr terrassenförmig angelegten Gärten gesäumt ist. Ein Glockenturm erhebt sich über dem Gebäude, wenn auch ohne Glocke, dafür mit einem schmiedeeisernen Blitz in N-Form mit Pfeil, der einen Kreis durchstößt – das internationale Symbol für besetzte Häuser tritt selbstbewusst an ihre Stelle und hebt sich gegen den azurblauen Himmel ab.

Der Ort ist von spektakulärer Schönheit: Wir sind mitten in einem grünen Tal, einem – bisher – von den Angriffen der Bulldozer verschonten Naturschutzgebiet. Er schwebt hoch über einer Wolkenkratzerszenerie mit ihren gläsernen Fassaden, in denen sich die Sonne spiegelt, und in der Ferne glitzert das Meer.

Wir bewegen uns auf das Gebäude zu, und dort empfängt uns lebhafte Geschäftigkeit: Wie jeder Dienstag, so ist auch dieser den kollektiven Instandhaltungsarbeiten gewidmet. Die Maurer-Mannschaft warnt uns vor frisch gegossenem Zement, als wir im Begriff sind, die Treppe zu betreten, und Arnau, einer der Gründer des Projekts, kommt uns mit Plastiksäcken voller Gerätschaften entgegen und verkündet lachend: »Was für ein Tag … wir haben uns im Baumarkt mit Zeug im Wert von 300 Euro erwischen lassen, das wir klauen wollten. Glücklicherweise konnten wir sie bequatschen, und sie haben nicht die Polizei gerufen, sondern uns einfach zahlen lassen. Wir haben was von Geldnot erzählt. Aber, na ja, das funktioniert auch nicht immer.«

Diese theatralische Begrüßung kommt nicht ganz überraschend: Persönlich habe ich diesen Freund von John bisher noch nicht getroffen. Er ist ein globalisierungskritischer Aktivist der ersten Stunde. Sein Gesicht kenne ich gut, habe es oft in einem Film über die Gruppe Yomango aus Barcelona gesehen. Er war das »Model« einer Modenschau, bei der die geklauten Klamotten eines Kaufhauses unverkennbar ähnlichen Namens vorgeführt wurden: Yomango (»Ich klaue« im spanischen Slang) wurde Anfang der 2000er Jahre berühmt, als ein paar Leute in Barcelona auf die Idee kamen, den subversiven Ladendiebstahl als kritische Aktionsform zu praktizieren und festlich zu zelebrieren. Um ein System zu kritisieren, bei dem sich alles darum dreht, Wünsche und Kreativität in kommerziell verwertbare Objekte zu verwandeln, und in dem die Lust auf gemeinsame Erfahrungen in sterilen Einkaufsparadiesen eingefriedet und kontrolliert wird, proklamierten die Künstler-Aktivisten: »Wir verzichten nicht auf unsere Wünsche, wir nehmen uns, was wir uns wünschen.« Um aus dem Ladendiebstahl eine ebenso begehrenswerte »Marke« wie andere zu machen, boten sie Kurse an, in denen man effiziente Klautechniken lernen konnte, beispielsweise auch die Anfertigung oder »Umrüstung« von Taschen und Kleidungsstücken, die die üblichen Alarmsysteme überlisten – wie sie überhaupt List und karnevalesken Spaß miteinander verbanden.

Eben angekommen, stürzen wir uns gleich ins kollektive Leben. Wir bieten an, bei der Zubereitung des Mittagessens zu helfen und gehen in die Küche zu Guilhem, dem Tageskoch. Von den riesengroßen Küchenfenstern aus blickt man auf die Gartenterrassen. Nachdem wir uns vorgestellt haben, machen wir uns ans Schälen eines ganzen Berges Rüben. Guilhem, der seit Anfang an Teil des Abenteuers Can Masdeu ist, erklärt, dass man hier gemeinsam zu Mittag und Abend isst und jede und jeder mit Kochen drankommt. »Wir sind hier fünfundzwanzig. Wenn du also Küchendienst hast, musst du mit vier oder fünf Stunden rechnen, angefangen mit der Ernte des Gemüses im Garten und dem Putzen und Schneiden bis hin zum Kochen …

Aber ab dann bekommst du für den Rest der Woche alle Mahlzeiten pünktlich serviert. Ich finde, das ist ein idealer Kompromiss!« Uns fällt mit der Zeit sogar auf, dass man sich hier mit dem Kochen größte Mühe gibt, eben weil man es seltener tut: Während unserer zwei Wochen in Can Masdeu gibt es täglich Festessen mit vielfarbigen Salaten, Gegrilltem, köstlichen Gemüsepfannen, sämigen Polentas und Kuchen jeglicher Art. All das auf der Grundlage von Zutaten, die wenige Stunden zuvor in den Gärten rund ums Haus geerntet wurden.

Das Mittagessen wird bei spätsommerlicher Wärme im Innenhof serviert, beschattet von einem uralten Feigenbaum. Die Stimmung ist gesellig, fröhlich, entspannt. In der Runde nehmen sich alle Zeit, besprechen, was am Vormittag erledigt wurde und was noch zu tun ist.

Das Gebäude, um dessen Erhalt sich die Gruppe kümmert, ist ein altes Leprosorium, das ein halbes Jahrhundert leerstand. Die Terrassengärten boten der Leprakolonie die Möglichkeit, quasi autark zu leben.

Als katalanische und europäische Aktivistinnen und Aktivisten das Gelände 2001 entdeckten, beschlossen sie, seinen allmählichen Niedergang aufzuhalten, indem sie es sich aneigneten. Die meisten der Gruppe von rund zehn Personen waren bereits erfahrene Hausbesetzerinnen und Hausbesetzer, für die die Besetzung unbewohnter Gebäude ein politischer Akt und eine praktische Lösung angesichts der Wohnungsnot in der katalanischen Hauptstadt darstellte. Kike, ein junger Andalusier, der vor fünf Jahren zum Projekt Can Masdeu gestoßen ist, beschreibt es so: »In Barcelona sieht es so ähnlich aus wie in den meisten europäischen Metropolen: Die Immobilien-Spekulation ist gnadenlos, die Kosten fürs Wohnen und die Lebenshaltungskosten allgemein schrauben sich immer weiter hoch, und die Mieten sind immer weniger bezahlbar. In Barcelona stehen etwa 300 000 Wohnungen leer, und es gibt mehr als 30 000 Menschen ohne Unterkunft. Die Politiker finden das vielleicht normal oder jedenfalls unvermeidlich – wir aber nicht.«

Zwischen 2001 und 2005 ist der Kaufpreis für eine Wohnung in Barcelona um rund 80 Prozent gestiegen, während die Löhne laut der OECD seit 1990 ständig gefallen sind. Die Verarmung schreitet voran, und die Bedingungen, die immer mehr Menschen in die Obdachlosigkeit treiben, ändern sich nicht. Da wird das Squatten zu einer Form, seinen Widerstand durch Taten auszudrücken, zum aktiven Protest gegen Verhältnisse, in denen Wohnraum und Land für viele unerreichbar geworden sind, und gegen die Verherrlichung des Privateigentums als höchstes Gut – auch wenn damit die schlimmsten Ungerechtigkeiten einhergehen. Ein leerstehendes Gebäude zu besetzen und sich dort einzurichten, bedeutet, sein Leben in die Hand zu nehmen und sich aus der Armutsfalle zu befreien, ohne von irgendjemandem etwas zu erbitten. Es bedeutet, selber Gerechtigkeit herzustellen. Can Masdeu ist in der Tat auch die Konkretisierung einer Rebellion gegen die Privatisierung öffentlicher Räume, die sich wie ein Krebs ausbreitet.

»Barcelona wird mehr und mehr zum privatisierten und

kontrollierten Raum«, sagt Kike und bringt uns zum Abschluss des Essens den Kaffee. »Diese Entwicklung hat mit den olympischen Spielen 1992 eingesetzt. Diese Industrie- und Arbeiterstadt mit ihren starken sozialen Bewegungen sollte in eine ›Kulturstadt‹ umgewandelt werden, in der das Politische möglichst zahnlos ist.« Es fand ein sozialer Transformationsprozess statt, durch den die Arbeiterkultur nach und nach verdrängt wurde, indem die Schickeria mit ihren Boutiquen und Cafés die armen Viertel eroberte. Die US-amerikanische Soziologin Sharon Zukin bezeichnet dieses Phänomen ironisch als »Cappuccino-Befriedung«[93], um die unvermeidliche Verbindung von Privatisierung des öffentlichen Raums und politischem Maulkorb zu entlarven, ein Prozess, der von New York bis London, von Paris bis Berlin keiner »Kulturmetropole« erspart zu bleiben scheint.

Am Nachmittag gesellen wir uns zur Putzgruppe, die auch für die Restaurierung der Terrasse zuständig ist. Nach ein paar Stunden Fegen, Reparieren und Anstreichen kommt eine Gruppe dickbäuchiger Rentner mit zerfurchten Gesichtern und sonorem Lachen vorbei und schlägt uns vor, mal Pause zu machen und zu essen. Sie bringen ein riesiges Brot und genug rohen Schinken mit, um ein Regiment satt zu machen. Heißhungrig stürzen wir uns auf beides. Einer der Patriarchen lädt John ein, am *bota*-Ritual teilzunehmen. Dabei wird das lederne Trinkgefäß (mit Kordel) über den Kopf gehalten und der Wein-Strahl durch Druck in Richtung Mund gezielt, ohne dass das Gefäß die Lippen berührt, so kann es von einem zum anderen weitergereicht werden. Gutwillig lässt sich John auf das freundliche Angebot ein – mit dem Erfolg, dass er sich fast stranguliert und sich mit Wein bekleckert. »Alles eine Frage der Übung«, behauptet José mit Spott in den Augen und führt seine virtuose Handhabung des *bota* vor. Diese gut gelaunten Rentner sind Nachbarn und Gärtner auf den Terrassen von Can Masdeu.

Seit ihrer Ankunft haben die Squatter, die konsequent für den Zugang aller zu Grund und Boden eintreten, die Bewohner der Umgebung eingeladen zu kommen, sich die Terrassen wieder anzueignen und sie zu gemeinsam genutzten Gärten zu machen. Etwa zehn Nachbarn, von denen die meisten im Verlauf der vergangenen fünfzig Jahre zugesehen hatten, wie das Gelände verkam und von Unkraut überwuchert wurde, sind der Einladung gefolgt.

»Man sollte nicht vergessen, dass wir uns hier in einem Viertel befinden, in dem die sozialen Kämpfe noch Sinn haben«, erklärt uns Kike, dem es diese ungewöhnlichen nachbarschaftlichen Beziehungen angetan haben. »Hier sind die meisten Zuwanderer aus dem Süden des Landes, oft aus agrarischen Gegenden, und sie mussten sich unglaublich abmühen, um ordentliche Lebensbedingungen zu erkämpfen: öffentliche Verkehrsmittel, Straßenbeleuchtung etc. In den 1970er Jahren haben sie sogar dagegen gekämpft, dass man aus dem Leprosorium ein Gefängnis macht. Also waren sie nicht vollkommen überrascht, als die ersten Hausbesetzer hier ankamen.«

José ist 74 Jahre alt und war einer der Ersten, die sich mit um die Gärten gekümmert haben; er verkündet: »Der Boden gehört allen, weil alle zu essen haben müssen. Wenn einem also das Recht darauf nicht zugestanden wird, nehmen wir ihn uns eben, das finde ich völlig in Ordnung.«

Außerdem haben manche dieser Gärtner am eigenen Leibe erfahren, was dieser Standpunkt bedeutet, zu Zeiten nämlich, als die Landbesetzung die einzige Möglichkeit war, sich etwas zu essen zu verschaffen. In den 1960er Jahren wuchsen die Elendsviertel in Barcelona, und die Stadt litt unter chronischer Wohnungsnot. Damals sahen sich viele gezwungen, offengelassenes Gelände in Gemüsegärten umzuwandeln, um zu überleben. Es dauerte nicht lange, und die Gärten wurden im Namen der Immobilienspekulation zerstört. Die Gärtner im Rentenalter verstehen daher sehr gut, was die Drohung einer Räumung, die zunichte gemachte Arbeit und die Zerschlagung der Hoffnungen bedeuten. Inzwischen werden hier rund dreißig Parzellen von etwa hundert Gärtnerinnen und Gärtnern bearbeitet, wobei die meisten von ihnen Leute aus der Nachbarschaft sind.

»Die Umverteilung des Reichtums ist ein Thema, das den alten Einwanderern, die selber Hunger und Not erlebt haben, sehr am Herzen liegt. Und sie erleben, dass das hier nicht nur politisches Gerede ist. Das schätzen sie sehr, und deshalb ist die Warteliste nie kürzer geworden«, kommentiert Kike.

Die einzigen Bedingungen, die an die Gärtnerinnen und Gärtner gestellt werden, wenn sie Zugang zur Bewirtschaftung der Terrassen haben wollen, sind eine biologische Form der Bearbeitung und nichthierarchische Entscheidungen; diese werden auf Versammlungen getroffen, die die Hausbewohner koordinieren. Die Vergesellschaftung der Parzellen, die Letztere vorschlugen, wurde nicht von allen akzeptiert, und viele Gärtner ziehen immer noch lieber Zäune um ihre Gemüsebeete. Es gibt immer wieder Streit über Geräte, die nicht ordentlich weggeräumt wurden, oder über Wasserverschwendung, aber im Großen und Ganzen ist es den Bewohnern von Can Masdeu gelungen, durch ihre Vermittlung dafür zu sorgen, dass die Gruppe zusammenblieb.

»Wir kommen uns manchmal vor wie UN-Blauhelme«, so Kike grinsend. Kurz, die horizontale Organisation ist nicht immer einfach, aber sie ist ihnen allen wichtig. Auch da spielt es eine wichtige Rolle, dass in Can Masdeu stark auf den Zusammenhalt geachtet wird: Die Hausbewohner entscheiden alles auf wöchentlichen Versammlungen, die jedesmal von einer anderen Person moderiert werden, im Konsens. So ist jede und jeder direkt an allen Entscheidungen, die das Kollektiv betreffen, beteiligt, wobei dieses in verschiedene Arbeitsgruppen unterteilt ist. Keine Delegierten, keine Wahlen.

Der unübersehbare Respekt zwischen den alten Arbeitern und den jungen Aktivisten ist im Laufe der Jahre allmählich gewachsen. »Als wir hier ankamen, haben sie uns natürlich erst mal schief angesehen«, erzählt uns Brian, ein polyglotter

US-Amerikaner und einer der Initiatoren des Projekts. »Aber als wir dann angefangen haben, mit der Schaufel die Wasserspeicher freizulegen, da sind sie gekommen. Die ›Hippies‹ so hart arbeiten zu sehen, das hat schon manche Vorurteile zurechtgerückt.«

Das Haus selber ist ein riesiges Labyrinth, dessen Innenwände vielfach mit traditionellen Kacheln geschmückt sind. Enge Treppen führen auf und ab, und auf einer Etage blickt man in einen mit echtem Tanzparkett ausgestatteten Yoga-Saal, von dem aus man in ein etwas düster wirkendes geräumiges Zimmer gelangt. Die Wände sind mit Plakaten bedeckt, und ausgestattet ist es mit Sofas, einem Bücherregal und einer Bar. Durch die Bäckerei tritt man nach draußen auf eine Terrasse, die wiederum mit der einstigen Kapelle verbunden ist. Die wurde zur Fahrradwerkstatt umfunktioniert. Durch die Küche geht es in die Werkstatt, und von dort nach unten auf die weitläufige Terrasse, die mit einer solarbeheizten Freiluft-Dusche, einer Sauna, einem Whirlpool und einer Waschmaschine ausgestattet ist – Letztere mit Pedalantrieb. Von dort aus blickt man auf den Garten mit den Heilkräutern und weiter über die Terrassen, die unter der Last des üppig gedeihenden Gemüses zu bersten scheinen, und hat schließlich eine grandiose Aussicht auf Barcelona.

Wir versuchen, uns den Ort vorzustellen, wie ihn die Hausbesetzer vorgefunden haben: ein Gebäude mit zerbrochenen Fensterscheiben, einem eingesunkenen Dach, ohne Wasseranschluss, mit kaputten Rohren und Leitungen, ohne Strom und umgeben von Terrassen, auf denen sich die Brombeeren fünfzig Jahre lang breitmachen konnten. In nur sechs Jahren haben die Bewohnerinnen und Bewohner von Can Masdeu das Dach und die Mauern repariert, alle Fenster wieder mit Scheiben versehen und Stromleitungen im ganzen Haus verlegt (und sie mit dem städtischen Netz verbunden, von wo der Strom illegal bezogen wird). Zwei Solarboiler für heißes Wasser wurden mit Hilfe gefundener Materialien konstruiert und speisen die Küche und die externe Dusche. Im Bad sorgt ein genialer holzbeheizter Boiler – auch er »hausgemacht« – dafür, dass man sich auch bei winterlichen Temperaturen, wenn das Duschen unter freiem Himmel doch etwas rau wird, immer noch waschen kann. Auch der Zugang zu Trinkwasser wurde möglich – dank der Wiederentdeckung der »Wasserminen« aus dem 18. Jahrhundert, die die Bewohner von Can Masdeu freilegen konnten, nachdem ihnen die Alten des Viertels dazu ein paar Tipps gaben.

Als uns einer der Hausbewohner erstmals von diesem Phänomen erzählte, hielten wir das für einen Übersetzungsfehler. Aber dann konnten wir uns selber überzeugen, dass es in der Umgebung ein ganzes System von winzigen Tunneln gibt, die tief in den Berg getrieben wurden, um von dort das wertvolle Wasser an die Oberfläche zu befördern. Dank Brian, der vor ein paar Jahren an den Renovierungsarbeiten beteiligt war, konnten wir uns das Tunnelsystem ansehen. »Das war eine Schweinearbeit, sage ich euch«, und wir glauben es ihm sofort, als er seine 1,90 Meter zusammenklappt, um in die knapp 1,50 Meter hohen Tunnel zu kriechen. »Wir haben Wochen damit zugebracht, die Kunststoffrohre da drin zu verlegen, wo du dich kaum bewegen oder atmen kannst. Aber jetzt sind wir die Einzigen in der ganzen Stadt, die unbehandeltes Trinkwasser haben!«

Angesichts des chronischen Wassermangels in der Region (der zum Beispiel im Frühjahr 2008 dazu führte, dass die Stadtverwaltung von Barcelona Millionen Liter Wasser mit Schiffen kommen lassen musste) wurden auch die alten Zisternen, die das Regenwasser auffangen, wieder freigeräumt. Ein aus ihnen gespeistes Bewässerungssystem wurde im ganzen Tal installiert, und dank dieser aufwändigen Arbeit können die mehr als zehn mit der Hand vom Gestrüpp befreiten Terrassen hinreichend bewässert werden, um Can Masdeu das ganze Jahr über mit Gemüse zu versorgen, sodass nichts eingekauft werden muss. Doch die Überlegungen, noch mehr Unabhängigkeit zu erreichen, gingen weiter. Die Hausgemeinschaft hat gemeinsam eine Bäckerei einschließlich Backofen eingerichtet und für die Herstellung von hausgemachtem Bier eine Brauerei – und all das, ohne dass einer der Bewohnerinnen und Bewohner ausgebildeter Gärtner, Installateur, Schreiner oder Bäcker wäre. Immer wenn wir nachfragen, wie sie sich denn all diese Kompetenzen angeeignet haben, bekommen wir ein Achselzucken zur Antwort: »Wir haben bei der Arbeit selber gelernt, wie's geht. Wir haben uns umgehört und Leute um Rat gefragt, wir haben etwas ausprobiert, es ging daneben, wir haben's noch mal versucht.«

Wie im Fall von Landmatters geht es nicht darum, Autarkie anzustreben, um möglichst von der Welt losgelöst zu leben, sondern darum, sich mit anderen zu vernetzen, um so weit wie möglich über das eigene Leben zu bestimmen. »Wir versuchen, uns so weit es geht von der Monetarisierung der gesellschaftlichen Beziehungen zu entfernen. Deshalb ist es uns auch lieber, wenn Besucherinnen und Besucher etwas anderes als Geld dazu beitragen: Gartenarbeit, Massagen, Wandmalerei, was auch immer«, erklärt uns Arnau.

Um mit so wenig Geld wie möglich zu leben, haben die Bewohner von Can Masdeu bei allem, was erforderlich war, um das Umfeld zu verbessern, selber angepackt. Hier besteht (fast) alles aus zufällig Gefundenem, aus Wiederverwendetem, Repariertem oder Selbstgemachtem. Die Möbel und die wenigen Haushaltsgeräte hat man am Straßenrand gefunden, oder Nachbarn oder Freunde haben sie geschenkt. In Can Masdeu gibt es für dreißig Personen eine elektrische Waschmaschine und zwei Kühlschränke. Wenn das Kollektiv dergleichen geschenkt bekam, löste das zu Anfang durchaus hitzige Diskussionen aus, weil manche der Beteiligten fürchteten, dies seien womöglich die ersten Schritte in Richtung einer erneuten Abhängigkeit von immer mehr Gegenständen, auf die zu verzichten sie im Laufe der Jahre gelernt hatten.

Ein Fahrradladen in Barcelona schenkte dem Haus alle seine Ladenhüter, was bedeutet, dass die Gruppe einerseits ihre dreißig Räder als Fortbewegungsmittel instand halten kann, andererseits Teile hat, um jede Woche ein neues Rad für den Verkauf oder auch zum Verschenken – je nach den Möglichkeiten der Empfänger – herzustellen. Die Materialien, die für diese Aufarbeitung von Fahrrädern benötigt werden, besorgt oder »findet« man in Werkstätten.

Angeleitet von Felipe, einem Bäckermeister aus dem Viertel, hat sich eine Gruppe echter Bäcker gebildet, und jeden Freitag kann, wer will, an einem »Brotback-Workshop« teilnehmen. Die Bäcker oder Felipe selber zeigen Interessierten, wie man eine Menge herstellt, die ausreicht, um das ganze Haus zu ernähren. Kike, einer seiner Lehrlinge, erzählt begeistert: »Felipe hat uns die traditionelle Art, das Brot mit Sauerteig zu backen, beigebracht; er ist der Nachkomme von vier Bäcker-Generationen. Mir ist es ganz wichtig, diese Art Traditionen zu bewahren, die verloren zu gehen drohen.«

Letztendlich stellen die meisten Dinge, aus denen sich das Gewebe des Alltäglichen zusammensetzt (Nahrung, Energie, Installationen, Möbel, aber auch Information oder Kultur) auf diese Weise nicht mehr Dienstleistungen dar, die man kauft, sondern Wissen und Kenntnisse, die man teilt.

Dieser Austausch von Kenntnissen und Kompetenzen wurde teilweise sogar formalisiert: in den Kollektivgruppen zur Selbstausbildung, in denen die Interessierten sich zusammentun und selbst entscheiden, wo, wann und wie sie Bierbrauen, Brotbacken oder Seifenherstellung, Fahrradreparatur, Tanz oder Yoga voneinander lernen wollen. Es gibt hier keine hoch spezialisierten Experten, dafür aber Praktiker mit vielfältigen Kompetenzen, die sie meistens nicht erworben haben, um einer bezahlten Arbeit nachzugehen, sondern weil es dem Bedarf des Kollektivs entsprach oder dem Interesse des Einzelnen.

Die Bewohnerinnen und Bewohner von Can Masdeu verweigern sich so tagtäglich dem Diktat der Lohnarbeit und der damit verbundenen Unterordnung, der Warenförmigkeit der Arbeit. Sie lehnen eine Vorstellung von Arbeit ab, die einem überall und von allen als die einzig denkbare Möglichkeit aufgedrängt wird, Teil der Gesellschaft zu sein, und die dennoch keineswegs natürlich oder selbstverständlich ist, wie André Gorz deutlich macht. Im Gegenteil, sie ist eine Hervorbringung des Kapitalismus, der sie mit der Industrialisierung im 19. Jahrhundert durchsetzte, indem er die Bauern zwang, sich in den Fabriken der Städte zu verdingen. Das erwies sich als »eine Revolution, eine Umwälzung der Lebensweise, der Werte, der sozialen Beziehungen und der Beziehung zur Natur«. Mit einem Mal wurde die produktive Tätigkeit »von ihrem Sinn, ihren Motivationen und ihrem Gegenstand abgeschnitten, um stattdessen bloßes *Mittel* zum Geldverdienen zu werden. Sie hörte auf, Teil des Lebens zu sein, um stattdessen *Mittel* zum ›Lebensunterhalt‹ zu werden. Arbeitszeit und Lebenszeit wurden voneinander getrennt; die Arbeit, ihre Werkzeuge und Produkte, erhielten eine andere, dem Arbeiter entfremdete Wirklichkeit und hingen von fremden Entscheidungen ab.«[94] Außerdem vollzogen sich diese tiefgreifenden

Veränderungen nicht ohne Probleme. Der Anfang bedeutete vor allem Zwang: Hungerlöhne, die es unvermeidlich machten, jede Stunde des Tages zu arbeiten, nur um zu überleben; Kinderarbeit; die Bedrohung durch Deportation oder Zwangsarbeit. Später musste man einsehen, dass ein positiver Anreiz sicher effektiver und produktiver wäre. Aber wie sollte man die Arbeiter »dazu motivieren (...), sich vollständig einer Arbeit hinzugeben, deren Natur, Rhythmus und Dauer vorab durch Fabrik- und Büroorganisation festgelegt sind – einer Arbeit also, die zu *lieben* unmöglich ist«[95], so wie der Handwerker sein Werk lieben kann. Die Arbeitsteilung, die festgelegten Arbeitsprozesse, die feste Arbeitszeit, die zu erbringenden Arbeitserträge, all das sind unvermeidliche Elemente eines kapitalistischen Unternehmens. Es mussten also Kompensationen *jenseits der Arbeit* gefunden werden, materielle Entschädigung für den Arbeiter, der diese Arbeit, eine Fron, »die zu *lieben* unmöglich ist«, dennoch leistete. Vor allem aber musste sich dieser darauf einstellen, die Arbeit als Mittel zu betrachten, das dazu dient, diese Kompensationen zu erwerben. Doch das setzt voraus, dass der Arbeiter spontan lieber mehr verdient als weniger zu arbeiten, was keineswegs »natürlich« ist, wie der immer wieder aufkommende Widerstand zeigt. Daher wird eine Erziehungs- und Sozialisationsanstrengung notwendig, damit die Arbeiter Güter und Dienstleistungen, die einzig durch ein Lohneinkommen zu erwerben sind, allem anderen vorziehen, auch angenehmen Arbeitsbedingungen. So machte man aus den Arbeiter-Produzenten Arbeiter-Konsumenten. Die Werbung spielte dabei eine entscheidende Rolle. Mit dem sprunghaften Anstieg ihrer Präsenz in den 1950er Jahren war sie wegweisend für eine grundlegende Veränderung des Begriffs »Bedürfnis«. Heute empfindet die Konsumgesellschaft die derart begehrten Güter nicht mehr als Belohnung für die Arbeit, sondern als Ziel an sich. Die Bezahlung ist zum wesentlichen Sinn und Zweck der Tätigkeit geworden, und das Geld ersetzt alle anderen Werte. Vor allem aber ist »das derart durch die Welt des Konsums sozialisierte Individuum also kein sozial integriertes Individuum mehr – im Gegenteil: es wird dazu angeregt, nur insofern ›es selbst zu sein‹, als es sich von den anderen unterscheidet.«[96] Der Konsum legt es somit nahe, sich ständig ins Private zurückzuziehen, was den Zerfall der solidarischen Netze zur Folge hat.

Can Masdeu stellt von alledem das Gegenteil dar: Die Arbeit ist eine selbst gewählte, man verschafft sich die Mittel, weniger für das nur persönliche Vergnügen, sondern um das zu verwirklichen, was man für das Wohlergehen der Gemeinschaft, in der man lebt, für notwendig hält. Die Arbeit ist nicht mehr eine zwischengeschaltete Etappe, bei der man Dinge tut, um etwas anderes zu ermöglichen, sondern sie stellt eine Aktivität zur direkten Bedürfnisbefriedigung dar. Das heißt keineswegs, dass wenig gearbeitet wird, im Gegenteil, in Can Masdeu liegt niemand auf der faulen Haut. Nur hat dort die Arbeit an sich einen Sinn wie auch ihre »Entlohnung«, nicht in Form klingender Münze, sondern in der Wertschätzung oder der Anwendung dessen, was durch sie geschaffen oder angeboten wird. Schließlich, wie Gorz es so treffend formuliert, »bedeutet Arbeitslosigkeit weder gesellschaftliche Untätigkeit, noch gesellschaftliche Nutzlosigkeit, sondern lediglich Nutzlosigkeit bezüglich der *direkten* Verwertung für das Kapital«.[97]

Und auch die Idee des Überflusses erhält hier eine andere Dimension. Dank der Vergesellschaftung der Gärten und des Hauses benötigen die Bewohner zum Leben nur sehr wenig eigenes Geld. Jede und jeder braucht monatlich nur 25 Euro aufzubringen, damit die Grundversorgung an Lebensmitteln und ein paar anderen Dingen sichergestellt ist, die nicht vor Ort produziert werden können (Mehl, Reis, Zucker, manche Reinigungsmittel). Wenn Bauarbeiten anstehen, organisiert man eine Soli-Party, und was der Getränke-Verkauf einbringt, wird für den Einkauf von Baumaterial genutzt.

»Monetär sind wir hier alle arm«, erklärt uns Pedro, einer der genialen Fahrradmechaniker des Hauses, »aber wenn man sich mal klarmacht, was wir hier alles zur Verfügung haben – ein riesiges Haus mit einem unglaublichen Blick über die Landschaft, alle möglichen Werkzeuge, um alles, was man sich nur vorstellen kann, herzustellen, die Gelegenheit, im Grunde täglich was Neues zu lernen – also, dann sind wir hier eigentlich sehr reich.«

Andererseits bedeutet in diesem besetzten Haus Kollektivierung keineswegs die Negierung des Individuums. Das Kollektiv sorgt bewusst dafür, das schwierige Gleichgewicht zwischen der Respektierung individueller Bedürfnisse und denen des Kollektivs zu gewährleisten. Wenn das Haus zu großen Teilen allen zur Verfügung steht, hat doch jedes Mitglied des Kollektivs sein eigenes Zimmer, seinen Raum für sich. Was die Zeiteinteilung angeht, trägt jeder wöchentlich zwei Tage Arbeit für das gemeinsame Projekt bei (ein Tag davon Gartenarbeit) und verpflichtet sich, einmal für alle zu kochen. Einmal im Monat muss sich jeder außerdem am Hausputz sowie an der Essenszubereitung für das an einem Tag in der Woche geöffnete Sozialzentrum beteiligen. Die übrige Zeit kann jeder tun, was er oder sie möchte: Manche haben Teilzeitjobs (Jony und Alvaro sind Redakteure bei einer konsumkritischen Zeitschrift, Fraggle ist Musikerin, Anoa Schauspielerin), andere engagieren sich in lokalen Kämpfen (vor allem in der Hausbesetzerszene) und wieder andere helfen den Eltern von Martí, dem Baby im Haus.

Guilhem lässt sich zwischen Forken und Harken nieder, einen großen Sack Saatgut zwischen den Knien. Er ist einer der Hauptgärtner des Projekts und leidenschaftlicher Anhänger der Agroökologie, eine Idee und Praxis, die in Can Masdeu gepflegt wird und die er uns gerne erläutern möchte, während er weiter die Samen sortiert.

»Die Agroökologie unterscheidet sich nicht sehr von der Permakultur, insofern sie die Landwirtschaft ganzheitlich betrachtet und somit Naturwissenschaften und Gesellschaftswissenschaften mit einbezieht. Vor allem ist es ein Verfahren, bei dem an traditionelles Wissen angeknüpft und dieses mit modernen naturwissenschaftlichen Einsichten ergänzt wird.

Zentrales Anliegen der Agroökologie ist das Denken – und eine entsprechende Praxis – in Kategorien ganzer Ökosysteme, was häufig den Rahmen einzelner Höfe übersteigt. In diesem Sinne geht es also um eine Art ländlicher Entwicklung.« Während er dies ausführt, bringt er mit offensichtlichem Vergnügen die Samen zwischen seinen bloßen Händen zum Knistern. »Das Ganze hat aber auch eine ausgesprochen politische Komponente, denn die Rechte der Beteiligten, das heißt die der Bevölkerung vor Ort, sind zentrales Anliegen: ihr Recht, selber ihr Ökosystem zu verwalten, ihre Agrar- und Nahrungsmittelpolitik zu bestimmen. Das geht natürlich nicht ohne Spannungen ab, denn in diesem Zusammenhang spielen die grundsätzlichen Interessenkonflikte zwischen den Multinationalen, die sich der natürlichen Ressourcen bemächtigen wollen, um Profit daraus zu schlagen, und den lokalen Bevölkerungen, die ihre Ressourcen selber verwalten wollen, eine Rolle. Die Agroökologie ist also zugleich auch eine bäuerliche soziale Bewegung, die sich mit diesen Themen unter dem Gesichtspunkt des Kampfes und Widerstands auseinandersetzt.«

In Spanien hat die Bauerngewerkschaft SOC, die auch den Kampf der Landarbeiter von Marinaleda unterstützt hat, dafür gesorgt, dass die Agroökologie als Entwicklungsoption bekannt und praktiziert wird, besonders seit immer mehr Menschen begreifen, dass die Biolandwirtschaft sich allmählich zu einer Branche wie jede andere entwickelt und sich dieselben multinationalen Unternehmen, die der Menschheit gentechnisch verändertes Saatgut und chemische Pestizide mit den übelsten Folgen oktroyieren, auch diesen Bereich einverleiben.

»Die Agroökologie eröffnet die Möglichkeit, eine kritische Debatte darüber zu beginnen, ob und wie in der Landwirtschaft ein grundlegendes gesellschaftliches Veränderungspotenzial liegen könnte«, so Guilhem. Das ist auch einer der Gründe, warum Can Masdeu sich für die Entwicklung des katalanischen Agroökologie-Netzes stark gemacht hat, das sich seit 2002 wichtigen Bereichen wie dem der Bekämfung der GVO (gentechnisch veränderten Organismen) oder des Verlusts der Biodiversität widmet und darüber hinaus verschiedene Produzenten, Konsumenten und Aktivisten miteinander vernetzt.

»Einerseits waren wir der Motor für die Vernetzung, andererseits hat sich diese dann auch für unsere eigene Entwicklung als sehr nützlich erwiesen. Unter anderem konnten wir dadurch Beziehungen gegenseitiger Hilfe etablieren. So haben wir gestern zum Beispiel bei einem Produzenten 800 Kilo Äpfel für uns geerntet. Das ist für alle Beteiligten nützlich: Er konnte auf diese Weise die Erntesaison schneller zum Abschluss bringen (es hätte sich nicht gelohnt, für die letzten Bäume Erntehelfer einzustellen); wir haben so für den ganzen Winter Äpfel, ohne dafür zahlen zu müssen. Oder vergangene Woche beispielsweise sind wir zu einer Freundin gegangen, die einen Olivenhain hat und alleine ist. Wir haben also für sie die Ernte gemacht, und sie hat uns dafür die Hälfte abgegeben; die Oliven werden wir mit einer traditionellen Ölpresse verarbeiten und Öl gewinnen. Das Ergebnis wird ein ausgezeichnetes Bioolivenöl sein. So was ist mit Geld gar nicht aufzuwiegen«, schließt er mit einem zufriedenen Lächeln.

Einer der Aspekte, die Guilhem an seiner Arbeit faszinieren, ist es, die Rolle auszuloten, die Can Masdeu am Übergang zwischen den städtischen und den ländlichen sozialen Bewegungen spielt: Bewusst wird die besondere Lage des Projekts genutzt, das auf dem Land, aber sehr nah bei der Stadt liegt. So ist es geeignet, zwei Welten in Beziehung zu setzen, die häufig sehr weit voneinander entfernt sind. Vielfältiges Info-Material über verschiedene andere Gemeinschaften im Land liegt im Haus für Besucher aus. »Für mich ist das eine wichtige politische Arbeit«, meint er. »Wir sprechen von einer ›agroökologischen Revolution‹, weil wir es tatsächlich so empfinden: Wir verändern das eigene Leben, das ist zunächst das Wichtigste. Aber das tun wir nicht als Einzelne, die auf dem Land, außerhalb des Systems leben. Im Gegenteil, wir sind miteinander verbunden und können Leuten in der Stadt vorleben, dass es Alternativen gibt.«

Es ist erst acht Uhr, eine leichte Morgenbrise weht durchs Fenster des Freunde-Zimmers, in dem wir hier wohnen und jede Nacht eine nicht zu gewinnende Schlacht gegen die Mücken führen. Das Haus erwacht allmählich, der Tanzboden des benachbarten Saals knackt unter Jonis Schritten, die auch heute, wie so oft, für die Frühaufsteher einen Yogakurs gibt. Wir ergreifen die Gelegenheit beim Schopf und sind wenige Minuten später bei unserer freundlichen Lehrerin. Nach einer Stunde Dehnen und Strecken zum Gezwitscher der Vögel frühstücken wir, fühlen uns leicht und erfrischt.

Yoga, Tanz, Meditation gehören zum Alltag in Can Masdeu. Die persönliche Entwicklung und die Spiritualität werden nicht als narzisstischer Luxus betrachtet, sondern als wichtiger Beitrag zum individuellen und kollektiven Gleichgewicht. Je besser man sich selber kennt, je ausgeglichener man ist und versteht, wie man selber funktioniert, desto leichter macht man es dem Zusammenleben, weil man eher Entscheidungen trifft, die durch eigene, klar geäußerte Ideen und Wünsche motiviert sind. Das ist im Grunde ein sehr einfach zu verstehender Zusammenhang; trotzdem liegt er nicht auf der Hand. Unsere Gesellschaft beruht auf vielfältigen Fragmentierungen: Der Körper wird als weitgehend unabhängig vom Geist wahrgenommen, die Spiritualität getrennt von der Wissenschaft, die Natur von der Kultur, die Kunst gilt als vollkommen entrückt und abgelöst vom Alltäglichen, die Arbeit ist nicht mit der Freizeit zu verwechseln.

Diese Trennung und Zerstückelung und den damit verbundenen Mangel an zuverlässigen und selbstverständlichen sozialen Beziehungen beklagen Medien und Politiker, Sozialarbeiter und Nachbarn.

In Can Masdeu versucht die Gruppe, sich mit den Mitteln für ein ausgeglichenes kollektives Leben selbst zu versorgen. Dabei geht es darum, das kreative Potenzial jedes Einzelnen herauszufinden, um die Versöhnung von Körper und Geist sicherzustellen. Es geht darum, die Zeit und die

Intimität der Mitglieder zu respektieren und dabei zugleich ein echtes Engagement für die Belange der Gruppe zu gewährleisten.

So sind die Wände des geräumigen Büros mit den drei gebrauchten Computern des Hauses mit farbigen Plakaten bedeckt, von denen viele an die Grundregeln erinnern, die das Kollektiv sich gegeben hat: feste Essenszeiten, die Termine für gemeinschaftlich zu erledigende Arbeiten, Kleinigkeiten, an die sich jeder halten sollte, wie etwa, möglichst den Schlüssel zu benutzen und nicht zu läuten, um ins Haus zu kommen, oder die sommerliche Siesta-Zeit zu respektieren. Es gibt auch Regeln dafür, wie mit den zahlreichen Besuchern umzugehen ist, zum Beispiel, an welchen Tagen sie möglichst wegbleiben sollten, damit die Hausgemeinschaft auch regelmäßig »unter sich« sein kann.

Diese Regeln sind an einer Stelle schön zusammengefasst: »Unser Wohlergehen und unsere Beziehungen zueinander hängen von unserer Fähigkeit zu kommunizieren und zusammenzuhalten ab, von unserem gegenseitigen Verständnis und Vertrauen, von unserer Empathie, unserem persönlichen Verantwortungsgefühl, von unserer Kompromissfähigkeit und unserem Engagement. Schließlich auch (und vor allem) davon, dass wir an allem, was wir tun, Freude haben. Diese Worte mögen aufgeblasen klingen, und das sind sie auch; leer vielleicht, und auch das sind sie … Denn sie sind nur Tinte auf Papier und als solche besagen sie rein gar nichts. Es ist an uns, sie mit Sinn und Gefühlen zu füllen, hier und jetzt und in der Praxis.«

Die Gruppendynamik, die Beziehungen zwischen den Beteiligten, ist durchaus nicht immer idyllisch gewesen. »Wir sind im Verlauf der sechs Jahre, in denen das Kollektiv besteht, durch ganz schön schwierige Phasen gegangen«, erzählt uns Arnau. »Ich glaube, wir haben alle gelegentlich mal daran gedacht, alles hinzuschmeißen. Und nicht wenige haben das auch tatsächlich getan.«

»Das Leben in einer Gemeinschaft ist eine Art beschleunigte Uni des Lebens«, wirft Mariana ein; sie kommt aus Portugal und ist vor etwa vier Jahren dazugekommen. »Wenn du in einer Kommune lebst, bist du gezwungen, deine eigenen Probleme, deine Hirngespinste, deine Zweifel anzugehen, weil dir sehr bald 25 Spiegel vorgehalten werden. Alle kennen deine kleinen Macken, wissen, wie du funktionierst, wenn du gut drauf bist und wenn du's nicht bist. Es gibt kaum Ausweichmöglichkeiten. Oft ist es eine Hilfe, mit Freunden zusammenzuleben, aber es kann auch eine ziemliche Last sein. Ganz bestimmt musst du dafür stark sein.«

Um ein besseres Zusammenleben zu erlernen, hat sich die Gruppe darum gekümmert, Techniken wie »Va Para Nosotr@s«[98] zu entwickeln, eine Art Auszeit von ein paar Tagen, in der sich alle 25 Bewohnerinnen und Bewohner auf das Wohlergehen der Gruppe und auf ihre innere Dynamik konzentrieren. »Das versuchen wir einmal pro Jahr zu machen. Wir kochen dann besonders gut, organisieren Spiele und Diskussionen. Wir versuchen, Formen der Kommunikation zu finden, die anders als die gewohnten sind, um wirklich miteinander zu reden und wieder gerne zusammen zu sein. Zuletzt haben wir eine solche Auszeit vor ein paar Wochen gehabt und dabei eine ganze Menge Spannungen abbauen können. Seither läuft es in der Gruppe wirklich sehr gut«, so Marianas Eindruck.

Zu den schlimmsten Spannungen kam es, als das Projekt zwei oder drei Jahre alt war. »Can Masdeu war damals in Barcelona das A-Team in Sachen Aktivismus. Die Leute vom Projekt haben überall mitgemischt, auf allen Ebenen. Nicht eine Demo, nicht ein besetztes Haus, das verteidigt werden musste, nicht eine Aktion, bei der sie nicht beteiligt gewesen wären. Das wurde dann irgendwann einfach zu viel für die Gruppe«, erzählt Bea, eine Freundin, die das Projekt schon lange unterstützt.

Als zwei Mitglieder, Martin und Gesine, beide begeisterte Kletterer, dann im Juni 2003 bei einer politischen Aktion fast ums Leben gekommen wären, stellte das die Gruppe vor besondere Herausforderungen. Bei den Demonstrationen gegen den G8-Gipfel in Evian versuchten Martin und Gesine, eine Brücke in Aubonne in der Schweiz zu blockieren, indem sie sich am selben Seil beidseitig an der Brücke herabließen, Gesine am einen, Martin am anderen Ende. Auf diese Weise wollten sie die Anreise der Delegierten über die Brücke verhindern. Vor Wut über diese Blockade durchschnitt ein Schweizer Polizist das Seil ohne jede Vorwarnung, sodass Martin 23 Meter in die Tiefe stürzte und dort in einem fast gänzlich ausgetrockneten Flussbett aufschlug, während es Freunden von Gesine gerade noch gelang, ihr Seil festzuhalten, als sie 15 Meter über dem Boden hing und entsetzt ihren Freund, den sie für tot halten musste, dort unten liegen sah.[99]

Wie durch ein Wunder überlebte Martin, doch er zahlte einen hohen Preis: Becken und Fußknöchel waren mehrfach gebrochen, ein Fuß zertrümmert und zwei Lendenwirbel zerstört. Er war monatelang ans Bett gefesselt, während Gesine mit einem schweren posttraumatischen Stress-Syndrom zu kämpfen hatte. In Can Masdeu musste man sich auf einen Schwerverletzten und eine traumatisierte Freundin einstellen. »Als er wieder nach Hause kam, war er noch lange nicht wieder auf den Beinen. Es wurde alles Mögliche vorbereitet, damit er hier gut unterkommen konnte«, erzählt Trinidad, eine langjährige Freundin des Projekts, die zusammen mit anderen Frauen eine der wenigen Gartenparzellen übernommen hat, die nach außerhalb vergeben wurden. »Sie haben das Haus umgeräumt, ein geeignetes Bett besorgt, für die Pflege gesorgt. Sie haben sich in kleine Gruppen aufgeteilt, und die Frauen vom Garten haben ihm täglich frisches Obst und Gemüse gebracht. Es hat wunderbar funktioniert, sehr solidarisch. Damals hat sich das wahre Gesicht dieses Hauses gezeigt.«

Wir sitzen zusammen mit Eva und Mariana auf der Terrasse in der Sonne. Eva ist schlank und grazil, hat lockiges Haar und so feine Züge, dass sie einer klassischen Madonnen-Darstellung ähnelt. Mariana, klein und drahtig, mit gebräuntem Teint und schwarzen Augen, hat den typischen Haarschnitt einer Aktivistin in Barcelona: oben auf dem Kopf ganz kurz, und weiter unten langes pechschwarzes Haar, das bis zur Mitte des Rückens reicht.

Eva wohnt seit fast fünf Jahren in Can Masdeu, Mariana etwas kürzer. Sie spricht perfekt Englisch und bietet an zu dolmetschen. Ich möchte mit ihnen darüber sprechen, was es bedeutet, dass sie Frauen in Can Masdeu sind. Die Männer sind hier eindeutig in der Mehrheit (15 Männer gegenüber 10 Frauen, wobei es hier eine ständige Fluktuation der Bewohnerinnen und Bewohner gibt). Ich habe schon mehrfach Bemerkungen über die »Männlichkeit« des Ortes gehört. Was die beiden lebhaften jungen Frauen zu sagen haben, interessiert mich umso mehr, als ich selber in aktivistischen Milieus, zu denen sich auch Can Masdeu zählt, nicht unbedingt positive Erfahrungen gemacht habe: Zwar ist man sich hier theoretisch der feministischen Fragestellungen bewusst, doch die Praxis bleibt häufig männerdominiert.

»Die Energie in Can Masdeu ist ganz eindeutig maskulin«, erklärt Eva, »hier gab's immer mehr Männer als Frauen. Es passiert zum Beispiel nicht selten, dass du zu einer Versammlung gehst, und du bist die einzige Frau unter sechs oder sieben Typen. Ich habe mich daran gewöhnt, aber ich möchte nicht, dass es einfach dabei bleibt. Manche von uns versuchen, hier ein bisschen mehr weibliche Energie reinzubringen. Zum Beispiel ist hier alles sehr auf Produktivität, sehr utilitaristisch ausgerichtet, und ich finde, das muss man auch anerkennen. Diese Energie hat sich als sehr nützlich erwiesen, was du daran ablesen kannst, wie viel hier in kürzester Zeit aufgebaut wurde. Aber auch der Einfluss der Frauen ist wichtig gewesen, auch wenn er sich in weniger sichtbaren Dingen niedergeschlagen hat. Dabei denke ich zum Beispiel an die Art, wie wir hier kommunizieren. In Can Masdeu versuchen wir wirklich alle, für eine Arbeitsteilung zu sorgen, bei der die Männer traditionell »weibliche« Tätigkeiten verrichten und umgekehrt. Was aber sehr männlich bleibt, hier wie in der Gesellschaft draußen, das ist der Rhythmus. Niemand kümmert sich hier etwa um die Mondzyklen; der Arbeitsrhythmus wird einfach festgelegt und ergibt sich kein bisschen organisch.«

Beide stellen aber zugleich fest, dass sich nach und nach die Verhältnisse in Can Masdeu entwickeln, vor allem, weil gleichzeitig mehrere Babys geboren wurden, nachdem vor rund zwei Jahren drei junge Frauen der Gruppe schwanger waren, eine von ihnen Eva. »In einem Projekt wie diesem bewirkt eine Schwangerschaft tiefgreifende Veränderungen. Nicht nur bei dir selber aufgrund der hormonellen Umstellung, sondern auch, weil sich die Art, wie du dich in die Gruppe einbringst, verändert: Du kannst nicht mehr mit dem hektischen Rhythmus der anderen mithalten. Und wenn dann erst die Kinder da sind, bringt das weitere Änderungen im Leben der Gruppe mit sich. Das ist alles nicht ganz einfach. Ich habe schließlich nicht um Erlaubnis gebeten, man hat das nie auf einer Versammlung besprochen, und trotzdem ist es etwas, was die ganze Gruppe betrifft. Wenn ein Kind kommt, dann mobilisiert das alle möglichen Ängste: starke Gefühle bezüglich der eigenen Vergangenheit, der Gegenwart und der Zukunft bekommen hoch. Manche von uns waren eigentlich nicht bereit, sich darauf einzulassen. Es gab auch einige, die es aus politischen Gründen ablehnen, Kinder zu bekommen, und die mussten nun mit welchen im eigenen Haus leben. Während der Schwangerschaft habe ich von manchen eine starke Ablehnung gespürt. Aber seit mein Sohn geboren ist, hat sich das geändert. Es geht nicht mehr um etwas Abstraktes, sondern um einen Menschen. Damit ändert sich alles.«

Sie meint, dass diese Spannungen größtenteils hätten vermieden werden können, wenn es in Can Masdeu eine starke Gruppe Frauen gegeben hätte, die in der Lage gewesen wären, ihre ganz persönlichen Erfahrungen miteinander zu teilen.

»Deshalb haben wir vor drei Jahren einen Frauenkreis gegründet, Mariana und ich zusammen mit Esther, die inzwischen nicht mehr hier lebt. Die anderen jungen Frauen – alle keine werdenden Mütter – waren nicht wirklich begeistert. Es kam ihnen zu hippiemäßig vor. Aber tatsächlich ist es wichtig, dass wir unsere Erfahrungen als Frauen, zum Beispiel mit Schwangerschaft und Geburt, miteinander teilen. Es sind sehr schöne Lebensabschnitte, aber auch nicht ganz einfache.« Mariana nickt zustimmend und fügt hinzu: »Es gibt hier eine ziemlich starke Tendenz, sich mit einer Form von Feminismus ›alter Schule‹ zufrieden zu geben, bei der es vor allem um rein politische Fragestellungen geht wie Arbeitsteilung oder Machtbeziehungen. Hat man sich darüber erst mal verständigt, kann man sich anderen Dingen zuwenden. Es fehlt teilweise das Bewusstsein über die viel subtileren Dimensionen der Gender-Problematik: Sexualität, die Art, mit Gefühlen umzugehen, etc. Wenn man sich allzu sehr auf die politischen Aspekte fokussiert, entgehen einem leicht die tieferen Ebenen der Gruppendynamik. Aber viele von den Mädels hier sind stärker ›yang‹[100] als die Typen selber! Manche haben uns sogar vorgeworfen, wir würden die Männer ›marginalisieren‹, wenn wir eine Frauen-Gruppe ins Leben rufen. Ich finde das absolut lächerlich. Zum einen ist das ja überhaupt nicht die Absicht. Und man sollte vielleicht auch mal an die Tausende von Jahren patriarchaler Unterdrückung denken, oder?«

Heute ist Sonntag, und das Sozialzentrum von Can Masdeu öffnet seine Pforten! Das bedeutet, dass eines der größten Zimmer des Hauses in einen Raum für gemeinsame kulturelle und politische Aktivitäten umgewandelt wird. Während der Sommermonate war der Treffpunkt geschlossen, und den gestrigen Tag haben wir damit verbracht, das Zimmer umzuräumen. Wir haben Sofas und niedrige Tische so arrangiert, dass sie dazu einladen, sich auszutauschen. Außerdem haben wir eine ganze Reihe Broschüren und Flugblätter über verschiedene lokale und regionale politische Kämpfe und Kampagnen ausgelegt. Wir mussten uns immer wieder beherrschen, um den Verlockungen der überbordenden und dabei wohlgeordneten Regale zu widerstehen, die uns hier mit Büchern über Kapitalismus, Anarchsimus, Ökologie, Feminismus und Agroökologie zum Schmökern einluden.

Ich habe mich lange damit beschäftigt, die Klamotten für den »Gratisladen« zu sortieren und zusammenzulegen bzw. aufzuhängen. In diesem Kämmerchen neben der Bibliothek gibt es nichts zu kaufen. Alles, was hier angeboten wird, ist geschenkt oder irgendwo gefunden worden, und man kann nehmen, was einem gefällt. Wenn man zum ersten Mal vor diesem Angebot steht, wird einem klar, wie sehr man durch das Konsumsystem geprägt ist. Du fängst an zu überlegen, was irgendeine Sache wert ist, ob du die Gelegenheit nutzen solltest, sie mitzunehmen, obwohl du sie vielleicht gar nicht brauchst. Zugleich fühlst du dich gehemmt und verunsichert, weil du nicht zur Kasse gebeten wirst. Die Frage nach deinen Bedürfnissen stellt sich neu, ebenso die nach der kollektiven Verantwortung.

Bis zum nächsten Sommer wird das Sozialzentrum jeden Sonntag geöffnet sein und ein Programm mit Workshops und Diskussionen anbieten, das vom diaphonen mongolischen Gesang bis zum Klimawandel die unterschiedlichsten Themen behandelt, immer um ein Essen herum, für dessen Zubereitung die Bewohner von Can Masdeu abwechselnd verantwortlich sind. Abgesehen von einem Bio-Gericht, das 3,50 Euro kostet, und den hausgemachten Kuchen für 1 Euro ist hier alles kostenlos. »Was man hier lernen kann, hat keinen Preis«, so drückt es Mariana aus.

Im Verlauf des Sonntags kommen über hundert Menschen vorbei, dreißig von ihnen zum ersten Mal. Ihnen wird ein Rundgang durchs Haus mit Erläuterungen angeboten. Diesmal ist Brian der Führer, der auf Englisch und Spanisch Erklärungen abgibt. Das besetzte Haus ist so berühmt, dass sich hier an Sonntagen neben Aktivistinnen und Aktivisten aus der ganzen Welt auch Touristen in Bermudas und Sandalen sowie Damen in Pelzmänteln einfinden. »Vollkommen überraschend und ungemein anrührend war es, als ein paar Nonnen, die vor über fünfzig Jahren im Leprosorium gearbeitet haben, an der Besichtigung teilnahmen. Sie waren sehr angetan von unserer Arbeit, freuten sich zu sehen, wie die Gärten gedeihen und das Tal wieder lebendig ist«, erzählt uns Brian später beim Mittagessen, das wir im frisch renovierten Patio einnehmen – dem Ergebnis eines ganzen Tages kollektiver Arbeit.

Dank des Sozialzentrums und der kommunitären Gärten ist Can Masdeu vor Ort fest verankert. Darin unterscheidet es sich von vielen besetzten Häusern, die Widerstandsnester ohne viel Verbindung zu ihrer direkten Umgebung geblieben sind. Der Wille, sich zum Ort zu öffnen, wie es der widerständigen Kultur der Region entspricht, hat Can Masdeu zu einem lokalen Akteur gemacht, der von einigen Nachbarn mit Klauen und Zähnen verteidigt wird. Trinidad ist eine solche Nachbarin, die sich begeistert für das Projekt einsetzt. Während sie ein Tomatenbeet jätet, erzählt sie uns, warum: »Ich liebe Can Masdeu. Ich mag die Gastfreundschaft, das Teilen, die Gartenarbeit … Und wenn ich von Can Masdeu spreche, meine ich nicht nur das Projekt, sondern auch die Ideen, die dahinterstehen. Ich unterstütze Besetzungen und finde es wichtig, Konsum und Kapitalismus in Frage zu stellen. Die Leute kommen aus den unterschiedlichsten Milieus, manche sind alt, andere jung. Mit den Bewohnern des Hauses zusammen lernen wir, etwas zu verändern … vielleicht nicht gleich die Welt, aber alltägliche Kleinigkeiten: Wir fangen an, das zu essen, was wir selber anbauen und ernten, wir kümmern uns mehr um die Abfallverwertung. Selbst wenn Can Masdeu einmal nicht mehr da sein sollte, hätten wir ganz viel gelernt und das weitergetragen.« Dann schildert sie, wie diese Erfahrung ihr Leben verändert hat: »Wenn du zum ersten Mal eine Tomate isst, die du selber angebaut hast – das ist was ganz Besonderes. Und das habe ich denen vom Projekt zu verdanken«, sagt sie und weist mit dem Daumen nach oben, zum Haus. Für sie war ein entscheidender Moment, bei dem sich die Synergie zwischen den Hausbesetzern und der Nachbarschaft als tragfähig erwies, die angedrohte Räumung des Hauses rund sechs Monate, nachdem die Ersten angekommen waren, die es wieder bewohnbar machten. Als der Räumungsbescheid kam, traf bald auch die Polizei ein, um die Hausbesetzer rauszuwerfen – und sah sich einer Situation gegenüber, die sie verblüffte: Die Bewohner, die bei den englischen Anti-Straßen-Protesten und ähnlichen Gelegenheiten gewisse Techniken gelernt hatten, leisteten gewaltlos, aber entschlossen Widerstand gegen die Räumung. Sie hatten Dreifüße auf dem Dach konstruiert, auf die sie sich hochgehievt hatten, sodass die Polizei nicht an sie herankommen konnte, ohne sie lebensbedrohlich zu gefährden. Aus den Fenstern hinaus ragten lange Holzplanken, die wacklige »Balkone« ohne Geländer bildeten, und an den Mauern hingen Wannen, in denen manche Aktivistinnen und Aktivisten Tag und Nacht verharrten. Da es in der Hausbesetzer-Szene Barcelonas üblich ist, die Polizei mit Steinen und Molotow-Cocktails zu empfangen, machte diese ganz andere Form des Widerstands Eindruck. Die Medien stürzten sich auf die Geschichte, Aktivistinnen und Aktivisten aus der Gegend kampierten auf den Terrassen weiter unten und blockierten, um ihre Solidarität zu demonstrieren, eine Autobahn. Die Nachbarn protestierten gegen die Anordnung der Polizei, den Hausbesetzern keine Lebensmittel bringen zu lassen, und warfen diesen über die Köpfe der Sicherheitskräfte hinweg Wasserflaschen zu. Die mittelalterlich anmutende Belagerung dauerte drei Tage und endete mit einem aufsehenerregenden Sieg: Die Polizeitransporter mussten unverrichteter Dinge abziehen, ohne die Bewohner am Verlassen ihrer luftigen Positionen und der Wiederinbesitznahme der Räumlichkeiten hindern zu können. »Von da an haben wir uns gesagt: Can Masdeu gehört uns allen!«, begeistert sich Trinidad.

Der Kampf um die Aufrechterhaltung der Besetzung dauert auf der juristischen Ebene mit seinen zufälligen Wendungen, seinen Rückschlägen und kleinen Triumphen immer noch an. Der Legende nach beschloss der Richter, der mit der Sache befasst war, sich persönlich vor Ort ein Bild zu machen. Er platzte in ein Frauentreffen und war von seinen Gastgeberinnen derart bezaubert, dass er beschloss, kein Urteil zu fällen und die

Angelegenheit fallen zu lassen. Diese Entscheidung war ein Zeitgewinn.

Arnau ist in Bezug auf die Zukunft relativ zuversichtlich. »Wir sind die Einzigen, die in diesem Tal irgendwas auf die Beine stellen. Die anderen, also die Verwaltung und die Eigentümer, haben fünfzig Jahre lang nichts gemacht. Die Selbstverwaltung hat hier viel mehr Legitimität als die Bürokratie. Wir wollen kein Geld, verlangen keine Entlohnung. Alle anderen wollen das, wir nicht! Wir wollen nur respektiert werden. Die Legitimität bemisst sich zum Teil daran, was die Leute um uns herum denken, und sie unterstützen uns alle. Selbst wenn man kapitalistische Maßstäbe anlegt und die Statistik zugrunde legt – was das hier kostet, wie viele Besucher wir haben, wie viele soziale und kulturelle Aktivitäten, wie viele Projekte, die für die Bewohner der Stadt oder des Viertels eine soziale Bedeutung haben – dann sind wir es, deren Aktivitäten legitim sind.«

So wie die Dinge stehen, ist nichts wirklich gewonnen … aber das Leben in Can Masdeu lässt sich ganz so an, als würde es immer weitergehen. Die Bewohner pflanzen auf den Terrassen immer mehr an. Sie arbeiten weiter an der Reparatur der Zisternen und an der ökologischen Anpassung des Hauses. Weiter verteidigen sie das Tal gegen den Zugriff der Immobilienhaie und diskutieren darüber, welche Strategien im Falle einer erneuten Räumung die wirksamsten wären. »Das ist gerade das Schöne am Leben im Squat«, bemerkt Arnau philosophisch. »Du richtest dich ein, als wär's fürs ganze Leben, du kämpfst dafür zu bleiben, aber zugleich weißt du auch, dass es von einem Tag zum anderen zuende sein kann. Das ist eine gute Einstimmung auf die Unbeständigkeit der Dinge.«

Unser Aufenthalt in Can Masdeu nähert sich dem Ende, und ich muss zugeben, dass es mir schwerfällt, diesen ungewöhnlichen Ort zu verlassen. Die Gemeinschaftsgärten und diejenigen, die sie nutzen, die vielfältigen Projekte der Bewohner des majestätischen Gebäudes, die aus allem sprechende Gastfreundschaft – das alles gefällt mir sehr. Die warme katalanische Herbstsonne lässt einen vergessen, dass das uralte Haus keine Zentralheizung hat, und es ist nicht schwer, sich von einer Gruppe von Leuten begeistern zu lassen, die man nur von ihrer besten Seite kennengelernt hat, allein schon, weil man ihre Muttersprache nicht beherrscht. Doch auch wenn hier nicht alles ideal sein mag, setze ich mich nur ungern wieder ins Auto.

Kaum haben wir die spanisch-französische Grenze hinter uns gelassen, empfängt uns der Medienrummel um den »Runden Tisch zur Umwelt«. Man kann kein Radio anschalten, keine Zeitung aufschlagen, ohne von einer ganzen Armee von Experten überfallen zu werden, die sich gegenseitig mit ihren Analysen zu dem einen Thema überbieten: dem von der Regierung veranstalteten Hochamt, das ihre angebliche Auseinandersetzung mit der Umweltkatastrope zelebriert. Nichts ärgert mich so sehr wie die Bezeichnung dieses »außergewöhnlichen Zusammenkommens von Regierung und Zivilgesellschaft«: »*Grenelle de l'environement*« nennen sie es, was an das im Mai 1968 durch den Aufstand erzwungene Abkommen von Grenelle (im Arbeitsministerium in der Rue de Grenelle) zwi-schen der Regierung Pompidou, den Gewerkschaften und den Arbeitgebern erinnert. Zwar wird Nicolas Sarkozy nicht müde zu verkünden, dass er »das Erbe des Mai 1968 auslöschen« will, doch das hindert ihn nicht, eines der stärksten Symbole eben dieser Aufstände für seine Zwecke zu vereinnahmen.

Das Spektakel stößt mich umso mehr ab, als ich den dabei propagierten Umweltbegriff für abwegig halte. Das Unsichtbare Komitee beschreibt es treffend: »Die Umwelt ist das, was dem Menschen übrig bleibt, wenn er alles verloren hat. Diejenigen, die ein Viertel, eine Straße, ein Tal, einen Krieg, eine Werkstatt bewohnen, haben keine ›Umwelt‹, sie entwickeln sich in einer *Welt*, die von Gegenwarten und Gefahren, von Freunden und Feinden, von Lebenspunkten und Todespunkten, von allen möglichen Lebewesen bevölkert wird. (…) Nur wir, Kinder der endgültigen Enteignung, Exilanten der letzten Stunde – die in Betonklötzen zur Welt kommen, in Supermärkten Obst pflücken und im Fernsehen auf das Echo der Welt lauern –, bringen es fertig, *eine Umwelt zu haben.*«

Indem man den Begriff der Natur oder der Ökologie durch den der Umwelt ersetzt, stellt man »eine Beziehung zur Welt (her), so als ob es mich gibt und meine Umwelt, die mich umgibt, ohne mich jemals zu konstitutieren«.[101] Doch wir sind nicht von der Natur *umgeben*, wir sind ein Teil von ihr: Wir leben von ihr; was immer wir tun, setzt eine ganze Kette von Interaktionen in Gang, die sie verändern und deren Wirkung wiederum uns verändert. Die natürliche Welt als uns äußerlich wahrzunehmen, führt dazu, dass wir glauben, sie domestizieren können, wobei wir uns nicht bewusst machen, dass wir dabei auch uns selber bekämpfen.

Aber der Name, unter dem der Umweltzirkus aufgezogen wird, ist das geringste Problem. Der von der Regierung veranstaltete Runde Tisch verweist vor allem darauf, dass die Märkte, die seit einiger Zeit aus den Fugen geraten sind, sich nunmehr anschicken, die ökologische Katastrophe zu vereinnahmen, um sich selber wieder ins Spiel zu bringen. Nicht mehr und nicht weniger bedeutet die offizielle Ankündigung eines »grünen Kapitalismus«. Nicolas Stern, ehemaliger Weltbankchef und Autor eines von der britischen Regierung in Auftrag gegebenen Berichts über die Auswirkungen der Klimaveränderungen auf die Wirtschaft, fasst es so zusammen:

»Die Klimaveränderung ist das bislang schwerstwiegende Versagen des Marktes.«[102] Für viele unterstreicht diese Analyse die Notwendigkeit eines anderen Herangehens als das des blinden Vertrauens ausgerechnet auf die Märkte, wenn es darum geht, der größten Bedrohung, mit der sich die Menschheit je konfrontiert sah, zu begegnen. Doch was erkennbar wird, wenn man sich den Runden Tisch näher ansieht, ist genau das Gegenteil: eine Strategie, bei der das System nicht grundsätzlich auf den Prüfstand gestellt, sondern vor allem so angepasst wird, dass man es nicht ersetzen muss.

So verbirgt sich hinter einer Rhetorik um Begriffe wie Biodiversität, Respektierung der Umwelt, ökologische Verantwortung und nachhaltige Entwicklung vor allem das Bestreben, neue Formen zu entwickeln, die noch höhere Profite erzielen können, und zwar mit gutem Gewissen.

Das Wirtschaftsblatt *La Tribune* kündigt in seiner Sondernummer zum Runden Tisch unter der Überschrift »Kurs auf grünes Wachstum« unverblümt an: »Grün ist Gold wert.«

Dabei geht es vor allem darum, die Konsumgewohnheiten, die ausgesprochen energiegefräßig sind, grün einzufärben, um sie beibehalten zu können: ein Elektroauto anschaffen, Energiesparlampen benutzen, Bioprodukte kaufen (die jedoch um der besseren Rentabilität willen gentechnisch manipuliert sind), über Nacht den Fernseher abschalten und das Wasser beim Zähneputzen nicht laufen lassen, einen alternativen Energieanbieter wählen (ohne dabei dem Atomstrom den Rücken zu kehren) – alles ist recht, wenn nur unbeirrt am irrwitzigen Wachstumskurs festgehalten wird, der weiterhin saftige Profite verspricht.

Wenn wir aber den Klimawandel unter Kontrolle bringen und zugleich dafür sorgen wollen, dass alle Bewohnerinnen und Bewohner des Planeten unter menschenwürdigen Bedingungen leben können und eine Situation beendet wird, die drei Milliarden Menschen in absolutem Elend vegetieren lässt[103], ständig am Rande des Hungers, ohne Zugang zu Trinkwasser oder der grundlegendsten medizinischen Versorgung – dann müssen wir einsehen, dass unsere Konsumstandards unhaltbar sind. Man muss sich von der Vorstellung verabschieden, dass man die Grenzen der Natur überschreiten kann, indem man auf technologischem Wege Ersatz schafft und es eines Tages der ganzen Welt ermöglicht, so zu leben wie derzeit der Westen. Eine vollkommen andere Art unserer gesellschaftlichen Organisation ist erforderlich, um den unterschiedlichen Herausforderungen zu begegnen, vor die uns die ökologische Krise stellt.

Solche Gedanken gehen uns durch den Kopf, als wir schließlich in den Cevennen ankommen.

COMISSARIAT

La Vieille Valette

»Sieht nicht so aus, als ob sie uns erwarten würden.« Ich bin etwas verunsichert, nachdem ich eben in La Vieille Valette angerufen habe. Aber das Mädchen am anderen Ende der Leitung klang eigentlich ganz nett und hat mir immerhin den Weg genau beschrieben.

Wir sind in Alès, einer ehemaligen Kohlebergbaustadt, nur wenige Kilometer von unserer nächsten Etappe entfernt: La Vieille Valette, besetzter Weiler, der versteckt am südlichen Rand der Cevennen liegt.

In den letzten Monaten haben wir mit Antoine ein paar Mails ausgetauscht und uns darüber geeinigt, wann unser Besuch stattfinden könnte, aber das scheint sich in der Gemeinschaft nicht herumgesprochen zu haben. Trotzdem fahren wir weiter und kommen schließlich bei Vollmond in dem Dörfchen Rochessadoule an. Wir halten uns genau an die Wegbeschreibung, und als wir auf einem steinigen Pfad landen, beschließen wir, das Auto stehen zu lassen und zu Fuß weiterzugehen. Mit aufgesetzten Stirnlampen stapfen wir los. Jack, Johns Sohn, der Ferien hat, ist inzwischen mit von der Partie.

Der Weg windet sich steil zwischen mächtigen Bäumen bergauf. Über uns leuchten die Sterne. Wir kraxeln weiter. Wenige Minuten später stehen wir vor einem handgemalten Schild, das an einen Baumstamm genagelt ist: *La Vieille Valette. Freie Kommune*. Wir sind also fast angekommen. Noch eine Kurve, und plötzlich löst sich ein schauriger Umriss aus der Dunkelheit und reckt bedrohlich die Arme nach uns … Es ist ein fünf Meter hoher, aus Gasflaschen zusammengesetzter Roboter in Knallrot und Orange. Er steht am Eingang zu einem Platz, auf dem alte Laster, ausgediente Busse und bunt bemalte Bauwagen stehen. Manche sind offenbar bewohnt, hinter manchen Vorhängen ist Licht. Inmitten all der Fahrzeuge schaukelt an einem Kran ein riesiges Tierskelett in der Herbstbrise. Man fühlt sich in die verlassenen Kulissen des letzten *Mad Max* versetzt … Aber vom Dorf ist nach wie vor nichts zu sehen. Wir steigen also weiter bergauf, kommen an einem großen Portal vorbei und begegnen zwei monströsen Wesen, die schwarz sind wie die Nacht und sich auf uns zu bewegen. Das eine schnaubt: Wir haben zwei Ackerpferde vor uns. Sie prusten, unter ihren Hufen knirscht der Kies. Wie zwei übergroße Höllenhunde sind sie dort postiert und fixieren uns, während sie uns den Weg verstellen. Jack ist zu Tode erschrocken und ergreift die Flucht, indem er die Böschung hochstürmt. Wir erstarren. Machen Jack dann klar, dass er zurückkommen soll. Wut und Trotz, dann Tränen und Geschrei, bis wir ihn mit einiger Überredungskunst so weit haben, dass er wieder runterklettert, was in der Dunkelheit keine Kleinigkeit ist. Schließlich schaffen wir es, uns an den Kolossen vorbeizuschlängeln und unseren Weg fortzusetzen. Endlich lässt uns das erleuchtete Fenster eines Hauses wieder hoffen. Plötzlich ist ein weiterer Wächter zu vernehmen, der uns mit Knurren und Kläffen empfängt, wobei er seine spitzen Fangzähne entblößt. Wir sind nur etwa zehn Meter von dem Haus entfernt, haben uns eine halbe Stunde durch die Dunkelheit getastet – wir werden jetzt nicht aufgeben. Also halten wir uns so gut es geht an der Vorstellung fest, dass die Bewohner uns schließlich erwarten und sicher keine bissige Bestie auf uns loslassen. Wir holen tief Luft und nähern uns vorsichtig der Haustür.

Wir betreten einen länglichen Raum mit Gewölbe, in dessen Mitte ein gewaltiger Holztisch steht. Die verschmutzten, ursprünglich weißen Wände sind mit Malereien bedeckt: blaue, feuerspeiende Teufel und merkwürdige Monster, die bizarre Wesen verschlingen. In der Küche nebenan sitzen sechs Leute am Boden um einen holzbeheizten Ofen herum mit Bierdosen in der Hand. Sie schauen uns alle an, und das Misstrauen in ihrem Blick ist nicht zu übersehen. Ihre Hände sind die von Arbeitern: ölverschmiert oder mit Spuren von Erde. Antoine ist nicht da und hat niemandem von unserem Besuch oder unserem Projekt erzählt. Wir fühlen uns ziemlich hilflos, als wir versuchen zu erklären, dass wir hier sind, um ein Buch zu schreiben und einen Film zu drehen, bei dem unter anderem sie die Protagonisten sein werden. Niemand außer Stéphanie rührt sich. Sie wiederum ist sehr freundlich, dabei merkwürdig überdreht in der allgemeinen Stille. Sie lädt uns ein, uns etwas zu Essen zu nehmen, ehe sie selber ihre Arbeit wieder aufnimmt: Sie streicht gerade die Küche orange. Wir stochern im Taboulé und den Crêpes au Chocolat herum, die wir ganz alleine an dem riesigen Tisch verspeisen. Als wir damit fertig sind, verdrücken wir uns möglichst unauffällig mit einem verlegenen »Gute Nacht« und tasten uns wieder zurück zu unserem Wagen. Wir sind voller Zweifel und Bedenken. Ob es uns wohl gelingt, mit diesem neuen Ort warm zu werden?

Bei unseren vielen Gesprächen um die Auswahl der Orte, die wir besuchen würden, war La Vieille Valette immer wieder unter die Kategorie der »vielleicht« zu berücksichtigenden gefallen. Es war uns wichtig, eine Auswahl möglichst unterschiedlicher Projekte zu treffen, und meine Befürchtung war, dass wir allzu sehr die »neoruralen« bevorzugten. Am Ende war es John, der das entscheidende Argument für La Vieille Valette brachte: »Leute, die sich als ›Kunstlandwirte‹ begreifen, können nicht uninteressant sein.« Außerdem wissen wir von Freunden, die das Dorf besser kennen, dass es eine Bastion des Anarcho-Punk ist. Laut der Website sind hier Bildhauerei, Tanz und Theater zu Hause; und es ist der Austragungsort für Konzerte und Festivals. Das alles tief in der Provinz – das wollten wir nicht auslassen.

Und deshalb sind wir zwar am Morgen immer noch nicht wirklich begeistert von der Vorstellung, uns erneut der wenig gastfreundlichen Atmosphäre da oben auszusetzen, doch beinahe trotzig parken wir unseren Wagen mitten unter den anderen Fahrzeugen auf dem Platz, der sich als ehemaliges Abbaugebiet herausstellt und der daher von schwarzem Staub bedeckt ist. Während wir jetzt wieder zu Fuß den Weg hochlaufen, der zu dem Haus führt, erkennen wir die Szenerie unserer nächtlichen Ängste kaum wieder. Die Sonne taucht die von mächtigen Eichen bewachsenen Hügelketten in alle nur denkbaren Schattierungen von Grün und Orange, die die Natur zu bieten hat. An den höher gelegenen Partien des Tals ziehen sich alte Terrassen aus grauem Stein entlang, und noch weiter oben zeichnen sich die Umrisse eines Dorfes mit ungefähr fünfzehn beigefarbenen Häusern ab. Türmchen und grimassierende Wasserspeier, ein Bogen aus Drachen stellen die besondere Ausstattung des Dorfes dar, und steinerne Göttinnen halten ein Frontispiz mit der unvermeidlichen Aufschrift: »Weder Gott noch Herr«.

Beim großen Haus angekommen, erfahren wir, dass zwei Drittel der Bewohnerinnen und Bewohner von La Vieille Valette für gut zwei Wochen mit dem Pizza-Bus des Kollektivs weggefahren sind, um das zwanzigjährige Bestehen einer Hausbesetzung in Rennes zu feiern und bei der Gelegenheit Pizzen gegen Spende zu »verkaufen«. Sie hoffen, so ein paar Hundert Euro zu erwirtschaften. Mit ihrer Rückkehr ist erst nach unserer Weiterfahrt zu rechnen. Uns wird also nicht das echte La-Vieille-Valette-Erlebnis vergönnt sein, vielmehr das eines halb verlassenen Dorfes, wo nichts zu hören ist außer dem Gebimmel der Schafsglocken oder die Musik, die der zurückgezogene Alex im Konzertsaal dem Schlagzeug oder der Querflöte entlockt. Vielleicht gelegentlich auch eine Kultursendung im Radio oder das I-Ah des Esels Tokito, das aus allen Richtungen als Echo zurückschallt.

Am frühen Nachmittag taucht endlich Antoine auf, der offenbar überrascht ist von unserer Erleichterung, ihn zu sehen. La Vieille Valette ist ein Ort, den man besuchen kann, ohne sich anzukündigen. Möchte man filmen oder Interviews machen, fragt man die Leute, die es betrifft, ob sie einverstanden sind. Wir lagen also etwas daneben, als wir uns so sehr auf unsere »Kontaktperson« fixierten, um den Ort näher kennenzulernen. Davon abgesehen erweist sich Antoine aber tatsächlich als ausgezeichneter »Führer«. Nachdem er die besetzten Häuser von London, Paris, Berlin und Amsterdam abgeklappert hatte, ließ sich dieser einstige Zeichner und Tattoo-Künstler und lebenslange Squatter vor fünfzehn Jahren in La Vieille Valette nieder, wo er Bildhauerei und Schreinern erlernte. Er lebt inzwischen nicht mehr hier, sondern in Bessèges, dem Nachbardorf. Er lässt sich nicht weiter über die Gründe für diese Entscheidung aus, deutet aber an, dass er vor ein paar Monaten das Gefühl hatte, er brauche einen Tapetenwechsel. Trotzdem scheint La Vieille Valette für ihn weiterhin eine zentrale Rolle zu spielen. Wir spazieren durchs »Dorf«, wie die Be wohner selber diese winzige Ortschaft nennen, und Antoine zeigt uns einige der Häuser, die zum Teil gekalkt oder mit Quadersteinen wieder hergerichtet wurden. Hier ist nichts von Ikea. Alles besteht aus Wiederverwendetem oder irgendwo Gefundenem. Das Ergebnis sind Wohnungen, von denen keine der anderen oder überhaupt irgendeiner anderen gleicht. Viele sind mit wunderschönen Mosaiken geschmückt, die man auch im Badezimmer neben der Küche im Gemeinschaftshaus findet (wo der mit Holz beheizte Ofen übrigens auch dazu dient, das Badewasser zu erhitzen). Einige Gebäude sind nur teilweise restauriert und mit einer beeindruckenden Menge an Gerümpel gefüllt.

Die Häuser gehören niemandem oder, genauer gesagt, sie gehören allen. »Hier entscheidet die Nutzung über den Besitz«, erklärt uns Antoine die Verhältnisse. »Wenn jemand eine Bude renoviert, dann ist das sein Zuhause, solange er darin wohnt. Sobald er das nicht mehr tut, ist es auch nicht mehr seine Wohnung. Niemand kann bestimmen, dass sein Kumpel oder sein Bruder Vorrang hat, wenn er selber wegzieht. Es ist immer noch die Gruppe, die entscheidet, wer einzieht.«

Der Rundgang dauert den ganzen Nachmittag: Antoine ist wortreich in seinen Erläuterungen, begeistert, an allem interessiert und offenbar von grenzenloser Kreativität. Er zeigt uns die zahllosen Skulpturen, die in das Gemäuer eingearbeitet sind: eine Teufelsfratze, Tierköpfe, die an afrikanische Vorbilder erinnern, eine schmachtende weibliche Gestalt oder einen *Arche de la Défonce*[104], der sich über einem Gässchen wölbt und in dessen weißen Stein das Motto des Ortes gemeißelt ist: SQUAT. Er nimmt uns bis in die letzte Etage des höchsten Turms des Ortes mit, um uns einen atemberaubenden Rundblick über das gesamte Tal zu bieten. Auf die Skulptur an einer Ecke des Turms aus Naturstein ist Antoine besonders stolz: ein Adler mit hochgereckter Mittelkralle, der über der Landschaft schwebt. »Das ist das Hausbesetzer-Emblem schlechthin. Du kommst an, du lässt dich nieder und sagst ›Fuck off, hier bleibe ich!‹«, sagt er lachend. Er spielt für uns den Historiker des Projekts. Es begann 1992, nachdem eine Gruppe Pariser Künstler, die ein Gebäude besetzt hatte, vom Eigentümer unter der Bedingung etwas Geld angeboten bekamen, dass sie die Besetzung aufgeben würden. Sie ahnten, dass sie auf dieser Grundlage mehr würden entwickeln können, und akzeptierten das Angebot. Mit der kleinen Summe konnten sie tatsächlich eine Ruine und ein paar Landstücke in diesem seit Jahrzehnten verlassenen ehemaligen Bergbaugebiet erwerben. Das übrige Dorf besetzten sie, um sich ihren Traum zu erfüllen: einen interdisziplinären Raum auf dem Land, um künstlerische Begegnungen zu ermöglichen. Sie begannen, die Häuser zu restaurieren, die Terrassen freizulegen und urbar zu machen; sie bauten – zur großen Überraschung der Nachbarschaft – auf dem Abraumplatz ein Zirkuszelt auf, in dem sie Aufführungen und Festivals organisierten. Die unbequemen Bedingungen und die harte Arbeit brachten es manchmal mit sich, dass die fest dort wohnende Gruppe stark schrumpfte, aber das Projekt drohte nie aufgegeben zu werden. Inzwischen hat sich die Gruppe der »Permanenten« bei rund dreißig eingependelt. Auf den Gartenterrassen wird Gemüse und Getreide angebaut, und das Kollektiv hat sich als Austragungsort für Punkmusikfestivals einen Namen gemacht.

Kurz, La Vieille Valette ist eine explosive Symbiose zwischen dieser allgegenwärtigen städtischen Hausbesetzer-Punk-Identität und einer ländlichen Lebensform. Ganz eindeutig hat das Dörfchen nichts mit einem ökologischen Idyll für die Reichen gemein, die der urbanen Hektik überdrüssig sind. Doch manche hatten diese irrige Vorstellung, wie Antoine erzählt: »Also, worum geht's denn letztendlich bei den Ökodörfern? Da tummeln sich rüstige Fünfzig- bis Sechzigjährige mit einer fetten Rente und Geld auf dem Konto, die vor der Frage stehen: ›Was könnte ich denn jetzt noch aus meinem Leben machen?‹ Als die Ökodorfbewegung in Mode kam, fiel ihnen auf, dass es in Frankreich kein einziges solches Dorf gab. Da haben wir gesagt: ›Von wegen – wir sind ein Ökodorf.‹ Das hat sie sehr gefreut, sie sahen in uns das vorbildliche Ökodorf, und mit einem Mal kreuzten ständig irgendwelche Rentner hier auf. Manchmal sahst du ein ordentliches Auto hier einrollen, ein Rentnerpaar stieg aus und entpuppte sich als Vertreter der Ökodörfler. Wir sagten natürlich: ›Klar könnt ihr hier pennen, kein Problem.‹ Sie schauen sich alles an, sind entsetzt und hauen wieder ab. Das hat meistens so ungefähr zwei Stunden gedauert. Und genau das ist das Gute hier: keine Heuchelei. Wir tun nicht so, als fänden wir jeden supernett und als wär hier alles eitel Sonnenschein. Das hier ist nicht das Dorf der Schlümpfe oder die heile Welt.«

Wenn man durch dieses Dorf mit seinen Gebäuden aus Naturstein geht, die ohne den Einsatz von Zement und anderen modernen Baustoffen wiederhergestellt wurden, fallen einem unwillkürlich die makellos restaurierten historischen Ortschaften ein, von denen die Tourismus-Broschüren künden, wenn sie nicht gar architektonischen Phantasien entsprungen sind, bei denen mittelalterliche Burgen und Schlösser Pate gestanden haben. Doch ganz sicher denkt man nicht an Punk. Aber Antoine macht uns klar: »Wir haben diese urbane Kultur bewusst hierher importiert. Weil genau das oft auf dem Land fehlt. Man langweilt sich. Die Gesichter sind immer dieselben. Deshalb organisieren wir Feten, Konzerte, Festivals.«

Das Postindustrielle, Zusammengebastelte, die aus den Fugen geratenen Formen und die schrillen Farben der Subkultur fügen sich auf überraschende Weise in dieses abgelegene Tal mit all seiner Naturschönheit. Der Hühnerstall, ein Schuppen aus Holz, wurde mittels weißer Farbe zum »Kommissariat« umgetauft; der klapprige Geländewagen des Kollektivs ist schwarz-rosa gestreift, der Anhänger verkündet in Punktschweißung: »I love you – fuck off!«, und die Wandmalereien im Gemeinschaftsraum könnten aus irgendeinem Squat in London oder Paris stammen.

Punk wird häufig reduziert auf eine Karikatur: betrunkene Jugendliche mit bunt gefärbten Irokesen und löchrigen Klamotten mit vielen Sicherheitsnadeln. Doch in ihren Ursprüngen in den 1970er Jahren, als diese Kultur oder Bewegung in den Vereinigten Staaten und Großbritannien aufkam, war Punk reine Verweigerung, eine Revolte gegen die etablierte Ordnung. Die Bewegung entfaltete eine ungeahnte Energie, Spontaneität und Kreativität.[105] Die Desillusionierung angesichts einer Gesellschaft, die ihrer Jugend nichts anderes zu bieten hatte als Arbeitslosigkeit und Untätigkeit, fand ihren Ausdruck in der nihilistischen Parole »No Future«. Die Ablehnung von allem, was die Kultur der damaligen Zeit zu bieten hatte, schlug sich in einer »Trash-Ästhetik« nieder, die die traditionellen Vorstellungen einer als unterdrückend empfundenen Schönheit zurückwies. Stattdessen schrie man es unverhohlen heraus: In einer derart widerwärtigen Welt ist es nur angemessen, die Hässlichkeit zu zelebrieren. Müllsäcke wurden zu Kleidung umgearbeitet, Sicherheitsnadeln ersetzten Ohrringe, und die mit Bier oder Zuckerwasser fixierten Irokesen-Haarkämme wurden zur Standardfrisur der zornigen Jugend. In dem Maße, wie diese Kultur sich ausbreitete, trat an die Stelle des Gefühls von Isolation und Machtlosigkeit das der Zugehörigkeit zu einer verachteten, doch höchst vitalen Bewegung. Über La Vieille Valette sagt Antoine: »Die Energie des Punk bedeutet, wieder die Kontrolle über sein Leben zu übernehmen. Die Gewalt, die wir in uns haben, hat jede und jeder andere auch in sich. Und diese Energie des Punk hat uns ermöglicht, hier wie die Bekloppten zu rackern.«

So wie diese unbändige Wut ist auch die Ablehnung jeglicher Vermittlung ein Kennzeichen der Bewegung. Das stellt auch der US-amerikanische Soziologe und Aktivist Stephen Duncombe rückblickend fest, der in seiner Jugend den Punk für sich entdeckt hatte: »Wie die meisten Menschen, die in den liberalen Demokratien und den Konsumökonomien aufwachsen, war ich es gewohnt, dass die Politik, die Waren und die Unterhaltung von anderen *für* mich gemacht werden, wobei ich ganz auf zwei Aktivitäten beschränkt war: Geld auszugeben und zu wählen. Punk hat mich DIY gelehrt: *Do It Yourself*. Die Idee, dass ich meine Kultur *selber* machen – DIY – könnte, war für mich revolutionär, denn mit ihr war die Aussicht verbunden, dass ich ebenso auch Politik selber machen und mir meine Welt selber schaffen könnte.«[106]

Eine ganze Generation machte sich diesen subversiven Gedanken zu eigen, griff sich eine Gitarre, ein Schlagzeug, ein Mikro, lernte zwei Akkorde und schrie die Wut raus. Diese jungen Künstler weigerten sich, bei einem kommerziellen Label Verträge zu unterzeichnen. Stattdessen schufen sie für Aufnahme und Vertrieb sowie für die Konzertorganisation ihre eigenen Netzwerke. Da sie mit den gängigen Publikationen unzufrieden waren, in denen ihre Interessen und ihre Sorgen in keiner Weise zum Ausdruck kamen, schufen sie eine Vielzahl von »zines«, kleine, selbst produzierte und selbst verbreitete Heftchen, meistens fotokopiert und per Hand gefaltet und geheftet, in denen Essays, Zeichnungen, Cartoons und jede Menge Kritik und Bissiges versammelt waren. Sie erfanden ihre eigene Art der Präsentation und ihre eigene Anti-Ästhetik, indem sie Normen und Erwartungen gegen den Strich bürsteten. Wenn auch heutzutage die Punk-Bewegung mit ihren Iros und löchrigen Strumpfhosen weitgehend aus dem Stadtbild verschwunden ist, bleiben doch Underground-Netzwerke der Musikproduktion oder auch nichtprofessionelle Publikationen weiterhin bestehen und wirken im Sinne der Bewegung.

Diese DIY-Kultur ist in La Vieille Valette allgegenwärtig: nicht nur in der Architektur der renovierten Gebäude, sondern auch in den Plakaten für Konzerte und Festivals und in den »zines« oder den sporadisch von einem der Bewohner publizierten Comicstrips.

Antoine hat uns zum Frühstück zu sich ins Nachbardorf eingeladen. »Ich zeige euch das Szenario zu meinem nächsten Film, und außerdem könnt ihr da auch duschen«, sagte er am Abend, als wir uns verabschiedeten.

Er wohnt in einer schlichten Wohnung, deren Wände mit Zeichnungen und Plakaten bedeckt sind, und auf dem Schreibtisch steht ein großer Computer. »Jack«, sagt er mit einem Augenzwinkern, »du kannst ins Netz und endlich wieder Video-Games spielen, das fehlt dir doch sicher.« Wir schauen verdutzt, als er fortfährt: »Mir brauchst du nichts zu erzählen, wie ihr Youngsters drauf seid. Meine drei älteren Söhne hängen nur vor dem Ding. Selbst der kleinste von zehn Jahren fängt schon an.«

Wir hätten nie gedacht, dass Antoine Familienvater ist, noch dazu einer mit so vielen Kindern. »Die ersten drei habe ich adoptiert, es sind die Kinder meiner Frau Aminata aus Mali, und dann haben wir noch ein gemeinsames«, erklärt er. »Außerdem habe ich da unten ein kleines Mädchen adoptiert. Das ist meine Methode, dem Rassismus etwas entgegenzusetzen, der die Leute, die auswandern wollen, kriminalisiert. Die Adoption ist eine Möglichkeit, die Hindernisse zu umgehen, die einer Einwanderung im Wege stehen. Natürlich wird auch das immer schwieriger.« Durch seine Frau und seine Kinder und zahlreiche Reisen fühlt er sich Mali und seiner Kultur verbunden und arbeitet gerade an einem Film, den er dort drehen wird.

»Ich glaube, ich unterscheide mich ein bisschen von vielen, die in La Valette leben. Ich bin sehr offen für andere Leute und andere Kulturen. Meine Identität als Punk und Hausbesetzer ist mir wichtig, aber manchmal finde ich dieses Milieu ein bisschen zu sehr auf sich bezogen. Der Ort hat für mich Potenzial, daran kann man noch arbeiten. Viele kommen hierher und haben nichts anderes im Sinn, als den Ort so zu erhalten, wie er ist, und nur mit dieser Art von Leuten. Wenn sich Worte wie ›normal‹ in La Valette einschleichen, dann ist das bezeichnend. Nichts sollte hier normal sein, es geht schließlich darum, etwas Verrücktes zu machen.«

La Vieille Valette ist zwar mit anderen europäischen Squats vernetzt, doch abgesehen davon wird hier kaum der Versuch unternommen, sich nach außen zu öffnen. Anders als in Can Masdeu wird das Tal nicht als ein Ort betrachtet, den man gemeinsam mit den Nachbarn verteidigt. »Hier geht man davon aus, dass man die Menschen sowieso nicht ändern kann. Also, wir machen unsere Revolution, und falls sie sich ändern wollen, ist das ihre Entscheidung, auf die wir keinen Einfluss nehmen«, erläutert Antoine. Außerdem verschweigt auch er, der eigentlich gerne eine Öffnung sehen würde, nicht, dass es da Grenzen gibt: »La Valette hat einen ganz besonderen Ruf, und irgendwie ist uns das auch recht so: Die Hippies haben Angst vor uns, und die Bürger haben Angst vor uns, und ehrlich gesagt, das ist auch gut so«, sagt er lachend.

Obwohl Antoine die relative Verschlossenheit von La Vieille Valette kritisiert, schwächt er doch diese Kritik auch wieder ab: »In La Valette gibt es keine Schlösser, an keiner einzigen Tür. Keine Tür kann abgeschlossen werden. Ich kenne kaum jemanden, der kein Schloss an der Tür hat, bei dem jeder ins Wohnzimmer gehen und sich einen Kaffee machen kann. Aber hier ist es so. Jeder kann reinkommen, essen, Zeit verbringen. Aber zugleich ist es eine Gruppe von Individuen. Wir nehmen auch nicht einfach jeden auf, nur weil wir den Anspruch haben, offen zu sein. Wir sind kein Altersheim, kein Refugium für Menschen mit Problemen, La Valette ist keine therapeutische Einrichtung. Es gibt hier ein Projekt, wir haben etwas vor.«

Nach dem Essen und der willkommenen Dusche begleitet uns Antoine zurück ins Dorf. Unser halbfiktionales Filmprojekt, das wir in der Zukunft ansiedeln, hat seine Phantasie angeregt, und er findet es sehr interessant, dass wir einen Besuch im »Dorf« filmen, bei dem wir so tun, als befänden wir uns im 22. Jahrhundert. Vor kurzem hat er gelesen, dass der Vulkan im Yellowstone Park in den USA ausbrechen und eine gigantische Umweltkatastrophe mit unabsehbaren Folgen auslösen könnte. Die Vorstellung von La Vieille Valette als Hort des Überlebens nach einer solchen Katastrophe begeistert ihn, und sofort legt er los und spinnt diese Idee fort, während wir ihn eine Stunde lang filmen, wie er sich und uns die Apokalypse ausmalt.

Während wir unsere Filmausrüstung zusammenpacken, ruft uns ein inzischen vertrauter Laut in den Gemeinschaftsraum: Die Tagesköche haben eben in die Muschel geblasen, und ihr Ruf dringt bis in den letzten Winkel des Ortes, um anzukündigen, dass das Essen fertig ist. Den Anblick des jungen Punk, der sich die Lunge aus dem Hals bläst, um die Riesenmuschel zum Klingen zu bringen, was dann die allmähliche Rückkehr der Bewohner aus allen Ecken und Enden des Tales bewirkt, empfinde ich als besonders anrührend. Trotzdem schaffe ich es in den zwei Wochen in La Vieille Valette nicht, der verdammten Meeresfrucht auch nur einen Ton zu entlocken – obwohl ich es immer wieder versuche!

16 Uhr am nächsten Tag. Das in das enge Tal eingebettete Dorf liegt bereits fast vollständig im Schatten, doch das sanfte Licht am Ende eines Herbsttages vergoldet den noch beschienenen Teil des Tales. Man hört nur den Gesang der Vögel und das Plätschern des Wassers, das sich in das von den Hausbesetzern angelegte Becken ergießt.

Uns fällt auf, dass wir Jack seit dem Frühstück nicht mehr gesehen haben, als er uns strahlend erzählte: »Ich hab die Ruinen am Ende des Dorfes erforscht. Das ist hier wie ein mittelalterlicher Ort. Super!« Seit wir angekommen sind und den ersten etwas missratenen Abend überstanden haben, hat sich unser Aufenthalt auf dem »Punk-Hof«, wie Jack La Vieille Valette nennt, zu Traumferien für ihn entwickelt. Er kann sich hier völlig frei und selbstbestimmt bewegen und tun, was er will: im Konzertsaal Schlagzeug spielen, ohne dass ihn irgendjemand dabei gängelt oder einschränkt; die Natur auf den Hügeln oder die halbrestaurierten Häuser erkunden, die Esel beobachten oder mit den Hunden spielen.

Und außerdem – ganz wichtig – ist da Lily. Jack ist dem Charme dieser jungen Deutschen erlegen, die ein paar Tage vor uns angekommen ist. Sie kommt aus Berlin, wo sie im Köpi lebt, einem der bekanntesten autonomen Wohnprojekte der Stadt. Ihre zarte Stimme und ihr engelsgleiches Lächeln kontrastieren mit den Tattoos auf ihren Armen: rechts *Life Sucks* und links *Go to Hell*. Und auf ihrer Jacke: *Anti Everything*. Lily ist zusammen mit ihrem Pferd und ihrer Hündin Desaster zu Fuß aus Berlin gekommen. Dabei ging es ihr um nichts weiter, als den Atlantik zu sehen und einem Lebensrhythmus zu folgen, der ihr menschlicher erscheint. Sie hat über 1500 Kilometer zurückgelegt, rund 25 Kilometer pro Tag, hat Pause gemacht, wenn sich eine Lichtung dazu anbot oder Häuser und Gemeinschaften sich für sie öffneten, auf deren Gastfreundschaft sie sich einlassen konnte. So hat sie es bis nach La Vieille Valette geschafft.

Lily erzählt uns, wie gerne sie, nur in Begleitung ihrer Tiere, reist, wie wichtig ihr die Langsamkeit dieses Reisens ist. Sie erzählt uns von der Nähe, die sich zwischen ihr und ihrem Pferd entwickelt hat: »Oft spürt es schon, bevor ich es selber merke, dass ich gestresst oder schlecht gelaunt bin. Wenn wir aber zusammen unterwegs sind, wirkt mein Stress ansteckend, und das ist gefährlich. Ich habe auf dem langen gemeinsamen Weg viel über mich selber gelernt, vor allem, wie ich unter allen Umständen möglichst die Ruhe bewahre.« Wenn wir mit ihr sprechen, haben wir manchmal den Eindruck, einen buddhistischen Mönch vor uns zu haben – ihr Lächeln wirkt heiter und abgeklärt, während sie doch über den Zustand der Welt voller Zorn ist.

Lily hat Jack unter ihre Fittiche genommen. Er verbringt ganze Tage damit, zusammen mit ihr, ihrem Hund und ihrem Pferd durch die Hügellandschaft zu streifen und nach der Rückkehr die Tiere zu versorgen. Am Ende der Tage in La Vieille Valette hat er eine Ahnung von einem ganz anderen Leben als der Routine, der er in London unterworfen ist, wo fast alles geregelt ist und von anderen für ihn bestimmt wird. Er entdeckt einen Alltag, in dem Fernsehen und Konsum keinen Platz haben und niemandem fehlen.

Im Gänsemarsch folgen wir Osaka, Maximes mächtiger Stute, auf einem schmalen Pfad, der sich von den Terrassen bis auf die

Höhe des Dorfes herabschlängelt. Maxime, Étienne und Osaka haben den Nachmittag damit verbracht, ganz ohne Maschinen, lediglich mit dem einfachen Pflug, den Étienne lenkt, das Feld auf einer der Terrassen zu bearbeiten. Maximes Aufgabe dabei war es, sein Pferd zu führen, das den Pflug zog. Stundenlang haben wir gebannt zugesehen, während Maxime das Pferd mit seinen mal befehlenden, mal lobenden Zurufen antrieb, sein Bestes zu geben, und Étienne hinter dem schweren und breiten Pflug herlief und bemüht war, ihn auf Kurs zu halten, sodass die Furchen möglichst gerade und in der richtigen Tiefe gezogen wurden.

Vielleicht sind wir auf antiquierte Art romantisch, vielleicht ist es unser heimlicher Wunsch, die Nabelschnur von PC-Internet-Telefon zu durchtrennen, weshalb wir von diesen beiden jungen Männern und ihrem Tun derart fasziniert sind. Doch trotz Schweiß und Mühsal sind ihre Freude und Befriedigung am Ende dieses Nachmittags harter Arbeit nicht zu übersehen.

Es handelt sich keineswegs um eine nostalgische Schwärmerei für ein versunkenes »Goldenes Zeitalter« und seine Arbeitstechniken. Und Maxime äußert sich sehr klar dazu: Ihm macht die Landarbeit mit seinem Pferd Vergnügen, und zugleich ist sie ein Gebot der Vernunft. Das Vergnügen liegt für ihn, der die Langsamkeit und die Stille liebt, darin, dass diese Arbeit mit seiner Stute und seinem Freund genau das bedeutet: kein Lärm, kein Motor, keine Umweltverschmutzung. Sinnvoll ist es außerdem, so zu arbeiten, weil die Terrassen zu klein sind und die Erde zu fest, als dass die Bearbeitung mit dem Traktor von Vorteil oder auch nur möglich wäre.

Ohne Traktor aber ist das Zugtier die beste, die produktivste Lösung (manchmal arbeitet Maxime auch mit den beiden Eseln von Alex), denn all die hier anfallenden Arbeiten ausschließlich mit der Hand zu erledigen, würde sehr viel mehr Zeit in Anspruch nehmen. »Mit den Zugtieren ist es weniger Arbeit, und man pflanzt mehr an.«

In dem cevennischen Squat wird die Einfachheit nicht zum Dogma erhoben. Man praktiziert sie in pragmatischer Weise, aber natürlich steht sie im Zentrum: Man ist dank des »Elektrizitätshauses« (ein Gebäude, das hinreichend mit Sonnenkollektoren und Konvertern ausgestattet ist, um das Dorf zu versorgen) unabhängig von der Stromversorgung von außen. Das Wasser kommt aus einer Quelle in den Bergen, die dreißig Bewohner teilen sich einen Telefonanschluss und einen Rechner mit Internetanschluss. Auf den Terrassen kann im Frühjahr und im Sommer genug Gemüse für alle geerntet werden.

Für Maxime liegen die Vorteile dieser Art zu leben auf der Hand. Während er uns das erläutert, sitzt er in der Sonne, angelehnt an die Wand des Raums, in dem er sich eingerichtet hat, gleich neben dem Pferdestall. Der besitzlose junge Mann erzählt uns von den fünf Jahren, in denen er auf den Straßen Europas mit dem Fahrrad unterwegs war und den Wert von Begegnungen jenseits kommerzieller Beziehungen zu schätzen lernte: »Wenn du ein Nomade bist, besitzt du wenig, um kein

Gewicht mit dir herumzuschleppen. Du triffst eine Menge unterschiedlicher Leute, du bleibst ja nicht in deinem Freundeskreis, in dem du nie wirklich mit anderen konfrontiert bist. Natürlich kommt es auch darauf an, wie du reist. Wenn du zum Beispiel fliegst, ist es ganz anders … Mir gefällt es sehr, wenn es langsam vorangeht. Du nimmst dir Zeit. Du reist zu Fuß, mit dem Rad, aus eigener Kraft. Wenn du auf eine schlichte und einfache Art reist, erschließt sich dir viel. Es kommt darauf an, etwas mit den Leuten austauschen zu können; wenn es nur Geld ist, funktioniert das ganz anders. Immer wenn meine Freunde und ich gereist sind, hatten wir etwas anderes auszutauschen als Geld. So ist es uns gelungen, problemlos so weit zu kommen, wie wir tatsächlich kamen. Ich bin sicher, dass es daran lag.«

Maxime lebt immer noch mit sehr wenig Geld, er arbeitet, wenn er muss, zum Beispiel, um sein Pferd zu versorgen, sich Bier oder Tabak zu kaufen oder wenn er die nächste Reise mit dem Wohnwagen plant.

Aber es geht ihm auch nicht darum, alles, was mit der Industriegesellschaft assoziiert wird, in Bausch und Bogen abzulehnen. Man nutzt vielmehr das Werkzeug, das der Aufgabe am besten gerecht wird: Sollen Holz- und Reisigbündel auf engsten Pfaden für den Ofen im Gemeinschaftsraum von den weit oben gelegenen Terrassen geholt werden, dann lässt sich das am besten mit den Eseln bewerkstelligen; andererseits eignet sich natürlich der gemeinschaftlich genutzte Geländewagen für Transporte zwischen dem Dorf und der weiter unten gelegenen Abraumhalde. Auch wenn beispielsweise ein Konzert stattfindet und die Sonnenkollektoren nicht ausreichend Strom für die Verstärker liefern können, greift man auf Generatoren zurück.

Im Rahmen einer solchen Logik sind Begriffe wie Rentabilität, Profit oder Vermarktung außer Kraft gesetzt: »Alles, was hier im Tal produziert wird, ist nicht zu verkaufen«, betont Antoine, »es ist dafür da, an Ort und Stelle konsumiert, getauscht, verschenkt, nicht aber verkauft zu werden. Es geht hier um etwas grundsätzlich Anderes. Wenn wir erst mal anfangen, unser Gemüse auf dem Markt zu verkaufen, dann wird das hier zu einem Projekt wie jedes andere Unternehmen, das Gemüse produziert und vermarktet. Gelegentlich haben wir Esskastanien gegen Mandeln getauscht oder Hammelfleisch gegen Gemüse. Aber das war *Tausch*. Wir wollen auf keinen Fall zu einem System zurückkehren, das … dabei geht's noch nicht mal um Kapitalismus oder so … Die ganze Welt ist voll mit Leuten, die die Erde ausbeuten, um Geld zu machen. Nee, nee – nicht mit uns.« Auch bei den Festivals und Konzerten, die regelmäßig hier stattfinden, wird nie Eintritt verlangt.

Nicht wirklich wach, aber doch aufgekratzt nach dem zehnminütigen Marsch von »unten«, wo unser Wagen steht, zum Dorf, bin ich wieder einmal bezaubert von der Stille der Landschaft und setze mich an den großen Tisch aus massivem Holz im Esssaal, der mit seinem Gewölbe eine besondere düstere Würde ausstrahlt. Da stoße ich zwischen halbvollen

Aschenbechern, verstreuten Tabakresten und Kronkorken auf ein Faltblatt und fange an, zerstreut darin zu lesen, während ich meinen Kaffee schlürfe. Verdutzt stelle ich fest, es handelt sich um *L'Ire des Chênaies* (»Der Zorn der Eichenwäldchen«), das monatliche Bulletin von Radio Zinzine, dem legendären Sender von Longo Maï, einem unserer nächsten Reiseziele. Der erste Artikel lässt mich rasch von meinem Stimmungshoch abstürzen: Er berichtet über die gewaltsame Räumung und Zerstörung von La Picharlerie, einem benachbarten Tal im Département Lozère.

Maxime erinnert sich noch gut daran, wie übereifrig die Polizisten waren, denen er gegenüberstand, als er im Juli 2007 seinen Freunden helfen wollte. »Die Bullen sind mit sieben Wannen und mit Motorrädern eingerollt. Sie hatten die Zugangswege zu dem Dorf gesperrt und überwachten die ganze Gegend. Sie hielten alle Fahrzeuge an, die nach La Piche fahren wollten, und zwangen sie zur Umkehr. Sie hatten sogar den Mobilfunk gestört, sodass wir uns nicht mehr per Handy verständigen konnten.«

Was war denn eigentlich los in »La Piche«, das ein solches Aufgebot gerechtfertigt hätte? Abgesehen von Aktivitäten zur Freilegung der überwucherten Terrassen und der Obstbäume und zur Aufstellung von Bienenstöcken organisierten die Bewohnerinnen und Bewohner des verlassenen Hofs Freiluft-Kinoabende, Pizza-Abende, die Einrichtung einer Bibliothek und einer Fanzinothek. Das Vergehen der »Picharlerie« bestand darin, dass die Akteure keine braven Mieter waren, sondern Hausbesetzer mit einer »widerständigen Einstellung gegen den Zeitgeist«, wie es in dem Artikel hieß. Das Gebäude, das in den 1930er Jahren von seinen letzten Bewohnern verlassen worden war, entwickelte sich später zu einem Zufluchtsort und Ausgangspunkt des Widerstands gegen die Nazis und deren Kollaborateure. Hier wurde eine Widerstands-Schule gegründet, und etwa ein Jahr lang fanden sich viele »Banditen« ein, wie sie damals genannt wurden: STO[107]-Deserteure, junge Kämpfer, deutsche Antifaschisten und Komunisten, bis der Unterschlupf von den Nazis und der Petain-Polizei im Frühjahr 1944 angegriffen wurde. Was sie und ein verheerender Brand im Jahr 1976 begonnen hatten, vollendeten die Ordnungskräfte des 21. Jahrhunderts, angestachelt durch den Besitzer des Hauses, einen Pastor aus der Gegend: Mit Hilfe einer eigens zu diesem Zweck herbeigeholten Zerstörungsmaschinerie wurden das Haus, der Brotbackofen und die Seidenraupenzucht dem Erdboden gleichgemacht, ohne dass die Bewohnerinnen und Bewohner auch nur die Möglichkeit gehabt hätten, ihre Habseligkeiten zu retten. Sie mussten sie anschließend unter Schutt und Steinen zusammensuchen. Die Nachbarn, die ihnen dabei halfen, waren ihrerseits entsetzt, diesen Ort der Erinnerung derart ausgelöscht zu sehen.[108]

Der Artikel in *L'Ire des Chênaies* kommt zu dem traurigen Schluss: »Diese Politik, einen Schlussstrich unter die Vergangenheit zu ziehen, liegt im Trend. Vergessen wir den Mai 68; doch nicht nur das: vergessen wir darüber hinaus alles, was daran erinnert, dass Männer und Frauen für eine bestimmte

Vorstellung von Freiheit gekämpft haben und kämpfen werden, gegen Unterdrückung, welcher Farbe oder Herkunft sie auch sei. Die ›Armee im Schatten‹[109] war schließlich damals auch für viele eine Ansammlung von Terroristen.«

Ich frage mich, was einen solchen Aufwand, sowohl materiell bzw. finanziell als auch an Menschen, die eingesetzt wurden, rechtfertigen kann, wenn dies alles nur dazu diente, ein abgelegenes besetztes Haus zu zerstören, das noch dazu keineswegs in einem perfekten baulichen Zustand war, und das von höchstens hundert Menschen im Jahr besucht wurde. Diese brutale Räumung scheint einmal mehr auf die zunehmende Tendenz hinzuweisen, die Bevölkerung insgesamt, notfalls mit Gewalt, zur Konformität zu nötigen. Dabei ist es trotz der wohltönenden Bekenntnisse zu Demokratie und Freiheit offensichtlich, dass man keineswegs das Recht hat, die Normen jener Konformität infrage zu stellen, ohne mit brachialen Mitteln zur Ordnung gerufen zu werden. Warum rufen soziale Laboratorien, die die gängige Praxis des Jeder-für-sich oder der Vermarktung als Leitmotiv durch eine andere Erfahrung und Ethik zu überwinden versuchen, solche Reaktionen hervor, längst nicht nur im Falle von La Piche? Könnte es sein, dass sich die Herrschenden tatsächlich bedroht fühlen, wenn eine andere Art von Freiheit erprobt wird als die durch die gesellschaftlichen Konventionen vorgegebene? Ist es nicht vor allem die Gefahr, dass solche Praktiken Schule machen könnten, die die unverhältnismäßig massive Repression hervorruft?

Der größere Teil von La Vieille Valette ist offiziell besetzt, denn das Land gehört dem Staat und wird vom nationalen Forstamt verwaltet. Es kann also nicht ausgeschlossen werden, dass eine solche Räumung auch hier droht; es reicht eine Änderung der Politik auf der lokalen oder nationalen Ebene, ein Bürgermeister oder Präfekt, der seine Autorität unter Beweis stellen muss. Doch die Entscheidung, die in La Vieille Valette schon ganz zu Anfang getroffen wurde, das Gespräch mit der Verwaltung zu suchen und zugleich auch zu Anwälten und Gewerkschaftern Kontakte aufzunehmen, die über das Projekt Bescheid wissen und es verteidigen, schützt es (ein wenig) vor einer überraschenden Räumung. Das Schicksal von La Vieille Valette bleibt dennoch schwer vorhersehbar. Antoine, der sich selber als Optimisten bezeichnet, baut auf die langfristig angelegte Arbeit, die das Kollektiv seit seiner Ankunft in Rochessadoule geleistet hat: »Zu Anfang sind die Leute von der Verwaltung ein bisschen ausgeflippt und wussten nicht so recht, was sich hier abspielt. Wenn wir mit ihnen reden, versuchen wir sie immer zu beruhigen, ihnen klarzumachen, dass wir uns alles sehr genau überlegen und dass das hier kein total chaotisches Unternehmen ist, das wer weiß wohin führt. Sie wollen immer wissen, wer hier der Chef und ihr Ansprechpartner ist, und wir müssen ihnen erklären, dass es den bei uns nicht gibt. Damit hatten sie erst mal ziemliche Probleme, sie wussten einfach nicht, mit wem sie es zu tun hatten. Als dann alles Mögliche realisiert wurde, landwirtschaftlich und baulich, da haben sie ganz schön gestaunt.«

Es wundert mich nicht, dass Volksvertreter oder lokale Notable aufhorchten und vielleicht auch überfordert waren angesichts der Kultur von La Vieille Valette. »Wir hatten zu Beginn überhaupt keinen festen organisatorischen Rahmen«, erzählt Antoine, »aber an ein paar Grundsätzen haben wir immer festgehalten: keine Hierarchien, keine allzu komplizierten Strukturen, Offenheit des Ortes für alle, und Geld sollte nie ein Faktor werden, von dem Aktivitäten oder das Funktionieren des Ganzen irgendwie abhängig gemacht werden.«

La Vieille Valette ist sehr weit weg von Can Masdeu. Während Letzteres sich dafür entschieden hat, ein geordnetes Gemeinschaftsleben mit regelmäßigen Versammlungen, wöchentlichen kollektiven Arbeitstagen und einer Art Hausordnung zu gewährleisten, überlässt man es in La Vieille Valette jedem Einzelnen, sich so zu organisieren, wie sie oder er es möchte. Dabei verhindert die betonte Autonomie des Einzelnen durchaus nicht die Solidarität: So wird von jedem erwartet, einen Teil ihrer bzw. seiner Einkünfte an die gemeinsame Kasse abzuliefern, die Bewohner aber, die in einer besonders prekären Situation sind, etwa Flüchtlinge oder Menschen ohne gültige Aufenthaltsgenehmigung, werden von den anderen versorgt.

Die Atmosphäre in La Vieille Valette kann einem so einerseits sehr offen und zugleich auch ziemlich gnadenlos erscheinen, wie uns Maxime und Étienne erklären. »Es kann hier schon ganz schön hart zur Sache gehen … Bei den Festen zum Beispiel kann es passieren, dass viel getrunken und dann im Gemeinschaftssaal alles kurz und klein gehauen wird. Das ist mehr als einmal passiert. Deshalb gibts hier auch keine Gläser. Sogar Tische und Bänke aus Massivholz sind manchmal draufgegangen«, erzählt Étienne. »Ich glaube, das ist der Anti-Materialismus, der da bei manchen zum Durchbruch kommt und sie veranlasst, Sachen kaputtzumachen«, bekräftigt Maxime, »aber wenn am nächsten Tag alles wieder zusammengebaut wird, dann ist es kein Problem.«

In einem früheren Gespräch hatte es Antoine so beschrieben: »Du bist hier frei und kannst tun und lassen, was du willst. Wenn du diese vollkommene Freiheit hast, dann ist das aber keine Beliebigkeit, denn es bringt auch echte Verantwortung mit sich. Und deshalb macht es manchen auch richtig Angst, diese totale Freiheit zu erleben. Man ist es nicht gewohnt, mit ihr umzugehen. Man kennt eigentlich nur Situationen, in denen bereits Regeln bestehen. Aber hier hast du selber alle Karten in der Hand. Es liegt an uns, was wir daraus machen.«

Es überrascht nicht, dass in einem solchen Zusammenhang die Entscheidungen auf eine eher organische Weise fallen. »Das ist ergiebiger, als erst mal jahrelang darüber zu diskutieren, wie man sich organisieren möchte. Es gäbe so oder so den gleichen Stress«, meint Antoine. »Wir sind alle Menschen mit unseren Machtkämpfen, dann lasst uns wenigstens damit zusammen etwas Interessantes entwickeln. Worum geht es schließlich? Wir wollen eine funktionierende Umgebung für Menschen schaffen, die sich von der Gesellschaft fallen gelassen fühlen. Jeder hat Fehler, jeder ist manchmal unerträglich, unangenehm oder einfach bescheuert. Damit muss man leben. Was zählt, ist der Wiederaufbau des Dorfes. Wer wird sich in zehn Jahren noch an den Streit zwischen Dingsbums und Dingsbums wegen einer Gartenparzelle erinnern?«

La Vieille Valette ist ein vielschichtiger Ort, auf den ersten Blick verwirrend, paradox, doch die Entscheidungen, die hier getroffen wurden, sind durchaus kohärent. Die fast uneingeschränkte Offenheit – das Fehlen von Schlössern oder eines Aufnahmeprozederes für Mitbewohner – wird ausgeglichen durch eine Kultur, die für jemanden, der mit dem Punk-/Anarcho- und Hausbesetzer-Milieu nicht vertraut ist, feindselig oder ausschließend wirken mag und so eine Art natürlichen »Filter« darstellt.

Dazu fällt Antoine noch ein: »Ich bin ganz sicher, dass es Leute gibt, die gerne mit uns tauschen würden. Der frühere Bürgermeister, zum Beispiel, der erst mal unseretwegen durchgedreht ist. Nachdem er uns jahrelang auf den Keks gegangen ist, hat er alles hingeschmissen, hat seine Frau verlassen und ist auf und davon, um Theater zu machen. Das hatte er nämlich bei uns gesehen, hier gibt es ganz viel Theater, und das hat ihn sehr interessiert. Zur Zeit sind wir gerade im Gespräch mit ein paar Offiziellen, die keinen Hehl daraus machen, dass sie gerne so leben würden wie wir hier. Früher hat sich niemand so geäußert, aber mit der Zeit haben viele gesehen, dass die Idee gar nicht so schlecht ist, dass man dabei am Ende gut wegkommt, dass es etwas Ernsthaftes ist. Also, die Leute verstehen nicht, wie das überhaupt gehen konnte. Das ist für sie ganz merkwürdig. Manche sagen: ›Das kann doch gar nicht funktionieren. Die müssen irgendwie von ganz oben Unterstützung haben.‹ Andere meinen: ›Das sind alles Bourgeois, Reiche, das ist ’ne Sekte.‹ Die kapieren es einfach nicht, das ist alles Blödsinn. Aber, na ja, ganz so blöd ist es auch wieder nicht, denn schließlich gibt’s so was wie uns nicht gerade an jeder Ecke.«

Wir wollen noch ein paar Tage in den Cevennen verbringen, ehe wir uns zur nächsten Etappe aufmachen. Wir campen mitten im Purpur und Gold des herbstlichen Waldes, sammeln Brennholz für unseren Holzofen im Auto, spülen das Geschirr in eisigem Quellwasser und wandern stundenlang, ohne einer Menschenseele zu begegnen. Immer, wenn wir mal wieder an einer Tankstelle Halt machen, werden wir an eine Realität erinnert, die derzeit überall heiß diskutiert wird: der rasant steigende Benzinpreis, der mit der knapper werdenden Ressource Erdöl begründet wird.

Ohne Erdöl gibt es keinen Transport von Menschen und Gütern in rasanter Geschwindigkeit, keinen Massentourismus, keine massenhaft von überall her importierten und überall hin exportierten Güter, keine Billigprodukte, die die Märkte überfluten und gigantische Profite aufgrund der Ausbeutung menschlicher Arbeitskraft generieren. Ohne das Erdöl wäre auch die industriell betriebene Landwirtschaft mit ihrem massiven Einsatz von Maschinen, Pestiziden und Düngemitteln nicht möglich. Ohne Erdöl auch kein Plastik, keine in rasendem Rhythmus verbrauchten und ersetzten Computer oder Handys ... und so weiter: kurz, mit der rasch knapper werdenden Ressource ist auch der westliche Lebensstil und seine Grundlage, die Ausbeutung des globalen Südens, infrage gestellt. Dort machen sich die Vorboten einer Krise bereits jetzt besonders drastisch bemerkbar. Unter anderem die Hunger-Aufstände im indischen Bengalen[110] können als Hinweis auf eine noch viel tiefergreifende Ernährungskrise gedeutet werden, die wiederum mit der knapper werdenden Ressource Erdöl (wenn auch nicht nur damit) zusammenhängt. Denn tatsächlich bedeutet – so wie weltweit die Lebensmittelproduktion organisiert ist – ein Anstieg des Erdölpreises auch ein Ansteigen der Kosten für die Produktion der Grundnahrungsmittel.[111] Diese Kosten werden zudem durch die Politik von Regierungen und multinationalen Konzernen in die Höhe getrieben, denn diese versuchen, das Erdöl durch Biodiesel zu ersetzen, sodass landwirtschaftliche Flächen statt für die Lebensmittelproduktion in großem Stil für die Erzeugung von »Bio«-Treibstoff genutzt werden, dessen Herstellung seinerseits ausgesprochen energieintensiv ist.

Außerdem kann man die Frage nach dem Ölpreis auch unter einem anderen Blickwinkel betrachten: Ein Liter Erdöl entspricht energetisch einem Zehn-Stunden-Tag zweier robuster Menschen.[112] Wenn der Preis dafür dem energetischen Wert arbeitender Menschen entspräche, müsste ein Liter zwei tägliche Mindestlöhne plus vier Überstunden inklusive aller Steuern und Abgaben kosten. So nach seinem wahren Wert berechnet, müsste der Preis pro Barrel etwa 53000 Dollar betragen! Ohne dabei die Kosten unserer Abhängigkeit vom schwarzen Gold für die Umwelt (Verschmutzung, Ölpest, Klimawandel) oder für den Menschen (Kriege, Vertreibungen zugunsten des Baus von Pipelines oder Raffinerien) zu berücksichtigen.

Diese Zusammenhänge haben wir vor Augen, wenn wir alle vierhundert Kilometer anhalten um zu tanken, da wir kein anderes Vehikel für unsere utopische Expedition gefunden haben als unseren Kleinlaster, der auf hundert Kilometer elf Liter Benzin verschlingt – und das auf einer Reise, bei der es unter anderem darum geht, Alternativen zu einer Gesellschaft zu suchen, die vom Erdöl abhängig ist.

Nach einigen Tagen bekommen wir Lust, ans Meer zu fahren und das Brassens-Museum zu besuchen, und fahren hinunter nach Sète. Was für ein Fehler! Nachdem wir ein hässliches Gewerbegebiet durchquert und uns durch labyrinthische Umleitungen von Kreisverkehr zu Kreisverkehr gequält haben, landen wir in einem monströsen Stau am Ortseingang. Und natürlich nirgendwo ein Parkplatz. Am Ende unserer Geduld, entschließen wir uns, wieder ins Hinterland zu fliehen, das uns nicht enttäuscht.

Cravirola

Um den großen Kamin und ein paar Gläser Wein herum entwickelt sich wie jeden Abend nach dem Essen eine Jamsession: Paul und Jérémie improvisieren auf der Gitarre, Laura am Klavier und Aymeric versucht sich an der »Contrabassine«, einem raffinierten Instrument, bestehend aus einem Besenstiel, einer Saite und einer Blechwanne (frz. »Bassine«). Wir lassen unser Repertoire bekannter französischer Chansons wieder aufleben: die von Ogres de Barback, Renaud, Têtes Raides und last not least Brassens. Beglückt stelle ich fest, dass ich auch nach fast 13 Jahren in Großbritannien immer noch eng mit der französischen Kultur verbunden bin. Wir hatten auf dem Weg hierher das Brassens-Museum in Sète besuchen wollen, wozu es dann doch nicht kam, aber hier und jetzt kann ich dem großen Georges auf meine Art die Ehre erweisen, ihm, der mir einst den Zugang zur wunderbaren Welt der libertären Ideen eröffnete: indem ich mit den anderen im Chor sein »Mourir pour des idées« ebenso laut wie falsch mitgröle:

Encor' s'il suffisait de quelques hécatombes
Pour qu'enfin tout changeât, qu'enfin tout s'arrangeât
Depuis tant de »grands soirs« que tant de têtes tombent
Au paradis sur terre on y serait déjà
Mais l'âge d'or sans cesse est remis aux calendes
Les dieux ont toujours soif, n'en ont jamais assez
Et c'est la mort, la mort toujours recommencée
Mourons pour des idées, d'accord, mais de mort lente
D'accord, mais de mort lente.

Wir sind in Cravirola, einem selbstverwalteten landwirtschaftlichen Betrieb auf einem Plateau am Südhang der Montagne Noire, und kaum seit einer Woche hier, fühlen wir uns schon zu Hause. Das Kollektiv von knapp zehn Personen ist ausgesprochen gastfreundlich und hat uns problemlos in die allgemeine Betriebsamkeit integriert. Wir haben uns in den Rhythmus dieser Bauern-Züchter-Käser-Wirte-Hausbauer eingeklinkt und arbeiten mit ihnen zusammen: 14 Stunden am Tag im eisigen Winterwind des Minervois. Die Leute von Cravirola sind erst vor sieben Monaten hier angekommen, und es ist noch viel zu tun, damit der Ort so wird, wie sie ihn sich in ihren kühnen Träumen ausmalen. Sie haben den Kopf voller Pläne und jede Menge Energie, doch die Tage haben nicht genug Stunden, um alles umzusetzen. Wir stehen (fast) jeden

Tag um 6 Uhr 30 auf und schließen uns den drei Mitgliedern des Kollektivs an, die die hundert Ziegen, Kühe und Schafe melken. Ein spektakulärer Sonnenaufgang mit Pyrenäen-Kulisse einschließlich schneebedeckter Gipfel belohnt uns für das frühe Aufstehen, und rundum ist alles in bläuliches Licht getaucht. Die drei Stunden, in denen wir die Tiere füttern und durch den Melkstand treiben, sind – inmitten des Dufts nach Heu und des scharfen Uringeruchs – spannend und ermüdend zugleich: Ich renne hinter verspielten Ziegen her, die für einen wie mich, der keine Erfahrung hat, schwer einzufangen sind; ich teile das Heu mit der Forke aus und versuche, dabei niemanden aufzuspießen; ich nehme es mit einem ziemlich dickköpfigen Bock auf; ich sehe zu, wie die »Experten« hier ein hüstelndes Schaf untersuchen und behandeln, da eine Ziege, die Schleim absondert oder ein entzündetes Auge hat.

Nach dem Melken und einem zweiten Frühstück verwandeln wir uns von Bauern in Maurerlehrlinge: Eine neue Käserei wird gebraucht, und das Kollektiv hat nicht genug Zeit für die Bauarbeiten. Wir machen uns also über Beton, Hohlblocksteine und Ziegel her und arbeiten bis tief in die Nacht, um eine ehemalige Garage in eine propere und den Normen entsprechende Käseküche umzuwandeln. Unterdessen kämpfen Fateh, Laura und Britta im Raum neben der Baustelle heroisch gegen den Staub und das Ein und Aus der Bauleute an, um die Käseproduktion nicht einbrechen zu lassen, die das finanzielle Rückgrat des Projekts darstellt.

Die einzigen Unterbrechungen, die uns vergönnt sind, bestehen darin, auf die Schnelle ein paar Brote mit dem hausgemachten Käse zu essen oder dankbar die von Agnes, einer jungen Besucherin, mit Kaffee gefüllten Thermoskannen in Empfang zu nehmen. Immer wieder gibt es auch was zu lachen: beim Anblick eines kreischenden Pfauen, hinter dem ein mehlbestäubter Mann herstürzt und schreit: »Das blöde Vieh kackt genau vor die Glastür und bewundert dabei sein Spiegelbild. Er gehört in den Kochtopf!« Es ist Saïd, der Konditor, dessen Käsekuchen einfach köstlich sind und der den schönen Vogel am liebsten zu Ragout verarbeiten würde.

An unserem ersten Abend in Cravirola hatten uns Marie und Laura zwar ausgesprochen herzlich empfangen, doch beim Essen herrschte eher betretenes Schweigen. Auch bei der anschließenden Zusammenkunft, bei der wir unser Projekt vorstellten, schlug uns Skepsis entgegen. Axel, einer der Pioniere des Projekts, konnte mit unserer Idee, vor Ort eine Dokufiktion zu drehen, die in einer Zukunft nach dem Crash angesiedelt sein sollte, nicht viel anfangen. »Wir bereiten uns hier nicht auf die Katastrophe vor, was wir hier tun, machen wir aus Überzeugung und für die Gegenwart. Die Krise haben wir bereits jetzt.« Wir einigten uns also darauf, dass wir erst einmal eine Woche lang nicht filmen, sondern uns kennenlernen würden.[113] Dieses erste Treffen war von Verlegenheit überschattet, andererseits aber auch faszinierend. Eine ausführliche Diskussion über die geplante Zentralheizung für das Haus (in dem es bisher nur einen Kamin gab) gewährte uns Einblick in die Prioritäten der Gruppe: Die Debatte drehte sich vorrangig um ökonomische Vor- oder Nachteile der Energieträger (Holz, Gas) und weniger um ökologische Aspekte. Paul, der einzige Bauernsohn unter den Beteiligten, ein Tausendsassa, der zugleich Tierzüchter, Bäcker, Heimwerker und Musiker ist, verkündete, er sei nach Monaten des ergebnislosen Grübelns inzwischen so weit, sich dem Projekt auf Dauer anzuschließen. Er hatte genauer wissen wollen, wozu man sich der Gruppe gegenüber verpflichte. »Ihr habt euch langfristig festgelegt. Mir macht das ein bisschen Angst«, hatte er gesagt. Laura brauchte nicht lange nachzudenken, um ihm auf die denkbar schlichteste Art zu antworten: »Wir sind alle ganz ernsthaft engagiert, jeden Tag – nicht mehr und nicht weniger.«

Nach einigen Tagen hat sich die erste Befangenheit vollkommen gelegt, und der Funke zwischen diesen jungen Bauern und Bäuerinnen und uns »neo-ruralen Aspiranten« ist schnell übergesprungen.

Eines Morgens erzählt uns Aymeric – wir sind gerade auf dem Rückweg vom Schafstall – seinen erstaunlichen Lebensweg. Er wuchs zwischen dem Limousin und Paris auf und hat immer das Land geliebt, doch er landete in einer Handelsschule in Angers. »Ich habe die Schule als ein ziemlich angepasster Typ verlassen«, erzählt er uns. Mit seinem verfilzten Rotschopf und dem Dreitagebart können wir ihn uns kaum als Geschäftsmann oder Informatiker in Anzug und Krawatte vorstellen. »Damals hätte ich wahrscheinlich sogar Sarkozy nicht schlecht gefunden, selbst wenn mich seine Politik in Sachen Innere Sicherheit und Soziales vielleicht schon geärgert hätte. Jahrelang habe ich als Informatiker gearbeitet. Ich war leitender Manager in einer Firma. Da ist es vorgekommen, dass ich, nur um an einer Sitzung von zwei Stunden teilzunehmen, nach Dubai geflogen bin. Die große Wandlung hat sich bei mir vollzogen, als ich, statt den Militärdienst abzuleisten, in Abidjan für die OECD tätig war – ich wollte kein Soldat mit Gewehr sein, also wurde ich zum Soldaten im Wirtschaftskrieg. Während des Staatsstreichs von 1999 war ich in der Elfenbeinküste, und das hat mir die Augen geöffnet. Allmählich habe ich kapiert, wo die eigentlichen wirtschaftlichen Interessen der verschiedenen Akteure und Betroffenen liegen und vor allem, dass Afrika mit diesem System nicht die geringste Entwicklungsmöglichkeit hat. Ich bin nach Frankreich zurückgekehrt, und da habe ich x-mal den Arbeitsplatz gewechselt, weil ich mir immer einbildete, das Problem liege in meinem Job. Aber natürlich lag es ganz woanders. Ich habe alles daran gesetzt, gekündigt zu werden und mich dann im Limousin niedergelassen. Ich fragte mich: Wie soll ich dieses neue Leben beginnen? Nachdem ich eine Bestandsaufnahme meiner Stärken und Schwächen gemacht hatte, habe ich in Lyon einen Aufbaustudiengang angefangen. Dabei bin ich zufällig auf die Zeitschrift *S!lence*[114] gestoßen und habe der Redaktion angeboten, Reportagen über alternatives Wirtschaften zu schreiben. Ich war damals überzeugt, dass nachhaltige Entwicklung eine Sackgasse ist, ein Konzept und eine Praxis, die nicht tragfähig sind und mit der ich absolut nicht einverstanden war. Bei der Arbeit an einer dieser Reportagen entdeckte ich Cravirola …

und knapp ein Jahr danach bin ich hierher gezogen. Ich habe nie zurückgeschaut, es gibt nichts an meinem früheren Leben, was ich vermisse.«

Dieselbe stille Zufriedenheit bei Jérémie, über den wir dank einer Sondernummer der Sportzeitung *Équipe* ein paar Tage später erfahren, dass er Thierry Henry, den berühmten Kicker, an der Fußballschule von Clairefontaine trainiert hat. Während das Fußballmagazin mit den Fotos der Trainer von Henry im Gemeinschaftsraum die Runde macht und alle, die Jérémie erkennen, amüsiert, bleibt der bei seiner Gelassenheit und seinem freundlichen Lächeln. Er erzählt, er habe nie Profi-Fußballer werden wollen, sei nach seiner Berufsausbildung ein paar Jahre Sportlehrer gewesen und habe sein Glück bei den Ziegen, in der Natur und im Zusammenleben im Kollektiv gefunden.

Der Wind heult. Wir sind bis auf die Knochen durchgefroren. Nichts Besonderes in dieser Gegend, die von mehr als einem Dutzend Winden durchweht wird, die vielsagende und zum Teil poetische Namen tragen: der Alba- und der Autan-Wind, der weiße und der schwarze Autan, der Nordwind oder die Bise (»das Küsschen«), der Cers, der Gregale, der Marin (»der Matrose«) oder auch die Tramontane. Es gibt kaum mehr als vierzig Tage im Jahr, an denen keiner von ihnen weht, und diese eisigen Luftzüge sind für die Arbeit im Freien nicht besonders förderlich.

In der frischen Bergluft von Cravirola spüre ich wieder einen Druck, dessen Abwesenheit ich in den ersten Monaten unserer Reise genossen hatte. Während es in Landmatters, Can Masdeu oder La Vieille Valette darum ging, mit wenig auszukommen – Wegfall von Miete oder Auslagen, kaum Ausrüstung oder Gepäck –, um langsamer und unabhängiger leben zu können, ist in Cravirola keine Minute zu verlieren: das Gelände ist weitläufig, die Arbeiten vielfältig und dringend zu erledigen und die Schulden drücken. Die Bedürfnisse der Einzelnen sind sehr bescheiden, aber das Projekt insgesamt stellt höchste Anforderungen. Das Ausmaß dessen, was hier zu leisten ist, und die Arbeitsbedingungen haben schon manch einen abgeschreckt, doch andererseits scheint man an diesem Ort gerade die Herausforderung zu mögen.

Die Vorgeschichte des Projekts besteht aus einer ganzen Reihe von Waghalsigkeiten. Axel und Britta, ein junges Paar aus Deutschland, hatten sich zwanzig Jahre zuvor in das Tal von Cravirola in den Alpen nahe der italienischen Grenze verliebt. Sie kauften die Ruine einer armseligen Hütte in La Brigue, einem winzigen Ort, zu dem keine Straße führte, sondern den man nur zu Fuß erreichen konnte (in zwanzig Minuten Entfernung von der befahrbaren Route). Das Paar renovierte das Häuschen. »Wir kamen aus dem Hausbesetzermilieu in Berlin, kannten nichts als das Leben in der Stadt und hatten keine Ahnung von dem in den Bergen. Wir waren unglaublich naiv und hatten vor nichts Angst«, erzählt uns Axel in einer Kaffeepause, als wir unsere Maurertätigkeit kurz unterbrechen. »Wir haben damals ein Buch mit dem Titel *Mein Garten und ich* gekauft und

Möhren gesät, die nicht wachsen wollten. Die Nachbarn haben uns gesagt, dass wir düngen müssen. ›Düngen?‹ haben wir blöd gefragt. ›Davon steht nichts in dem Buch.‹ Dann haben Leute aus der Nachbarschaft uns gebeten, ihre Ziegen zu übernehmen, weil sie wegmussten. Am Anfang lief das total chaotisch, wir hatten ja keine Ahnung … Wir wussten einfach nicht, wie's geht. Wir hatten fünfzig Tiere und konnten sie nicht voneinander unterscheiden. Wir haben versucht, sie zum Melken abzuzählen. Das ging alles so langsam, dass wir immer wieder von vorn anfangen mussten, wenn wir gerade fertig waren. Wir haben von fünf Uhr früh bis elf Uhr in der Nacht gearbeitet und konnten nie weg. Zehn Jahre lang haben wir 16 Stunden täglich geackert. Das war ganz schön hart. Glücklicherweise habe ich nach ein paar Jahren in La Brigue eine der Longo-Maï-Kooperativen kennengelernt, und da habe ich meinen Traum verwirklicht gesehen: ein engagiertes Kollektiv, das von der Landwirtschaft lebt, nachdem es mit nichts angefangen hat. Das hat mir die Kraft gegeben, in den harten Zeiten durchzuhalten. Wir wollten auch so ein Kollektiv aufbauen, aber die Anfänge waren ziemlich primitiv: Wir hatten nicht mal ein Klo, wir sind einfach auf den Misthaufen gegangen. Vielen Leuten ist so ein Leben schwergefallen.«

Aber nach Jahren intensiver Arbeit verwandelte sich die Hütte in ein großes Haus, in dem man sich gerne aufhielt, auch dank der wunderschönen Gestaltung, die Katia, einer Bildhauerin, zu verdanken war, die sich mit Axel und Britta zusammentat. Nachdem Laura, Jérémie, Said, Fateh und Aymeric zu ihnen stießen, entstand allmählich ein kleines Kollektiv. Grundlage waren Herstellung und Verkauf von Ziegenkäse an der Côte d'Azur, was sich als äußerst lukrativ erwies. Parallel dazu wurden vielfältige kulturelle Aktivitäten in La Brigue organisiert: Theateraufführungen, Konzerte, Festivals – bis die Gruppe 2005 zu dem Schluss kam, dass ihr dieser »Schuh« zu klein geworden war und sie sich auf die Suche nach einem neuen Ort mit mehr Platz machte, einem Ort, der zugänglicher sein und ihren Ansprüchen besser entsprechen sollte.

An diesem Punkt wurde alles kompliziert: Land ist in Frankreich für Bauern, die einen landwirtschaftlichen Betrieb aufbauen wollen, kaum noch zu haben. Die Bodenpreise sind in den letzten Jahren unablässig gestiegen, unter anderem dadurch, dass man immer mehr kleine ländliche Grundstücke als Baugrundstücke für Häuschen mit Garten freigegeben hat, und durch die Zunahme von Zweitwohnsitzen auf dem Land, die besonders gerne in alten Bauernhäusern eingerichtet werden. Im Jahr 2006 sind auf diese Weise 92 000 Hektar der landwirtschaftlichen Nutzung entzogen worden, und der Druck auf die Bodenpreise nimmt weiter zu.[115] Außerdem haben das System von Subventionen und Prämien sowie eine allgemeine Tendenz zur Professionalisierung, zur Spezialisierung und zur intensiveren Bewirtschaftung in der Landwirtschaft dazu geführt, dass die Betriebe immer größer werden. So ist zwischen 2000 und 2005 die Zahl der Betriebe mit einer Fläche von über 200 Hektar um fast 20 % gestiegen, während die mit einer

Fläche von weniger als 50 Hektar um mehr als 25% zurückgegangen ist.[116] Diese Entwicklung hat die Spezialisierung noch weiter gefördert: Die Mischkultur im Zusammenhang mit der Viehhaltung ist zwischen 2000 und 2005 um 17% rückläufig gewesen, und die Zahl der landwirtschaftlichen Nebenerwerbsbetriebe (mit rund zehn Hektar und einem ökonomisch unbedeutenden Ertrag) hat in weniger als zwanzig Jahren um die Hälfte abgenommen.[117]

Das erklärt, warum es für die jungen Landwirte ohne ererbten Besitz oder Kapital schwierig war, etwas zu finden. Dennoch entschied die Gruppe, als sie in der Nähe von Minerve die Domaine du Bois entdeckte, das Wagnis einzugehen und zu versuchen, dieses Land zum relativ hohen Preis von 1,2 Millionen Euro zu erwerben, indem sie alle finanziellen Mittel, die ihnen gemeinsam zur Verfügung standen, aufbrachte. Mit 270 Hektar Boden, der für die Biolandwirtschaft zertifiziert war, einem großen Wohnhaus, einem noch größeren Gästehaus mit zwanzig Räumen, darunter einem Restaurant, einer Bar, einem Kühlraum sowie Gästezimmern mit Bad und zwei Schlafsälen, mit einem Campingplatz, einem Swimmingpool – und all das auf einem Plateau über der Schlucht des Cesse-Flusses mit einem herrlichen Blick bis zu den Pyrenäen – lässt dieser Ort wirklich nichts zu wünschen übrig. Doch es gab einen Haken: Der Hof La Brigue musste verkauft werden und würde damit sehr wahrscheinlich zu einem weiteren Ferienhaus für reiche Städter. Nachdem zwanzig Jahre lang hartnäckig daran gearbeitet worden war, den Flecken Land in einen bäuerlichen Betrieb umzuwandeln, wäre diese Vorstellung unerträglich gewesen.

Axel wurde also von der Gruppe dafür abgestellt, das Unmögliche möglich zu machen und das neue Projekt zu finanzieren, ohne das bisherige dem Markt preiszugeben, den Hof vielmehr einer engagierten Gruppe zu überlassen, die Landwirtschaft treiben wollte. Der Hof von La Brigue und die Domaine du Bois bei Minerve sollten beide der Bodenspekulation entzogen werden.

«Ich habe mich zwei Jahre damit beschäftigt, Dokumente im Internet herunterzuladen, mir die ganze Spezialliteratur reinzuziehen. Es gibt gar nicht wenige Kanzleien, die uns gerne geholfen hätten, aber sie verlangten dafür 50 000 Euro. Ich hab mir lieber ein Buch für 56 Euro gekauft und alles selber gelernt«, erzählt er.

Ironischerweise stellte sich als Lösung eine Art Kapitalgesellschaft, die SAS (Vereinfachte Aktiengesellschaft nach französischem Recht) heraus, eine Erfindung des französischen Arbeitgeberverbands, die dazu dient, den Aufbau von Unternehmen zu erleichtern und den Einfluss der Gesellschafter vom Kapital, das sie eingebracht haben, abzukoppeln.[118] Diese Struktur, die eine freie Gestaltung der Statuten und der internen Beziehungen zwischen den Teilhabern erlaubt, wird genutzt, wie die Craviroler gerne ein wenig maliziös betonen, »um eher libertäre als liberale Zielvorstellungen zu verwirklichen«.

Um diese umzusetzen, scheute sich Axel nicht, sich selber

zu enteignen: Der Wert des Hofes von La Brigue wurde in Aktien umgewandelt, die die SAS nicht veräußern darf. Die Gesellschaft, die den Namen »Terres Communes« («Gemeinschaftsland«) trägt, ist faktisch Eigentümerin von La Brigue, der Domaine du Bois und eines weiteren landwirtschaftlichen Betriebes, Terres de Brunel (in der Ardèche), dessen Betreiber dieselben Zielvorstellungen haben wie die Gruppe um Axel und die anderen. Blieb das Problem, dass der Kaufpreis für die Domaine du Bois aufgebracht werden musste. Die Lösung schien darin zu liegen, möglichst viele Menschen zu finden, die die Wertvorstellungen des Kollektivs teilen und eine bestimmte bäuerliche Landwirtschaft erhalten wollen, ohne selber in der Landwirtschaft tätig zu sein. Auf diese Weise könnten die Güter der Terres Communes geschützt werden, weil es schwierig wäre, sie zu verkaufen, wenn sie unter einer sehr großen Zahl von Eigentümern aufgeteilt sind. Schließlich wurde der erforderliche Betrag aufgebracht, indem sich um die fünfzig Geber zusammentaten: Freundinnen und Freunde, Eltern und andere Unterstützer; zusätzlich wurde ein großer Bankkredit aufgenommen.

Ganze drei Jahre vergingen von der Entscheidung, La Brigue zu verlassen, bis zum Einzug in die Domaine du Bois: ein Jahr, bis man das richtige Land gefunden hatte, zwei Jahre, um die Struktur aufzubauen und das Geld aufzubringen. »Bis zum letzten Augenblick plagten uns Zweifel, haben wir Dinge umgestellt, haben gehofft, waren enttäuscht. Es war wahnsinnig schwer, das Geld zusammenzukriegen. Immer, wenn wir dachten, jetzt ist es geschafft, hat sich irgendetwas gegen uns verschworen«, erzählt Laura, die seit fünf Jahren dem Kollektiv angehört. »Das war ein sehr anstrengender Prozess, der immer wieder das Ganze fast infrage gestellt hätte.« Doch dank der Struktur, die durch die SAS Terres Communes gegeben war, gelang es schließlich, einerseits La Brigue einer Gruppe junger Bauern zu übergeben, andererseits die große Domaine du Bois im Februar 2007 zu kaufen.

Die Struktur von Terres Communes ist darauf ausgelegt, die Interessen derer zu schützen, die auf dem Land wohnen und arbeiten, und nicht die der Aktionäre, deren Investition also eine politische ist. Entscheidungen werden von zwei Arten von Aktionären ausgehend getroffen: Es gibt zum einen die Mitglieder der drei Kollektive, die tatsächlich das Land bearbeiten, das den Terres Communes gehört, zum anderen die Aktionäre, die Sympathisanten des Projekts sind. Die erstgenannte Gruppe verfügt über 48 % der Stimmen, wobei diese gleichmäßig (zu je 16 %) unter den drei Kollektiven aufgeteilt sind. Die zweite besteht aus allen anderen Aktionären und repräsentiert 52 % der Stimmen; in diesem Fall hat jede Person eine Stimme, unabhängig davon, wie viele Aktien sie hält. Es ist von entscheidender Bedeutung, dass der Großteil der Aktionäre der zweiten Art kein anderes Interesse verfolgt als den Erhalt des Kollektiveigentums und somit Garant der Wertvorstellungen des Projekts ist. Die starke Beteiligung derjenigen, die vor Ort leben und arbeiten, entspricht dem Anliegen, dass das Land für die da sein soll, die es bearbeiten. Jeder Hof hat seine eigene unabhängige juristische Form: Cravirola (der Name ist mit dem Kollektiv ins Hérault gezogen) ist eine Produktions-Kooperative, die Le Maquis («die Macchia«) verwalten wird (wie das Kollektiv die Domaine du Bois umbenannt hat), während die anderen Höfe sich für die Vereinsform entschieden haben. Alle drei sind durch einen langfristigen Pachtvertrag an die SAS Terres Communes gebunden, und jeder Betrieb zahlt, je nach den eigenen Möglichkeiten, eine Pacht. Auf diese Weise ist es dem Kollektiv Cravirola dank der Terres Communes gelungen, vom Privateigentum zum Kollektiveigentum derer, die es nutzen, hinüberzugleiten, und das vollkommen legal.

Wir sind beeindruckt, nicht nur von Axels Findigkeit und seinem Durchhaltevermögen bei der ebenso komplizierten wie effizienten juristischen Lösung, sondern auch von seiner Großzügigkeit. Man muss schon echte Überzeugungen haben, um ohne weiteres die Frucht jahrelanger Arbeit zu verschenken und alles im Namen des Antikapitalismus, der bäuerlichen Kultur und der Wiederbelebung des bergigen Hinterlandes ein paar jungen Leuten zu überlassen. Aber Axel sieht es nicht so. Für ihn geht es hier nicht um Großzügigkeit, sondern um Kohärenz: »Ich habe mich nie als Besitzer von La Brigue verstanden. Mein Name stand auf den Papieren, aber das, was der Ort tatsächlich war, entstand durch die Arbeit vieler Menschen über Jahre hinweg. Auf dem Papier war ich auch der einzige Landwirt auf dem Hof. Alle, die mal dort gewesen sind, wissen sehr wohl, dass das nicht der Realität entsprach. Ich hatte lange schon nach einer Möglichkeit gesucht, das richtigzustellen, aber das ging nicht so einfach.«

Trotzdem ist das Projekt nicht frei von Widersprüchen: Obwohl alles dafür in Bewegung gesetzt wurde, das Privateigentum zu beschneiden und landwirtschaftliches Gebiet der Immobilienspekulation zu entziehen – und auf diese Weise ein antikapitalistisches Modell zu verwirklichen –, ist es doch durch seine Bindung an die Banken zugleich stark abhängig von diesem System. Die Gruppe sieht sich so mit einer typischen Verkettung konfrontiert: Es muss viel Milch produziert werden, um genügend Käse herstellen zu können, der auf den Märkten der Côte d'Azur, wo die Reichen einkaufen, veräußert wird – das ist das Geschäftsmodell, das es dem Kollektiv ermöglicht, die beträchtlichen monatlichen Abzahlungen zu leisten.

So entsteht ein großer Druck. Jeden Morgen, wenn der kleine Traktor die Milchkannen vom Schafstall zur Käserei fährt, liegt allen die bange Frage auf der Zunge: »Und wie viel Milch gab es heute?« Der nicht abbezahlte Kredit hängt wie ein Damoklesschwert über La Cravirola.

Damit sind auch schmerzliche Kompromisse verbunden. Das entdecken wir, als Marie und Laura eines Tages von Einkäufen bei einem Billig-Supermarkt zurückkehren. Während von allen so viel Mühe darauf verwendet wird, gesunde Biolebensmittel von hoher Qualität herzustellen, schockiert es uns, kartonweise industrielle Milch und Mayonnaise- oder Ketchupflaschen für die Mahlzeiten des Kollektivs zu sehen. Andererseits besteht das Essen in Cravirola ganz überwiegend aus den Milchprodukten und dem Fleisch, die hier produziert werden. Das Land wurde zusammen mit einer ganzen Herde von Aubrac-Rindern gekauft. Diese fast wilden Tiere grasen frei auf den Weiden des Guts (und spazieren gar nicht selten zum Verdruss mancher Nachbarn auch auf deren Land) und dienen der Biofleischproduktion. Was den Gemüsegarten angeht, der auf dem ehemaligen Hubschrauberlandeplatz angelegt werden soll, so ist daraus aus Zeitmangel bisher noch nicht viel geworden, und so ist Gemüse eher rar. Ehrlich gesagt, fangen wir Fast-Vegetarier nach zehn Tagen allmählich an, von Salat und Gemüse zu träumen. Und wir sind nicht die Einzigen. »Bevor ich nach Cravirola kam, habe ich in Lyon zusammen mit anderen eine Gemüsekiste gegründet, also die Direktvermarktung in Form eines Abos bei den Bauern der Umgebung für städtische Haushalte. Ich habe wie blöd geackert und mich für Bio-Lebensmittel eingesetzt, die vor Ort erzeugt werden und zu einem Preis zu haben sind, der für alle Beteiligten stimmt«, gesteht Marie, die Freundin von Aymeric. »Wenn ich mich hier plötzlich im Supermarkt wiederfinde und Einkäufe zu Discount-Preisen mache, dann ist das ziemlich ätzend.« Aber es sind schwere Zeiten, und die Ausgaben müssen unbedingt niedrig gehalten werden, damit das Projekt überlebt.

Während die Permakultur davon ausgeht, dass man klein anfängt und eine allmähliche Entwicklung anstrebt, die auf eine möglichst weitgehende Autonomie des Projekts abzielt (um die Widerstandsfähigkeit des Projekts sicherzustellen), hat Cravirola mit Le Maquis einen anderen Weg eingeschlagen. Die Gruppe hat sich dazu entschlossen, das Potenzial des Ortes auszuschöpfen, vorübergehend gewisse Prinzipien hintanzustellen und ein Projekt aufzubauen, das am Ende der Ethik, von der die Gruppe geleitet ist, entsprechen wird. So hat Cravirola in einen großen Besitz mit bedeutender Infrastruktur in der Hoffnung investiert, diesen in einem überschaubaren Zeitraum in einen vorbildlichen Biobetrieb zu verwandeln, der zugleich ein echtes politisches Projekt werden soll, das Aktivistinnen und Aktivisten aus aller Welt beherbergt. Deshalb hat sich die Gruppe gegen den Erwerb eines kleineren und kostengünstigeren Besitzes und gegen eine finanziell unkompliziertere Situation entschieden, die es ihnen ermöglicht hätte, zunächst einmal die Unabhängigkeit hinsichtlich der eigenen Lebensmittel- und Energieversorgung zu erlangen, nach und nach lokale Märkte zu erschließen und die Futtermittel für das Vieh selber zu erzeugen – was bedeutet hätte, dass sich das Projekt so langsam wie in La Brigue entwickelt hätte. Bis dahin wird man das Bioviehfutter aus der Camargue kommen lassen und sich weiterhin zweimal pro Woche mit dem Kühlwagen auf die Märkte der Côte d'Azur begeben, weil die nun mal die rentabelsten sind.

»Theoretisch könnten wir die Tiere ausschließlich auf den Weiden fressen lassen und auf das Zufüttern verzichten. Doch das würde bedeuten, dass wir nur vier Monate im Jahr Milch hätten. Das ist ökonomisch untragbar, auch wenn es ökologisch viel ausgewogener ist. Das ist ein Gleichgewicht, das man, besonders zu Anfang, nur ganz schwer halten kann«, erklärt uns Aymeric.

Eine weitere Folge der finanziellen Zwänge, unter denen Cravirola leidet, besteht in den hohen Kosten eines Aufenthalts vor Ort. Selbst wer, wie wir, an diversen Arbeiten teilnimmt, muss – unabhängig von der Dauer des Aufenthalts – eine Pauschale von 45 Euro pro Person und Tag entrichten. Es ist sehr gut nachvollziehbar, dass das Kollektiv mit seinen finanziellen Belastungen nicht in der Lage ist, eine ganze Schar Freiwilliger mit durchzufüttern, zumal diese nicht immer wirklich effizient mitarbeiten. Dennoch bleibt die hier verlangte Summe, verglichen mit La Vieille Valette, wo der Aufenthalt unentgeltlich ist, und mit Can Masdeu, wo er einen Euro pro Tag kostet, erheblich. Man tröstet sich darüber hinweg, indem man sich sagt, es kommt einem hochinteressanten Projekt zugute. Nicht nur finanziell ist also der Preis hoch, den Cravirola zu zahlen hat, sondern auch politisch, und das zudem auf einer weiteren Ebene: Die Mitglieder des Kollektivs sind übereingekommen, vorläufig keine politischen Aktivitäten zu unternehmen, bei denen es zu Verhaftungen oder hohen Geldstrafen kommen könnte, also keine Aktionen des zivilen Ungehorsams.[119] Das war keine leichte Entscheidung, und für manche, wie Aymeric und Marie, die gerne weiterhin Felder mit gentechnisch veränderten Pflanzen besetzen und abmähen würden, bleibt sie frustrierend.[120]

Trotz solcher Spannungen und inneren Widersprüche kann man den hohen Anspruch des Projekts nur bewundern. Ein roter Aktenordner, der seinen Platz auf dem Klavier hat und als »Die Bibel« bezeichnet wird, enthält zweihundert Seiten Pläne und Überlegungen einschließlich komplexer Tabellen, alle bezogen auf unterschiedlichste Aktivitäten, die sich das Kollektiv für die Zukunft vorgenommen hat.

Jérémie erzählt: »Als wir in La Brigue noch auf den Umzug warteten, haben wir uns manchmal gelangweilt und die Zeit genutzt, um über das neue Projekt zu diskutieren. Das hat uns sehr geholfen, unsere kollektive Diskussionskultur zu entwickeln, selbst wenn wir uns heute gar nicht mehr so sehr auf ›Die Bibel‹ beziehen.«

»Die Bibel« beschreibt die Vision eines auf ökologischen Prinzipien beruhenden bäuerlichen Betriebs mit einem künstlerischen und kulturellen Anspruch. Die Zielvorstellung ist die des Hofs als geschlossener Kreislauf (Futtermittel, die auf dem eigenen Land angebaut werden, Mist der eigenen Tiere als Düngemittel etc.) und Direktverkauf und -einkauf für alles andere. Das außerordentliche Potenzial des Guts hinsichtlich einer Diversifikation der Produktion über Fleisch und Käse hinaus soll durch die Herstellung von Brot, Bier, Konfitüren, Saft und Eis ausgeschöpft werden. Auf lange Sicht sind darüber hinaus angedacht: Windkraft-, Sonnenenergie- oder Biogasanlagen, die Einbeziehung des Flusses Cesse am Fuß des Plateaus, das Anlegen eines Speichersees, die Einrichtung von Trockentoiletten und solar erwärmter Duschen oder auch die Phytoepuration, ein Verfahren der Abwasserreinigung durch Pflanzen.

Die Gruppe hat sich außerdem, um sich vielfältiger zu

engagieren und die Kulturprogramme fortzusetzen, die in La Brigue zur Tradition gehörten, für Besucher geöffnet. Es gibt eine Herberge und Gästezimmer, deren Namen und Gestaltung etwas vom Geist des Projekts verraten: 1871, als Hommage an die Commune; 1975, zur Würdigung des Gesetzes Simone Weil zur Schwangerschaftsunterbrechung; 1994, um an den Aufstand der Zapatisten zu erinnern.

Die bewaldete Fläche hinter den Gästezimmern wurde in einen selbstverwalteten ökologischen Campingplatz verwandelt, der von Juni bis August genutzt werden kann; in der dazugehörigen Bar und im Restaurant gibt es die Produkte des Hofes. Die Camper sind nicht nur dazu aufgerufen, den Platz, den dazu gehörigen Fahrradpark und Spielplatz selber zu verwalten, sondern auch Aktivitäten, Ausflüge und Diskussionen zu organisieren. All das wird auf wöchentlich stattfindenden Treffen besprochen, und die Cravirola-Gruppe hofft, dass sich manche Camper darüber politisieren und in Verbindung bleiben. Im Sommer wird alle zwei Wochen ein Programm mit Musik, Theater und Marionettentheater angeboten. »Dieses Projekt«, so Paul, ein Neuankömmling, »ist ein einziges großes Abenteuer. Nichts garantiert, dass es funktionieren wird. Letztes Frühjahr standen wir am Rande des Bankrotts, und auch andere Probleme haben wir noch längst nicht im Griff. Aber man muss nur mal im Sommer herkommen: die Atmosphäre, die Musik, die Feiern, das Zusammensein und Teilen mit den Campern … Das darf doch nicht kaputtgehen. So ein tolles Projekt muss einfach weiterbestehen!«

Doch für Marie, die im Juni nach Cravirola kam, sind die Spannungen, die auf dem Kollektiv lasten, schwer auszuhalten: »Ich bin selber mit Schulden großgeworden, ich weiß, was das bedeutet. Und ich verstehe andererseits auch sehr gut, was zu der Entscheidung geführt hat, das Land zu kaufen. Aber ich denke auch, dass die finanzielle Belastung zu Widersprüchen führt, und persönlich hätte ich lieber mehr Unabhängigkeit. Ich hätte zum Beispiel nie gedacht, dass wir so viel Vieh haben würden. Als ich zum ersten Mal mitgemolken habe, hatte ich das Gefühl, in einer Fabrik zu sein. Aber die fälligen Rückzahlungen lassen uns keine Wahl. Das heißt auch, man muss immer arbeiten, hat keine Zeit für sich. Ich finde das ganz schön hart.«

Wie sich dieser Druck anfühlt, erlebe ich selber, als ich einmal nach dem Frühstück keine Lust habe, in die sibirische Kälte zur Käseküche zurückzukehren. Das Feuer knistert gemütlich im Kamin, und ich würde nur zu gerne den beiden Katern Gesellschaft leisten, die sich faul auf dem Sessel räkeln. Die vielen Zeitschriften über Ökologie, Anarchismus und gesellschaftliche Bewegungen, die ordentlich im Regal eingeordnet stehen, üben auf mich eine weitaus größere Anziehungskraft aus als die Betonmischmaschine. Ich setze mich also und blättere in aller Ruhe die *Offensive*[121] durch. Jedenfalls versuche ich es. Meine Gedanken schweifen ab zu der verdammten Mischmaschine, die nach Zement schreit, und zu den Maurern und den Mauern selber, die durch meine Faulheit an ihrem Aufwärtsstreben gehindert werden. Das Schuldgefühl nagt an mir.

Am Ende kommt mir meine Lektüre im Warmen wie der Inbegriff des Egoismus vor, und das vermiest mir das Vergnügen. Ich mache mich also, wenn auch verspätet, doch zur Baustelle auf und entschuldige mich bei den anderen: »Ich wollte ein bisschen aussetzen, aber dann habe ich mich schlecht dabei gefühlt und bin doch gekommen.« Aymeric lacht los: »Ah, der Druck des Kollektivs! Mit dem ist ganz schwer umzugehen.«

Und das ist nicht nur in Cravirola so: Die meisten Beteiligten an kollektiven Projekten, die wir bisher kennengelernt haben, sprechen davon, dass sie ständig den Druck verspüren, ein Gleichgewicht zwischen den Forderungen der Gruppe und den persönlichen Wünschen zu finden. Aber diese Spannung ist hier noch dadurch verschärft, dass die Produktivität stark im Vordergrund steht und so viel zu tun ist, weil die Schulden drücken. Außerdem hat man sich hier gegen feste Regeln für das Gemeinschaftsleben entschieden, worin sich Cravirola beispielsweise von Can Masdeu unterscheidet, wo die Gruppe sich über die Gemeinschaftsaufgaben geeinigt und davon ausgehend einen Arbeitsplan aufgestellt hat, der den Einzelnen genug Zeit lässt, in der sie sich nicht um das Projekt zu kümmern brauchen. Das Schriftstück, mit dem sich die SAS Terres Communes an potenzielle Investoren wendet, betont: »Die Tatsache, dass sich die Mitglieder des Kollektivs frei und nur nach dem Kriterium der Neigung gewählt haben, ist die Grundlage einer weiteren Besonderheit des Projekts: Es gibt keinen schriftlichen Vertrag, keine Statuten oder interne Regelungen. Maßgebend ist allein ein moralischer Vertrag, der auf Einsicht, Vertrauen und der Wertschätzung des anderen beruht.«

Zweifellos ist das Vertrauen ein zentrales Element des Zusammenlebens in Cravirola. Es ist in den menschlichen Beziehungen an diesem Ort bestimmend, auf das Vertrauen baut man bei der Arbeitsverteilung, und es ist auch die Basis für den Umgang mit allem Materiellen. Daher sind Geld, Geräte oder Autos vollkommen im kollektiven Besitz. Es existiert zwar eine offizielle SCOP-Struktur (Produktivgenossenschaft), deren Posten auch auf dem Papier besetzt sind, doch real ist sie bedeutungslos. Es gibt keine individuell ausgezahlten Gehälter. »Wir haben eine Gemeinschaftskasse, in die jeder einzahlt, was er hat, und aus der er herausnimmt, was er braucht. Katia hat von allen die Kontodaten und sorgt für Ausgleich, wenn es nötig ist, indem sie rechts nimmt und links gibt. Nur wenn man eine große Anschaffung machen möchte, fragt man die Gruppe. Selbst wenn man in Urlaub fährt, nimmt man, was man braucht, aus der gemeinsamen Kasse«, erläutert Aymeric die Gepflogenheiten. Auf unsere Frage, ob nicht manche fürchten, von anderen ausgenutzt zu werden, antwortet er: »Nicht wirklich. Man kann es auch gar nicht wissen. Wir haben alle untereinander keine Vorbehalte. So einfach ist das.« In einer Zeit, in der man uns unablässig einredet, dass der Mensch des Menschen Wolf ist und von Natur aus von Gier und Neid getrieben wird, ist dieses kollektive Vertrauen etwas Besonderes. Doch wir können auch nicht umhin, uns zu fragen, ob nicht die Selbstorganisation des Kollektivs ohne fest vereinbarte Regeln stark dazu tendiert, eine »Tyrannei der Aktivsten« hervorzubringen, wobei sich der Rhythmus des Kollektivs nach und nach denjenigen anpasst, die am meisten Energie haben. Und das ist für die Gruppendynamik nicht unbedingt das Beste, denn diejenigen, die mehr Zeit zum Ausruhen, für die Musik, die Kunst oder die Reflexion brauchen oder sie gerne hätten, könnten sich bedrängt fühlen. Dieses Eindrucks können wir uns in Cravirola nicht ganz erwehren.

Wie jeden Abend essen wir alle zusammen an dem großen Tisch im Esszimmer. Wer »Küchendienst« hat, regelt sich, wie alles andere auch, ohne wirklich organisiert zu werden. Zwar ist ein Wochenplan an die Wand gepinnt, doch in den Tagen unseres Aufenthalts in Cravirola haben wir nicht einmal erlebt, dass sich jemand daran gehalten hat.

Um 21 Uhr findet die wöchentliche Zusammenkunft zum Thema »Bilanz und Perspektiven« statt – besonders passend an unserem letzten Abend auf diesem Hof. Das Kollektiv versammelt sich vor dem Kamin, und alle berichten, was sie in der vergangenen Woche getan haben, und sie sprechen über das, was ansteht.

Axel hat in seiner Eigenschaft als Direktor der SCOP Cravirola am Wochenende an einem Regionaltreffen der Kooperativen-Bewegung teilgenommen, von dem er sehr frustriert zurückkam. »Wir sind hier doch nicht zufällig eine Produktivgenossenschaft geworden! Wir meinen es ernst mit den Werten dieser Bewegung, die angetreten ist, das Lohnverhältnis abzuschaffen, die den Menschen und die Solidarität über das Kapital stellt. Derzeit gibt es Bestrebungen, das im Namen der Modernisierung zu verändern, sich von den Grundlagen dieser Bewegung zu verabschieden. Angefangen hat das mit der Namensänderung, indem man das Wort *ouvrier*, »Arbeiter«, gestrichen hat, sodass SCOP jetzt nicht mehr »Kooperativgesellschaft der *Arbeiter* in der Produktion« heißt. Das ist nicht unbedeutend, es ist tatsächlich ein Angriff. Man nimmt sich das Recht, das übliche neoliberale Vokabular zu benutzen: Wir müssen unser Image ändern, ›ohne Tabus die Lenkungsstrukturen der Kooperativen ändern‹. Im Grunde wollen sie nichts anderes als eine Annäherung an die Art, wie der Arbeitgeberverband funktioniert: die Möglichkeit zu viel höheren Zahlungen an die Geschäftsführer, für die Direktoren den goldenen Handschlag. Man müsste dagegen die Debatte über die – geringe – Bedeutung des Geschäftsführers eröffnen, die Idee wieder ins Spiel bringen, dass das jeder sein kann. Dass eine Geschäftsführerin oder ein Geschäftsführer zum Beispiel per Los ermittelt werden könnte.«

Die Gruppe teilt seinen Zorn. »Da müssen wir was unternehmen. Es kann nicht sein, dass wir die Einzigen sind, die sich gegen eine solche Tendenz wenden!«, vermutet Aymeric. »Ganz sicher nicht«, meint auch Axel. »Das Problem ist nur, dass diejenigen, die dagegen sind, fürchten, dass man sie für verschrobene Altlinke hält, wenn sie den Mund aufmachen.« Katia lässt keinen Zweifel, was davon zu halten ist: »Die, die glauben, dass sie die Liberalisierung mitmachen müssen, um zeitgemäß zu sein, sind die verschrobenen Alten. Die Utopisten sind dagegen heute die Avantgarde.« Axel schlägt einen Diskussionskreis zu dem Thema vor, in dem gemeinsam überlegt wird, wie Gegenmacht aufgebaut werden könnte. »Das muss auch von anderen Kooperativen, nicht nur von uns ausgehen. Wir sind sowieso schon als Extreme innerhalb der Bewegung verschrien.« Alle sind sich einig, er soll einen Einladungsbrief in diesem Sinne an die anderen Kooperativen entwerfen. Das Kollektiv von Cravirola weist das Unternehmerische nicht in Bausch und Bogen zurück. »Wir haben keine Angst davor, lukrativ zu wirtschaften, wir müssen sogar lukrativ sein, um den Kredit abzuzahlen, aber wir wollen es auf eine Art sein, die nicht gleichbedeutend mit Ausbeutung oder Selbstausbeutung ist.« Das ist Axels Schlusswort in dieser Angelegenheit.

Ebenfalls aus diesem Grund ist das Kollektiv Teil des REPAS (Netzwerk zum Austausch alternativer und solidarischer Praktiken)[122], in dem sich kleine Betriebe und Vereine verbunden haben, die alle mit grundsätzlich anderen Arbeitsbeziehungen und ethisch vertretbaren Modellen des Wirtschaftens experimentieren. Paul und Jérémie, die an einem Treffen des Netzwerks teilgenommen haben, erzählen von seiner Vielfalt: Bäckereien, Sägewerke, Spinnereien, landwirtschaftliche Betriebe oder Bildungseinrichtungen, die großenteils selbstverwaltet sind und auf alternative und solidarische Vorgehensweisen Wert legen. »Was wirklich beruhigend ist«, resümiert Jérémie, »ist die Tatsache, dass sie alle ganz ähnliche Probleme haben wie wir. Spannungen zwischen den Leuten, die Schwierigkeit, die Energie zum Weitermachen aufzubringen, lebensfähig zu bleiben und nicht immer wieder bis an den Rand der Erschöpfung zu gehen. Also – wir sind hier ganz normal.« Das scheinen alle mit einer gewissen Erleichterung aufzunehmen.

Am nächsten Morgen, als wir gerade im Begriff sind, ins Auto zu steigen, um unserer nächsten Etappe entgegenzurollen, hält uns Axel zurück: »Wisst ihr, ich finde, ihr seid wirklich sehr gut fürs Leben im Kollektiv geeignet. Ich weiß ja, dass ihr euer eigenes kollektives Projekt aufziehen wollt, aber denkt vielleicht auch daran, dass es eine ganze Menge Leute gibt, die neue Projekte anfangen wollen, während die bestehenden dringend neue Energie bräuchten.« Wir fahren los und sind etwas verwirrt. War das eine Einladung, in Cravirola einzusteigen? Jedenfalls fühlen wir uns von dem Kompliment geschmeichelt.

Longo Maï

Wir sitzen auf der Terrasse vor einer Bar in Forcalquier, einem hübschen Dorf im Département Region Alpes de Haute-Provence, und sonnen uns hingebungsvoll wie Katzen in einem beschienenen Fenster – drei Wochen vor Weihnachten. So versuchen wir, uns psychologisch auf unsere nächste Etappe einzustellen: Longo Maï, 35 Jahre alt, die Großmutter der »post-68er« Gemeinschaften. Wir haben über Longo Maï schon alles mögliche Widersprüchliche gehört: eine Sekte unter dem Einfluss eines – wie könnte es anders sein – charismatischen und manipulativen Gurus; radikales Vorbild-Kollektiv, das schon allen möglichen Stürmen getrotzt hat; bevorzugter Zufluchtsort für Autoren auf der Suche nach Ruhe; landwirtschaftlicher Betrieb mit einem legendären freien Radiosender. Schwer zu sagen, woran man sich da halten soll. Zu allem Überfluss hat man uns wiederholt gewarnt: Der Empfang würde möglicherweise kühl, wenn nicht sogar abweisend bis aggressiv gegenüber uns Neuankömmlingen sein.

Etwas angespannt machen wir uns also auf den Weg zu unserer nächsten Herausforderung, wobei uns auffällt, dass die Utopie sich offenbar gerne in der Höhe ansiedelt: Longo Maï liegt hoch oben auf dem Plateau von Limans, und unser alter Laster kriecht mühsam im zweiten Gang das steile Sträßchen hoch.

Schüchtern und zögerlich sind wir schließlich bis zum großen Gemeinschaftssaal vorgedrungen, der mit seinen hohen Decken und unverputzten Balken, den Steinwänden, dem riesigen Kamin und den großen Holztischen wie ein rustikales Restaurant wirkt – ein sehr gut besuchtes: plaudernde und essende Menschen jeden Alters sind hier versammelt, vor sich dampfende Speisen, die aus der professionellen Küche nebenan kommen. Wir sehen uns suchend nach einem einladenden Blick um, als uns auch schon jemand zuruft: »Hallo, ihr müsst Isa und John sein, ich habe euch schon erwartet. Ich bin Joëlle. Mögt ihr ein Glas Wein?« Während sie uns eine Karaffe Weißwein bringt, der von einer anderen Longo-Maï-Kooperative hergestellt wird, sehen wir uns an: Wenn *das* aggressiv ist …

Schon am Nachmittag hatte sich unsere Unsicherheit dank Johann, einem jungen Bretonen, fast verflüchtigt. Er lebt seit annähernd fünf Jahren in Longo Maï. Als er uns besonders liebenswürdig empfing, waren wir aber die Furcht nicht ganz losgeworden, dass er die Ausnahme von der Regel sein könnte. Der Abend mit der rundlichen, lebhaften Joëlle zerstreut endgültig unsere Bedenken. Die Großmutter zweier Enkel lebt schon seit zwanzig Jahren in Longo Maï, ist ausgesprochen leutselig, lacht gern, hat eine große Klappe und viel Temperament. Wenn die fidele Mittfünfzigerin, die aber zehn Jahre jünger wirkt, von ihrer Vergangenheit als Punk mit roten Haaren, schwarzen Klamotten und Schnürstiefeln erzählt, nimmt man ihr ab, dass sie sich ihren rebellischen Geist erhalten hat. »Im Mai ’68 war ich sechzehn. Ich habe also mehrere Generationen von Aufmüpfigen vorbeiziehen sehen und bald kapiert, dass es wahrscheinlich nicht gelingen würde, alles zu verändern, aber dass ich mich immer besser mit denen amüsieren würde, die kämpfen, als mit denen, die aufgeben und sich unterwerfen – auch falls die Zukunft finster aussehen sollte.« Damit ist der Ton für den Abend vorgegeben, an dem die Anekdoten über die wilden Jahre in den Londoner Squats der 1970er Jahre, den *free festivals*[123] und den Konvois der *travellers*[124] nicht mehr abreißen. Von den Zeiten, die sie auf der anderen Seite des Ärmelkanals verbracht hat, sind ihr ausgezeichnetes Englisch, eine Passion für die Monty Pythons (von denen sie Filme, Sketche und Raritäten sammelt) und die Fähigkeit geblieben, unterschiedliche politische Kontexte und Praktiken zu verstehen. Daher interessiert sie sich auch besonders für unsere britischen Erfahrungen.

Den ganzen Abend über werden wir immer wieder von bisher Unbekannten begrüßt, umarmt und aufs Herzlichste willkommen geheißen. Es fällt uns schwer zu begreifen, warum die Leute hier in dem Ruf stehen, kratzbürstig und abweisend zu sein.

Wie immer auf unserer Reise fängt auch in Longo Maï unser erster Tag mit dem traditionellen Rundgang an. Nach einem üppigen Frühstück, das aus hausgemachten Köstlichkeiten – Brot, Konfitüren, Honig – besteht, machen wir uns mit Johann und Joëlle auf den Weg, was bedeutet: auf die steilen Pfade durch die dreihundert Hektar Land, die zu Longo Maï gehören. Unser Spaziergang nimmt in diesem Fall die Form einer ausgiebigen Unterrichtsstunde über die Geschichte der radikalen Bewegung an: Jeder Stein, jede Anhöhe dieses Geländes, von dem man das Tal überblickt, birgt eine Geschichte, eine Anekdote, ein Stück eines faszinierenden Puzzles der 35 Jahre von Longo Maï.

Unser Ausgangspunkt ist das Dörfchen Grange Neuve, der Mittelpunkt der Kommune mit dem Gemeinschaftssaal, in dem zusammen gegessen wird und die Versammlungen der rund einhundert »Longos«[125] stattfinden. Wir sind kaum die ersten zehn Meter gegangen, da hält Joëlle auch schon inne, um uns vom »Amphitheater-Putsch« zu erzählen. »Es ist immer eine große Herausforderung gewesen, die rund hundert Menschen, die hier leben, unterzubringen: Es fehlt einfach der Platz. Jahrelang haben wir in Schlafsälen oder Zelten gelebt. Wir hatten unzählige Treffen, auf denen wir immer wieder beschlossen, neue Unterkünfte zu bauen. Weil das aber einfach nicht passierte, hatten manche schließlich die Schnauze voll und haben geputscht: Genau hier haben sie ein Riesenloch gebuddelt, um das Fundament anzulegen. Das Problem aber war, dass das Ganze wegen der Neigung ins Rutschen kam und sie wieder aufhören mussten. Es musste also eine neue Versammlung einberufen werden, um zu entscheiden, was jetzt geschehen sollte. Es kam natürlich nicht in Frage, dass an dieser Stelle mit dem Hausbau weitergemacht würde; denn das hätte bedeutet, den Putsch im Nachhinein zu legitimieren. Also heckten wir die tollsten Ideen aus, was jetzt mit dem Loch gemacht werden könnte. Und natürlich fiel die Entscheidung auf die verrückteste von allen. Hier nun, verehrte Herrschaften, das extravagante Ergebnis: ein Amphitheater mit siebenhundert Plätzen, in dem jeden Sommer Konzerte, Festivals, die Feier der Abschaffung der Feudalrechte am 4. August 1789 oder das traditionelle Erntedankfest gefeiert werden.«

Wir kommen an der semiprofessionellen Werkstatt vorbei, in der eine Mechaniker-Crew von früh bis spät in ölverschmierten Hemden Autos, LKWs und Landmaschinen repariert. Wir lassen den »Taubenschlag«, eine Gebäudegruppe, in der etwa zwanzig Menschen wohnen, rechts liegen. Ein Pfad führt nach Fatsa, ein winziges Dörfchen, das diesen Namen trägt, um die türkische Stadt zu ehren, die sich vor dem Militärputsch von 1980 eine echte kommunale Selbstverwaltung gegeben hatte.[126] Eines der Häuser war in den 1980er Jahren aus Strohballen errichtet worden, um rasch eine Unterkunft für kurdische Flüchtlinge zu schaffen, doch inzwischen übernachten Besucher darin. Ein anderes, das wegen seiner Gewölbe und seines Kuppeldachs »die Moschee« genannt wird, ist aus Lehmziegeln gebaut. »Wir haben sie dem Test unterzogen wie beim Märchen von den drei kleinen Schweinchen«, erklärt uns Joëlle, »und, na ja, dabei zeigte sich, dass das Strohhaus das stabilste ist. Die Kuppel des Lehmhauses ist eingestürzt, und nun ist es leider nicht mehr bewohnbar.«

Gleich daneben steht ein hübsches kleines Gebäude, auf das unsere Gastgeber besonders stolz sind. »Das ist der bioklimatische Sanitär-Block, den wir 2001 während unseres Alternativtreffens zu den Anti-G8-Aktionen in Genua gebaut haben«, erzählt Joëlle. »Wir waren davon überzeugt, dass Genua nicht wirklich ein Erfolg werden würde, weil wir nicht mehr wie in Seattle oder Prag mit dem Überraschungseffekt rechnen konnten. Außerdem fürchteten wir, dass es zu blutiger Gewalt kommen würde. Wir waren sehr traurig, als wir damit Recht behielten.[127] Wir haben also beschlossen, hier ein sechswöchiges Treffen zu organisieren, bei dem an den Nachmittagen politische Workshops und Diskussionen stattfanden, während wir an den Vormittagen das bioklimatische Haus bauten. Das ist eine ziemlich ›longo-gemäße‹ Herangehensweise: Wir versuchen, möglichst die intellektuelle Arbeit nicht von der manuellen zu trennen, die Politik nicht vom Alltag. Eine Gruppe hat sich sehr ernsthaft der Bauleitung angenommen: Die Pläne wurden an äußerst peniblen Berechnungen ausgerichtet, die das Observatorium von Saint-Michel-l'Observatoire[128] lieferte. Das Dach sollte eine günstige Ausrichtung bekommen, im

Sommer sollte man Schatten haben und im Winter die Sonne optimal nutzen können, und die Wärmespeicherung der Mauern sollte gewährleistet sein. All das unter möglichst weitgehendem Einsatz natürlicher und wiederverwendeter Materialien.« Das Ergebnis ist ein Lehmgebäude, dessen abgerundete Formen und Naturfarben äußerst ansprechend wirken. Ich nehme mir fest vor, dieses Bad mit unverstelltem Fernblick zu erproben (und somit meine Hitliste der schönsten Duschen Europas, auf der bisher das Freiluft-Modell von Can Masdeu führt, weiter zu vervollständigen).

Jenes Treffen von 2001 fügt sich in eine lange Tradition von Longo Maï, in der das Alltägliche von einem ausgeprägten politischen Engagement durchdrungen ist und man sich an den internationalen Kämpfen beteiligt, während es zugleich darum geht, eine Alternative aufzubauen, die am Ort verankert ist. Die provenzalische Kooperative ist wie viele andere in der Folge des Mai '68 entstanden. Ihre Ursprünge liegen in Österreich und der Schweiz, wo Gruppen junger Radikaler[129] sich zusammentaten, um Kampagnen und spektakuläre Aktionen unter anderem gegen Faschismus, Rassismus und die ersten Vorzeichen der neoliberalen Entwicklung der Wirtschaft auf die Beine zu stellen. Kennzeichnend für diese Aktivistinnen und Aktivisten waren die internationalistische Dimension ihrer Aktivitäten und ihr Bestreben, die Kämpfe über Grenzen hinweg miteinander zu verbinden. Nach ein paar Jahren entstand der Wunsch, einen Lebensraum zu schaffen, eine Art Rückzugsort, an dem sich die Aktiven auf die, wie sie damals annahmen, unmittelbar bevorstehende Revolution vorbereiten könnten. Im Dezember 1972 fand in der Schweiz, in Basel, ein Kongress statt, in dessen Verlauf die jungen Teilnehmerinnen und Teilnehmer aus zehn europäischen Ländern beschlossen, »experimentelle Zonen eines solidarischen, pazifistischen und demokratischen Europa« zu schaffen, das »durch ein gemeinschaftliches Leben (auf der Basis der universellen Erklärung der Menschenrechte)« gekennzeichnet ist sowie durch »Selbstversorgung aus landwirtschaftlicher Arbeit, Handwerk und industrielle Produktion (auf kooperativer Basis)«. Damit auch nicht der geringste Zweifel an ihrer Absicht aufkommen konnte, sich keineswegs aus der Welt zurückzuziehen, erklärten sie unmissverständlich: »Die Kommunen junger Leute sind keine isolierten Inseln. Sie sind die Saat für ein Europa, in dem nicht nur Waren getauscht werden, sondern Menschen (sic) und Ideen, und das die Völker miteinander verbindet.«[130]

So scharte sich um den Autor Roland Perrot, alias Rémi, einen älteren Franzosen, Sohn kommunistischer Eltern und Deserteur des Algerienkriegs, eine Gruppe junger Leute. Rémi stammte aus der Provence und kannte dort einen Schäfer, Pierre Pellegrin, der Jean Giono nahestand und durch den 300 Hektar Land einschließlich dreier Ruinen gekauft wurden: Das erste »Pionierdorf-Projekt« begann im Sommer 1973. Bald war auch der Name »Longo Maï« nach dem provenzalischen Gruß »Möge es von langer Dauer sein« eingeführt. Die Gründungsprinzipien der Gruppe entsprachen dem Zeitgeist: Ablehnung der Lohnarbeit; Ablehnung der Trennung von Beruf, Privatleben und politischem Engagement; Vermeidung von Spezialisierung; praktische Umsetzung der Vision von einer »idealen Gesellschaft«.

»Man muss sich eine Gruppe von rund dreißig jungen Leuten vorstellen, die sich in ihr ganz eigenes großes Abenteuer stürzen, bereit sind, auf eine Karriere und ihr bisheriges Leben zu verzichten, um ein anderes, neues aufzubauen. Wir glauben fest an unser Vorhaben, obwohl die Zukunft mehr als unsicher ist. Wir malen uns die Schwierigkeiten nicht aus, wir sind vielmehr entschlossen, es mit ihnen aufzunehmen und sie zu überwinden. Wir verlassen uns aufeinander«[131], berichtet etwa Trixie in ihren Memoiren. Longo Maï war erst wenige Wochen alt, als sie dort eintraf, und sie ist immer noch dabei. Dazu muss man sagen, dass es nicht an Schwierigkeiten für die jungen Städter mangelte, die nicht die geringste Ahnung von Landwirtschaft hatten und sich mit einem verlassenen, ausgedörrten Hügel konfrontiert sahen, dessen Wasserquellen verschüttet waren. Es musste Land urbar gemacht und alles von Grund auf gelernt werden. War Rémi die ideologische Inspirationsquelle, so hatte Pierre Pellegrin die Rolle des Anleiters: Täglich kam er vorbei, um die jugendlichen Pioniere zu beraten, ihnen zu helfen und die rudimentären Überlebenstechniken beizubringen. Auch nach 35 Jahren sprechen die langjährigen Mitglieder des Projekts von diesen beiden mit dem größten Respekt. Trotz der anfänglich sehr rauen Lebens- und Arbeitsbedingungen verlor die Gruppe ihre politischen Überzeugungen nicht aus dem Auge. Longo Maï sollte die Verwirklichung eines Lebens und einer Utopie gemäß der eigenen Vision und zugleich Ausgangspunkt für Interventionen sein, um die Utopie und die Würde anderer zu verteidigen. Daher initiierten seine Bewohner verschiedene Solidaritätskampagnen und -aktionen in Frankreich und darüber hinaus: Nach dem Staatsstreich von 1973 gegen Salvador Allende gelang es ihnen, eine ganze Reihe Schweizer Kommunen dazu zu bewegen, insgesamt 2000 chilenische Flüchtlinge aufzunehmen; sie organisierten eine Hilfsaktion für die Bauern, die 1976 in Europa von einer schrecklichen Dürre betroffen waren, und sorgten dafür, dass der Krisenfonds für die europäischen Bergregionen zur festen Einrichtung wurde; in Costa Rica richteten sie eine Flüchtlingskooperative für diejenigen ein, die wegen des Krieges in Nicaragua ihr Land verlassen mussten; nach dem Militärputsch in der Türkei im Jahre 1982 riefen sie das europäische Komitee zur Unterstützung der Flüchtlinge und Immigranten, CEDRI, ins Leben, mit dem sie Kurden und Neukaledonier unterstützen und eine erfolgreiche Kampagne zur Befreiung von Otelo de Carvalho,[132] einem der herausragenden Strategen der Nelkenrevolution in Portugal, führen konnten. Nach dem Fall der Berliner Mauer riefen sie das Europäische Bürgerforum (FCE) ins Leben, um den Demokratisierungsprozess der Länder Osteuropas zu fördern, indem sie beispielsweise den unabhängigen Medien in Ex-Jugoslawien halfen oder in der Ex-DDR eine Longo-Maï-Kooperative aufbauten.

Die jungen Pioniere erfanden auch eine originelle Methode, Geld aufzutreiben, um ihr Projekt am Leben zu erhalten: Sie fuhren mit einem von Pferden gezogenen Planwagen durch die Schweiz und machten mit diesem Vehikel eine große Informationstour über das Projekt Longo Maï. In diesem Land, wo man gerne soziale Projekte fördert, entstand nach und nach ein großer Kreis von Freunden und Förderern: Manche spendeten, manche boten Kredite an – »zu fast *zu* günstigen Bedingungen«, wie Joëlle erzählt. »Das Geld floss in Strömen, es entstanden immer mehr und immer ehrgeizigere Projekte (wenn es dabei auch nie um die persönlichen Annehmlichkeiten der Longos ging), und als ich vor zwanzig Jahren dazu kam, drohten die Schulden uns zu erdrücken.« Es dauerte ungefähr zehn Jahre, bis die Finanzen ausgeglichen waren. Heute ist es immer noch so, dass Privatpersonen das Projekt etwa zur Hälfte unterstützen, während der Rest durch den Verkauf von Produkten und durch Agrarsubventionen bestritten wird.

Man findet in der Gemeinschaft von Longo Maï allenthalben Spuren solcher Beziehungen, zum Beispiel von Freunden oder Besuchern, die nicht unbedingt Geld, sondern ihr Wissen und Können »spenden«. So ist das Haus für die Jugendlichen, in dem ständig wechselnde Bewohner Unterkunft finden, ein auffälliges Gebäude, das einem umgedrehten Schiff ähnelt. »Das hat einer unserer Freunde, ein Bootsbauer, entworfen. Wir hatten beschlossen, dass er nach Neukaledonien gehen sollte, um kanakischen Seeleuten beizubringen, wie sie ihre Schiffe reparieren können, und das hier hat er gebaut, als er zurückkam«, erläutert Joëlle. »Man muss zugeben, dass es architektonisch auch wieder eines unserer nicht ganz so erfolgreichen Projekte ist: im Winter ist es eisig da drinnen, und im Sommer wird man gebacken. Bei der Gelegenheit ist uns auch aufgefallen, dass Boote so dicht sind, weil sie *im* Wasser schwimmen … Aber schön ist es doch, oder?«

Die Longos sind ihrem Vorsatz treu geblieben, sich nicht in einem paradiesischen Refugium einzurichten, um den Wechselfällen eines trostlosen Lebens zwischen Arbeit und Konsum zu entfliehen. Stattdessen haben sie sich immer in die aktuellen politischen Kämpfe eingemischt. Entscheidend für die Langlebigkeit des Projekts war die Vorstellung, dass Longo Maï nicht eine einzige Gemeinschaft ist, sondern eher ein Netzwerk oder, wie die Longos selber sagen, ein Archipel. Getreu dem berühmten Ausspruch des Che, »Schafft zwei, drei, viele Vietnams«, der auf eine Vielzahl von Widerstandsnestern abzielte, hat Longo Maï versucht, ein Archipel von Projekten zu kreieren, die sich gegenseitig stützen. So ist Le Mas de Granier in der Nähe von Marseille auf den Biogemüseanbau spezialisiert; ein anderes durch die Idee von Longo Maï inspiriertes Projekt, Treynas in der Ardèche, verarbeitet Holz, unter anderem zu Möbeln, und ist außerdem ein landwirtschaftlicher Betrieb, während La Cabrery, im Luberon gelegen, ein Bio-Weingut ist. Zum Archipel Longo Maï gehören aber noch weitere Höfe, so Le Montois in der Schweiz, der Ulenkrug in der Ex-DDR und Hof Stopar in Kärnten. Und schließlich gibt es das Baseler Haus, das in gewisser Weise als Verwaltungszentrum des Netzwerks fungiert. Die verschiedenen Kooperativen sind dabei autonom und zugleich komplementär, indem sie ihre Produkte untereinander tauschen, sich gegenseitig unterstützen und manche Entscheidungen, besonders was die Verteilung der Finanzen angeht, gemeinsam treffen. Letztere werden im Wesentlichen auf der »interkooperativen« Ebene verwaltet.

Für viele hat sich dieses Archipel als das entscheidende Moment herausgestellt, um eine Erstarrung des Projekts zu verhindern, wie uns Alex, seit über dreißig Jahren dabei, gestern beim Essen erklärte: »Wenn du beschließt, in einer Gemeinschaft zu leben, machst du dir nicht unbedingt klar, dass das ein Schritt in eine große Ungewissheit ist, insofern du dich mit dieser Entscheidung in hohem Maße von den Beziehungen innerhalb der Gruppe abhängig machst. Zu Anfang sagst du dir, da du jetzt die Zwänge der bezahlten Arbeit, den Chef, eine einengende Familie, eine ungerechte Ordnung los bist, wird sich alles andere von alleine ergeben. Du denkst dir, wenn sich eine Gruppe von Leuten von den entfremdenden Bedingungen eines Zusammenhangs, den man gemeinsam ablehnt, befreit hat, dann muss daraus eine Art zwischenmenschlicher Harmonie entstehen. Und wenn dann die Widersprüche trotzdem auftreten, und das ist unvermeidlich, das gehört zum Leben, dann kann man sich leider nicht mehr darauf rausreden, das liege an der Gesellschaft, an den Institutionen, am Markt, am Kapitalismus. Dann steht man manchmal sogar vor einer größeren Schwierigkeit, nämlich der, zu den Beziehungen zu stehen, von denen man alles erwartet hat. Die Tatsache, dass es mehrere Orte und Projekte gibt, zwischen denen man sich auch bewegen kann, bedeutet immerhin, dass in festgefahrene Situationen auch wieder Bewegung kommen kann.« So haben sich beispielsweise schon einige Paare gefunden und getrennt und in anderer Zusammensetzung gefunden, ohne sich deshalb ganz zu überwerfen. Die Multikulturalität ist ein weiterer Faktor, von dem viele annehmen, er helfe dem Projekt zu überdauern: Seit den Anfängen hat das provenzalische Tal die unterschiedlichsten Menschen zusammenkommen sehen: aus dem romanischen oder auch dem germanischen Sprachbereich, deren unterschiedliche Herangehensweisen, Stärken und Schwächen gelegentlich zu Spannungen führten, sich aber meist ergänzten und zu einem guten, tragfähigen Gleichgewicht beitrugen.

Weiter geht's auf unserem Spaziergang, und wir kommen zu einem großen grauen Zementklotz, einem hässlichen Fremdkörper mitten in der herrlichen Landschaft: Es sind die Büros und Archive der Gemeinschaft. In Longo Maï wurde immer viel geschrieben, und hier sind die Broschüren, Berichte, Publikationen und Korrespondenzen von 35 Jahren in geordneter Form versammelt. Drei Veröffentlichungen werden hier regelmäßig herausgebracht: *L'Ire des Chênaies*, das Wochenblatt von Radio Zinzine; *Archipel*, eine Monatsschrift auf Französisch und Deutsch, die mit dem FCE verbunden ist und eine Art radikaler *Monde Diplomatique* darstellt; und *Les Nouvelles de Longo Maï*, ein Vierteljahresheft, das sich an die Freundinnen und Freunde der Kooperative wendet.

Während wir weiter den schmalen Pfad erklimmen, erzählt

uns Joëlle vom Polizeieinsatz von 1989: »Longo Maï stand im Verdacht, ein Trainingslager der PKK zu sein und ›kurdischen Terroristen‹ Unterschlupf zu gewähren.[133] Rund 200 Mann unterschiedlicher Polizeikräfte, darunter auch die CRS (französische Spezialeinheit zur Aufstandsbekämpfung) und Inlandsgeheimdienstleute trafen im Morgengrauen ein[134]; diejenigen von uns, die Wache schoben (damals fürchteten wir Angriffe von Rechten), wurden überrumpelt, was dann auch das Ende der Wachen bei uns eingeläutet hat, denn es war nicht nur ein anstrengender Job, sondern offensichtlich auch ein überflüssiger. Wir wurden alle mit vorgehaltener Waffe aus den Betten geholt, mussten uns auf den Boden werfen, die Babys wurden aus ihren Bettchen gezerrt, damit man unter ihren Matratzen nach Waffen suchen konnte … Das Ganze hat Stunden gedauert. Irgendwann sagte derjenige, der sich um die Kühe kümmerte, dass man sie allmählich melken müsste, sonst würden sich ihre Euter entzünden. Die Schäfer bestanden darauf, die Herden auf die Weide zu lassen. Die Bullen rechneten damit, auf ein Terroristen-Versteck zu stoßen, und stöberten stattdessen eine Gruppe Bauern und Kinder auf, die mit ihnen darüber zu verhandeln begannen, ob sie Fußball spielen oder einen Rundflug mit dem Polizei-Hubschrauber machen dürften. Ein großes Durcheinander! Am Ende sind sie mit leeren Händen wieder abgezogen, und die damalige sozialistische Regierung hat sich natürlich nie entschuldigt.« Ich frage, ob solche Vorkommnisse nicht die Beziehungen zu den Dorfbewohnern der Umgebung belasten. »Nein, eigentlich nicht. Wir kennen ja unsere Nachbarn sehr gut: Als die ersten Longos hier ankamen, sind sie den Bauern in der Gegend oft zur Hand gegangen. Und, das nebenbei, es hat sich wirklich in mehrfacher Hinsicht ausgezahlt, dass uns dabei die Alten, deren Kinder kein Interesse an der Landwirtschaft hatten, wertvolle Kenntnisse übermittelten. Außerdem war es uns 1985 gelungen, dafür zu sorgen, dass die Grundschule in Limans wiedereröffnet wurde. Das wiederum hat wesentlich dazu beigetragen, das Dorf wiederzubeleben, und das haben die Nachbarn anerkannt.«

Vom Gespräch über Longo Maïs Ruf kommen wir schnell auch auf den häufig gehörten Vorwurf, es sei eine Sekte. Tatsächlich hat das Zentrum Roger Ikor, auch bekannt unter der Bezeichnung Dokumentations-, Bildungs- und Aktionszentrum gegen mentale Manipulationen (CCMM), Longo Maï 1985 und 1995 vorgeworfen, es entspreche genau den typischen Kriterien einer Sekte, sind diese auch ungenau definiert, sind sie nichtsdestoweniger abschreckend. Selbst beim flüchtigen Überfliegen des Berichts des Zentrums springen die politischen Vorurteile des Autors ins Auge. Er bezeichnet Longo Maï »als typisches Beispiel für linken Extremismus« oder als »linkes Phalanstère« (utopische Siedlung nach Fourier) und dämonisiert das Projekt vor allem wegen seiner im Alltag praktizierten Infragestellung der Grundannahmen des Kapitalismus: Gemeinschaftseigentum statt Privateigentum, gleichmäßiges Teilen der Einkünfte statt Entlohnung, Kritik an den traditionellen Familienstrukturen. Letzteres hat zu den wildesten

Gerüchten Anlass gegeben. »Es stimmt, zu Anfang wurde die traditionelle Familie in Longo Maï rundweg abgelehnt. Man darf nicht vergessen, dass es die Jahre unmittelbar nach '68 waren. Dass die bürgerliche Familie tatsächlich ein enormes Unterdrückungspotenzial entfalten kann, war nun mal eines der zentralen Themen damals. Eine Zeit lang wurden also in Longo Maï die Kinder mehr oder weniger kollektiv großgezogen, und das war für manche eine belastende Erfahrung. Aber uns deswegen als Sekte zu bezeichnen, das ist wirklich weit hergeholt. Daher wurde der Verleumdungsklage von Longo Maï 1995 stattgegeben«, so Joëlle.

Während wir uns darüber unterhalten, kommen wir schließlich bei einem Dörfchen an, das ganz aus Naturstein errichtet ist. »Und das hier ist Saint-Hippolite, seit dreißig Jahren im Bau«, scherzt sie. »Als die ersten von uns hier ankamen, war es eine einzige Ruine. Aber es fehlt immer an Unterbringungsmöglichkeiten, und langsam aber sicher haben wir das hier wieder bewohnbar gemacht.« Ein gutes Drittel des Örtchens ist zwar immer noch eine Baustelle, aber das Übrige ist schon wieder ein winziges provenzalisches Dorf inmitten der Hügel. Hier entdecken wir die Bäckerei, an den Wänden die Fotos aus den ersten Jahren; sie zeigen ein paar mehlbepuderte, lachende junge Leute, die sich abmühen, ohne fließendes Wasser oder Strom Brot zu backen. Inzwischen ist die Einrichtung modernisiert, und heutzutage sorgen ein professioneller Backofen und eine elektrische Knetmaschine dafür, dass die Gemeinschaft die ganze Woche über mit Brot versorgt ist und sogar ein kleiner Überschuss für den Verkauf auf dem lokalen Markt produziert wird.

Wir gehen am Aufnahmestudio des berühmten Radiosenders vorbei. »Der Sender sitzt ganz oben auf dem Berg Zinzine, daher sein Name«, erklärt uns Johann. »Wir senden jeden Tag rund um die Uhr, und das seit 25 Jahren. Alle sind beteiligt, denn es gehört zu den Gemeinschaftsaufgaben, so wie das Saubermachen in den Gemeinschaftsräumen oder der Essensdienst. Manche machen Sendungen oder kümmern sich um die Technik, andere machen Interviews oder kümmern sich um die Verwaltung. Joëlle und ich zum Beispiel, wir machen mit noch ein paar anderen alle zwei Monate eine Sendung über Krimis. Im Grunde ist das eine Gelegenheit, sich gemeinsamen Interessen zu widmen: Es gibt auch Leute, die Musiksendungen, Informationsprogramme, Sendungen über Comics oder über Bücher machen. Dadurch bleiben wir mit aktuellen Ereignissen und Entwicklungen und der Kultur in Verbindung und empfangen hier auch viele Leute, die kommen, um Interviews zu machen oder an Diskussionsrunden teilzunehmen.«

Gleich nebenan weist uns Joëlle mit einem maliziösen Lächeln auf die »Hexenküche« hin. »Hier fabrizieren wir aus den Pflanzen der Region Salben, Essenzen, Öle und Kosmetika. Wir pflücken Thymian, Lavendel, Bergminze, Rosmarin, Wacholder und Ysop in den Hügeln rundum und verarbeiten die Kräuter selber weiter. Wir kennen uns ganz gut mit der Naturheilkunde aus«, sagt sie und lässt uns an einer Lavendelsalbe riechen.

Und schließlich stehen wir in einem großen Raum voller Kartons, gefüllt mit Tausenden Büchern. »Das kommt durchs Radio. Seit über zwanzig Jahren schicken uns alle möglichen Verlage Rezensionsexemplare«, erklären uns unsere Führer und fügen leicht zerknirscht hinzu: »Daraus könnte mal eine Bibliothek werden, jedenfalls reden wir schon lange davon. Aber ehrlich gesagt, auch nach 35 Jahren Übung im Entscheiden nach dem Konsensprinzip sind wir in Longo Maï immer noch unfähig, Entscheidungen zu treffen. Es ist schon viel besser geworden, aber unterm Strich gilt immer noch: Wir treffen Entscheidungen, die wir nicht umsetzen, weil nicht genug Leute dafür da sind, oder wir setzen irgendwas um, was wir gar nicht gemeinsam beschlossen haben.«

Noch am selben Abend nach dem Essen erleben wir genau das (und finden es etwas besorgniserregend): eine Versammlung ohne Entscheidungsfindung. Die Gruppe kommt zusammen, um über einen für drei Tage im Januar geplanten »internen Kongress« zu sprechen, auf dem ein paar Grundlinien für das kommende Jahr diskutiert werden sollen. John behauptet immer, es gebe nichts Schlimmeres als Treffen, um andere Treffen vorzubereiten. Darin wird er an diesem Abend leider bestätigt. Hier läuft alles genau entgegen den uns vertrauten Prinzipien einer zielführenden Diskussion. Wir sind so sehr an die durchstrukturierten Treffen der Gruppen gewöhnt, mit denen wir in Großbritannien zusammenarbeiten, dass uns die Diskussionskultur der Longos verblüfft: Die anwesenden Bewohnerinnen und Bewohner sitzen so verstreut im Esssaal, dass sie einander nicht ansehen; es gibt keine wirkliche Tagesordnung und niemanden, der moderiert, um die Diskussion einzugrenzen. Das hat zur Folge, dass sie in alle Richtungen ausschweift und tendenziell durch ein paar Leute dominiert wird. Die Gruppe konzentriert sich nicht darauf, zu einer Einigung zu kommen; stattdessen verliert man sich in individuellen Auseinandersetzungen. Die Diskussion zieht sich bis spät in den Abend, und nach und nach leert sich der Saal, bis nur noch ein Häufchen besonders Hartnäckiger (oder Leidenschaftlicher) übrig bleibt.

Die Frustration, die mit solchen ergebnislosen Debatten verbunden ist, scheinen viele zu empfinden, doch eine stärkere Strukturierung wird häufig als ein unerträglicher Formalismus empfunden. »Die Leute hier leben seit zwanzig oder dreißig Jahren zusammen. Man kennt sich sehr genau, weiß, was wen wütend macht oder verstimmt. Die durchstrukturierten Diskussionsformen – das passt besser in Gruppen, die sich nicht so intim kennen wie wir«, meint Joëlle, als sie unsere Verblüffung bemerkt. Das überzeugt uns nicht wirklich. Näher an der Wahrheit scheint sie uns zu sein, als sie mit einem Lächeln hinzufügt: »Und außerdem muss man wohl sagen, dass wir einfach viel zu antiautoritär sind, um nicht auf alles, was auch nur ein bisschen nach Disziplinierung riecht, einfach allergisch zu reagieren.«

Da bleibt nur noch festzustellen, dass uns eine Gruppe, der es gelungen ist, so lange und noch dazu so fruchtbar zusammen zu leben und zu arbeiten, und das trotz solcher chaoti-

schen Entscheidungsfindungsprozesse, wie ein Wunder vorkommt. Doch manche in Longo Maï sehen es ähnlich kritisch wie wir. Johann äußert sich nicht ohne Bitterkeit: »Das Problem liegt darin, dass du sehr stark sein musst, um in Longo Maï zu leben und dich zu entfalten. Wenn du hier etwas tun möchtest, musst du dich unter Leuten durchsetzen können, die einen sehr starken Charakter haben. Für Schüchterne oder Zerbrechliche gibt es hier kaum Platz, und das finde ich sehr schade.«

Im »Hangar«, dem großen Raum hinter der Küche, herrscht große Geschäftigkeit, und der einzige Fernseher des Kollektivs ist heute im Schrank verschwunden. Auf den Tischen türmen sich die Trockenblumen und Säcke mit Samen, und ein gutes Dutzend gutgelaunter Menschen ist mit Schütteln, Sieben, Verlesen und Eintüten beschäftigt. Heute sortiert die Gartengruppe zusammen mit Freunden und Besuchern das Saatgut. Wie gewöhnlich fasziniert mich die neue Situation, und ich biete mich an zu helfen … erweise mich aber als vollkommen unfähig. Ich habe schon Probleme damit, die gewöhnlichsten Gartenblumen zu unterscheiden, dann auch noch ihre Samen erkennen und verlesen zu wollen – da tappe ich vollkommen im Dunkeln. Glücklicherweise sind die Gärtnerinnen und Gärtner um mich herum ebenso geduldig wie kenntnisreich und regen sich weder auf, noch machen sie sich über mich lustig. Im Gegenteil, man erklärt mir mit großem Vergnügen, worin die Unterscheidungsmerkmale der verschiedenen Sorten bestehen, wie man die Samen erkennt und sie gewinnt und verliest. Das funktioniert so gut, dass ich bald in ein Fachgespräch mit einem Vater verwickelt bin, der sein schlummerndes Kind auf dem Rücken trägt. Wir unterhalten uns über die wirksamsten Techniken, die Petersiliesamen möglichst sauber zu sieben.

»Die Saatgutbearbeitung ist nicht nur ein landwirtschaftlicher Vorgang, sondern auch ein politischer«, erklärt mir Sylvie, die zur Garten-Crew gehört und gerade große weiße Baumwollsäcke mit getrockneten Blumen herträgt. In Longo Maï hat diese Arbeit vor über zehn Jahren begonnen, nachdem den mit dem Garten Beschäftigten auffiel, dass es immer schwieriger wurde, Saatgut aus der Region zu bekommen, und man daher immer häufiger Hybridsamen benutzte, also solche, die sich nicht reproduzieren lassen. Diese allmählich erzwungene Abhängigkeit von Saatgutherstellern, überwiegend multinationalen Konzernen, passte den Bauern-Aktivisten ganz und gar nicht, und sie beschlossen, das althergebrachte Wissen um die Saatgutvermehrung neu zu erwerben.

»Wenn du Saatgut gewinnst, wird dir bewusst, wie großzügig die Natur ist, dass sie es im Überfluss zur Verfügung stellt«, erzählt Sylvie, eine zierliche Brünette. »Sobald wir damit angefangen hatten, ging uns auf, wie sinnvoll es ist, sich mit anderen auszutauschen, zum einen, weil wir selber die vielen unterschiedlichen Sorten nicht aufbewahren und nutzen konnten, zum anderen, weil es eines der Grundprinzipien der

Saatgutgewinnung ist, abgeben, sich mit anderen austauschen zu können. Jeder Bauer sagt dir das: ›Das Saatgut muss reisen.‹ Ab einem bestimmten Punkt erweist sich das Saatgut, das man bei sich erzeugt hat, als weniger produktiv. Die einfache Tatsache, dass du deinem Nachbarn, der ein paar Kilometer entfernt wohnt, oder jemandem, der in einem anderen Klima lebt und einen anderen Boden hat, Saatgut abgibst und er dir, bewirkt, dass die Pflanze wieder üppiger wächst und dass der Samen wieder schön und produktiv wird. In allen Zeiten ist der Samen auf Wanderschaft gegangen, und alle Zivilisationen sind mit ihrem Saatgut gewandert. Wäre es nicht so gewesen, hätte man keine Tomaten und auch viele andere Gemüse nicht, auch keine Kartoffeln … Kurz, es sähe auf unseren Tellern ziemlich trist aus.«

Sylvie legt ihre Blumenbündel ab, um sich besser über das Thema auslassen zu können, das ihr so wichtig ist. »Als wir mit diesem Austausch begannen, wussten wir nicht, dass vieles von dem, was wir da taten, verboten ist, schlicht und einfach, weil alle unsere Samen aus alten, in den offiziellen Katalogen nicht verzeichneten Sorten hervorgegangen sind.«[135] Die geltende Gesetzgebung verbietet den Handel, den Tausch und sogar das Verschenken von Samen, die nicht zu den in der Liste aufgeführten staatlich geprüften zählen.

»Indem wir selber recherchierten und experimentierten, konnten wir feststellen, dass diese Varianten, die wir vermehrten, dem Klima, dem Boden und den Veränderungen, die wir anstrebten, viel besser angepasst sind. Die alten Getreidesorten haben zum Beispiel Körner, aus denen ein Mehl entsteht, mit dem man ein Brot von höherer Qualität herstellen kann. Deshalb wenden wir uns ganz entschieden gegen das, was die übergeordneten politischen Instanzen entschieden haben, sei es auf internationaler, europäischer oder, vor allem, auf nationaler Ebene. Denn ganz besonders in Frankreich wird eine Freigabe des Saatguts heftig bekämpft. Wir fordern dagegen, dass jeglicher Austausch frei und nicht gesetzlich geregelt und das Saatgut unzertifiziert sein soll«, sagt Sylvie und klingt dabei ärgerlich. »Und wir sind genauso strikt gegen die berüchtigten DHS-Kriterien (Distinktion, Homogenität, Stabilität): Damit die verschiedenen Sorten und ihre Varianten in den Katalog aufgenommen werden, müssen sie eindeutig voneinander unterschieden sein, was halbwegs logisch ist; sie müssen homogen sein, das heißt alle dieselbe Farbe und Größe haben; und vor allem müssen sie ›stabil‹ sein, das heißt sie sollen sich im Laufe der Zeit nicht verändern, sollen immer gleich bleiben, sich nicht anpassen. Wir lehnen diese Ideologie ab, die in die landwirtschaftlichen und wissenschaftlichen Ausbildungen eingegangen ist, diesen Mythos, laut dem der Mensch sich die Natur vollkommen zu unterwerfen hat, woraus folgt, dass die Anpassungsfähigkeit aus dem Kriterienkatalog herausfällt. Denn wir sehen sehr wohl, dass die Pflanzen sich im Lauf der Zeit ans Klima, an den Boden, an die Art, wie man sie anbaut, selbst an die Leute anpassen: Es gibt Sorten, die passen sich an gewisse Leute an und an andere nicht. Das scheint einem mysteriös, aber es ist die Realität. Die Samen sind eben nicht stabil, und das ist auch gut so, denn wie hätte es sonst eine Evolution geben können?«

Für Sylvie liegen die Wurzeln dieser Problematik in den 1960er Jahren, als im Zuge der Industrialisierung der Landwirtschaft diese Regulierungen eingeführt wurden. »Das hat sich zu einer echten Ideologie mit katastrophalen Folgen entwickelt. Auch die FAO[136] hat kürzlich bekannt gegeben, dass die Biodiversität unter den Kulturpflanzen zu 80 Prozent verloren gegangen ist. Das bedeutet, dass in den vergangenen 30 Jahren Tausende Sorten verschwunden sind. In Indien beipielsweise ist diese Entwicklung besonders augenfällig: die sogenannte grüne Revolution hat zu einer Massenvernichtung der Biodiversität geführt.«

Sylvie erwähnt Indien, weil dessen »grüne Revolution« gerne als beispielloser politischer und technologischer Erfolg angeführt wird. Doch, wie Vandana Shiva[137], die bekannte indische Physikerin und Aktivistin, aufgezeigt hat, erwies sich die angeblich unfehlbare Strategie, um Überfluss zu schaffen, als ökologische, ökonomische und kulturelle Katastrophe. Diese in den 1960er Jahren entwickelte »revolutionäre« Agrarpolitik bestand im Wesentlichen darin, dass man zu einer intensiven Landwirtschaft überging und vor allem neue, angeblich besonders rentable Saatguttypen bevorzugte. Die ersten Ergebnisse waren tatsächlich beeindruckend: Die Weizenproduktion verzehnfachte sich in weniger als vierzig Jahren, die von Reis stieg um 350 Prozent. Doch dieser Produktivitätsboom ging auf Kosten des fragilen ökologischen Gleichgewichts, und so erwies sich das »Wunder« als Täuschung. Die intensive Bewirtschaftung zwingt nicht nur zur Monokultur, sie ist auch mit einem massiven Einsatz von chemischen Düngemitteln und Pestiziden, verbrauchsintensiver Bewässerung und Maschinen verbunden, die enorm viel Treibstoff verschlingen. Das wiederum zwingt die Landwirte zu gewaltigen Investitionen. Millionen indischer Bauern sind durch den Niedergang der Agrarpreise hoffnungslos überschuldet und mit ihren Familien in einer ausweglosen Situation; in ihrer Verzweiflung haben sich seit 1997 mehr als 200000 von ihnen das Leben genommen.[138] Ökologisch gesehen bedeutet die intensive Landwirtschaft unfruchtbare Böden, zerstörte Biodiversität und ganze Regionen, die zu Wüsten werden. Kurz, Indien muss sich mit einem extrem angegriffenen Ökosystem und der damit einhergehenden – womöglich für immer – erheblich reduzierten Produktivität auseinandersetzen.[139]

Zwar ist der indische Fall der bekannteste und möglicherweise der augenfälligste, doch grundsätzlich geschieht dasselbe überall da, wo die industrielle Landwirtschaft als einzig mögliches Modell propagiert und durchgesetzt wurde. Die Konsequenzen ähneln sich auf traurige Weise. Die Situation ist derart besorgniserregend, dass sie den Boden-Mikrobiologen Claude Bourguignon zu der Aussage veranlasst: »Wir sind in Europa nicht mehr kulturell tätig, sondern als Schöpfer einer vegetalen Pathologie. Das heißt, wir versuchen, Pflanzen am Leben zu erhalten, die nichts anderes verlangen, als sterben zu dürfen, so krank sind sie. Das hat nichts mit Landwirtschaft im ursprünglichen Sinne zu tun: Die Landwirtschaft bedeutet eigentlich, gesunde Pflanzen anzubauen.«[140] Bourguignon zufolge bergen die Böden 80 Prozent der lebendigen Biomasse des Globus, und in einem Land wie Frankreich sind 90 Prozent davon biologisch zu wenig aktiv. Mit anderen Worten, die Böden sind im Grunde tot, was den unweigerlichen Rückgang der Erträge in der industriell betriebenen Landwirtschaft seit rund zehn Jahren erklärt.

Dennoch hält sich der Mythos hartnäckig. Die »Grüne Revolution« bleibt für viele ein großartiger Erfolg im Kampf gegen den Hunger, und die Lebensmittelindustrie bleibt dabei: Der einzige gangbare Weg liege im »wissenschaftlichen Fortschritt«, denn der verspricht die höchsten Profite. Immer wieder wird daher auf technologische Lösungen wie beispielsweise die gentechnisch veränderten Organismen gesetzt, die Wunder versprechen und angeblich krankheitsresistent sind, auf ausgelaugten Böden gedeihen und sogar medizinisch eine bedeutende Rolle spielen.[141]

In Kooperation mit zahlreichen Gruppen, Vereinen und europäischen Netzwerken macht sich Longo Maï Gedanken über die wirksamsten Strategien, um diesen verhängnisvollen Entwicklungen entgegenzutreten, sie zu bekämpfen und gerechtere, gesundere und produktivere Alternativen vorzuschlagen. Die Gemeinschaft arbeitet besonders eng mit Kokopelli[142] zusammen, der Organisation, die sich einen legendären Ruf erwarb, als sie sich à la David gegen Goliath mit dem französischen Staat in der Frage der offiziellen Saatgutregistrierung und -kontrolle juristisch anlegte.

»Wir werfen dieser Gesetzgebung, die die Bauern ihrer fundamentalen Rechte – der Saatgutherstellung und -verbreitung – beraubt, jeden erdenklichen Knüppel in den Weg«, fasst Sylvie energisch zusammen. Dieser Kampf nimmt notwendigerweise unterschiedliche Formen an, doch für sie besteht eine der besten Strategien, dieser Ideologie zu begegnen, darin, das traditionelle Wissen der Bauern zu retten.

So sehen es auch die anderen Mitglieder der Landwirtschafts-Crew, die sich noch am selben Abend in einer Ecke des »Hangars« zusammensetzen, wo die Körner sorgsam sortiert ausliegen. Longo Maï ist in erster Linie ein landwirtschaftlicher Betrieb mit verschiedenen Tätigkeitsbereichen: Produktion von Gemüse, Getreide und Erdbeeren, Holzwirtschaft, Imkerei und Viehhaltung (Geflügel, Schweine, Ziegen und Schafe – wobei letztere, wohlgemerkt die schwarzen, das Symboltier von Longo Maï sind). Obwohl die Priorität nicht bei der Vermarktung liegt, sondern beim eigenen Verzehr, dienen manche Sektoren – so die Erdbeeren, die zu Marmelade verarbeitet werden, oder auch die Schafe, die Fleisch und Wolle liefern – als willkommene Einnahmequelle.

Antoine, seit mehr als dreißig Jahren einer der Schäfer der Kooperative, der mit seiner Statur und dem Schnauzer an José Bové erinnert, bestätigt und vertieft Sylvies Analyse: »Der Verlust an Wissen unter den Bauern ist wirklich eine Tragödie. Es gibt Leute, die sich ernsthaft darum bemühen, es sich neu anzueignen, und das ist sehr gut. Aber es ist schon so viel verloren gegangen, es wird nicht leicht zurückzugewinnen sein. Diese Art Wissen ist ja auch dadurch entstanden, dass die Menschen über Generationen auf dem selben Land lebten. Man hat die Dinge von frühester Kindheit an aufgenommen. Ich habe selber die Erfahrung gemacht, dass man über dreißig Jahre braucht, um sich mit den Tieren wirklich auszukennen.«

In einer Gesellschaft, in der alleine das wissenschaftliche Wissen wertgeschätzt wird, verweist man diese durch Erfahrung gesammelten traditionellen Kenntnisse und Annahmen, deren Richtigkeit aber oft nicht »bewiesen« werden kann, häufig in den Bereich der »Traditionen«, die man für überholt hält. Vandana Shiva spricht in diesem Zusammenhang von einer »Monokultur des Geistes«, die durch das dominante wissenschaftliche Denken erzeugt wird und dafür verantwortlich ist, dass der Raum für lokale Alternativen verschwindet, ganz ähnlich wie die Monokultur bestimmter Nutzpflanzen an die Stelle der lokalen Diversivität tritt.[143]

Diese Problematik zieht sich auch wie ein roter Faden durch das Treffen an diesem Abend: Ich fühle mich wie benommen von der Litanei der allgegenwärtigen Reglementierungen, die mir maßlos übertrieben vorkommen und vor allem darauf abzuzielen scheinen, lokale Produzenten und die lokale Ökonomie insgesamt in die Abhängigkeit von den multinationalen Unternehmen zu treiben, während sie vorgeben, im Dienste der öffentlichen Gesundheit zu stehen.

Für Antoine sind die Konsequenzen niederschmetternd: »Wir müssen ständig kämpfen, um unsere Unabhängigkeit in unserem Beruf, der Viehzucht, zu erhalten und nicht das letzte Glied in einer langen Kette der Zulieferer zu werden. Wir haben zum Beispiel an einer entscheidenden Stelle gewonnen, nämlich beim Rohmilchkäse, aber wir müssen weiterkämpfen, denn es wird alles getan, um die lokale Ökonomie überzureglementieren und zu zerstören. Ich habe diese Entwicklung in den vergangenen drei Jahrzehnten beobachtet. Zum Beispiel haben wir früher unsere Lämmer an die örtlichen Restaurants, auch an die renommiertesten, verkauft. Dann wurde ihnen vorgeschrieben, ihr Fleisch bei sich tiefzufrieren oder tiefgefrorenes vom Lieferanten zu kaufen. Für viele war es zu kostspielig, eine Tiefkühlanlage anzuschaffen. Daher ist jetzt Sodexho der Hauptlieferant der meisten Restaurants. Du kannst dir vorstellen, wie die Qualität darunter leidet. Alles ist darauf angelegt, Einkaufszentralen wie Sodexho zu begünstigen.«

Angesicht der Irrwitzigkeiten mancher Regelungen sind Wut und Frustration groß, so auch die obligatorische Ausstattung der Tiere mit Mikrochips.[144] Für alle, die am Tisch sitzen, bedeutet es nichts anderes, als dass diese Art des Überwachungssystems bis in die eigenen vier Wände vordringt, um die Bevölkerung nach und nach an die Vorstellung einer konstanten biometrischen Überwachung zu gewöhnen.

»Ich kann kein anderes Motiv erkennen. Jeder Viehhalter wird dir sagen, dass die elektronischen Chips, anders als immer behauptet wird, ein sehr unzuverlässiges Mittel sind, um die Herkunft der Tiere sicher festzustellen oder ihre Gesundheitsüberwachung zu garantieren«, ereifert sich Antoine. »Es ist dasselbe wie mit manchen Impfungen, die überhaupt nichts nutzen und womöglich obligatorisch werden (wie zum Beispiel die gegen die Blauzungenerkrankung des Schafs), obwohl doch die Homöopathie und die Prävention die wirksamsten Mittel sind. All das gehört zu einem ganzen Bündel von Maßnahmen, die die Unabhängigkeit beschneiden und Stück für Stück das bäuerliche Leben zerstören. Aber die Bauern revoltieren nicht, und das, obwohl die Hälfte von ihnen nicht mal den Mindestlohn verdient und sich weigert, Sozialhilfe zu beantragen. Für sie ist das, genau wie die Subventionen und die Prämien für uns, einfach der Niedergang. Sie wollen von dem, was sie produzieren, leben können, was ich nur legitim finde. Das Problem ist, dass die großen Verbände wie unser Bauernverband FNSEA total von der Agro- und der Lebensmittelindustrie abhängig sind; deshalb waren wir auch am Aufbau der Confédération Paysanne, dem französischen Zweig der weltweiten Bauernbewegung Via Campesina, in unserem Département beteiligt.«

Trotz der insgesamt schwierigen Verhältnisse ist die Gruppe wieder guter Dinge. »Für die Bauern ist die Einsamkeit eine der größten Belastungen. Sie müssen heute mit einem Druck und einem Stress fertig werden, der ständig zunimmt. Das führt bei vielen zu Depressionen und belastet die Familien schwer. Wir sind hier nicht nur viele, die sich gegenseitig unterstützen können, wir haben darüber hinaus ein Netz von Freundinnen und Freunden, auf die wir uns auch verlassen können«, sind Sylvies abschließende Worte.

Gestern Abend beim zweiwöchentlichen Orgatreffen ging es einserseits um Joëlles verlorene Pinzette, andererseits um die Geflügel-Crew, die Hilfe brauchte, und zwischendurch um die Schäfer und Schäferinnen, die beim Bau von Weidezäunen für die Schafe in den Hügeln noch Mitarbeiter benötigten. Ich muss zugeben, dass ich die Figur des einsamen Schäfers unwiderstehlich romantisch finde, so wie ich ihn vor mir sehe: inmitten der Hügel mit seiner Herde, seinem Hund und dem Hirtenstab … Ich bin also ganz schön aufgeregt, als ich am Morgen in den Viehtransporter hüpfe, der uns auf die Anhöhen fährt, wo die Schafe weiden. Die Serpentinen verlangsamen unsere Fahrt und bieten so die Gelegenheit, die Alpengipfel zu bewundern, während Antoine mit dem Finger hier und da auf Weiden zeigt und uns das komplizierte System der verstreut liegenden Landstücke erklärt, auf denen die Tiere grasen. Natürlich wettert er auch hier wieder über die widersinnige Agrarpolitik der EU, die so ausgelegt ist, dass unterm Strich immer die industriell bewirtschafteten Großbetriebe belohnt werden, während Bauern mit weniger Vieh und artgerechter Haltung gerade nicht von EU-Subventionen profitieren. Das ist im Übrigen auch keine Politik im Sinne der Umwelt.

Wir verbringen den Vormittag zusammen mit Antoine und Jackson, einem anderen Schäfer, ebenfalls Longo-Veteran, um mithilfe von Pfählen und Drähten temporäre Einzäunungen in den Hügeln zu bauen. Umgeben sind wir dabei von bernsteinfarbenen Hügeln mit ihren überraschenden Kalksteinskulpturen, die die Natur geformt hat. Zum Picknick (mit hausgemachten Wurstspezialitäten) kommt Hervé vorbei. Mit ihm werden wir den Nachmittag bei der 500-köpfigen Schafherde von Longo Maï verbringen. Er erzählt uns seine Lebensgeschichte: »Ich wohnte in Paris, war grad mal in der 10. Klasse, als der Mai '68 kam. Ich bin da reingeraten und hab mich nie so ganz davon trennen können«, erzählt er uns und lächelt. »Damals habe ich beschlossen, dass ich nicht Karriere machen will und hab mit sechzehn alles sausen lassen. Zusammen mit einem Kumpel bin ich auf Tour gegangen, und wir haben uns all die Gemeinschaften oder Kommunen angeschaut, die damals entstanden, aber wir haben keine gefunden, die uns wirklich gefallen hat. Also habe ich beschlossen, auf die Schäfer-Schule von Rambouillet zu gehen. Nach zwei Alm-Saisons wusste ich, dass ich keine Lust auf das einsame Schäferleben hatte, und genau da schickte mir meine Mutter einen Artikel aus dem *Nouvel Observateur* über Longo Maï. Damals hatte es dort gerade eine Welle von Ausweisungen junger Ausländer gegeben[145], und die Longos riefen dazu auf, dass Französinnen und Franzosen sich ihnen anschließen sollten. Und weil sie gerade eine Schafherde gekauft hatten, passte es gut«, so Hervé, der zwischendurch immer wieder seinem Hund signalisiert, dafür zu sorgen, dass sich kein Tier aus der Herde entfernt. »Was mir hier sehr gefallen hat: Es gab ganz unterschiedliche Dinge zu tun. Man musste ein Gelände in Angriff nehmen, wo alles seit langem verlassen gewesen war, du musstest alles neu schaffen, einschließlich der Beziehungen untereinander. Das war total faszinierend, du hattest das Gefühl, deine Welt zu erschaffen. Ich hatte die Nase so ziemlich voll von all den Leuten meines Alters, die ich seit '68 zu richtigen kleinen Apparatschiks in den linken Bewegungen habe mutieren sehen. Der ganze politische Diskurs dieser Gruppen – außer vielleicht bei den Anarchos – hat mich wirklich angekotzt. Was gut war an Longo Maï, dass es das da nicht gab.«

Selbst nach 35 Jahren leuchten Hervés Augen immer noch, wenn er über Longo Maï spricht. Während wir der Herde über den Hügel folgen, erzählt uns dieser Geschichtsbegeisterte vom Almauftrieb, der ursprünglich zwischen Limans und den Hautes Alpes zu Fuß erfolgte (inzwischen aber aufgrund immer rigiderer Regelungen fast unmöglich geworden ist); von den unterschiedlichen Formen der Verwaltung des Gemeinschaftslandes (der Allmende); den zunehmenden Schwierigkeiten des Schäferberufs, wenn man nicht wie in Longo Maï zu mehreren für eine Herde verantwortlich ist. »Das Prämiensystem führt dazu, dass mehr Tiere gehalten werden und man weniger aufmerksam für sie sorgen kann. Mit einer Herde kannst du leicht überfordert sein. Als wir in Longo Maï angefangen haben, hatte ein bäuerlicher Familienbetrieb hier in der Gegend im Durchschnitt 150 Schafe, ohne darauf spezialisiert zu sein. Das heißt, man hatte oft zusätzlich noch Oliven, Geflügel, etwas Getreide. Doch die Höfe haben sich mehr und mehr spezialisiert, und inzwischen sind wir bei so was wie 500 oder 600 Schafen pro Betrieb, um von der Viehwirtschaft einigermaßen leben zu können. Es ist also alles nicht mehr so, wie es mal war, auf der beruflichen wie auf der moralischen Ebene.«

Hervé zitiert aus dem Kopf eine Studie der Soziologin Michèle Salmona aus dem Jahr 1990 über die Entwicklung viehhaltender Betriebe, die sie rund 15 Jahre lang verfolgt hat[146]: Sie hatte eine Zunahme von Depressionen, familiären Problemen und von Scheidungen unter den Landwirten festgestellt. »Das ist überhaupt nicht verwunderlich«, meint Hervé, »du schaffst es nicht mehr, deinen Beruf ordentlich auszuüben, du bist nicht mehr zufrieden, du hast immer mehr kranke Tiere, und wenn etwas wirklich schiefgeht, ist die Folge die totale Katastrophe. Weil wir nicht in diesen ökonomischen Kontext der Abhängigkeit vom Verkauf eingebunden sind, haben wir gegenüber den anderen Schäfern den Vorteil, dass wir zu zweit, zu dritt oder zu viert das schultern, was sie ganz alleine bewältigen müssen.«

Es ist bereits dunkel, als wir nach Grange Neuve zurückkehren, nachdem wir die Herde in den Schafstall gebracht haben. Hervé erklärt uns, indem er bis zu Napoleon zurückgeht, warum in Longo Maï die Wolle eine so große Bedeutung hat. Er findet es wichtig, neu zu lernen, wie man mit diesem edlen und oft in seinen Qualitäten verkannten Material umgeht. In Longo Maï ist dies eine der ursprünglichen Betätigungsfelder. Seit ihrer Ankunft in Limans haben die »Pioniere« Schafe gehabt und schnell begriffen, dass diese eine sehr gute Wolle lieferten. Da die Bedingungen für die Verarbeitung vor Ort nicht mehr existierten, saß die Gruppe zunächst einmal mit einem Berg Wolle da, ohne zu wissen, was sie damit anfangen konnte. Doch das Projekt hatte es sich von Anfang an zur Aufgabe gemacht, möglichst alle Stufen von der Gewinnung bis zum fertigen Produkt selber zu bearbeiten, und so machten sie sich auf die Suche nach Lösungen, um eben nicht wie viele andere Schäfer das Grundmaterial wegwerfen zu müssen. Im Jahr 1975 entdeckten sie in der Nähe von Briançon eine kleine teilhandwerklich arbeitende Spinnerei, die zwar seit 1968 geschlossen war, aber noch alle erforderlichen Werkzeuge und Maschinen besaß.

»Es war ein bisschen wie Dornröschens Schloss«, erklärt mir ein paar Tage später Sylvie, die dort zehn Jahre lang gelebt und gearbeitet hat. Wir besuchen sie in einer alten Scheune, die zur Werkstatt umfunktioniert ist. Sie ist gerade dabei, eine wollene Bettdecke fertigzustellen. »Als wir beschlossen, ihm die Spinnerei abzukaufen, war der Eigentümer sehr froh darüber, dass sich junge Leute gefunden hatten, die sein Lebenswerk weiterführten, und dass er nicht einfach das Gebäude verkaufen musste, aus dem sicher ein Hotel geworden wäre. Er half uns sogar, uns auszubilden, denn wir hatten ja keine Ahnung. Inzwischen haben wir eine Werkstatt und stellen Pullover, Mützen, Strümpfe, Kleider und Decken her. Vor zehn Jahren haben wir auch eine Siebdruckwerkstatt in dieser Scheune eingerichtet. Wir versuchen, immer weiter zu diversifizieren, immer wieder neue Formen von Arbeit zu finden.«

Die Spinnerei ist ein gutes Beispiel für das Wiedererlernen von Kenntnissen, die bereits im Begriff waren, verloren zu gehen, weil die lokalen Strukturen zur Verarbeitung von Ressourcen allmählich verschwinden. Die Wollverarbeitung von Longo Maï zielt auch darauf ab, die Beziehung zwischen Produzent und Konsument wieder herzustellen, indem das Produkt Sinnträger ist. Für Sylvie ist diese Beziehung wichtig. »Wir möchten zeigen, dass man aus einem lokalen oder regionalen Material etwas machen kann, was einen Wert hat, nützlich ist, Sinn macht. Die Leute sind so miteinander verbunden, die Kette reicht vom Schäfer über den Handwerker, den Konfektionsschneider bis zu demjenigen, der sich um den Verkauf kümmert. Das hat alles eine Folgerichtigkeit, die alle Beteiligten sinnlich erfahren können.«

Tatsächlich trägt in Longo Maï eigentlich jede und jeder einen Pulli, eine dicke Jacke mit Kapuze, ein Kleid oder eine Mütze aus der Spinnerei. So scheint die ganze Gemeinschaft auf die umgebenden Hügel abgestimmt, jeder trägt seine Nuance aus der Skala der Braun-, Beige- und Grautöne der Stoffe, die nicht gefärbt wurden, ohne dass dadurch auch nur im Entferntesten der Eindruck der Uniformität entstehen würde.

Das Leben in Longo Maï bringt es mit sich, dass man sich, wohin man auch geht, immer mehr oder weniger steil bergauf oder bergab bewegt: Das 300-Hektar-Gelände in Hanglage weist einen Höhenunterschied von ein paar Hundert Metern auf. Zum Rundfunkstudio, das wie die Kirsche auf der Torte auf dem Berg Zinzine thront, gelangt man auf einem schmalen Waldweg. Das Häuschen, das da ganz allein mitten zwischen den Bäumen steht, mutet mit seinem hohen Dach, dem rauchenden Kamin, der rot angestrichenen Antenne und der schwarzen Katze an wie aus dem Märchen. »Das haben wir 1984 gebaut und jeden einzelnen Stein an die Hörer verkauft, die darüber Urkunden ausgestellt bekamen. Darin stand, dass sie herzlich eingeladen sind, ihren Stein des Hauses anzuschauen, nicht aber, ihn mitzunehmen«, erläutert uns Alex, einer der Hauptradiomacher, das Finanzierungsmodell.

Drinnen sind die rau verputzten Wände mit Blanqui-Postern und Malereien geschmückt. Der gusseiserne Ofen und der große Holztisch mit den Sitzbänken laden dazu ein, sich niederzulassen und die vielfarbigen Mikros zu vergessen – und einfach draufloszuquatschen. Die Regale voller CDs und die Schallplatten hinter dem Mischpult am Ende des Raums sprechen Bände über die lange Geschichte dieses freien Senders, der in weiten Teilen der Region Provence-Alpes-Côte d'Azur von mehr als 30 000 Hörerinnen und Hörern empfangen wird. Noam Chomsky erwähnte ihn sogar als beispielhaft für einen erfolgreichen Widerstand gegen das »Propagandamodell« der großen Medien.[147] Alex, der ein großartiger Erzähler mit einem reichen Schatz an Anekdoten ist, ruft uns die Anfänge des Radios in Erinnerung: »Das Radio erblickte das Licht der Welt, wie so vieles hier, durch ein eher zufälliges persönliches Zusammentreffen. Ein Freund, der so dies und das mit Piratensendern in Lateinamerika gemacht hatte, meinte: ›Das ist überhaupt nicht schwer, ihr solltet es versuchen. Ihr habt das Potenzial, ihr seid eine Gruppe, ihr habt was Originelles zu bieten, ihr

habt das gewisse Etwas.‹ Außerdem hatten wir damals einen schlechten Ruf – also dachten wir, ob man uns liebt oder nicht, wenigstens sollte man uns direkt hören können. Das waren so in etwa die Gründe, warum wir 1981 loslegten. Damals war es theoretisch noch erlaubt, und wir haben angefangen, so wie man eine Flasche mit einer Botschaft ins Meer wirft. Mitterrand, der damalige Präsident, hatte getönt: ›Ich werde der Straße das Wort geben.‹ Also dachten wir uns, gut, Straße oder Weg, egal, wir nehmen ihn beim Wort. Am Anfang waren wir noch ein bisschen schüchtern und haben uns von Journalisten begleiten lassen. Es ist eigentlich ziemlich typisch, wie das damals gelaufen ist. Manchmal kommen hier Leute kurz vorbei, das Projekt gefällt ihnen, sie bringen eine neue Anregung mit und gleich auch ihr Know-how. Zugleich sind wir für sie eine originelle Initiative, ein Kontext, in dem sie sich auf eine Weise versuchen können, wie es in ihren konventionellen Zusammenhängen nicht möglich ist. Wir haben ein ganzes Nachrichten-Programm zusammengestellt, und es lief. Später haben wir angefangen, die Probleme vor Ort aufzugreifen und das mit politischen Informationen auf nationaler und internationaler Ebene zu mischen. Das hat auch sehr zu unserer Weiterentwicklung beigetragen, denn zu Anfang waren wir selber noch ziemlich abgeschlossen, was auch nicht anders sein konnte, weil wir uns erst mal konsolidieren mussten und uns nicht in alle möglichen Richtungen verzetteln wollten. Aber dadurch, dass wir die Sendungen machten, sind wir mit sehr vielen Menschen ins Gespräch gekommen, darunter auch viele, mit denen wir nicht unbedingt übereinstimmten, und wir haben uns vielen Themen geöffnet. Das hat frischen Wind in die Bude gebracht.«

Ein junger Longo macht sich gerade an der Technik zu schaffen und bearbeitet eine vorab aufgenommene Sendung – die Hälfte des Wochenprogramms, das täglich 24 Stunden ausgestrahlt wird, besteht aus Live-Sendungen.

»Wenn wir die Arbeit für das Radio als eine der Gemeinschaftsaufgaben auffassen, dann geht es darum, dass das Radio nicht ein Bereich an sich und für sich ist, der Informationen liefert, die nichts mit dem Leben in all seinen Aspekten zu tun haben – das Radio ist Teil der Leute und ihrer anderen Aktivitäten.« So sieht es Alex. »Sicher, mit der Zeit bilden sich Spezialisierungen heraus; ich beispielsweise bin relativ stark auf das Radiomachen spezialisiert. Das ändert aber nichts an der Tatsache, dass ich Teil eines Kollektivs bin, das auch ganz viel anderes tut, Dinge, die grundlegend sind, angefangen bei der landwirtschaftlichen Produktion. Das Radio ist ein bisschen wie die Stimme des Hofs.«

In diesem Moment trifft ein dreißigjähriger Freiwilliger aus dem Nachbardorf ein, um seine wöchentliche Sendung über das französische Chanson aufzunehmen. »Ich höre Radio Zinzine, seit ich sechzehn bin«, erzählt er uns begeistert. »Das hat meine Sicht auf die Welt verändert, die Musik, die da gebracht wird, die Debatten. Ich war echt süchtig danach. Alle meine Freunde sagten immer, Longo Maï ist eine Sekte, das sind Scheißkommunisten und so. Also habe ich mich lange nicht getraut, mal hinzugehen. Aber einmal haben sie eine Versammlung zum europäischen Sozialforum in einem Zirkuszelt organisiert, da bin ich hin. Und da habe ich gesehen, alle waren total nett, interessant, und die Art, wie sie leben, fand ich einfach faszinierend. So bin ich dazu gekommen, hier meine Sendung zu machen. Selbst mein Vater, der wirklich ein Rechter war, hat seinen Augen nicht geglaubt, als er endlich bereit war herzukommen. Inzwischen liebt er Longo Maï.«

Es ist unser letztes Abendessen, und eine leichte Wehmut über die baldige Abfahrt macht sich schon bemerkbar. Bei Lammkeule mit Saubohnen (alles selbstverständlich Produkte des Hauses) machen wir uns rückblickend zusammen über unsere anfänglichen Befürchtungen lustig, nachdem wir so manches über die legendäre Aggressivität der Longos gehört hatten. »Man muss bedenken, dass wir hier keinerlei offizielles Prozedere haben, wie man sich in die Gemeinschaft einklinkt«, sagt Joëlle. »Du bist Longo, wenn du dich für einen hältst. Also sind wir manchmal denen gegenüber, die hier aufkreuzen, vorsichtig, weil es immer sein könnte, dass sie bleiben wollen. Davon abgesehen ist es aber so, dass normalerweise die, die sich entscheiden zu bleiben, das tun, weil sie sich mit der Gruppe gut verstehen. Die, die sich nicht integrieren können, merken das meistens selber. Sicher, manchmal muss man Leute bitten zu gehen.« Eine solche Situation haben wir selber miterlebt: Die Longos mussten zwei jungen Leuten nach ein paar Wochen schließlich »die Tür weisen«. Sie hatten zusammen mit mehreren Bauwagen und ihren rund zehn Hunden ein Feld bei Grange Neuve als Lagerplatz gewählt. Das unablässige Gebell, die Unfähigkeit der Besucher zu begreifen, dass sie sich an minimale Grundregeln des Gemeinschaftslebens zu halten hatten, bedeutete schließlich, dass sie nicht bleiben konnten. Joëlle zieht dennoch eine positive Bilanz: »Es ist immer traurig, wenn man jemanden wegschicken muss, aber wenn man bedenkt, wie viele Leute hier vorbeikommen – Hunderte jedes Jahr – und wie selten so was passiert, dann muss man doch sagen, dieses Verfahren funktioniert ganz gut. Und ohne allzu großes Kopfzerbrechen.«

Die Entscheidung, den Prozess der Eingliederung in die Gruppe offen zu lassen und kein Verfahren festzulegen, das es erlaubt, Leute auszuschließen, die »nicht passen«, zeugt davon, dass die Gruppe es sich zutraut, mit unterschiedlichen Meinungen und schwierigen Verhaltensweisen von Menschen, die dazustoßen, umzugehen. Das ist umso bemerkenswerter, als Longo Maï seine Besucher unentgeltlich aufnimmt. Egal, wie lange der Aufenthalt dauert, von den ungezählten Freunden und Freundinnen, Durchreisenden und Neugierigen, die das ganze Jahr über eintreffen, um das Leben der Longos zu teilen, wird kein Euro verlangt (selbstverständlich sind Spenden willkommen). Wir fragen uns, wie es kommt, dass die Gemeinschaft nicht von einer Meute berechnender Leute überrannt wird, denen es nur um die unbezahlte Übernachtungsmöglichkeit geht. »Wir scheinen ein gesunder Organismus zu sein, der sich sehr gut selbst reguliert. Es sind nie viel mehr als zweihundert Personen in den verschiedenen Projekten gewesen, und wir haben uns nur ganz selten mal mit jemandem, der nur nimmt, auseinandersetzen müssen«, meint Joëlle.

Damit begeben wir uns zu einer letzten Nacht im »Taubenschlag«, der mit Recht so heißt: Wann immer wir die Schiebetür unseres Wagens öffnen oder schließen, scheuchen wir zehn und mehr Tauben auf, die sich mächtig darüber aufregen, dass man sie derart stört. Beim Aufwachen beschenken uns die provenzalischen Götter mit einer gleißenden, jungfräulichen Schneedecke, die sich in diesem wunderschönen Tal über alles gebreitet hat, während wir schliefen.

Wir sind inzwischen unterwegs nach Osteuropa. In Mailand machen wir Station, um ein paar der bekanntesten Sozialzentren kennenzulernen, selbstverwaltete Orte mit marxistischer oder anarchistischer Ausrichtung, von denen es seit den 1970er Jahren ein ganzes Netz in Italien gibt. Unser Führer ist der äußerst witzige Alex Foti, Intellektueller, Aktivist gegen das Prekariat und Milanese, der zu leben weiß.

Unter seiner Ägide nehmen die Dinge einen anderen Verlauf als erwartet: Wir hatten uns auf einen geführten Rundgang von einem mythischen Ort zum nächsten gefreut, aber am Ende sind wir es, die sich in der Rolle der Redner wiederfinden. Alex hat für uns ein Programm vorbereitet, das eines Politikers auf Wahlkampftour würdig ist: Wir sollen den Mailänder Aktivistinnen und Aktivisten das Klima-Camp näherbringen. Unsere Ankunft ist sogar in der Tageszeitung *Il Manifesto* angekündigt worden. Wir hetzen also von einem Ende der Stadt zum anderen, ohne einmal durchzuatmen, und von den Besonderheiten der Orte, die wir besuchen, bekommen wir sowieso nichts mit. Von Cantiere, das an eine angesagte New Yorker Bar erinnert, geht's weiter ins Torchiera, einen alten Stall ohne Wasseranschluss, und dann zum Conquetta mit seinem einzigartigen Archiv zur Geschichte der radikalen Linken in Italien und der vorzüglichen Buchhandlung; den Eingang schmückt ein großes Graffito des bekannten Straßenkünstlers Blu. Wir beenden die Nacht im ältesten und größten *centro sociale* Italiens, dem Leoncavallo, mit seinen vier Tanzsälen (von denen einer so groß ist, dass Public Enemy darin zu seinen besten Zeiten ein Konzert geben konnte), seinen drei Restaurants, seinem Garten und seiner Skateboard-Rampe – ein urbaner Ameisenhaufen! Alle diese Zentren waren ursprünglich besetzt, manche sind es seit fünfzehn oder zwanzig Jahren, und zumindest zeitweise waren sie das Nervensystem des italienischen Aktivismus. Verlassene urbane Räume wurden in radikale Stadtteiltreffs umgewandelt, in Aufnahmestudios, Kinos, Theater, Bibliotheken, Rundfunk- und Fernsehstudios etc. Hier finden Konzerte und Zusammenkünfte statt, Hilfe und Schutz für Flüchtlinge wird organisiert. Die politische Philosophie an diesen Orten ist nicht immer die gleiche, doch gemeinsam ist ihnen die Ablehnung institutioneller Politik und die Bevorzugung der direkten Aktion.[148]

Wir hatten gehofft, uns ein paar dieser Orte am nächten Tag in Ruhe ansehen zu können, doch Alex scheucht uns ins Auto, denn wir werden erwartet, diesmal in Piacenza, wo dortige Aktivisten eigens für uns ein veganes Bankett vorbereitet haben.

Und dann müssen wir uns endgültig auf den Weg nach Serbien machen, wo uns die rebellischen Arbeiter von Zrenjanin erwarten, einer Industriestadt nördlich von Belgrad. Wir sind gespannt und verunsichert zugleich bei dem Gedanken an den uns möglicherweise bevorstehenden Kulturschock: Nach annähernd drei Monaten, die wir in ländlichen Gemeinschaften in Spanien und Frankreich verbracht haben, mit Leuten, deren Sprache wir sprechen und deren Kultur uns vertraut ist, deren Motive und Vorstellungen wir problemlos nachvollziehen können, sind wir nun unterwegs in eine osteuropäische Industriestadt, die von Umbrüchen politischer, ökonomischer und gesellschaftlicher Art geprägt ist, die wir kaum begreifen. Wir werden bei Arbeitern wohnen, deren Sprache wir nicht sprechen und von denen wir lediglich wissen, dass es ihnen nach vier Jahren intensiver Kämpfe gelungen ist, ihre Fabrik, Jugoremedija, zu übernehmen und sie selbst zu verwalten.

Vor ein paar Tagen hat uns eine E-Mail erreicht, in der die Besetzung eines weiteren Werks, eine weitere Protestaktion gegen die Konsequenzen der Privatisierung, bekannt gegeben wird. Wir haben nur dürftige Informationen und wissen nicht, zu welchem Sektor dieses Unternehmen gehört, aber so viel ist uns klar: Inzwischen sind in derselben Stadt drei Werke von ihren Arbeitern besetzt oder zurückerobert worden: Jugoremedija, ein pharmazeutisches Unternehmen, Bek, ein Schlachthof, der seit Oktober besetzt ist, und eben das neuerlich besetzte Werk, Šinvoz.

Zrenjanin

Unsere ersten Eindrücke von Osteuropa, als wir mit unserem alten Wohnmobil über die slowenischen Bergstraßen schleichen, sind atemberaubend: Wir befinden uns mitten in dichten, tief verschneiten Tannenwäldern. Wir kommen ohne Probleme in Kroatien an und passieren in wenigen Minuten die Grenze, während in die andere Richtung lange Warteschlangen darauf hindeuten, dass dies für viele die unüberwindbare Grenze der Festung Europa ist.

Auf den glatten und geraden Autobahnen leuchten überdimensionale Lampen die vier Fahrbahnen aus, auf denen kein einziges Fahrzeug zu sehen ist, stattdessen an den Rändern um so mehr Werbetafeln, die auf Englisch davon künden, dass es jetzt in Kroatien dreißig Lidl-Supermärkte gibt. Mit den allenthalben zu bewundernden Einkaufszentren hat der wilde Kapitalismus in Osteuropa offenbar Einzug gehalten. Alle dreißig Kilometer zeichnen sich riesige verlassene Parkplätze mit gestrichelten Platzmarkierungen ab, offensichtlich für ein Fahrzeugaufkommen eingerichtet, das sich nicht zu materialisieren scheint.

Die Ortsschilder halten uns unsere beschämende Unkenntnis der Region vor Augen, die Namen klingen vertraut und fremd zugleich: Mostar, Vukovar oder Tuzla – wir erinnern uns, doch nur undeutlich, an Schlagzeilen aus der Zeit des Jugoslawienkriegs, Dramen, Zerstörung, Massaker, deren Einzelheiten, Ursachen und Folgen wir vergessen haben, wenn wir sie je genau kannten. Jedenfalls sind sie in unserer Erinnerung inzwischen überdeckt von den Nachrichten über andere Dramen, andere Massaker und Katastrophen. Keiner von ihnen werden die Medien in ihrer Rastlosigkeit gerecht, wenn sie, ohne die Ereignisse gründlich und genau analysiert zu haben, zum nächsten Schauplatz weitereilen.

Unsere Ankunft in Belgrad gestaltet sich etwas abenteuerlicher als vorgesehen, die Dunkelheit überfällt uns, während wir noch irgendwo auf dem Land sind. Wir sind in Serbien, mehr wissen wir nicht. Die Autobahn haben wir in der Hoffnung verlassen, zum Übernachten ein lauschiges Plätzchen zu finden, ehe wir dann am Morgen in Richtung Belgrad weiterfahren wollen, um Ivan zu treffen. Er gehört zu Freedom Fight, dem Kollektiv, das die Arbeiter von Zrenjanin unterstützt.[149] Leider sind die namenlosen, halb verlassenen Ortschaften an den verschneiten und zum Teil spiegelglatten Straßen und Wegen nicht auf unserem Europa-Atlas verzeichnet. Und nirgendwo ein Platz, wo wir übernachten könnten! Während wir orientierungslos weiterrollen, taucht plötzlich der Bus 387 vor uns auf. John nimmt das als Zeichen und will unbedingt, dass wir ihm folgen: »Ein Bus fährt nie nirgendwohin. Er ist die beste Chance, zu einer Ortschaft zu gelangen, die wieder auf unserer Karte verzeichnet ist.«

Sein Argument erweist sich als nicht sehr tragfähig: Nachdem wir unserem unbekannten Reiseführer zwanzig, dreißig Kilometer schlitternd gefolgt sind, in deren Verlauf er kein einziges Mal anhält, verlangsamt er die Fahrt … und macht kehrt, um zum Ausgangspunkt zurückzufahren. Wir geben unseren Traum von einer Nacht auf dem Land auf und beschließen, nun doch bis Belgrad zu fahren und da auf einem Parkplatz im Auto zu schlafen.

Doch das Schicksal hat sich gegen uns verschworen: Wir irren erneut fast zwei Stunden lang umher und rufen schließlich Ivan an, um ihn um Rat zu fragen. Er schlägt uns lachend vor, wir könnten doch bei ihm übernachten. In der Stadtmitte wird er auf uns warten, um von dort mit uns zu seiner Wohnung zu fahren. Eine Freundin, die vor Jahren als Flüchtling aus Serbien nach Belgien kam, hatte uns den Kontakt vermittelt. Wir kennen ihn also gar nicht. Trotzdem ist er uns gleich sehr sympathisch, als wir ihn bei einem Monument in der Stadtmitte entdecken: ein magerer junger Mann mit Zottelmähne, der wild herumhüpft und fuchtelt, um uns auf sich aufmerksam zu machen. Ivan wohnt zusammen mit seiner Freundin und einem Freund in einer großen, heruntergekommenen Wohnung. Das Haus, das mit seinem riesigen, unter dem Schnee ächzenden schmiedeeisernen Eingangstor aussieht, als käme es direkt aus einem Schauerroman, ist beiderseits von Gebäuden in typischer Sowjet-Architektur flankiert. Sein Abriss steht an, und die drei Bewohner zahlen eine lächerliche Miete, während sie auf den erzwungenen Umzug warten.

An diesem Abend wird mit Freundinnen und Freunden Sanjas Geburtstag gefeiert. Alle sprechen sehr gut Englisch und sind so herzlich, dass unsere anfängliche Befangenheit schnell verfliegt. Sanja ist 23, die anderen eher um die 30. Ivana, eine Kindheitsfreundin von Ivan, erläutert: »Mit uns acht Leuten und den sieben Jahren Altersunterschied zwischen uns habt ihr Zeugen der jüngsten Geschichte Jugoslawiens vor euch. Er und ich, wir gehören zur letzten Generation der Pioniere[150], die ein starkes Symbol für die heilige Union der Teilrepubliken[151] darstellten, während Sanja ganz ohne den Begriff eines Jugoslawien aufwuchs. Unsere jugoslawische Kindheit war herrlich, das Leben damals war so friedlich.«

Wir hören, wie sie sich über die tiefgreifenden Veränderungen unterhalten, die sich in wenigen Jahren ereignet haben: Die Älteren von ihnen erinnern sich, dass sie damals eigentlich keinen Begriff von den unterschiedlichen Bevölkerungsgruppen hatten, die in ihrem Land zusammenlebten, denn sie waren »alle Teil desselben Volkes«, während es für die Jüngeren fast natürlich geworden ist, auf den Unterschied etwa zwischen einem kroatischen oder einem bosnischen Namen zu achten.

Ivan fasst zusammen: »Nichts sollte man je als gesichert betrachten – selbst, was du für die selbstverständlichste Sache der Welt hältst, kann einfach so, schwupp«, er schnippst mit den Fingern, »verschwinden.«

Das Gespräch geht bald in eine Art Nachhilfeunterricht in Sachen jüngere Wirtschaftsgeschichte Serbiens über. Ivan ist in dieser Frage eine lebende Enzyklopädie, engagiert, brillant und in der Lage, nonstop zu rauchen und zu reden. Er führt uns mitten hinein in die komplexe und stürmische zeitgenössische Entwicklung Serbiens. Vor allem, unterstreicht er, sollten wir uns vor Augen halten, dass Jugoslawien etwas ganz Spezielles war: ein kommunistisches Land, das sich dank der Partisanen Titos vom sowjetischen Joch befreit hatte. Ohne die Hilfe der Roten Armee hatten die Partisanen das Land befreit, und bereits in den 1950er Jahren wurde die Selbstverwaltung eingeführt. Auch wenn die Wirtschaftspolitik des Landes im Verlauf der fünf Jahrzehnte seiner Existenz beträchtliche Veränderungen durchlief, und selbst wenn die Selbstverwaltung in vieler Hinsicht vor allem symbolisch stattfand, weil letztlich alles von der omnipotenten Kommunistischen Partei organisiert und manipuliert wurde, bestand doch gegenüber den meisten Ländern des Ostblocks ein entscheidender Unterschied: Die jugoslawischen Betriebe gehörten nicht alle dem Staat; viele von ihren waren Teil einer komplizierten Struktur, die weder dem privaten noch dem öffentlichen Sektor zuzuordnen war und als »gesellschaftliches Eigentum« bezeichnet wurde.[152] Bei internen Fragen waren die Arbeiterversammlungen die ausschlaggebenden Entscheidungsorgane, mussten sich allerdings bei allem anderen an die Vorgaben der Partei halten, insbesondere bei der Wirtschaftsplanung und den Produktionsquoten.

Im Jahr 1989 legte Premierminister Marković den Arbeiterversammlungen eine erste Welle von Privatisierungen nahe. Das Kapital eines Unternehmens sollte in Aktien umgewandelt werden, und jeder Arbeiter bekam die Möglichkeit, eine bestimmte Anzahl günstig zu erwerben, während nicht verkaufte Aktien auf den Markt geworfen würden. Dieses Konzept sah also nicht vor, dass dem Staat irgendwelche Anteile zufließen würden. Dass es ausgerechnet am Ende des Jahrzehnts entwickelt wurde, in dem der IWF damit begonnen hatte, sich in Jugoslawien einzumischen, sei kein Zufall, so Ivan. Die Wirtschaftskrise, die auf die Ölkrise von 1973–1974 folgte, war nicht spurlos an dem Land vorübergegangen. Seine Auslandsschulden waren zwischen 1970 und 1975 von zwei Milliarden auf sechs Milliarden Dollar angestiegen und hatten sich somit verdreifacht; 1980 lagen sie sogar bei 20 Milliarden Dollar.[153] IWF und Weltbank bestanden darauf, dass diese Verschuldung durch einen verstärkten Export ausgeglichen werden müsse. Das bedeutete eine Umstrukturierung der Produktion, die bisher überwiegend auf den Konsum im Land ausgerichtet gewesen war. Eine deutliche Verschlechterung des Lebensstandards der Bevölkerung im Laufe der 1980er Jahre war die Folge. Ivan schätzt, dass dieser zwischen 1982 und 1989 um rund 40 Prozent sank, und dass schließlich etwa 60 Prozent der jugoslawischen Arbeiter nur noch den staatlichen Mindestlohn oder weniger verdienten.[154]

»Aber nach 1989 hat diese Entwicklung rasant an Fahrt gewonnen«, erklärt er uns. Mit dem Fall der Berliner Mauer bot sich die Gelegenheit, die Länder Osteuropas mit ihrer Zustimmung oder ohne sie in das neoliberale Projekt zu integrieren.[155] Im Januar wurde ein Abkommen mit dem IWF über eine Reduktion der öffentlichen Ausgaben auf fünf Prozent des Bruttosozialprodukts unterzeichnet. Der kanadische Wirtschaftswissenschaftler Michel Chossudovsky meint dazu: »Obwohl die Löhne durch die Inflation bereits stark reduziert waren, verfügte der IWF, dass sie auf ihrem Stand von Mitte November 1989 einzufrieren seien. Während die Preise weiterhin stiegen, fielen die Löhne in den ersten sechs Monaten des Jahres 1990 um 41 Prozent.«[156] Die Inflationsrate lag 1990 bei 70 Prozent, erreichte 1991 140 Prozent und 1993 horrende 1134 Prozent.[157] Außerdem bestand eine der Hauptforderungen des IWF an die Regierung und die Finanzinstitutionen darin, »insolvente«[158] Betriebe nicht mehr zu subventionieren. Diese Politik forderte ihren Tribut: Im Jahr 1990 waren von einer aktiven Bevölkerung von 2,7 Millionen 1,9 Millionen arbeitslos geworden.[159]

Angesichts des Ausmaßes der Krise und der Hyperinflation beschloss Präsident Milosević, die erste Welle der Privatisierungen rückgängig zu machen. Die unter Marković erworbenen Teile wurden den Aktionären also wieder genommen. Unterdessen wurde 1997 eine weitere Welle freiwilliger Privatisierungen initiiert (weiterhin im Ermessen der Arbeiterversammlungen), doch dabei wurde festgesetzt, dass nur 70 Prozent des Kapitals in Form von Aktien an die Beschäftigten eines privatisierten Betriebs veräußert werden durften sowie an diejenigen, die keinen Zugang zu diesem »Privileg« hatten (weil sie im öffentlichen Sektor oder in einem Betrieb arbeiteten, dessen Arbeiterversammlung die Privatisierung abgelehnt hatte). Ivan erklärt uns das als eine raffinierte Methode, eine neoliberale Politik einzuführen, ohne dass es danach aussah, weil ja der Staat ein Drittel des Kapitals der Unternehmen behielt. »Durch diesen Trick war das Privatisierungsgesetz mit der Vorstellung verbunden, dass jeder das Recht auf *seinen* Anteil am gesellschaftlichen Eigentum hatte«, erklärt er und nimmt immer wieder einen Schluck von seinem Bier. »Maskiert als ›soziale Gerechtigkeit‹, war dies tatsächlich eine Strategie, den Beschäftigten ihren Einfluss und ihre Macht zu rauben, denn wenn 30 Prozent des Kapitals dem Staat gehören und 35 den externen Aktionären, die nur an den Profiten interessiert sind, bleiben nur noch 35 Prozent der Stimmen, die bei den Aktionärsversammlungen die Interessen der Arbeiter im Auge haben«, rechnet er uns voller Zorn vor.

Der Todesstoß traf Serbien 2001, als die »richtige« Privatisierung kam, die der IWF als Gegenleistung für die Wiederaufbaufinanzierung erzwang. Zuvor war das Land durch annähernd zehn Jahre andauernde drastische Sanktionen und mehrere Jahre Krieg und »humanitäre« NATO-Bombardierungen zugrunde gerichtet worden.[160] Alle Betriebe, die noch im gesellschaftlichen Besitz waren, wurden verstaatlicht (»eigentlich vom Staat konfisziert«, so Ivan), damit man die Privatisierung erzwingen konnte. Der Staat warf 70 Prozent mittels Versteigerungen auf den Markt, während die übrigen 30 Prozent an die Beschäftigten verschenkt wurden. »Ein angemessener Preis für Aktien, die sowieso nichts wert waren, da sowieso jeglicher Einfluss auf das Management des Betriebs in den Händen der 70 Prozent der Stimmen lag, die sich irgendein Käufer aneignen konnte«, erläutert Ivan. Serbien wurde gezwungen, die allumfassende Privatisierung innerhalb von sieben Jahren durchzusetzen, was zum Teil die Gewalt erklärt, die damit einherging. »In den meisten Fällen verkauft der Staat seine Anteile ganz plötzlich, was bei den Aktionären eine Panikwelle auslöst, die dann ebenfalls überstürzt verkaufen. In nur wenigen Tagen verlieren die Beschäftigten die Kontrolle, die sie über ihren Betrieb hätten haben können, und viele von ihnen werden, ehe sie sich versehen, arbeitslos.«

Je mehr Ivan über diese Entwicklungen spricht, desto mehr haben wir den Eindruck, dass wir hier eine exemplarische Fallstudie dessen vor uns haben, was Naomi Klein die »Schock-Strategie« nennt, wie auch der Titel ihres Buches lautet, das ich zufällig gerade lese. Die kanadische Journalistin und globalisierungskritische Aktivistin stellt darin dar, wie die radikalen Ideologen des Neoliberalismus, Anhänger der Dogmen Milton Friedmans, verschiedenen Ländern dieser Welt ihre »Schocktherapie« aufgenötigt haben (von Chile über Polen und Russland bis nach Bolivien). Diese Strategie besteht darin, die »Heilige Dreifaltigkeit à la Friedman« anzuwenden, laut Naomi Klein: Privatisierung, Deregulierung und drastische Reduktion sozialer Ausgaben. Klein zeigt die verheerenden Folgen solcher Programme auf, insbesondere den explosionsartigen Anstieg der Arbeitslosigkeit und die dramatische Verarmung von Millionen bei gleichzeitig spektakulär ansteigendem Reichtum einer Minderheit. Besonders bitter ist der Umstand, dass diese Politik den Ländern des ehemaligen Ostblocks im Namen der Demokratisierung aufgenötigt wurde. Der Fall Russlands demonstriert dies besonders deutlich. Im Namen der »Demokratie« unterstützten die westlichen Regierungen etwas, was im Grunde ein Staatsstreich war (durch Boris Jelzin 1991), verbunden mit einem kaum kritisierten blutigen Krieg in Tschetschenien und Wirtschaftsreformen, deren Folgen von einer Härte waren, die man sich kaum vorstellen kann. Laut Klein haben diese Reformen innerhalb von weniger als acht Monaten 72 Millionen Menschen in die Armut gestürzt.

In Jugoslawien waren die Folgen der Schocktherapie nicht weniger destruktiv. Mehrere Experten sehen eine Verbindung zwischen der vom IWF und der Weltbank durchgesetzten neoliberalen Politik und dem Krieg, der zehn Jahre dauerte und die jugoslawische Föderation in den 1990er Jahren zerschlug. Michel Chossudovsky stellt eindeutig fest, dass die Auflösung Jugoslawiens direkt mit dem Restrukturierungsprogramm auf der makroökonomischen Ebene zusammenhing, zu der die Regierung in Belgrad durch die externen Gläubiger gezwungen wurde. Die Abtrennungsbestrebungen, die durch soziale und ethnische Aufspaltungen angeheizt wurden, verstärkten sich genau in der Zeit, als die jugoslawische Bevölkerung einem brutalen Verarmungsprozess ausgesetzt war.[161] Tatsächlich wurden »die historischen Differenzen zwischen Serben, Kroaten und Muslimen geschürt, als die Wirtschaftskrise, die Anforderungen des globalen Marktes und der internationalen Finanzkörperschaften die verschiedenen Republiken Ex-Jugoslawiens zwangen, miteinander zu rivalisieren, bis schließlich der interne Konsens innerhalb der Föderation auseinanderbrach«.[162] Mit anderen Worten, so die US-amerikanische Analystin Susan Woodward: »Wenn man die jugoslawische Krise als Folge des ethnischen Hasses erklärt, stellt man die Geschichte auf den Kopf und beginnt mit dem Ende.«[163]

Es ist vier Uhr früh, als wir schließlich ins Bett gehen, schockiert, erschöpft und vom Alkohol und den vielen Informationen betäubt.

Der Regen gefriert, sobald er mit der Windschutzscheibe in Berührung kommt, und lässt dort einen 70er-Jahre-Effekt von aufgerautem Glas entstehen, ganz hübsch, aber wenig hilfreich auf einer Straße, die eher einer Schlittschuhbahn gleicht. In der pechschwarzen Nacht wäre es nicht schlecht zu wissen, wo man sich gerade befindet. Unser Wagen ist mit einer Eisschicht bedeckt, und die Heizung funktioniert nicht. Doch John lässt sich durch nichts aus der Ruhe bringen und steuert uns heroisch in Richtung Zrenjanin. Ivan ist mit von der Partie, ebenso Milenko, unser zweiter Reiseführer und Dolmetscher.

Milenko haben wir heute Vormittag in einem Belgrader Café getroffen, das gerade sehr angesagt ist: Cappuccino mit Karamell-Geschmack und Smoothies, Spiegel an den Wänden, Kellnerinnen in Uniformen wie in einem amerikanischen Diner … ein bizarrer Versuch, den Kunden ein London- oder New-York-Feeling zu vermitteln. Milenko ist so still und zurückhaltend wie Ivan aufgekratzt und redselig. Sein ernstes Gesicht erhellt sich oft durch ein Lächeln, das ausgesprochen offen und liebenswert wirkt. Die beiden sind die Gründer von Freedom Fight und Herausgeber von *Z Balkan*, einem Magazin auf serbokroatisch, das sich an der gleichnamigen US-amerikanischen Publikation orientiert.[164] Außerdem sind Ivan und Milenko für monatliche Bulletins verantwortlich, die sich an Arbeiter und Flüchtlinge wenden. Die Beziehungen zwischen ihnen und den Arbeitern von Jugoremedija sind so von Vertrauen geprägt, dass diese *Z Balkan* finanzieren.

Nach vier Stunden Fahrt, die wir gebraucht haben, um die achtzig Kilometer von Belgrad nach Zrenjanin zurückzulegen, können uns schließlich Radislav und Milovan in Empfang nehmen, zwei Arbeiter von Jugoremedija, die uns den Weg zu Zdravko Deurićs Wohnung zeigen. Er wird der »Che von Zrenjanin« genannt, nachdem er den erfolgreichen Kampf des pharmazeutischen Betriebs angeführt hat. Zufällig ist er fast während unseres gesamten Aufenthalts im Urlaub und hat uns seine Wohnung überlassen, solange wir in Zrenjanin sind.

Wir bringen unsere Sachen in das gemütliche kleine Apartment und vertrauen uns Radislav und Milovan und ihrem mitreißenden Enthusiasmus an. Sie sind Fahrer bzw. Mechaniker bei Jugoremedija, waren von der ersten Stunde der Kämpfe an im Streik und haben in allen Phasen aktiv an der Wiedereroberung ihrer Fabrik teilgenommen. Sie sind überschwänglich und lustig und trotz unserer lähmenden Verständigungsprobleme überschlagen sie sich darin, uns ihre Gastfreundschaft zu erweisen, die sie besonders durch Einladungen zu einem Gläschen Raki nach dem anderen unter Beweis stellen, einen traditionellen fünfzigprozentigen Fruchtschnaps, der uns in der Kehle brennt. Wir sind solche starken Getränke nicht gewohnt, wollen aber auf keinen Fall unhöflich oder undankbar erscheinen. Nach ein paar Raki-Runden verkündet Radislav, dass er uns zum Essen bei sich zu Hause einlädt, und wir machen uns auf den Weg. Diesmal ist Milovan der Chauffeur. Bei Radislav, der in einem Vorort von Zrenjanin wohnt, werden wir von seiner Frau und seinen Töchtern besonders herzlich – und mit selbstgebranntem Raki! – empfangen. Radislav selber bereitet köstlichen gebratenen Fisch mit Russischem Salat zu, und nach dem Essen sehen wir uns zusammen auszugsweise einen Film von Ivan über den Kampf um Jugoremedija an. Ohne Untertitel und mit nur gelegentlichen Übersetzungen seitens unserer Dolmetscher machen die Bilder, die da an uns vorüberziehen, nicht immer Sinn, aber eines ist klar: Während der wahrscheinlich schon oft gesehenen Szenen von Streik, Besetzung und Auseinandersetzungen zwischen Arbeitern und Polizei sind bei unseren Freunden die Gefühle von damals wieder ganz präsent. Nach dem Film ist die Nostalgie rasch verflogen, und wir sind wieder unterwegs, diesmal zu Bek, einem der besetzten Werke von Zrenjanin.

Die Sanitätsstation, in der Rauchschwaden wabern, ist zum Hauptquartier der Besetzung geworden. Eine Gruppe Arbeiter bereitet sich darauf vor, hier zu übernachten, damit die Gebäude nie leerstehen. Milena sitzt an einem einfachen Tisch und nahe bei einem kleinen Heizgerät, das mit voller Kraft bläst, und macht den Besetzungsplan für die nächsten Tage fertig: fünf Personen pro Nacht, zehn pro Tag. Diese Arbeiterin mit der kratzigen Raucherstimme, den geröteten Händen und dem entschlossenen Blick unter den zu zwei dünnen Strichen zurechtgezupften Brauen entwickelte sich zu einer Anführerin, als Bek im März 2007 vor dem Bankrott stand.

»Das Unternehmen war 2006 privatisiert worden und ging in weniger als einem Jahr bankrott, weil der neue Besitzer einen unglaublichen Schuldenberg angehäuft hatte. Aber wir wissen genau, dass das ein Betrugsmanöver war, wie es inzwischen üblich ist: Ein Tycoon kauft die Aktienmehrheit eines Unternehmens und sorgt dafür, dass es sich bei einigen Strohfirmen stark verschuldet, die ihm ebenfalls gehören. Wenn der Bankrott erklärt wird, werden die Tarifverträge annulliert, die Aktionäre verlieren ihre Anteile, und der Tycoon übernimmt auf dem Umweg über seine eigenen Betriebe die absolute Kontrolle, die wunderbarerweise die Gläubiger sind und es ihm ermöglichen, die Anteile für einen Appel und ein Ei zu kaufen. Das ist natürlich illegal, und wir haben Monate damit verbracht, an die Privatisierungs-Agentur[165] und andere Institutionen zu schreiben, um ihnen das zu erklären und sie zum Eingreifen aufzufordern. Da wir nie eine befriedigende Antwort bekamen, beschlossen wir im Oktober, die Gebäude zu besetzen.« Sie hat diese Geschichte offenbar schon oft erzählt. Weder stockt sie, noch sucht sie ein einziges Mal nach einem Wort.

Einen Sieg konnten die Besetzerinnen und Besetzer jedenfalls verzeichnen: die Annullierung des Privatisierungsvertrags zwischen dem neuen Eigentümer und dem Staat. Jede Privatisierung ist nämlich mit einem Vertrag verbunden, durch den der Aktionär mit dem größten Aktienanteil eine ganze Reihe von Verpflichtungen eingeht; verstößt er gegen sie, kann das die Rücknahme der Privatisierung nach sich ziehen (und die Anteile fallen wieder an den Staat zurück). Am 6. Dezember 2007 räumte die Privatisierungs-Agentur Unregelmäßigkeiten ein und akzeptierte, dass 70 Prozent der Kapitalanteile, die der Geschäftsmann Vladan Bešti erworben hatte, wieder verstaatlicht werden sollten. »Das ist ein erster Schritt in die richtige Richtung, aber reichen tut es natürlich nicht: Solange der Bankrott selber nicht auch annulliert wird, ändert sich für die Arbeiter nichts, die nach wie vor ohne Einkommen sind, nachdem sie bereits seit Monaten keine Löhne bekommen haben. Der Bankrott muss rückgängig gemacht werden, damit die Produktion wieder aufgenommen werden kann«, flüstert mir Ivan zu, ehe er jetzt mit Milena in eine Strategiediskussion einsteigt.

Wir verlassen die darniederliegende eisige Fabrik, beeindruckt von der Standfestigkeit und dem Mut dieser Arbeiterinnen und Arbeiter, die sich mit extrem komplizierten finanziellen Zusammenhängen und Reglementierungen vertraut gemacht und die Besetzung ihrer Fabrik organisiert haben und weiterhin nach Wegen suchen, um gehört und ernstgenommen zu werden.

Zusammen mit Ivan und Milenko, die in Zdravkos Wohnung auf dem Sofa geschlafen haben, frühstücken wir vor dem Fernseher und entdecken den *Turbo Folk*, eine schräge Mischung aus traditioneller Musik und Elektro-Pop-Rhythmen, die leider mit dem Nationalismus der 1990er Jahre verbunden ist: Unter serbischen Jugendlichen ist er immer noch beliebt.

Wir verlassen das überheizte Apartment und setzen uns der beißenden Kälte aus. Selbst unsere beiden Führer, von denen wir annehmen, dass sie die harten Winter gewohnt sind, beklagen sich über die ungewöhnlichen Temperaturen. So begeben wir uns unter Schlottern und Zähneklappern zu Šinvoz, der erst seit ein paar Tagen besetzten Firma, bis vor kurzem eine der wichtigsten Produktionsstätten der Region für Züge und Lokomotiven.

Jugoreme
ZRENJANI

In der weitläufigen schneebedeckten Industrielandschaft, die im dichten Nebel irreal wirkt, zeichnen sich am Ende eines langen Weges, der parallel zu einem Schienenstrang verläuft, die gewaltigen Hangars des Šinvoz-Werks ab. Die Arbeiter, die uns auf dem Parkplatz erwarten, trauen ihren Augen nicht, als sie sehen, dass ich den Laster bei diesem Glatteis einparken will, aber angesichts meines Erfolgs lächeln sie breit und führen uns dann in das Gebäude, das einst der Verwaltungssitz der Firma war.

Ein langer, eiskalter Flur führt zu dem Saal (dem einzigen geheizten Raum), der das Nervenzentrum des Widerstands von Šinvoz geworden ist. Ungefähr zehn Arbeiterinnen und Arbeiter spielen an einem langen, mit einer abgeschabten Samtdecke bedeckten Tisch Karten oder versuchen, den verzerrten Bildern auf dem Bildschirm eines alten Schwarz-Weiß-Fernsehers etwas abzugewinnen. »Wir versuchen unser Bestes, damit die Tage nicht zu langweilig sind, aber wir haben kaum Geld, und so muss man sich mit wenig zufrieden geben«, kommentiert Radovan, einer der Besetzer, die Lage, der, ohne es eigentlich zu wollen, zum Sprecher geworden ist. »Mit Mita müsstet ihr eigentlich reden, der kennt die Situation ganz genau und kann alles sehr gut erklären. Aber letzte Nacht ist er Vater geworden, so schnell wird er nicht kommen können«, erklärt er uns. Radovan fühlt sich in seiner Rolle nicht ganz wohl, gibt sich aber alle Mühe, unsere Fragen zu beantworten.

»Šinvoz wurde 2004 privatisiert. Auch davor gab es schon Probleme, die Sanktionen der 1990er Jahre haben uns sehr geschadet, aber als der Betrieb dann privatisiert wurde, wurde alles noch viel schlimmer.«

Wie bei Bek verfolgte der neue Mehrheitsaktionär die Strategie, den Betrieb bei Scheinfirmen, die ihm ebenfalls gehörten, hoch zu verschulden. Sobald die Arbeiter begriffen, was gespielt wurde, kontaktierten sie die entsprechenden Stellen und forderten wirksame Kontrollen, doch die Privatisierungs-Agentur wollte nicht intervenieren. Wegen der sich verschlechternden Arbeitsbedingungen wurde im Juni 2006 ein erster Streik organisiert. Außerdem entdeckten die Arbeiter, dass der neue Eigentümer einen weiteren Schwindel vorhatte: Am Rande einer Gerichtsverhandlung hörten sie, dass er von einer »Investition« sprach, mit der er darauf abzielte, seinen Kapitalanteil zu erhöhen. Ein solches Manöver war nicht nur vollkommen illegal, denn er hatte die Zustimmung der Aktionärsversammlung nicht eingeholt, sondern vor allem wurde den Arbeitern klar, dass es sich bei dieser »Investition« um den Ankauf alter Waggons und nicht mehr nutzbarer Lokomotiven handelte, zu denen es in manchen Fällen nicht einmal mehr die passenden Schienen gab. Dieses Gerümpel war kurz zuvor auf dem Hof der Fabrik abgeliefert worden.

»Selbst die Privatisierungs-Agentur musste zugeben, dass man diesen Haufen Schrott nicht als Investition betrachten konnte. Wir hofften, dass das reicht, um den Privatisierungsvertrag null und nichtig zu machen. Aber zur Besetzung hat uns die weitere Verschlechterung der Situation 2007 getrieben: Der neue Eigentümer hat keinen einzigen Vertrag unterzeichnet, um weiter produzieren zu können; von 807 Arbeitern im Jahr 2004 sind nur noch 470 übrig geblieben, und am 16. November wurde der Bankrott der Firma erklärt. Dann kam uns bei einer Sitzung, bei der es um den Bankrott ging, zu Ohren, dass der neue Eigentümer Material in die Firma bringen lassen wollte. Uns war gleich klar, das war ein Schachzug, um echte Investitionen vorzutäuschen, und so die Annullierung des Privatisierungsvertrags mit dem Staat abzuwenden. Da haben wir uns gesagt, wir lassen uns von dem nicht einfach so enteignen.« Radovan, der im März 2007 arbeitslos wurde, ist ein Mann mit Prinzipien: Als der neue Eigentümer ihm einen Job als Koordinator des Sicherheitspersonals anbot, das zur Bewachung des Geländes eingestellt worden war, lehnte er ab: »Ich wollte mich nicht an diesem Verrat an den Arbeitern beteiligen.«

Stattdessen beschloss er, Widerstand zu leisten und sich der Gruppe anzuschließen, die mit Hilfe der Arbeiter von Jugoremedija die entscheidende Aktionärsversammlung einberief. Die Solidarität zwischen den Rebellen, die bereits erfolgreich waren, und denen, die noch kämpften, war (und bleibt) entscheidend: »Die von Jugoremedija haben uns finanziell geholfen, sodass wir in den lokalen Medien Anzeigen schalten konnten, um die Versammlung der Aktionäre anzukündigen, von denen wir hofften, dass sie uns mit ihrem Votum unterstützen würden. Sechs Tage haben wir damit verbracht, pausenlos zu telefonieren und die Arbeiter, die Rentner und alle, die Aktien hatten, zu besuchen und ihnen klarzumachen, dass man dabei war, uns hereinzulegen, und wir alle unsere Arbeit verlieren würden. In dieser Woche habe ich kaum geschlafen, aber als ich dann sah, wie viele kamen, um uns beim Blockieren und bei der Besetzung zu unterstützen, da war ich wirklich sehr froh!« Es waren an die fünfhundert, die sich mit der Šinvoz-Belegschaft solidarisierten. Seither koordiniert Radovan die Wachrundgänge und den Transport der Besetzer, von denen die meisten auf dem Land leben und kein Auto haben.

Nach der unvermeidlichen Kombination von Raki und Cola wollen uns die Arbeiter das Werk zeigen. Wir laufen durch Hangars, die wie Höhlen anmuten, vollgestellt mit zum Schweigen gebrachten Maschinen. An einer von ihnen ist ein kurzer handgeschriebener Brief mit vier Streifen Tesafilm angeklebt: Es handelt sich um die Worte, die ein verzweifelter Kollege hinterlassen hat. Er nahm sich vor ein paar Monaten das Leben, nachdem er sich entschieden hatte, nicht am Streik teilzunehmen, von der neuen Firmenleitung aber trotzdem gnadenlos ausgebeutet wurde. Ivan kämpft mit den Tränen, während er übersetzt: Der Arbeiter stellt die Ungerechtigkeit und die Ausweglosigkeit der Situation fest und entschuldigt sich bei seinen Kindern.

Draußen, hinter den Lagerhallen, türmen sich steinzeitlich anmutende Waggons und Lokomotiven, verrostet, kaputt, zum Teil ohne Räder. »Das ist die ›Investition‹ unseres neuen Eigentümers!«, erzählen uns die Arbeiter, hinter deren sarkastischem Lachen ihre Wut noch spürbar ist.

»Wir haben diese Fabrik aufgebaut, sie gehört uns, nicht, weil wir irgendwann ein paar Aktien gekauft hätten, nein, weil wir hier jeden Tag gearbeitet haben. Dieses Werk ist das Ergebnis unserer harten Arbeit in den sozialistischen Jahren.« Das wiederholen sie immer wieder. Allmählich begreife ich, dass diese rebellischen Arbeiterinnen und Arbeiter ein ganz anderes Bewusstsein haben als die Mehrheit der durch zwei Jahrhunderte Kapitalismus geprägten Menschen im Westen: Während die meisten Kleinanleger Aktien kaufen, um Gewinne zu machen, geht man hier davon aus, dass die Aktien einen konkreten Anteil am Unternehmen repräsentieren, der zu Recht den Arbeitern gehört, denn er ist die Frucht ihrer Arbeit und gibt ihnen auch gewisse Rechte. Jahrzehntelang waren sie Miteigentümer ihrer Fabriken und sehen es nicht ein, dass sich das im Namen der »postkommunistischen Umstrukturierungen« in Luft auflösen soll. Niemand fällt auf die Versprechen der Ideologen des triumphalen und von allen Übeln dieser Welt erlösenden Kapitalismus herein, der angeblich Fortschritt, Demokratie und Wohlstand bringt.

»Dieses Unternehmen wurde 1887 gegründet, es hat die österreichisch-ungarische Monarchie, das jugoslawische Königreich, zwei Weltkriege und die kommunistischen Jahre überstanden. Aber erst im Rahmen des ›demokratischen Übergangs‹ ist es von der Schließung bedroht«, so Mita, der inzwischen angekommen ist und uns trotz seiner Müdigkeit nach der durchwachten Nacht bei dem Neugeborenen und seiner Mutter unbedingt treffen möchte. Im Blick dieses untersetzten Dreißigjährigen, dessen Haar früh ergraut ist, lesen wir kämpferische Entschlossenheit und eine stille Wut. »Wir nennen diesen ›Übergang‹ anders … Diebstahl nennen wir so was.«

Ivan ergänzt: »Die meisten Fabriken in Zrenjanin sind heute am Ende, und das liegt nicht an der Ineffizienz des alten Systems der Selbstverwaltung, wie die Regierung immer wieder behauptet. Es liegt an der Privatisierung. All die Schimären vom effizienten Privateigentum, mit denen man uns 2001 beglückt hat – das war ein einziger großer Mist!«

Die herbeigeführten Pleiten sind keine Einzelfälle, und die lange Reihe von Betrügereien dieser Art, die Ivan, Mita oder Milena schildern, sind nicht die Wahnvorstellungen von ein paar Verschwörungstheoretikern. Vielmehr hat die G17, eine Arbeitsgruppe aus 17 Wirtschaftswissenschaftlern, die zur politischen Partei wurde und das serbische Finanzministerium sowie die serbische Zentralbank kontrolliert, bereits 1999 ihre Version eines »Programms radikaler Wirtschaftsreformen« verkündet, wobei sie sich über die Popularität dieser Reformen keinerlei Illusionen machte: »Sobald die neue Regierung an der Macht ist, muss sie sämtliche Subventionen abschaffen. Diese Maßnahme muss ohne Bedauern oder Zögern umgesetzt werden; denn später wird das schwierig bis unmöglich sein […]. Jede zukünftige demokratische Regierung, egal welcher Couleur, läuft Gefahr, einem heftigen Widerstand der Öffentlichkeit gegen die Privatisierung und die damit einhergehenden sozioökonomischen Reformen gegenüberzustehen […]. Der Kauf serbischer Unternehmen durch reiche serbische oder ausländische Investoren könnte auch deshalb auf Ablehnung stoßen, weil er einen radikalen Bruch mit der jugoslawischen Tradition des gesellschaftlichen Eigentums darstellt.«[166]

Im Hof vor dem düsteren Gebäude, das den Schlachthof von Bek beherbergt, hat sich die gesamte Belegschaft versammelt. Die Arbeiter haben die Cola- und Raki-Flaschen mitgebracht und werfen, der Tradition entsprechend, Ahornäste in ein großes Freudenfeuer. Milena geht freudestrahlend von einem zum anderen und schenkt jedem ein Tütchen mit Nüssen, Schokolade und einer Mandarine. Uns berührt diese einfache Versammlung ums Feuer tief, die bescheidene und doch stolze Haltung dieser Frauen und Männer, die vor ihrer Fabrik zusammengekommen sind. Sie sich wieder anzueignen, empfinden sie als ihre solidarische Pflicht.

Nachdem wir an einem ganz ähnlichen Ritual bei Šinvoz teilgenommen haben, begleiten wir Ivan, Milenko, Mita, Milena, Milovan und Radislav zu einem Planungstreffen in einem Café von Zrenjanin, wo sie mit Nebojsa Popov verabredet sind, einem antinationalistisch eingestellten Intellektuellen, der die Kämpfe der Arbeiter unterstützt. Es soll überlegt werden, wie bei der für den 15. Januar geplanten Besetzung des Belgrader Gewerkschaftsbüros am geschicktesten vorzugehen ist; Ziel der Aktion: die Forderung einer Lösung für Bek bzw. Šinvoz. Über 180 Arbeiter sind bereit teilzunehmen, und es darf nichts schiefgehen. Die lebhafte Diskussion, die die Konzentration aller erfordert, erlaubt es natürlich nicht, dass Ivan und Milenko für uns dolmetschen. Im Laufe der Zeit verstehen wir immerhin so viel, dass sich Milenko über Popov ärgert, mit dem er nicht einverstanden ist und der die anderen stark beeinflusst. »Er ist ein in Serbien sehr anerkannter Intellektueller, der Jugoremedija seit Beginn der Kämpfe öffentlich unterstützt hat. Daher ist sein Einfluss groß. Er glaubt allerdings fest an das Modell der Arbeiter-Aktionäre, das ich für problematisch halte«, erläutert Milenko die Missstimmung. »Die Sache kann leicht schiefgehen: Solange die Aktionäre tatsächlich die Arbeiter selber sind, und solange sie an den Schalthebeln sitzen, wie das im Augenblick bei Jugoremedija der Fall ist – klar, da funktioniert das. Wenn sie aber in Rente gehen, die Aktien an ihre Kinder vererben oder sie verkaufen, dann sind diejenigen, die hier arbeiten, und die mit Aktien in der Hand nicht mehr dieselben. Und die Gefahr ist groß, dass die gleichen Probleme aufkommen, die wir schon kennen: Es wird Druck ausgeübt, damit die Profite steigen, die Arbeiter werden bei möglichst langen Arbeitszeiten möglichst schlecht entlohnt, und bei den Arbeitsbedingungen wird gespart. Ich trete dagegen für ein Modell ein, bei dem die Fabrik den Arbeitern gehört und von ihnen verwaltet wird. Wenn das früher in Jugoslawien nicht gut funktioniert hat, dann lag das nicht daran, dass es ein schlechtes System ist, sondern daran, dass die Kommunistische Partei das Sagen hatte.«

Heute wird in diesem überwiegend christlich-orthodoxen Land Weihnachten gefeiert, und Radislav hat uns eingeladen, diesen wichtigen Tag mit ihm und seiner Familie zu verbringen. Auch seine Tochter Yasmina, die vor einigen Jahren mit ihrem Mann nach Österreich emigriert ist, wird zum Fest nach Hause kommen.

Radislav erzählt, dass er als Kind nie Weihnachten gefeiert hat, denn sein Vater sei ein »Mann seiner Zeit« gewesen, also ein überzeugter Kommunist. »Die Religion war nicht offiziell verboten, aber die guten Kommunisten orientierten sich in allem an Tito. Ich habe diese Tradition dann doch übernommen, denn für mich ist die Religion wichtig.« Das Gespräch wendet sich dem Leben unter Tito zu, und Radislav spricht über die Entwicklungen der letzten Jahre, die das Land, in dem er die meiste Zeit seines Lebens verbrachte, zerstört haben. »Es gab Gutes unter dem sozialistischen Regime, aber beibehalten wurde nur das Schlechte«, meint er. »Die politische Situation unterscheidet sich nicht sehr von der unter Tito, denn alles wird von einer Elite beherrscht. Das nennt sich heute Demokratie, ist aber im Grunde dasselbe.«

Yasmina kann es sich nicht verkneifen, an dieser Stelle kritisch einzuwerfen: »Wir zahlen immer noch die Schulden ab, die in den sozialistischen Jahren gemacht wurden. Das ist ein ganz großes Problem.« »Vielleicht hat sie recht«, gesteht er. »Aber es bleibt die Tatsache, dass es in Zrenjanin (bei einer Einwohnerzahl von 850 000) 35 000 Arbeitslose gibt. Wenn das die Demokratie ist – Leute, die keine Arbeit haben oder auf der Straße um ihre Rechte kämpfen müssen, und Gerichte, die kein bisschen unabhängig sind, dann sollen sie doch zum Teufel gehen mit ihrer Demokratie!«

Seine Frau, die den traditionellen Weihnachtstisch gedeckt hat, unterbricht ihn. Es gibt Kalbsschnitzel, Russischen Salat, Kartoffelbrei, marinierte rote Paprika und sicher zehn unterschiedliche Kuchen. »Nach vier Jahren Kampf ist es heute das erste Mal, dass ich ein richtiges Weihnachtessen auf den Tisch bringen kann.« »Wärt ihr in den letzten Jahren gekommen, dann hättet ihr nur Brot und Salz gehabt«, ergänzt Radislav und lädt uns ein, zum Esstisch zu kommen.

Nach dem Essen verlassen wir Radislav und seine Familie und fahren nach Novi Sad, wo Ivan und Milenka einen Dokumentarfilm über die Zapatisten zeigen; sie haben uns gebeten, den anwesenden Aktivistinnen und Aktivisten vor der Filmvorführung unser »utopisches« Projekt vorzustellen, was wir sehr gerne tun. Wir kommen beim CK13, einem ganz neuen Treffpunkt, an. An den schwarz gestrichenen Wänden hängen Poster gegen die G8 oder faschistische Tendenzen im Lande. In der kooperativ betriebenen Bar sind die rund fünfzig Aktivisten versammelt, die zum Film und zu unserer Präsentation gekommen sind. Tamara, eine der Ehrenamtlichen, die das Zentrum betreuen, erzählt uns, dass deutsche Aktivisten das Projekt finanziert haben, um so den antifaschistischen Kampf in Europa zu unterstützen.

Wir stellen unser Projekt kurz vor und beantworten die Fragen unserer Gastgeber. Dann sehen wir uns den Film *A Place*

Called Chiapas der kanadischen Dokumentarfilmerin Nattie Wild an. Bei dieser Gelegenheit erfahren wir nebenbei, dass Milenko zusammen mit seinem Onkel einen Roman übersetzt hat, in dem es um mexikanische Rebellen geht, und dass die Zapatisten für ihn sehr wichtig sind.

»Für uns ist die Fabrik eine Art Gemeinschaft, in deren Innerem wir versuchen, die Beziehungen zu verändern. Bei unserer Zusammenarbeit mit den Arbeitern folgen wir dem zapatistischen Prinzip des ›Befehlens durch Gehorchen‹, und wir erleben, dass der gemeinsame Kampf alle daran Beteiligten verändert«, erklärt uns Milenko. »Sobald die Arbeiterinnen und Arbeiter erleben, dass wir auf sie hören, weil ihre Werte und Forderungen zutiefst menschlich sind, fangen sie auch an, auf das zu hören, was wir ihnen zu sagen haben, und es entsteht ein echter Dialog. Viele von ihnen haben ihre Einstellung verändert, sind beispielsweise heute deutlich weniger nationalistisch. Und wir haben uns auch sehr verändert. Wir sind nicht diejenigen, die den Kampf anführen, wir sind da, um gemeinsam mit ihnen zu kämpfen.«

Marija, seine Freundin, ergänzt in exzellentem Englisch: »Viele kritisieren diese Arbeiter und uns gleich mit, weil wir ihnen nahestehen. Diese Kritiker sind ›prokapitalistisch‹ eingestellt und setzen sich nur dafür ein, ihre Fabrik zu behalten, um höhere Löhne zu bekommen, oder es sind Wähler der Radikalen Partei.[167] Ich denke, es ist sehr einfach, sich zu Hause hinzusetzen und sich die perfekte revolutionäre Theorie auszudenken, aber das wird kaum was ändern. Was wir zusammen mit den Arbeitern machen, das ist jedenfalls etwas sehr Reales, es ist ein echter Kampf mit echten Menschen.«

Diese Überzeugung von einer Beziehung zwischen den Arbeitern, die auf gegenseitigem Respekt gründet und den Intellektuellen als Leitfigur für die zurückgebliebenen Massen ablehnt, ist bei diesen jungen Aktivistinnen und Aktivisten fest verankert. Für Ivan ist es eine Lehre aus der Geschichte, so zu denken: »Ich erkenne meine Sicht der Dinge in den zapatistischen Prinzipien sehr genau wieder. Aber das war nicht das Wichtigste für mich, als ich anfing, mich politisch zu engagieren. Für mich war vielmehr die Erfahrung entscheidend, dass der Kommunismus, der sich als Avantgarde des Volkes verstand, Jugoslawien zerstört hat. Wir müssen unbedingt vermeiden, dass sich so etwas wiederholt.«

Ivans Werdegang ist untypisch: Begonnen hat er in den antinationalistischen und Antikriegsbewegungen der Gruppe »Das andere Serbien«. »Damals neigten viele antinationalistische Aktivisten dazu, die Privatisierungen zu befürworten, denn sie erlebten, dass sehr viele Arbeiter Milosević und dessen Kriegspolitik unterstützten«, erklärt er. »Vor diesem Hintergrund schien es eine gute Sache zu sein, wenn die Arbeiter weniger Entscheidungsgewalt hätten, denn man konnte ihnen nicht trauen. Ich muss gestehen, dass ich mir keine großen Gedanken um die Privatisierungen gemacht habe und das Konzept nicht wirklich in Frage stellte.« Das änderte sich, als Ivan bei einer Regierungsstelle gegen Korruption arbeitete. »Als ich Hunderte Zeugenaussagen von Arbeiterinnen und Arbeitern las, die beschrieben, wie die Privatisierungen durchgeführt und ihre Unternehmen ruiniert wurden, begriff ich, dass es ein extrem gewalttätiger Eingriff war, der im Übrigen nicht zu demokratischen Verhältnissen führen konnte. Ich begriff außerdem, dass die Bewegung ›Das andere Serbien‹, die inzwischen zu einer glühenden Anhängerin des Neoliberalismus geworden war, einen fragwürdigen Kurs verfolgte.«

In Zdravko lernte er dann einen Arbeiter kennen, der eine klare strategische Vorstellung hatte, leidenschaftlich für Gerechtigkeit eintrat und genug Energie besaß, um den zähen Kampf, der sie erwartete, zu führen, ohne die Unterstützung seiner Kollegen zu verlieren. »Ich habe sehr bald gemerkt, dass ich es mit einem außergewöhnlichen Menschen zu tun hatte«, sagt Ivan, der sich seit drei Jahren mit Leib und Seele für die Rückgewinnung von Jugoremedija durch die Belegschaft und für den Kampf um Bek und Šinvoz einsetzt.

Nach fast einer Woche in Zrenjanin besuchen wir endlich den Betrieb, dessentwegen wir eigentlich nach Serbien gekommen sind: Jugoremedija, ein pharmazeutisches Werk, eine Art Symbol für den Kampf der Arbeiter im postsowjetischen Osteuropa.

Man empfängt uns mit dem inzwischen zur Tradition gewordenen Frühstück: türkischer Kaffee, der Tote wecken könnte, Coca-Cola und Raki. Vor der Wirkung graut es uns etwas, aber natürlich akzeptieren wir die mit so viel Herzlichkeit angebotene Kombination. Die Eingangshalle und die Büros von Jugoremedija könnten die Räumlichkeiten irgendeiner x-beliebigen Firma sein, wenn auch die Einrichtung an die 1970er Jahre erinnert: Die Produkte sind in gläsernen Vitrinen ausgestellt, das Foyer ist mit bequemen Sesseln ausgestattet, und an den Wänden des Konferenzraums ist der Betrieb auf Luftaufnahmen zu sehen. Dort treffen wir ein Dutzend Arbeiterinnen und Arbeiter, die zu den aktivsten der am Streik Beteiligten gehören. Sie erzählen uns von den drei Jahren erbitterter Kämpfe, die nötig waren, um »zurückzubekommen, was uns sowieso gehört«, so sagen sie immer wieder, womit sie die Aktienmehrheit ihres Betriebes meinen. Der war auf der Grundlage von 58 Prozent Privatbesitz (unter anderem auch von Arbeitern der Firma) und 42 Prozent Staatsanteil im Jahr 2000 privatisiert worden. Zwei Jahre später konnte sich ein äußerst fragwürdiger Geschäftsmann, der von Interpol gesuchte Jovica Stefanovic, unter gesetzeswidriger staatlicher Duldung 68 Prozent der Aktien von Jugoremedija aneignen. Unter dem neuen Eigentümer verschlechterten sich die Arbeitsbedingungen derart, dass es im Dezember 2003 zum Streik und zur Besetzung der Fabrik durch die Arbeiter kam, während gleichzeitig der Prozess gegen Stefanovic lief, um die Rekapitalisierung rückgängig zu machen. Die Arbeiterinnen und Arbeiter schlossen sich zur Union der Arbeiter und Aktionäre Serbiens zusammen, die eine konstituierende Versammlung forderte, um die Entscheidungsgewalt zurückzuerlangen. Im Jahr 2004 gelang es Stefanovic mittels einer Räumung, die mehr als zehn Streikende ins Krankenhaus beförderte, die Kontrolle über den Betrieb zurückzugewinnen. Umgehend setzte er 200 Arbeiterinnen und Arbeiter auf die Straße. Das führte zu einer Verschärfung des Kampfes, der weitere zwei Jahre andauerte. Die inzwischen arbeitslosen ehemaligen Arbeiter versuchten mit allen Mitteln, die Auseinandersetzung weiterzuführen: Demonstrationen, Petitionen, Besetzung der Büros der Privatisierungsagentur. »Wir sind auch in den Hungerstreik getreten. Ich war dabei, es war schrecklich!«, erinnert sich Radislav, den seine Kollegen bei dieser Gelegenheit damit aufziehen, dass ihm die Abmagerungskur ganz gut getan hat. Schließlich zahlte sich ihre Standhaftigkeit aus: Im Mai 2006 befand der Oberste Gerichtshof Serbiens, dass die Rekapitalisierung von Jugoremedija gesetzeswidrig erfolgt war, und im Februar 2007 gab das Verwaltungsgericht von Zrenjanin den ursprünglichen Aktionären, denen 58 Prozent der Anteile gehört hatten, ihre Rechte zurück. Auf dieser Grundlage konnten die Arbeiter ihren eigenen Verwaltungsrat wählen, als dessen Vorsitzenden sie Zdravko bestimmten, den Schlosser, der den Kampf so couragiert geführt und sich nie hatte entmutigen lassen.

»Jugoremedija gehört uns«, resümiert eine Arbeiterin. »Es hat uns immer gehört, und gekämpft haben wir nur, um das zu behalten, was uns gehört. Aber dieser Streik hat wirklich was gebracht, denn jetzt ist es hier besser als vorher. Es war sehr schwer, aber jetzt haben wir wirklich Einfluss auf die innerbetrieblichen Entscheidungen.«

Beim Verlassen des Saales rät uns Milovan, wir sollten uns von Zdravko die Werkstatt zeigen lassen, für die er verantwortlich ist und wo der Kampf begann. »Zdravko arbeitete damals in der Schlosserwerkstatt, er hat uns die Situation erklärt und aufgezeigt, wie wir zu unserem Recht kommen könnten. Er fragte: ›Seid ihr an meiner Seite? Kann ich auf euch zählen?‹, und wir haben gesagt: ›Gut, wir machen mit.‹ So hat das alles angefangen.«

Die Arbeiter erzählen uns von den auf die Hälfte gekürzten Löhnen und den Demütigungen, die sie unter dem früheren Besitzer hinnehmen mussten. Er hatte einige der hochqualifizierten Arbeiter angewiesen, sich um die Gärten oder den Müll zu kümmern, und verbot sogar das Betreten des Gemeinschaftsraums, sodass sie gezwungen waren, selbst bei Schnee ihre Pause draußen zu verbringen. »Heute ist alles ganz anders. Wenn wir ein Problem haben, regeln wir das unter uns«, so ein Arbeiter. »Ich bin von dem früheren Eigentümer während des Streiks eingestellt worden, und als die Arbeiter den Betrieb wieder übernahmen, haben sie mich behalten. Man hat mich nie anders behandelt als die anderen, und ich bin nie unter Druck gesetzt worden«, ergänzt ein anderer und legt Wert darauf, dass er mit dieser Aussage gefilmt wird. Milovan erläutert, dass Zdravko darauf bestanden habe, nach dem Sieg keine Rache zu üben und dass auch die Streikbrecher ihre Jobs behalten sollten.

Dann stellt er uns Milana und Radovan vor, die eine Produktionsdirektorin und der andere Direktor der Qualitätskontrolle. Aus Gründen der Hygiene und der Sicherheit müssen wir eine grüne Schutzkleidung anziehen, in der alle ziemlich lächerlich aussehen. So laufen wir durch desinfizierte Flure, beobachten Laborantinnen bei ihren Experimenten und sehen uns riesige Apparate an, die vielfarbige Pillen ausspeien.

Eine pharmazeutische Firma in unsere utopische Reise einzubeziehen, ist ganz entschieden eine schwierige Wahl gewesen, und die Eindrücke dieser Besichtigung sind verwirrend. Nachdem wir uns so viele Gedanken über die Begriffe der Arbeit und des Eigentums gemacht haben, sind wir in einer Fabrik gelandet, in der Arbeiterinnen und Arbeiter im Dienst einer Industrie am Fließband stehen, die wir instinktiv ablehnen. Doch wenn wir hören, wie Milana und Radovan uns stolz von der gelungenen »Rückeroberung« der Firma erzählen und wie erfolgreich sie und ihre Kollegen das Unternehmen jetzt führen, ist ganz klar, was wir aus der Erfahrung Jugoremedija lernen können. Für die beiden stellt die Zuerkennung der ISO-Norm 9001[168] nur drei Monate nach der Wiedererlangung der Aktienmehrheit zugleich den Beweis der Professionalität dar: »Viele haben nur auf unser Scheitern gewartet: Die bescheuerten Arbeiter werden nicht in der Lage sein, ihre eigene Fabrik am Laufen zu halten, schon gar nicht so ein High-Tech-Unternehmen. Doch gemessen an den Ergebnissen haben wir es besser gemacht als die üblichen Eigentümer der letzten Jahre. Jugoremedija ist der lebende Beweis, dass die Arbeiter sich selbst verwalten und sehr schnell effizient wirtschaften können. Die Zertifizierung nach ISO-Norm wird von einer unabhängigen Schweizer Institution vorgenommen, die festgestellt hat, dass unser Qualitätsniveau dasselbe ist wie das irgendeiner anderen vergleichbaren europäischen Firma. Diese Anerkennung ist sehr wichtig für uns – und es war extrem aufwändig, sie zu bekommen«, so Radovan.

Es kommt aber nicht in Frage, sich jetzt zurückzulehnen, denn das Werk steht vor einer neuen Herausforderung: Jugoremedija soll auch den GMP-Qualitätsnormen[169] entsprechen, die von der Europäischen Union gefordert werden. Serbien ist noch nicht Teil dieser Übereinkunft, doch diesen Normen zu genügen, ist Voraussetzung für den Zugang zu den EU-Märkten. »Die GMP-Normen sind anspruchsvoll, und wir müssen uns mächtig ins Zeug legen, wenn wir zum Termin im August fertig sein wollen«, macht uns Milena deutlich. »Im Rahmen unserer Struktur geht gar nichts ohne das Vertrauen der Arbeiter. Wir müssen also viel Zeit darauf verwenden, dieses Vertrauen zu gewinnen und zu erhalten. In gewisser Weise ist es für alle Beteiligten eine permanente Weiterbildung«, fügt sie hinzu, während sie uns zum Ausgang begleitet.

So ist Jugoremedija eine echte Erfolgsgeschichte der Arbeiterbewegung. Doch der Betrieb ist immer noch gefährdet, wie Milenko und Ivan uns erklären. Es gibt vielfältigen Druck von außen: die Regierung, gewisse Intellektuelle, die nach wie vor behaupten, Arbeiter seien grundsätzlich nicht in der Lage, ihren Betrieb zu verwalten, Geschäftsleute, die sich ereifern, es handle sich um Diebstahl – das alles birgt reale Risiken für Jugoremedija. »Es ist schwer, weiterzuarbeiten, zu produzieren, die anderen Betriebe, die kämpfen, zu unterstützen, wenn du noch dazu sozusagen die ganze Welt gegen dich hast. Ich hoffe, dass das alles nicht irgendwann dazu führt, Jugoremedijas Sieg infrage zu stellen«, sorgt sich Milenko.

»Außerdem dürfen wir nicht vergessen, dass von den 58 Prozent der Anteile, die ›Kleinanlegern‹ gehören, nur 30 Prozent von den Arbeitern von Jugoremedija kontrolliert werden (also von ihnen oder ehemaligen Arbeitern der Firma oder deren Kindern)«, ergänzt Ivan. »Das bedeutet, die anderen haben lediglich Interesse daran, für ihre Aktien einen möglichst guten Preis zu erzielen, genau wie der Staat. Man darf sich keine Illusionen machen, im Moment warten sie erst mal ab, bis der Betrieb den GMP-Normen entsprechend umgestellt ist. Ich fürchte, wenn es soweit ist, müssen wir mit noch größerem Druck rechnen, denn der Wert der Aktien wird sich verdreifachen, und viele werden verkaufen wollen. Wir bereiten uns darauf vor.« Daher suchen die Arbeiter Lösungen, um eine hundertprozentige Kontrolle über den Betrieb zu erlangen. Eine der Strategien könnte darin bestehen, vom Staat Wiedergutmachungen für die Veruntreuungen durch Stefanovic zu beantragen. Anstelle einer finanziellen Kompensation würde die Belegschaft die Aufstockung ihrer Aktienanteile auf 100 Prozent fordern. Kurz, der Kampf geht weiter.

Nach diesem eindrucksvollen Vormittag lädt Milovan Radislav und uns zu sich zum Essen ein. Milovan lebt auf dem Land in der Nähe von Zrenjanin in einem einfachen Häuschen, das er selber gebaut hat und wo uns seine Frau Yasmina mit offenen Armen empfängt. Während sie uns die traditionellen mit Fleisch und Reis gefüllten Kohlrouladen, dazu Aufschnitt und mariniertes Gemüse serviert, erzählt uns Milovan von den harten Kämpfen. »Während des Streiks lebten wir alle in einem Zimmer, hier in der Küche, und nur von der Rente meiner Mutter, bis ich schließlich einen kleinen Job auf dem Bau fand. Das Geld reichte nicht mal, um Kohlen zu kaufen oder sich satt zu essen. Es war so kalt, dass sich an der Decke Eis bildete, und ich musste mit ansehen, wie meine alte Mutter, die da auf genau diesem Sofa in Decken gehüllt saß, völlig erstarrt war vor Kälte. Das hat mir das Herz gebrochen.«

Ich frage Yasmina, wie sie den Streik erlebt hat, aber sie schüttelt nur den Kopf und antwortet: »Ich will gar nicht mehr daran denken. Ich hoffe bloß, dass wir so was nicht noch mal durchmachen müssen.« Radislav sagt, seine Frau sei durch diese Erlebnisse so traumatisiert, dass sie es sogar ablehnt, darüber etwas zu hören. »Ich selber habe mein kleines Fischerboot verkaufen müssen, das mein Ein und Alles war. Nichts liebe ich so, wie alleine zum Fischen zu gehen, frischen Fisch mitzubringen und ihn selber zuzubereiten. Aber wir waren so arm, dass wir alles verkaufen mussten. Das wünsche ich nicht mal meinem schlimmsten Feind.«

Damals mussten sie jedoch nicht nur solche bedrückenden

Lebensbedingungen ertragen, sie waren auch mit den Zweifeln der ihnen nahestehenden Menschen konfrontiert. »Während des Streiks sagten alle um mich herum, dass ich verrückt sei: meine Nachbarn, meine Frau, alle meinten, es sei eine von vornherein aussichtslose Angelegenheit«, erzählt Milovan. »Aber ich habe die Hoffnung nie aufgegeben.« Als ich ihn frage, wie es ihm gelungen ist, trotz allem an einen Erfolg zu glauben, antwortet er, als sei es das Selbstverständlichste der Welt: »Ich wusste, dass wir im Recht waren.«

Allmählich tut auch der Raki das Seine, das Essen geht über in ein ebenso komisches, wildes und teilweise auch irritierendes Tohuwabohu, in dessen Verlauf Milovan und Radislav schreien, lachen, sich beschimpfen, die Augen gen Himmel verdrehen, wann immer der andere sich äußert, sich abwechselnd in die Rippen stoßen und umarmen, bis selbst der ausgeglichene Milenko schließlich aus der Fassung gerät und mit dem Übersetzen aufhört. Ich muss an Nicolas Bouvier denken, der in *Die Erfahrung der Welt* anlässlich seiner Reise durch Serbien in den 1950er Jahren schreibt, Frankreich möge ja, wie die Serben immer wieder gerne versichern, das Gehirn Europas sein, der Balkan aber sei sein Herz.

Am Vorabend unserer Abfahrt lernen wir endlich auch den legendären Zdravko kennen, auf den alle, die wir in den vergangenen zehn Tagen gesprochen haben, große Stücke halten. Er kommt gerade rechtzeitig aus dem Urlaub zurück. Es wundert uns nicht, dass es dieser bescheidene und großzügige Mann mit seinem außerordentlichen Charisma ist, der es geschafft hat, mehr als drei Jahre lang unter schwierigsten Bedingungen den Kampf zu führen.

Er lädt uns in ein Restaurant in Zrenjanin ein, wo eine Gruppe Roma-Musiker mit Geigen, Gitarren und einem Akkordeon aufspielt und tanzt. Zdravko erkundigt sich sehr genau danach, wie wir in Zrenjanin aufgenommen wurden, ob uns dieser oder jener gut herumgeführt und uns alles erklärt hat. Wir spüren, dass er in gewisser Weise das Heft in der Hand hält. Nach ein paar Gläsern Bier und einem Raki wendet sich das Gespräch der Situation von Bek und Šinvoz zu. Für den letztgenannten Betrieb ist er optimistisch und schätzt, dass die Produktion in ein paar Wochen aufgenommen werden kann. Ivan widerspricht: Die Lage ist in seinen Augen so kompliziert, dass er sich bei uns entschuldigt, er müsse die Sache mit Zdravko besprechen, ehe er wieder dolmetschen könne. Nachdem das geschehen ist, verkündet er erleichtert: »Gut, das haben wir, Zdravko versteht, worum es jetzt geht. Es wird gut vorangehen.«

Eine der Prioritäten ist die Demonstration am 15. Januar. Zdravko übernimmt es, sie zu organisieren – mit den Methoden, die sich im Kampf um Jugoremedija als wirksam erwiesen haben. Er kündigt an, dass er umgehend Unterstützung für die Blockade der Straße nach Belgrad zusammentrommeln werde. Dabei sollen vor allem die Lieferwagen von Jugoremedija (mit dem Firmenlogo!) zum Einsatz kommen. Er vermutet, dass sie nicht ausreichen werden, und telefoniert mit dem Vorsitzenden der Bauerngewerkschaft, um für die Blockade Traktoren zu organisieren. Unterdessen wird serviert, was ihn aber keineswegs vom Telefonieren abhält. Er kontaktiert noch den örtlichen Polizeichef, um sicherzustellen, dass die Fahrer während der Aktion nicht belästigt werden. Zufrieden legt er schließlich sein Handy auf den Tisch und lässt sich von der Kellnerin die Rechnung geben. Dabei scherzt er, dass er als Direktor nun einladen kann, wen er will.[170] Jelena, die junge Leiterin der Marketing-Abteilung, mokiert sich: »Das erste englische Wort, das Zdravko gelernt hat, war ›Chef‹!«

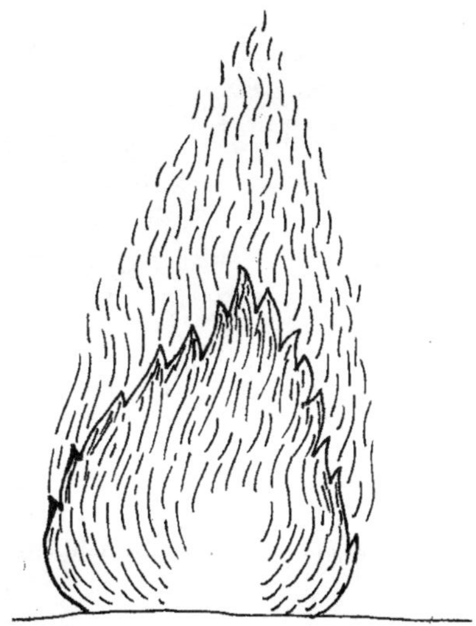

ZEGG

»Wenn du da weitergegangen wärst«, sagt Barbara und zeigt auf eine Reihe von rot-weiß gestreiften Pfählen, »hätte man dich erschossen.« Hinter uns liegt eine Kiefernpflanzung, deren wohlgeordnete Baumreihen sich in der Dunkelheit verlieren. Die im sandigen Boden verwurzelten Kiefern wiegen sich im Wind, es klingt, als würde der Wald atmen oder Wellen rhythmisch ein nahes Meeresufer umspielen. Doch das Meer ist 200 Kilometer weit weg, wir sind am Stadtrand von Belzig, eine Autostunde von Berlin entfernt. Barbara führt uns im ehemaligen Stasi-Quartier herum, wo sie zusammen mit 80 Erwachsenen und 15 Kindern lebt. Man hat eher den Eindruck, ein Dorf vor sich zu haben als Kasernen, doch die Gebäude wirken merkwürdig seelenlos.

»Da unten seht ihr die Liebeshütten«, dabei zeigt sie auf eine Reihe niedlicher dreieckiger Holzhäuschen, die verstreut zwischen den Kiefern stehen. Jedes von ihnen ist gerade mal groß genug für eine Doppelmatratze. »Da drin bist du gut aufgehoben, und zugleich mitten in der Natur – ein wunderschöner Ort, um sich zu lieben«, sagt sie lächelnd, ein Lächeln, das sich über die Jahre in ihre Züge eingezeichnet hat. Barbara ist eine Mittvierzigerin, ausgebildete Psychologin, die mit Drogenabhängigen und Kindern gearbeitet hat, während sie sich nebenbei dem Theater widmete. »Ich konnte mich nie so recht zwischen dem Theater und der Psychologie entscheiden«, erzählt sie. »Aber als ich hierher kam, fand ich heraus, dass meine psychologischen Interessen hier im Alltäglichen abgedeckt werden. Die Leute, die hier leben, sind psychologisch weit bewanderter als irgendjemand aus meinem beruflichen Zusammenhang und auch als meine Professoren an der Uni.«

Barbara leitet ihre eigene Theatergruppe und ist für die Öffentlichkeitsarbeit des Zentrums für experimentelle Gesellschaftsgestaltung verantwortlich, sowohl von seinen Fans als auch von seinen Gegnern ZEGG genannt. Sie hat sich für einen nicht ganz einfachen Job entschieden, schließlich war dieses Laboratorium für die Politik der Liebe jahrelang heftigen Attacken von allen Seiten – von christlichen Fundamentalisten bis zur extremen Linken – ausgesetzt.

Gestern Abend haben wir mit engen Freunden, die eher der radikalen Linken zuzurechnen sind, in Berlin-Kreuzberg gegessen. »Warum geht ihr denn ausgerechnet zum ZEGG?«, fragten sie immer wieder leicht irritiert. »Es ist so eine Art Sekte, und habt ihr nicht von den Pädophilen da gehört?« Das war halb im Scherz gesagt, aber es schwang auch ein Unbehagen mit. Wir schüttelten verlegen den Kopf. Es war nicht das erste Mal, dass wir Derartiges über das ZEGG hörten. Und wir hatten selber ein bisschen Angst vor dem, was uns dort wohl erwartete, obwohl Isa sich mehr über Bilder von Tamburin spielenden Gemeinschaftsmitgliedern aufregte als über Gerüchte von einer New-Age-Sex-Sekte.

Wir schlendern ein weiteres Mal an einem barackenartigen Gebäude entlang. Barbara erzählt, ein Geomantiker sei bestellt worden, um den Ort von seinen negativen historischen Ablagerungen zu reinigen. Aber trotz der Skulpturen erotischer Göttinnen, der Transparente mit Gandhi-Zitaten (»Sei du selbst die Veränderung, die du dir wünschst für diese Welt.«), der vielen Sonnenkollektoren und der Kiwi-Pflanzen, die an Hauswänden hochklettern, sieht hier alles immer noch nach Stasi-Gelände aus.

Die fernen Schüsse der Jäger und der eisige Januar-Wind machen es nicht besser. Hier draußen ist kaum jemand zu sehen, denn die meisten Mitglieder der Gemeinschaft schließen gerade ihre beiden »Intensiv«-Wochen ab, in denen sie sich wie in jedem Winter der Selbstreflexion und dem vertieften internen Gedankenaustausch widmen, und das tun sie im großen Saal mit dem runden blauen Teppich.

Wir kommen am Swimming Pool vorbei, der olympische Dimensionen hat. »Unser Naturschwimmbad, ein wieder instand gesetzter Feuerlöschteich«, erklärt uns Barbara begeistert, »kein Chlor, keine Chemikalien. Mikro-Organismen, Fische und Pflanzen reinigen das Wasser. Unser Abwasser wird durch ein Reetbett-System gleich neben dem Bio-Hof da drüben gereinigt. Das ZEGG ist eine exemplarische Permakultur-Siedlung, aber der Grund unseres Besuchs ist nicht dieser Aspekt des Projekts. Uns hat der Anspruch des ZEGG hergeführt, neue Wege zum Aufbau einer Gemeinschaft zu erforschen, sowie seine radikale Art, Liebe und Sexualität zu begreifen. Und dieser Aspekt ist, wie könnte es anders sein, der Anlass für all die Aufregung.

Es ist uns nicht schwergefallen, im zeitgenössischen Europa alternative Gemeinschaften zu finden, die sich vor allem mit Biolandwirtschaft oder radikal anderen Formen der Arbeitsorganisation beschäftigen, doch es scheint kaum eine zu geben, für die Sexualität und Liebe im Fokus stehen. Das ZEGG ist das einzige Projekt dieser Art, auf das wir bei unserer Recherche gestoßen sind. Und trotz der Warnungen eines Freundes wollen wir uns auf dieses erotische Utopia einlassen. Er hatte gemeint, in gewissen Teilen der deutschen Linken könnte es »gesellschaftlichen Selbstmord« bedeuten, es auch nur zu betreten.[171]

Das warme Öl rinnt ihr den Rücken hinab, sie windet sich vor Vergnügen und sinkt noch tiefer in das Wogen weicher, glitschiger Haut. Feuchte Finger gleiten über Schenkel, eine Hand streichelt Pobacken, eine andere umfasst einen glänzenden steifen Penis. Alles und jede und jeder sind in Berührung miteinander. Die Augen sind geschlossen, unmöglich zu sagen, wessen Gliedmaßen zu wem gehören, welcher Körper wo aufhört oder anfängt, während sich der wogende Fleischteppich dreht und windet. Er ist wie ein einziger Organismus, der sich aus Dutzenden zärtlicher Körper zusammensetzt. Der Anblick erregt mich, obwohl ich zugleich auch an ein sich windendes Würmerknäuel in meinem Komposteimer zu Hause denken muss. Das hier ist wirklich eine sehr elementare Form des Eros.

»Die Vergangenheit ist der historische Klebstoff für uns.« Ulf lächelt, die rahmenlose Brille sitzt locker auf seiner schmalen Nase. Er gehört seit über dreißig Jahren zu dieser Gemeinschaft. Der Dokumentarfilm, den er uns zeigt, berichtet über die Vorgeschichte des ZEGG. Die Szene einer »Orgie mit heißem Öl« hat sich mir eingebrannt. Ich frage Ulf, ob er mir eine Kopie des Films geben kann. »Es gibt nur die eine«, sagt er, »und wir zeigen sie nur in Gegenwart eines ZEGG-Mitglieds, damit er oder sie Fragen beantworten kann.« Für eine Gemeinschaft, die sich die Verbreitung ihrer Ideen vorgenommen hat, scheint das eine widersinnige Einschränkung zu sein. Aber vielleicht ist es auch nachvollziehbar, nachdem im Laufe der Jahre gelegentlich Hubschrauber über dem ZEGG schwebten und Busladungen voyeuristischer Touristen herangekarrt wurden und durch Zäune lugten, um einen Blick auf die »öffentlichen Sexrituale« zu erhaschen. Aus dem Kontext gerissene Bilder können großen Schaden anrichten.

»Liebe und Sexualität sind verbindende Kräfte im Leben und in der Schöpfung, für mich ist das die tiefstmögliche Verbundenheit, tiefer als meine Vorstellungen von Gut und Böse oder ob ich jemanden mag oder nicht mag.« Ulf spricht behutsam. »Ich sehe, wie sich Probleme auflösen oder zurücktreten, wenn ich diese innige Beziehung zu einem anderen Menschen erlebe.« Sexuelle Energie ist ein unsichtbarer Strom, der durch uns und zwischen uns allen fließt, und Ulf beschreibt eine Alltagserfahrung, bei der dieser Strom immer zu spüren ist, wahrgenommen und öffentlich geteilt wird. »Du magst jemanden nicht mögen«, fährt er fort, »wenn du aber diese Beziehung auf die sexuelle Ebene hebst, kann etwas anderes geschehen, Konflikte können bearbeitet und aufgelöst werden. Indem wir die sexuelle Energie mit derselben Würde und demselben Respekt behandeln wie andere Formen der Kommunikation, können wir allmählich mit Menschen Erfahrungen auf einer grundlegend anderen Ebene machen.«

Ulf kam als verschlossener, neurotischer Mensch zum ZEGG und wollte lernen, andere an sich heranzulassen. »Jetzt will ich ein Leben leben, in dem in jedem Augenblick alles möglich ist. Ich habe nicht nur eine offene Beziehung, sondern einen ganzen Freundeskreis, in dem wir Liebe und Sexualität miteinander teilen. Das erfordert ein hohes Maß an Verantwortungsgefühl und Hingabe.« Mit manchen seiner »Freundinnen« ist er zwanzig Jahre in einer Liebesbeziehung gewesen, was selbst in einer Welt der monogamen Ehen einige Rekorde brechen dürfte. »Ich fühle mich tief verpflichtet, meine Freundinnen zu unterstützen«, fügt er hinzu, »selbst wenn sie sich von mir entfernen – da kenne ich keine Kompromisse –, von ganzem Herzen wünsche ich, meine Partnerin zu unterstützen, und dazu gehört auch, dass ich ihr helfe, sich einem anderen Mann zuzuwenden ... Und wenn ich dazu nicht in der Lage bin, sondern Kontrolle ausüben möchte, dann bin ich nicht wirklich verliebt. Es ist wichtig, darin ganz genau zu sein und zu wissen, wann man verliebt ist und wann nicht.«

Obwohl hier alle im Sex eine eminent wichtige und positive Kraft sehen, etwas, was nicht versteckt, sondern genutzt werden sollte, um die Bindungen innerhalb der Gemeinschaft zu stärken, liebt nicht jeder so wie Ulf. Manche leben in monogamen Beziehungen, andere in offenen mit einer Handvoll Liebhabern und wieder andere ziehen es vor, ohne Liebesbeziehungen zu sein. Das, worauf es ankommt, ist nicht die Zahl der Liebhaber, sondern wie sehr man in der Lage ist, anderen zu vertrauen und hinsichtlich deiner Emotionen offen zu sein. Im ZEGG dreht sich alles um radikale Offenheit und um revolutionären Sex.

Die sexuelle Spontaneität wird durch eine Architektur der Liebe gefördert, die auf dem Gelände an vielen Stellen sichtbar ist. Abgesehen von den Liebeshütten, die uns Barbara zeigte, gibt es auch den »Blauen Salon«, ein Haus in der Mitte des Geländes, das ganz der sinnlichen Liebe vorbehalten ist, sowie eine ganze Reihe besonderer Zimmer mit Doppelbetten, die nie weit weg sind, ob man gerade arbeitet oder anderweitig beschäftigt ist. Wenn dir nach Liebe ist, musst du nie weit gehen. Barbara beschrieb es so: »Regt sich etwas Erotisches oder Sexuelles, dann versuchen wir, ihm wie einem Feuer Luft zu verschaffen.«

Gestern Abend waren wir mit Ulf und Barbara und ein paar anderen in einer der beiden Bars, die es hier gibt. Irgendwann standen Ulf und Barbara auf und verschwanden nach unten. Eine halbe Stunde später waren sie wieder da, mit geröteten Wangen und strahlend. Niemand zeigte sich verwundert, so als wären sie nur kurz weg gewesen, um eine Runde Drinks zu bestellen oder draußen zu rauchen.

Manchmal, zum Beispiel bei einer gemeinsamen Arbeit, sei es beim Kochen oder beim Bauen, kommt es vor und ist ganz normal, dass ein Paar die anderen fragt, ob es für ein halbes Stündchen verschwinden kann, um miteinander zu schlafen.

Trotz der sogenannten sexuellen Revolution der 1960er Jahre und der extremen Sichtbarkeit von Sexualität in kommerziellen und popkulturellen Zusammenhängen bleibt Sex im Dunkeln, immer noch irgendwie befleckt durch das Stigma der Scham. Die Leute hier scheinen dieses Stigma auf erstaunliche Weise hinter sich gelassen zu haben. Doch wie uns Ulf erklärte, als er seinen Film zeigte, liegt es nicht nur an der erotischen Architektur, die Verhaltensänderungen möglich macht, sondern es waren auch dreißig Jahre extremen Experimentierens notwendig, um die Qualität von Offenheit und Kommunikation zu entwickeln, die diesem Lebensstil zugrunde liegen.

Körnige Super-8-Filmbilder zucken und flackern über den Bildschirm, Männer in Pluderhosen schwingen Holzschwerter und bewerfen sich mit Tomaten, die Zuschauer grölen und biegen sich vor Lachen. Dieser Scheinkampf zwischen zwei (tatsächlich) eifersüchtigen Männern war nur eines der alltäglichen Experimente, die in der Frühphase der Gemeinschaft stattfanden. Im Jahr 1983 zogen vierzig Personen in ein altes Bauernhaus im Schwarzwald und nannten diesen Vorläufer des ZEGG »Bauhütte« nach den Unterkünften bzw. Zusammenschlüssen der im Mittelalter am Bau einer Kathedrale beteiligten Handwerker.

In der Bauhütte wurde alles zu Theater oder Spiel. So versuchte man, zwischenmenschliche Konflikte kreativ auszuloten und sein Bewusstsein zu erweitern. Das Alltagsleben wurde außer Kraft gesetzt und stattdessen wurden »spirituelle Trainings« durchgeführt. Manche dauerten wochenlang, so die Übung im aktiven Zuhören: Partner hörten einander zu, ohne zu unterbrechen, und beantworteten Fragen wie »Wer bin ich?« oder »Wer bist du, und was willst du?« Andere Trainings zogen sich über Monate hin. Eines, das Herr-und-Sklave-Spiel, war von solcher Intensität, dass sich Ulf auf den Gast-Status zurückzog, um nicht mitspielen zu müssen. Bei dem Spiel wurde die Gemeinschaft in Paare von Sklaven und Herren aufgeteilt. Der Sklave konnte nur tun, was der Herr ihm gesagt hatte, und alles, vom Klogang bis zum Rauchen einer Zigarette, war Teil des Spiels. Für viele der (damals jungen) Antiautoritären war es weitaus leichter, Sklave zu sein, manchen von den Älteren dagegen fiel es schwer, sich von den Jüngeren sagen zu lassen, was sie tun sollten. Das Spiel ließ die tief verwurzelten hierarchischen Strukturen zusammenstürzen.

Fernab der Welt in ihrem süddeutschen Bauernhaus wurde 24 Stunden am Tag mit allem Möglichen experimentiert: von Meditationstechniken bis hin zu Schwitzhütten.[172] Selbst die Art, wie man Besucher empfing, musste als Spielanlass herhalten. Neuankömmlinge durften in den ersten fünf Tagen keine Fragen in Bezug auf die Gemeinschaft stellen.

Ideen, die von der Quantenphysik inspiriert waren, prallten auf uralte spirituelle Praktiken, tantrische Sextechniken verbanden sich mit Verfahrensweisen der Permakultur. Das Ganze war ein wilder Cocktail, der jeden aufwühlte, der davon trank. Die Randgebiete des Bewusstseins wurden ergründet, und man spielte damit, nicht, indem man die Wirkung von Drogen erprobte, sondern durch Körpereinsatz und die Infragestellung alltäglichen Verhaltens. Die Beteiligten ließen ihr Bewusstsein durchpusten und gingen als veränderte Persönlichkeiten aus dem Prozess hervor.

Trotz all der Jahre wilder experimenteller Spielereien sieht Ulf wie jeder andere »normale« 40-Jährige aus. In seinen Jeans und dem beigen Fleece-Shirt könnte er ein Familienvater aus einem Vorort sein und macht keineswegs den Eindruck, als sei er jemand, der Jahrzehnte intensiven Experimentierens hinter sich hat. »Wir haben die Erfahrung gemacht, dass eine Gemeinschaft starker Persönlichkeiten, die miteinander verbunden sind, stärker, komplexer und flexibler ist als eine Gemeinschaft, die sich als Kollektiv versteht«, meint er und schaltet den DVD-Player ab. »Die Gemeinschaft wird umso stärker, je mehr alle Beteiligten ihre Individualität ausbilden. Ein Schlüssel sind spirituelle Praktiken. Sie lehren dich, im Universum zu Hause zu sein. Du brauchst dann nicht mehr unbedingt andere zu deinem Glück. Du bist nicht von einem anderen Menschen abhängig und erkennst, dass deine Gefühle in dir selber begründet und nicht jemand anders daran schuld ist.«

Auf der Leinwand spielt sich nichts mehr ab, und doch gehen mir die sich windenden, ölig glänzenden Körper nicht aus dem Sinn. Der Film hat mich aufgewühlt, gibt mir über mein Leben und seine Einschränkungen zu denken. Obwohl ich eine lebhafte sexuelle Phantasie habe, ist es mir nie leicht gefallen, mit Menschen, die mir nahestehen, über Sex zu sprechen. Hinter meiner Unfähigkeit, ehrlich zu meinen sexuellen Wünschen zu stehen, steckt die Furcht vor Ablehnung und Einsamkeit. Meine sexuellen Sehnsüchte und Phantasien erlebe ich als die Impulse eines Raubtiers, die gezähmt werden müssen und nur insgeheim ausgelebt werden dürfen. Manchmal assoziiere ich Sex eher mit Adrenalin, dem Hormonausstoß der Angst und der Flucht, als mit Lust. Ich verkörpere genau den emotionalen Wirrwarr, von dem die Leute hier meinen, er sei die unvermeidliche Folge von Tausenden Jahren Patriarchat. Die Art, wie ich meine Sexualität wahrnehme, mag durch Kultur und Geschichte überschattet sein, sie ist nicht einfach meine persönliche Erfahrung, und dennoch kann nur ich sie verändern. Für ein paar Sekunden bin ich zurückversetzt in meine Kindheit, in einen bestimmten Augenblick Mitte der siebziger Jahre, in ein ganz bestimmtes Haus. Meine Finger riechen nach Sex, süß und muffig. Es ist dunkel, so dunkel, dass ich nicht einmal weiß, ob ich die Augen offen habe. Ich bin erregt. Meine Haut klebt an den quietschenden Plastiksitzen des Autos, ihr feuchter Geruch mischt sich mit dem kalter Zigarettenasche und von Benzin. Louisa und ich im Peugeot 504 meines Vaters. Der Wagen steht in der Garage. Wir sind gerade von der Schule zurück und spielen Arzt und Krankenschwester, forschen, tasten, unsere Finger suchen in der Dunkelheit ... wie es Achtjährige immer schon gemacht haben.

Plötzlich fällt ein Lichtstrahl in das Autofenster. Wir fahren auseinander, als hätte uns ein Stromschlag getroffen. Es ist meine Mutter. Sie hat uns entdeckt. Sie reißt die Autotür auf, schreit. Die Tür wird zugeschlagen. Noch mehr Geschrei. Louisa wird nach Hause geschickt.

Ich habe vergessen, was danach passierte, aber mein Körper hat es nie vergessen. Die natürliche Freude an der gegenseitigen Anziehung, das Vergnügen zu berühren und berührt zu werden, wurde durch diesen Moment verwandelt. Das reine Vergnügen und Sex wurden auseinandergerissen, Schuld und Sex für immer miteinander verschmolzen. Jener Moment hat mein Bewusstsein geprägt: Er hat mir die emotionale Zwangsjacke verpasst, in der bereits Dutzende Generationen vor mir steckten, die mit dem Mythos von der Erbsünde aufwuchsen. Und wenn es stimmt, was Ulf behauptet, dann ist es meine eigene Entscheidung, immer noch so zu empfinden.

Was hält mich in diesen Gefühlen gefangen? Ist es die Furcht vor echter Nähe?

Aus Angst vor dem Chaos und der Irrationalität, die mit der Sexualität assoziiert werden, hat utopisches Denken häufig den Weg zum Glück eher in einer Reduktion des Begehrens gesucht und nicht darin, es zu zelebrieren, und daher, in Frank Manuels Worten, eher »Utopien des stillen Glücks«[173] entworfen. In Thomas Morus' *Utopia* war außerehelicher Geschlechtsverkehr verboten, in Louis-Sébastien Merciers *Das Jahr 2440* ist die Monogamie die Regel, und die Rolle der Frau besteht einzig darin, »Kinder zu gebären und Trost zu spenden«. Die gute Gesellschaft würde erst entstehen, wenn der Ausdruck des Erotischen gedämpft worden wäre, ja, die Zivilisation wäre bedroht, wie Freud argumentierte, wenn die Leidenschaft die Grenzen des Paares überschritte.[174]

Einer der ersten Utopisten, der diese Ideen dank seiner wilden Vorstellungskraft auf den Kopf stellte, war Charles Fourier, und sein Einfluss ist auch 150 Jahre später noch überall beim ZEGG spürbar. Weil die Leidenschaften, wie er annahm, die Quelle aller menschlichen Aktivität seien, liege es an uns, unsere Institutionen so zu gestalten, dass sie den Gesetzen der Leidenschaften entsprechen. Er war überzeugt, dass die sexuelle Befreiung die gesellschaftliche Stimmigkeit und Kooperation verbessern würde. Harmonie (so nannte er im Übrigen seinen utopischen Entwurf) könne erst dann entstehen, wenn wir die uns »durch den schlechten Traum der Zivilisation aufgenötigte« Unterdrückung unseres erotischen und emotionalen Selbst abgeschüttelt hätten. Indem wir im Kollektiv leben und dabei den Gesetzen der leidenschaftlichen Anziehung folgen würden, könnten wir Chaos und Uneinigkeit in der Gesellschaft überwinden. In seiner ebenso komplexen wie verlockenden Beschreibung des »Phalanstère«, so nannte er die von ihm imaginierten Gemeinschaften von jeweils 1620 Personen, bestand das wesentliche Medium sozialen Zusammenhalts in Liebe und Leidenschaft.

Es würde dort zum einen ein Minimaleinkommen für alle geben, um sicherzustellen, dass die Arbeit nicht mehr Pflicht, sondern Vergnügen wäre; zum anderen gäbe es auch ein »sexuelles Minimum«. Kein Mitglied der Gemeinschaft sollte ohne sexuelles Vergnügen leben müssen, egal, ob es alt oder krank, Fetischist oder behindert wäre. Eine Truppe sexueller Wohltäterinnen und Wohltäter, deren »Arbeit« ein hohes gesellschaftliches Ansehen genösse, würde für sie sorgen.

Choreographierte festliche Orgien würden veranstaltet, und zwar nicht in der Dunkelheit der Nacht, sondern am hellsten Tage; denn Geheimnisse würden nicht geduldet. Jede Leidenschaft sollte eindeutig benannt werden, absolute Offenheit und Transparenz würden dafür sorgen, dass die unerträgliche Heuchelei der Zivilisation, die mit der permanenten Unterdrückung unserer instinktiven Wünsche einhergehe, ein Ende hätte. Die befreite Leidenschaft wäre die »Währung« der Gemeinschaft: »Falls die Liebe die Quelle der Großmut ist«, so schrieb er, »müssen wir unsere Spekulationen auf die kollektive Ausübung der Liebe gründen.«[175]

Ein paar von Fouriers Ideen, die er auf Tausenden Seiten üppiger poetischer Schilderungen ausbreitete, haben auch den Sprung in die Wirklichkeit geschafft. In den 1840er bis 1850er Jahren entwickelte sich der »Fourierismus« zu einer relativ bekannten gesellschaftlichen Bewegung, doch Fouriers Gedanken über Sex und Liebe wurden von seinen Anhängern kaum aufgegriffen. Sie hielten sich lieber an seine radikalen Formen kooperativer Organisation und seine Konzepte der attraktiven Arbeit. Seine Hauptthesen über die Liebe, die er 1808 niederlegte – *Aus der neuen Liebeswelt* –, wurden erst 150 Jahre später veröffentlicht und im Zuge der 1968er Bewegung aufgegriffen. Kleine Versuchs-Phalansterien wurden in Frankreich, Brasilien und Algerien aufgebaut, hielten sich aber nur wenige Jahre; in den Vereinigten Staaten, wo es immerhin ein paar Dutzend waren, führte die Furcht vor der Verfolgung durch konservative bzw. puritanische Strömungen dazu, dass man es vorzog, Fouriers Ideen über die Liebe auf eine Kritik an der Familienstruktur zu reduzieren.

Das von Fourier phantasierte Phalanstère ist nie vollständig umgesetzt worden, doch immer wieder wurden innerhalb radikaler sozialer Bewegungen auch sexuelle Alternativen entwickelt, die allerdings wie das ZEGG mehr oder weniger heftige Kontroversen auslösten. Der Traum von der befreiten Sexualität scheint, sobald er in die Praxis umgesetzt wird, scharfe Angriffe auf sich zu ziehen. Die mittelalterlichen freigeistigen Bewegungen, die freie sexuelle Beziehungen als Vorwegnahme des Himmels auf Erden feierten, gingen unter, weil die Zeitgenossen darin eine gefährliche Emanzipation der Frau sahen. Als die Saint-Simonisten die erotische Herausforderung als positives feminines Attribut darstellten, von dem die Männer zu lernen hätten, und im Paris des 19. Jahrhunderts Zusammenkünfte zur Bewusstseinsbildung einberiefen, um »die Rehabilitation des Fleisches« zu diskutieren, sorgten Armee und Polizei für die Schließung ihrer Gemeinschaften. Die US-amerikanische Oneida-Gemeinschaft, die in der Mitte des 19. Jahrhunderts entstand und sich auf die Bibel berief, um zu beweisen, dass man sich nicht nur in Paaren, sondern *en masse* lieben müsse, geriet wegen ihrer »unnatürlichen komplexen Ehen« in die Kritik und löste sich nach 30 Jahren auf.

Mit der ideologischen Vorherrschaft des Marxismus gegen Ende des 19. Jahrhunderts ging auch eine Abkehr vom Erotischen und eine Hinwendung zum Ökonomischen einher, das nunmehr als treibende Kraft angesehen wurde. Die sozialistischen Parteien gingen so weit, jene auszuschließen, die nach wie vor daran festhielten, dass die sexuelle Befreiung Teil des Kampfes gegen Herrschaft sei. Sozialistische Genossen wollten radikale Vertreterinnen dieser Anschauungen, wie etwa die Deutsche Lily Braun, nicht einmal aufnehmen, als diese der Repression in Richtung Großbritannien entfloh. Es war ihnen offenbar zu viel, dass Braun zum Eheboykott aufrief, die sexuelle Lust pries und sich dafür einsetzte, dass Frauen der Arbeiterklasse und Prostituierte Zugang zu Verhütungsmitteln und zu Kinderbetreuung bekamen.

Die sexuelle Revolution der 1960er Jahre war durchaus nicht frei von problematischen Aspekten. Frauen, die sich sexuellen Avancen entzogen, wurden häufig von Männern als unemanzipiert kritisiert, während diese selber zu bequem waren, ihre eigenen patriarchalen Verhaltensweisen infrage zu stellen. Die Reaktion in Form einer Welle puritanischen Feminismus folgte in den 1970er Jahren, und der zeitgenössische Konsumkapitalismus ließ wiederum auf seine Weise die Entkoppelung von Befreiung und Sexualität hinter sich, indem er allenthalben die erotische Anti-Utopie des Pornografischen und der Post-Spice-Girl-»Mädchen-Power« propagierte. Befreiung bedeutet jetzt, auf hohen Hacken herumzustöckeln und seinen Körper kostspieligen Deformierungen durch die Künste plastischer Chirurgen zu unterziehen.[176]

»Solange wir weiterhin unterdrücken und täuschen, wird in der Liebe Krieg sein«, schrieb der Gründer von ZEGG, Dieter Duhm. »Es kann auf der Erde keinen Frieden geben, solange in der Liebe Krieg ist.« Viele bei ZEGG schildern Duhms Führungsrolle eher als die eines älteren Bruders oder eines Vaters, der alles mit allen teilte und die Leute darin bestärkte, nicht einer Ideologie zu folgen, sondern ihre eigene Wahrheit selber in Erfahrung zu bringen. Die Idee des jungen Soziologen und Psychoanalytikers, ein »Forschungszentrum für mental-spirituelle Entwicklung« zu gründen, entstand, nachdem Duhm sich zunehmend der radikalen Linken gegenüber entfremdet fühlte und 1974 seinen Universitätsjob aufgab. Er war der Auffassung, die Gesellschaft benötige neue Ausgangspunkte für Erkenntnis und Experiment, Orte, an denen »Fragen neuer Formen des Bewusstseins, der Erkenntnis und der Kultur grundlegend bearbeitet würden«.[177]

Für orthodoxe Marxisten war dies eine »bürgerliche« Denkweise, die die materielle Grundlage des Kapitalismus ausblendete. Da sie von der Gebundenheit des Bewusstseins an die kapitalistischen Strukturen ausgingen, war ihnen der Gedanke vollkommen fremd, dass wir unsere Ideale vor dem Umsturz des Systems bereits entwickeln oder gar leben könnten. Marx und Engels hatten Utopien zwar für Abbildungen einer notwendigen, wenn auch vorläufig unmöglichen Gesellschaft gehalten, die Versuche derer, die sie zu verwirklichen versuchten, jedoch verspottet. So heißt es im Kommunistischen Manifest: »Sie verwerfen daher alle politische, namentlich alle revolutionäre Aktion, sie wollen ihr Ziel auf friedlichem Wege erreichen und versuchen, durch kleine, natürlich fehlschlagende Experimente, durch die Macht des Beispiels dem neuen gesellschaftlichen Evangelium Bahn zu brechen.«[178]

Doch für Duhm war es revolutionär, radikale Lebensformen zu ergründen und zu lehren: In seinen Augen käme eine Revolution nie zustande, wenn nicht sowohl die Gesellschaft als auch das Individuum sich gleichzeitig veränderten. Die Geschichte der Revolutionen zeigt seiner Ansicht nach, dass sich Strukturen über Nacht verändern können; doch wenn sich nicht auch das Bewusstsein derer, die diese Strukturen umgestürzt haben, verändert, setzt sich die Tendenz, Herrschaft auszuüben und Macht zu missbrauchen, unweigerlich durch. Auch Murray Bookchin äußerte sich in diesem Sinne: »Es leuchtet ein, dass heute die Befreiung des Alltagslebens Ziel der Revolution sein muss. Jede Revolution, die an dieser Aufgabe scheitert, ist Konterrevolution. (…) Das Selbst muss in der Revolution stets *identifizierbar* sein, statt von ihr überwältigt zu werden.«[179]

Auf der anderen Seite gab Duhm den Marxisten darin recht, dass tatsächlich die Geschichte utopischer Gemeinschaften vor allem vom Scheitern geprägt war. Ungezählte Experimente waren an hässlichen persönlichen Grabenkämpfen gescheitert. Es sah so aus, als hätten die Menschen vergessen, wie man zusammenlebt. Er führte das darauf zurück, dass wir unfähig seien, mit Konflikten umzugehen, bei denen es um Geld, Macht und besonders um sexuelle Beziehungen und Wünsche gehe.

Er verließ die Geborgenheit der akademischen Welt und machte sich auf, alternative Gemeinschaften überall auf der Welt näher kennenzulernen, um herauszufinden, warum manche funktionierten und andere nicht. Er besuchte den Ashram des Bhagwan Shree Rajneesh in Indien, wo sich alles um Meditation, den mystischen Guru und konfrontative Gruppentherapien drehte. Er lernte von der selbstgewählten Einfachheit, den vertrauen- und friedensstiftenden Methoden der ökumenischen Taizé-Gemeinschaft in Frankreich. Schließlich landete er bei der österreichischen Gemeinschaft, die sich Aktions-Analytische Organisation (AAO) nannte und eine Lebensführung als Gesamtkunstwerk anstrebte. Dieses abschließende halbe Jahr in einer verheerenden Utopie sollte Duhm und ZEGG noch viele Jahre überschatten.

Die AAO war aus einer Wiener Künstleravantgarde der sechziger Jahre hervorgegangen, innerhalb derer sich manche ihrer Vorläufer, Vertreterinnen und Vertreter von Performance-Kunst und Happenings, als »Aktionisten« bezeichneten. In ihren derb-realistischen Performances, »Aktionen«, spielten nackte Körper, die sich in Farbe, Mehl und Innereien wälzten, sowie Selbstverstümmelung und Masturbation eine zentrale Rolle. Auf sehr elementare Weise waren sie erotisch aufgeladen, und nicht selten zogen sie Polizeieinsätze und Gefängnisstrafen nach sich.

Die Bewegung wurde bald durch die Kunstwelt vereinnahmt, und Otto Muehl, einer der Protagonisten, beschloss daraufhin seinen Traum zu verwirklichen und die Kunst durch das Leben zu überwinden. Er und eine Handvoll anderer Künstler gründeten in Friedrichshof bei Wien eine AAO-Kommune. Dort wurden Aktionismus, Psychoanalyse, Urschrei-Therapie und Wilhelm Reichs Vorstellungen von der Befreiung sexueller Energieströme miteinander verbunden, um eine Gegengesellschaft zu schaffen, die alle Zwänge des bürgerlichen Lebens hinter sich lassen sollte. Die Trennung von öffentlich und privat wurde aufgehoben, die Kleinfamilie als Lebensform abgelehnt und die Liebe von der Vorstellung des Paares befreit. »Tod der Paarbindung« lautete einer der Wahlsprüche. In der Monogamie sah man eine Form des kapitalistischen Besitzverhältnisses, das den Fluss revolutionären

Potenzials blockierte. Zu Beginn hatten nur die Frauen Betten. Sie entschieden, mit wem sie Sex haben wollten, und niemand sollte mehr als einmal pro Woche mit derselben Person schlafen. Um das zu gewährleisten, wurden »Fick-Listen« geführt. »Dies ist nicht die Vision einer idealen Gesellschaft, sondern ein bereits existierendes Modell für eine neue gesellschaftliche Lebenspraxis«[180], hieß es im AAO-Journal.

Innerhalb weniger Jahre fanden sich 600 Menschen, die der Gemeinschaft angehören wollten, und so entstanden überall in Europa Ableger. Doch Muehl, der zwar das Ideal der Freiheit im Munde führte, hatte doch immer geherrscht und erhob sich selber schließlich zum Monarchen, der in messianischer Manier die sexuelle Initiation der Jugend forderte. Er wurde schließlich wegen Vergewaltigung und sexuellem Missbrauch 1991 zu einer siebenjährigen Haftstrafe verurteilt. Obwohl Duhms Aufenthalt in Muehls Kommune damals bereits 17 Jahre zurücklag, ist der Ruf des ZEGG immer noch durch diese Verbindung angeschlagen.[181]

Was Duhm jedoch von Friedrichshof beibehielt, war die Praxis des »Selbstausdrucks«. Jeden Abend hatte die AAO einem Marathon der »Aktionsanalyse« gewidmet, bei dem die Mitglieder einzeln vor den anderen kathartische Aktionen vorführten. Dahinter stand die Idee, Künstler des eigenen Selbst zu werden, Regisseur der eigenen emotionalen Szenerie. In Improvisationen, die in einer Art Trance aufgeführt und bei denen Materialien wie Farbe, Mehl und irgendwo gefundene Dinge einbezogen wurden, konnten die Akteure sich sowohl von bestimmten Emotionen lösen als auch sie verkörpern. Muehl beschrieb es als den »Wahn, den die Kreativität darstellt … ein ganz ›da‹ sein … eine Art seelische Entladung … reine Kunst … eine totale Therapie«.[182]

Eine der zentralen Techniken, die im ZEGG angewandt werden, um Kommunikation und Kohärenz innerhalb der Gemeinschaft zu fördern, ist das »Forum«, bei dem die befreite Spontaneität des Selbstausdrucks und Formen des Beratens, wie sie sogenannte indigene Völker praktizieren, miteinander verbunden werden.

Als Duhm von seiner Reise zurückkehrte, verfiel er zunächst in einen depressiven Zustand und war voller Zweifel. Dann – im Sommer 1978 – traf der Fünfunddreißigjährige vier Aktivistinnen und Aktivisten, die deutlich jünger waren als er, darunter die Theologin Sabine Lichtenfels, mit der er von da an eng zusammenarbeitete. Das Treffen überzeugte ihn, dass es möglich wäre, ein Zentrum für die Erweiterung des Selbst und für gesellschaftliche Veränderung aufzubauen. Statt eine Punk-Band zu gründen oder sich der Stadtguerilla anzuschließen, was andere junge Leute innerhalb der radikalen Linken damals taten, beschlossen diese fünf, ein Arbeitsmodell für eine neue Gesellschaft zu entwerfen, wobei sie auf Physik, Psychologie, Sufismus und Soziologie bauten. Sie nahmen sich vor, rückhaltlos mit einer radikalen Ökonomie, einem ökologischen Lebensstil und neuen Formen des Aufbaus einer Gemeinschaft zu experimentieren, die darauf abzielten, den »Sumpf unerlöster Sexualität«[183] in unserer Kultur anzugehen.

Ihr Treffen fiel in die Zeit, als zentrale Figuren der Roten Armee Fraktion im Hochsicherheitsknast von Stammheim angeblich gerade Selbstmord begangen hatten. Unter anderem die Entwicklung der RAF bestärkte die Gruppe um Duhm und Lichtenfels in der Überzeugung, dass der Übergang von einer kapitalistischen zu einer gerechteren und kooperativer ausgerichteten Gesellschaft nicht durch einen gewaltsamen Umsturz herbeizuführen sein würde, wie ihn die Marxisten für unvermeidlich hielten. Sie teilten durchaus manche marxistischen Konzepte, so etwa das von der zu überwindenden entfremdeten Arbeit, hielten sie aber für nicht ausreichend weitgehend und nahmen vielmehr an, dass sowohl unsere Bedürfnisse im Arbeitsleben als auch diejenigen in unserem Liebesleben einer grundlegenden Neustrukturierung bedürften. Es ging nicht nur um die Veränderung der materiellen Bedingungen, »die gesamte libidinöse und emotionale Textur der Gesellschaft« musste »sich ohne Restriktion oder Verbot, ohne Furcht und den Zwang, sich emotional zu verstellen, neu entwickeln dürfen«.[184] Die Sexualität war für sie eine der wichtigsten Triebkräfte, und dennoch zeigte sich in allen gesellschaftlichen Bereichen, von der Religion bis zur Politik, die Unfähigkeit, mit der überwältigenden Macht des Eros umzugehen. Wenn wir diese grundlegenden Bedürfnisse und den Wunsch nach einem guten Leben im Hier und Jetzt leugneten, wären unsere Kultur und unsere revolutionären Bewegungen weiterhin von der Angst vor dem Anderen, von Selbsthass und Gewalt beherrscht.

Die Antwort lag in der Herausbildung einer neuen politischen Kultur, die sich nicht auf Moral und Opfer bezog, sondern die eine Antwort auf unsere tiefsten Egoismen wäre. Praktiken des alltäglichen Lebens – in Bezug auf Arbeit, Intimität, Sex und Liebe – mussten entwickelt werden, die unser grundlegendes Bedürfnis nach Selbstverwirklichung erfüllen würden. Doch man konnte den Menschen nicht einfach sagen, wie sie sich zu verändern hätten. Das war nur zu vermitteln, indem man es durch Erfahrung zeigte, eine Erfahrung, die im Rahmen eines experimentellen Modellprojekts gemacht werden konnte. Daraus würde sich ein Netzwerk solcher Projekte entwickeln, die dann den Ausgangspunkt für eine neue Gesellschaft bilden könnten.

Barbara, Isa und ich gehen außen um eine ausgedehnte gepflasterte Fläche herum, einen Kreis, der wohl hundert Meter im Durchmesser hat, eine Art Dorfplatz mit einem plätschernden Springbrunnen aus behauenem Stein in der Mitte. Im Juli ist das hier immer für zehn Tage das Herz des Sommercamps, einer Mischung aus Konferenz und Festival, an dessen Vorbereitung und Durchführung die ganze Gemeinschaft beteiligt ist. Genau darin besteht im Wesentlichen die »politische« Arbeit des ZEGG: den Hunderten Teilnehmerinnen und Teilnehmern des Sommercamps und der Workshops und Seminare im Verlauf des Jahres die Ideen und die Art zu leben, wie sie im

ZEGG erprobt werden, zu vermitteln. An diesem kalten Nachmittag, an dem einzig das Geläut der in den Bäumen aufgehängten Windglocken zu vernehmen ist, kann man sich diesen Platz nur schwer als quirligen Mittelpunkt gemeinsamen Lernens und Experimentierens vorstellen. Wären wir aber im Frühjahr oder Sommer hier, würden wir große pinkfarbene und grüne Zirkuszelte auf dem Platz sehen und Hunderte, die feiern, sich versammeln, tanzen und singen. Es würde um »Die Intelligenz in der Natur« gehen, um »Die Kunst der Liebe«, ökologische Ökonomie, die Geschichte matriarchalischer Gesellschaften, esoterische Theorien zur Bewusstseinsevolution und die Politik der Welthandelsorganisation, um nur einige Themen zu nennen.

Zusätzlich werden ganzjährig Wochenend-Workshops und -Seminare angeboten: »Gemeinsam Singen«, wobei traditionelle Lieder aus der ganzen Welt gelernt werden können; eine rituelle Techno-Trance-Wiederauferstehungs-Nacht; gewaltfreie Kommunikation; eine »Schule der Liebe«, bei der Teenager und Twens ihre Sexualität ergründen können, und Veranstaltungen zu vielen anderen Themen.

Wir gehen zur anderen Seite des kreisförmigen Platzes, und da erhebt sich hoch über unseren Köpfen eine Art gekippte Werbetafel, über der ein halbtransparentes Vlies hängt. Darauf steht gut lesbar das Wort »Wandel«. »Was ist denn das?«, frage ich. »Wenn du durch den Schleier blickst, siehst du, dass auf der Tafel ein Text steht. Das waren Dieter Duhms zwölf Thesen für eine gewaltlose Gesellschaft«, erklärt uns Barbara. »Aber sie kamen uns zu messianisch vor und waren wie Gebote formuliert, und als er die Gemeinschaft verließ, interessierte es uns mehr, die richtigen Fragen zu stellen, und weniger, feste Antworten zu finden. Wir wollten sie aber auch nicht einfach verleugnen. Also haben wir sie verschleiert und das Wort ›Wandel‹ darüber geschrieben.« Den Wandel zu wollen, gedanklich offen zu sein und ideologische Festlegungen abzulehnen, diese Grundprinzipien scheinen viel dazu beigetragen zu haben, dass diese Gemeinschaft so lange zusammengeblieben ist. So hat sie es auch überlebt, dass die Gründungsmitglieder gegangen sind, während das bei vielen anderen Gemeinschaften, die eine bestimmte Ausrichtung haben, zum Zusammenbruch geführt hat.

Die Gründe, warum genau Duhm, Lichtenfels und andere Gründungsmitglieder dem Projekt genau in dem Moment den Rücken kehrten, als 1991 das größere Gelände in Belzig gefunden war, sind uns nicht ganz klar. Nachdem sie ursprünglich auf einem Schiff bei den Kanarischen Inseln Delfine erforschen wollten, beschlossen sie vier Jahre später, ein weiteres »Heilendes Biotop« ins Leben zu rufen: »Tamera«, das auf 133 Hektar Land in einer kargen Gegend Südportugals liegt. Es heißt, sie hätten genug von den ständigen Angriffen der deutschen Presse gehabt. Andere behaupten, sie hätten persönliche Arbeiten in Angriff nehmen müssen. Was auch immer die Gründe gewesen sein mögen, es war für die Gemeinschaft ein traumatisches Ereignis. Mit einem Mal hatte das ZEGG seine Wurzeln und wichtige Freunde und Familienmitglieder verloren. Ich frage Barbara, worum es eigentlich in der Kontroverse um Duhm gegangen sei, und sie antwortet ohne Ärger oder Anklage: »Wir werden immer noch auf der Grundlage von Aussagen von Duhm beurteilt, die er vor zwanzig Jahren gemacht hat. Das ist so, als würde man dich danach beurteilen, was dein Vater mal getan hat.« Ein Satz, bei dem, von einer Deutschen ihrer Generation gesprochen, ganz spezielle Implikationen mitschwingen.

Ich bin im gemeinschaftlichen Esssaal mit seinen Holztischen, die an Ying-Yang-Symbole erinnern. Man kann sie zu langen Tafeln für große Essen verbinden oder sie auseinandernehmen, sodass kleinere Tische für Gruppen von fünf oder sechs Personen entstehen. Ich sitze mit Rotraud zusammen, einer Mittsechzigerin, einer zierlichen, jugendlich-muskulösen Frau. Sie erzählt mir davon, wie sich das Leben in der Gemeinschaft verändert hat, seit sie nicht mehr unter einer wohlwollenden Führung steht, sondern inzwischen zu basisdemokratischen Formen auf der Grundlage von Konsensentscheidungen gefunden hat.

»Ich war vierzig, als ich hier anfing, viele von den anderen waren fünfundzwanzig. Vorher hatte ich jahrelang als Sozialpädagogin mit geschlagenen Frauen gearbeitet. Einerseits war der Eintritt in die Gemeinschaft eine Art Schritt zurück, bedeutete, viel aufzugeben, mein Leben vollkommen auf den Kopf zu stellen, aber ich konnte Erfahrungen machen, die ich vorher nicht gemacht hatte. Ich konnte frei sein, die Sexualität mit jüngeren Männern erleben. Aber als wir 1991 an diesen Ort hier kamen, da habe ich den Druck gespürt, Verantwortung über meine Angelegenheiten hinaus zu übernehmen und mich für den Aufbau der Gemeinschaft einzusetzen.« Als es zu dem Exodus nach Portugal kam, schloss sie sich nicht an. »Ich wollte keine Führung mehr«, erzählt sie, »obwohl es mit so viel mehr harter Arbeit verbunden war, und wir zu Anfang in einer Dauerkrise steckten. Viele gingen weg, weil ihnen die Anlehnung, die Führung fehlte. Zu Beginn versuchten wir es mit einer Art Führungsquintett. Nach einem halben Jahr sagten die fünf: ›Danke für das Vertrauen, aber wir haben keine Lust mehr.‹« Daraufhin wurde mit verschiedenen Organisationsstrukturen experimentiert: Komitees, neue (gewählte) Führungspersonen, die eng mit einem Beirat zusammenarbeiteten etc. Am Ende teilten sich die Mitglieder in Arbeitsgruppen auf und fingen an, Konsensentscheidungen zu treffen. Bei diesem System ist man bis heute geblieben.

»Eins der Probleme, als wir keine Führung mehr hatten, bestand darin, dass wir vergaßen, unsere Mitstreiter zu respektieren und anzuerkennen. Da gibt's nämlich keinen Chef mehr, der sagt, ›das hast du aber gut gemacht‹. Wir müssen also daran denken, uns diese Anerkennung selber zu geben. Auf der anderen Seite hast du jetzt die Freiheit, was Neues zu probieren.« Sie zeigt auf eine sehr farbenfrohe Leinwand an der Wand der Kantine: »Ich habe 1994 angefangen zu malen.«

Gleich gibt es Mittagessen, und die Arbeitsgruppe, die für

die Küche zuständig ist, trägt weiße Schürzen und ist bereits hinter dem Serviertisch aufgereiht. Das schön angerichtete Essen wird den erwartungsvollen Anwesenden präsentiert: Jedes Gericht ist mit einem Namen versehen, die Zutaten werden genau beschrieben, und eine Anekdote über die Zubereitung wird auch noch mitgeliefert. Die zum Essen Versammelten klatschen und danken den Köchen, die sich verneigen. Es ist ein schlichtes Ritual, das weder steif noch gezwungen wirkt, sondern unkompliziert und freundlich, wie überhaupt die Atmosphäre an diesem Ort.

Alain Touraine schildert die Geschichte von Utopien als »leuchtend wie das goldene Zeitalter und finster wie ein Konzentrationslager«.[185] Das ZEGG-Gelände, das sich über fünfzehn Hektar erstreckt und in einer der ärmsten Gegenden Ostdeutschlands liegt, hat erlebt, was es bedeutet, wenn utopische Träume mittels des Albtraums des Autoritarismus Wirklichkeit werden. In den 1930er Jahren war hier ein Ferienlager der Nazis. In den monumentalen Kamin, der immer noch den gemeinschaftlichen Esssaal dominiert, war ursprünglich ein Hakenkreuz eingemeißelt. Nach dem Krieg übernahm die Stasi das Gelände und schlug das Nazi-Symbol ab. Unter dem Vorwand, es gehe um eine »patriotische Pflicht«, wurden über 100 000 Inoffizielle Mitarbeiter durch die Stasi rekrutiert, um ihre Nachbarn zu überwachen. Die Baracken in Belzig dienten allerdings als Ausbildungsort für Berufsspione. Unter denselben gewellten Betondächern, unter denen heute eine Gemeinschaft lebt, deren Ziel es ist, »Bedingungen für eine befreite Liebe« zu schaffen, lehrten Stasi-Offiziere ihre Rekruten, wie sie mit den Mitteln der sexuellen Verführung Frauen, beispielsweise Sekretärinnen in Bonner Ministerien, geheime Informationen entlocken könnten. Diese »Romeo-Technik« war nur *ein* Mittel im psychologischen Arsenal der Stasi.

Im Jahr 1989 schloss die Stasi-Ausbildungsstätte ihre Tore, und in nur drei Jahren wurde aus diesen grauen Baracken, die ein staatliches Trainingslager der Irreführung und Herrschaft beherbergt hatten, ein gemeinschaftliches Labor der freien Liebe und des Vertrauens. Da, wo einst Sex als Waffe im »kalten« Krieg eingesetzt wurde, wird er jetzt als »Antikriegswaffe« gepflegt.

Roland ist ein freundlicher Riese, Ende vierzig, eine Mischung aus Wikinger und Rock-Star und einer der Künstler, die hier leben. Er hat uns in sein Büro in einem langen einstöckigen Gebäude eingeladen, auf dem 99 Sonnenkollektoren angebracht sind. Dort sind auch die meisten Firmen untergebracht, die zu ZEGG gehören, u.a. ein Verlag und ein Unternehmen, das Verfahren der ökologischen Abwasserbehandlung entwickelt. Ein Anti-G8-Banner ist frei schwebend im Raum aufgehängt, ein Sticker auf Rolands Computer verkündet »Arms are for hugging« (»Arme/Waffen sind zum Umarmen da«). Er ist ein Berliner Ex-Hausbesetzer und hat an vielen linken Demos und Aktionen auf Berliner Straßen teilgenommen. Er vermutet, dass die radikale Linke an Duhm, neben dessen Auffassung von der Rolle des Sex, vor allem den Guru-Kult hasst: »Der Führer war nicht einmal so sehr das Problem; die Leute, die einen Führer brauchten und haben wollten, waren es. Obwohl Duhm nicht mehr hier ist, wirkt sein Einfluss immer noch.« Das sieht man schon den vielfach durchgearbeiteten Ausgaben von Duhms Büchern an: *Angst im Kapitalismus*, *Eine Zukunft ohne Krieg*, *Der unerlöste Eros*, *Die heilige Matrix* und andere liegen herum oder sind im Buchladen der Gemeinschaft erhältlich.

»Mir war klar, dass das nie laufen würde mit einem Führer am anderen Ende der Leitung. Das Projekt war einfach zu groß für irgendeine Form von Führung, wir mussten uns in Arbeitsgruppen aufteilen.« Das Konsens-Modell funktioniert jetzt auf der Grundlage autonomer Gruppen, die für die Küche, das Konferenzzentrum, die Kinderbetreuung, den Garten oder die Logistik auf dem Gelände verantwortlich sind. Diese Gruppen schicken Repräsentanten zum »Rat der Dreizehn«, der Vorschläge macht. Diese werden entweder beim Wochenplenum per Konsens beschlossen, oder sie werden veröffentlicht und, falls innerhalb von vierzehn Tagen keine Einwände kommen, dann umgesetzt.

Roland arbeitet an der Website und der grafischen Gestaltung von ZEGG-Materialien – eine der 25 von der Gemeinschaft bezahlten Stellen. Während das abendliche Kochen eine Aufgabe ist, die den Koch-Gruppen obliegt (jede und jeder gehört einer von ihnen fest an), werden die Köchinnen und Köche des Mittagessens entlohnt. Dasselbe gilt auch für Anbieter von Workshops, Buchhalter, Gärtner, Programmierer und sogar für Barbara und ihre Öffentlichkeitsarbeit. »Es gibt genug Arbeit für alle hier«, sagt Roland, »jeder verdient zehn Euro die Stunde. Das Geld kommt durch Mieten und durch die Zahlungen für das Essen rein.« Die Gemeinschaft verdient durch Seminare, Gäste und von Mitgliedern und Firmen auf dem Gelände gezahlte Mieten; so soll das Geld möglichst innerhalb der eigenen geschlossenen Ökonomie bleiben.

Verglichen mit den meisten anderen Projekten, die wir besucht haben, ist der Aufenthalt im ZEGG relativ teuer. Man kann hier nicht einfach eintrudeln und davon ausgehen, dass man verköstigt wird und einen Übernachtungsplatz angeboten bekommt. Obwohl wir in unserem Wagen schlafen, zahlen wir neun Euro am Tag für das Essen. Doch Schulden für den Landkauf sind bei den Banken und Hunderten Teilhabern abzutragen, und der Gedanke, staatliche Förderung anzunehmen, wird abgelehnt. Mitglieder der Gemeinschaft müssen für Unterkunft, Essen, Krankenversicherung, Telefon und als Kollektivbeitrag für die Kinderbetreuung insgesamt etwa 550 Euro aufbringen. Die meisten von ihnen haben Einkommen durch Arbeit außerhalb des Projekts, doch bedenkt man, wie viel Zeit in die internen Prozesse des ZEGG fließt, sind es zumeist bezahlte Beschäftigungen von weniger als 25 Stunden pro Woche.

Verglichen mit der Spontaneität von La Vieille Valette oder der Offenheit von Longo Maï ist beim ZEGG ein komplexer Prozess zu durchlaufen, möchte man sich der Gemeinschaft anschließen. Zunächst muss man an einem sechswöchigen

Kurs »Leben in der Gemeinschaft« teilnehmen. Anschließend wird man, falls man in das Gemeinschaftsleben zu passen scheint, aufgefordert, Hilfsdienste bei den sommerlichen Seminaren und Camps zu leisten. Wenn das alles gut abläuft, wird man gefragt, ob man bereit bist, ein Probejahr zu absolvieren, nach dessen Ablauf man an einer Versammlung der Gemeinschaft teilnimmt, auf der jede und jeder darüber entscheidet, ob man bleiben darf. Für das ZEGG ist es keine einfache oder selbstverständliche Angelegenheit, dass jemand in der Lage ist, in einer Gemeinschaft zu leben, die auf der Grundlage radikaler Ehrlichkeit und befreiter Liebe funktioniert. Vielmehr ist es quasi eine Wissenschaft, die erst gelernt und praktiziert werden muss. ZEGG versteht sich als eine Art MIT der Erforschung und Entwicklung von Technologien des Vertrauens; Rotraud formulierte es so: »Wir sind alle Forscherinnen und Forscher.«[186]

Niemand ist Eigentümer seines Hauses oder seiner Wohnung, viele teilen sich mit anderen ein Schlafzimmer, und Paare haben nicht unbedingt ihr eigenes Zimmer. Das Finanzielle bleibt aber in der Verantwortung des Einzelnen, obwohl es auch einen Solidaritätskreis gibt, der aushilft, wenn jemand in Geldnot gerät. An dieser Stelle sieht Roland einen eklatanten Widerspruch: »Wir arbeiten hier alle ständig an der inneren Entwicklung, am Vertrauen, doch wenn es um die materiellen Fragen geht, zum Beispiel darum, möglicherweise das Geld miteinander zu teilen, wollen die Leute doch ihr eigenes behalten, sie wollen besitzen, obwohl sie Besitzansprüche in der Liebe ablehnen. Die emotionale Bindung an Eigentum ist genauso stark wie die an die Liebe und die Sexualität. Es ist genauso ein Vulkan.« Er streckt die langen Beine aus und legt die großen Füße mit den schwarzen Stiefeln auf eine Ecke seines Arbeitstischs. »Wir reden ständig davon, alles zu teilen, aber wenn ich mal ein bisschen Geld habe, frage ich mich, ehrlich gesagt, will ich mir jetzt eine Gitarre besorgen oder das erst mit achtzig Leuten bequatschen? Dieter Duhm hatte keine Ahnung von Wirtschaft, deshalb war das nie ein Thema. Wir leben die ganze Zeit am Rande des Abgrunds und könnten jedes Jahr Bankrott gehen.« Das ist wirklich eine große Sorge, und die globale Finanzkrise gibt in diesem Winter auch hier Anlass zu Versammlungen und Diskussionen. »Ein Ausgang der Geschichte könnte so aussehen: Das ZEGG gibt's nicht mehr, aber die Region hat sich verändert, so wie ein großer Baum Samen zurücklässt.« Nach einer Pause fügt er hinzu: »Die große Frage ist, ob wir zusammenbleiben, wenn das Projekt scheitert.«

Das ZEGG hat sich nie als autarke Entität verstanden, sondern immer als Katalysator zur Schaffung einer autarken Region. Die Gründer kamen in eine Gegend, in der die extreme Rechte viel Anklang gefunden hatte. Nachdem die Bewohner, die unter dem autoritären ostdeutschen Staat groß geworden waren, nach dem Fall der Mauer eine Umstrukturierung der Wirtschaft erlebten, die für viele den Verlust alter Sicherheiten und vor allem Arbeitslosigkeit bedeutete, entstand hier ein idealer Nährboden für Ideologie und Aktivitäten von Neonazis.

Es kam zu einer Welle von Angriffen auf Ausländerinnen und Ausländer, und Neonazis versuchten immer wieder, »National Befreite Zonen« zu etablieren[187], das heißt Straßen oder ganze Dörfer, in denen Rechte mit brutaler Gewalt dafür sorgten, dass Linke und/oder Ausländer sich nicht dorthin trauten. Wenn sie das erreichten, hatten sie »reale Gegenmacht« aufgebaut, wie es die Jugendorganisation der NPD ausdrückt.[188] Eines der ersten Projekte des ZEGG war es nun, mit antifaschistischen Gruppen in der Region zusammen auf der Hauptstraße von Belzig ein Café aufzumachen, in dem Immigranten einen freien Internet-Zugang hatten. Die Fenster wurden mehrfach zertrümmert, aber es erfüllte eine wichtige Funktion im Kampf gegen die Xenophobie.

Inzwischen ist die Region bekannt für alternative Projekte. Rund 400 lokale Unterstützerinnen und Unterstützer hat das ZEGG, von denen sich viele in seiner Nähe angesiedelt haben. Einige kleinere Gemeinschaften haben sich in der Umgebung etabliert, so ein Ökohof und ein Jugend-Video-Projekt, und regionale Währungs-Modelle sind im Entstehen. Viele Kinder des ZEGG besuchen die lokale freie Schule, in diesem Teil Deutschlands eine Seltenheit. Darüber hinaus stellen manche Menschen in der Region Überlegungen zur Entwicklung alternativer Gesundheits- und Altersversorgungsmodelle an. Jeden Sonntag kommen Bewohner der Gegend zu den offenen Vorlesungen im ZEGG, und zweimal monatlich steht die Sauna für Außenstehende zur Verfügung.

Dieser Ort ist sicher keine Insel, und der utopische Austausch setzt Energien in der Region frei und schafft Vernetzungen. Falls, wie Roland sagt, das ZEGG einmal verschwinden sollte, wird es Spuren hinterlassen: Reaktionäre Kräfte sind auf dem Rückzug, und die Gegend weist einige Stützpunkte einer gewaltfreien Kultur auf. Doch seine abschließende Frage – »Werden wir zusammenbleiben?« – klingt etwas bitter. Viele dieser Menschen haben dreißig Jahre lang zusammen gelebt und geliebt, interne Konflikte durchgestanden und waren einer permanenten Kritik ausgesetzt. Ich frage mich, was sie so zusammenschweißt.

Auf der Tür zu Inas Büro steht »Willkommen in der Zukunft«. Drinnen beherrscht eine riesige Europakarte den Raum, auf der Dutzende Nadeln mit verschiedenfarbigen Köpfen die Lage von europäischen Öko-Dörfern anzeigen. Ina arbeitet als Geschäftsführerin des Global Ecovillage Network und lebt bereits, seit sie 23 ist, in dieser Gemeinschaft. Wie bei vielen hier ist ihr Alter schwer zu schätzen – sie ist Ende vierzig. Geistig ist sie jung, wirkt alterslos und zugleich weise.

Manchmal fehlt ihr »der erotische Geist« der Vergangenheit. »Als wir hier einzogen, war es ganz normal, in ein Zimmer zu gehen, wo die Leute gerade Sex hatten, heute sehe ich das fast nicht mehr. Es war etwas so Normales, dass man sich nicht verstecken musste. Wir haben oft erotische Partys gefeiert, jetzt sind es nur noch drei, vier im Jahr.« Die Gemeinschaft altert, das wilde Experimentieren lässt nach, doch der Geist des unablässigen Weiterforschens und -fragens ist geblieben. »In der Bauhütte waren wir überzeugt, dass Beziehungen ein Gefängnis sind, aber es war unvermeidlich, dass wir uns irgendwann doch verliebten«, sie lächelt, »und jetzt haben wir mehr Kontinuität und dafür weniger Abenteuer. Das ist vielleicht weniger radikal, aber ehrlicher.«

Ina ist ein weiterer Beleg für die unterschiedlichen Formen des Liebeslebens, die es im ZEGG gibt. Sie hat einen langjährigen Lebensgefährten, Achim, und interessiert sich nicht für weitere »Partner«, aber sie ist zugleich auch Teil eines Netzwerks »sexueller Freunde«. »Das Leben wirklich zu respektieren, bedeutet für mich, dass du auch ein erfülltes Sexualleben führst«, meint sie. »Es gibt so viel Wissen um ökologische und spirituelle Techniken und so wenig Wissen um Liebe und Sex. Wir sehen um uns herum so viele Trennungen und Scheidungen, die Familie, die als Kerneinheit der Gesellschaft gilt, ist instabil geworden, das bekommt jeder mit. Für mich ist das ZEGG eine Einladung, etwas Neues auszuprobieren.«

Der Begriff der freien Liebe hat so viele negative Konnotationen, dass die Leute vom ZEGG es vorziehen, von »befreiter Liebe« zu sprechen. Ina versteht unter »freier Liebe«, dass sie lernt, ihre Liebe von Angst, Schuldgefühlen und Scham zu *befreien*. »Es geht nicht darum, ganz viel Sex und viele Partner zu haben, es bedeutet, ehrlich mit mir selber und zum Reden bereit zu sein, um Transparenz herzustellen. Denn wenn wir wissen, was dich oder mich bewegt, können wir ein tieferes Vertrauen und eine tiefere Freundschaft aufbauen.«

»Aber ist das eine politische Arbeit?«, frage ich sie.

»Ganz entschieden, ja!« Ihre Augen leuchten auf. »›Politisch‹ bedeutet für mich, dass etwas nicht nur in meinem eigenen Interesse ist, sondern im Zusammenhang mit einem breiteren Interesse steht. Solange wir unser Privatleben der Welt gegenüber verschließen, wird es kein vollkommenes Vertrauen geben. Für mich ist es ein politisches Anliegen, zwischen Menschen Vertrauen aufzubauen. Schau dir an, in was für einer Verfassung die Welt ist – da gibt es einen enormen Mangel an Vertrauen. Je mehr Vertrauen wir schaffen können, desto weniger Gewalt wird es geben.« Ina ist überzeugt, dass wir auch unseren eigenen tiefen Bedürfnissen – nach Zufriedenheit, Verbundenheit und Geselligkeit – in dem Maße besser gerecht werden, wie wir einander vertrauen.

Ich habe mehr aktivistische Zusammenhänge durch einen Mangel an Vertrauen zerbrechen sehen als durch Polizeiangriffe.[189] Oft habe ich erlebt, dass soziale Bewegungen wegen tiefsitzenden Misstrauens nicht in der Lage waren zu kooperieren. Schließlich ist die älteste Unterdrückungsstrategie die des Teile und Herrsche. Und sie funktioniert ausgesprochen gut. Vertrauen als Mittel des Widerstands und als stabiles Fundament einer Gemeinschaft aufzubauen, ist zutiefst politisch.

»Aber wie schafft ihr Vertrauen?«, will ich wissen.

»Vertrauen entsteht durch Transparenz, und um in der Gemeinschaft Transparenz herzustellen, haben wir eine Kommunikationsmethode erfunden, die wir als das ›Forum‹ bezeichnen. Es ist eine öffentliche Bühne, auf der Leute ihre Gefühle, oder was sie gerade bewegt, mitteilen können.« Eine von Inas wichtigsten Aufgaben besteht darin, im ZEGG die Forums-Technik zu pflegen und für ihre weltweite Verbreitung zu sorgen.

Wenn in der Gemeinschaft brisante Themen aufkommen, sei es im Bereich Liebe, Geld, Verlässlichkeit, Machtkämpfe oder Konkurrenz, bietet die Forum-Technik einen geschützten Raum, um sie im Kollektiv auszuloten. Viele kollektive Projekte implodieren, weil sie unfähig sind, gemeinsam Entscheidungen zu treffen, und das liegt häufig daran, dass die Zusammenkünfte, auf denen die Entscheidungen getroffen werden sollen, durch den persönlichen Ehrgeiz oder das Machtstreben Einzelner vergiftet werden. Beim ZEGG wurde die Entscheidung getroffen, zwei getrennte Treffen anzuberaumen: eines für die Emotionen, ein anderes für das Organisatorische. Auf diese Weise bereitet das Forum die Entscheidungsfindungs-Treffen so vor, dass sie möglichst reibungslos und unbelastet von emotionalem Ballast ablaufen können.

Ina beschreibt uns diese einzigartige Technik, auf die sich seit fast dreißig Jahren die Praxis im ZEGG stützt, mit begeistertem Engagement. Es handelt sich um eine Verbindung von Psychodrama, Gestalttherapie, Beratungsformen der amerikanischen Indigenen und dem Selbstausdruck der AAO, bei der die Grenze zwischen Kunst und Leben verschwimmt. Ziel ist es, die Lücke zwischen persönlicher und sozialer Transformation zu schließen, indem die tieferen Gedanken und Gefühle der Einzelnen zum Ausdruck und ins Gruppenbewusstsein gebracht werden.

Wie in vielen Gruppenprozessen vergleichbarer Art sitzt man im Kreis, und Moderatoren helfen, den Ablauf zu strukturieren. Das Ungewöhnliche in diesem Fall ist aber, dass abwechselnd jemand in den Kreis tritt und sich »selbst ausdrückt«. »Auf diese Weise sehen dich alle«, erklärt uns Ina, »dabei geht es also nicht nur um die verbale Information, sondern auch um die Körpersprache.« Sie vergleicht ihre Rolle als Moderatorin mit der einer Hebamme, die dem Menschen in der Mitte des Kreises dabei hilft, sich ›zu gebären‹, sich voll und ganz zum Ausdruck zu bringen. Wenn die oder der Betroffene beispielsweise behauptet, glücklich zu sein, während seine Körpersprache etwas anderes aussagt, kann die Moderatorin ihr oder ihm nahelegen, mehr zu zeigen, alle Masken fallen zu lassen. »Jemanden ganz zu sehen, bedeutet, ihn zu lieben«, sagt sie. Obwohl Ina sich selber seit so vielen Jahren diesem Prozess anvertraut, meint sie, es sei immer noch schwer, wenn es darum gehe, neue Aspekte von sich zu offenbaren.

Sie versichert uns aber, dass es keine todernste Angelegenheit ist. Manchmal ist es sehr verspielt, und es wird auch viel gelacht. Manche drücken sich aus, indem sie ein Lied singen und dabei wild gestikulieren oder etwa auch, indem sie so tun, als wären sie eine Ziege. Bei allem ist eine feine Balance zu wahren zwischen der künstlerisch gestalteten Vorführung, die eine gewisse Distanz ermöglicht, um die eigenen Emotionen zu reflektieren, und dem Raum, der der ernsthaften Diskussion und dem Feedback des Kollektivs gegeben wird.

Ist der Selbstausdruck vorüber, reagieren die anderen und

»spiegeln« das Wahrgenommene. Dies geschieht nicht in der Form von Ratschlag oder Kritik, sondern in der Beschreibung der Wirkung auf die Versammelten: »So erfährt derjenige, der etwas mitgeteilt hat, wie es die anderen empfunden haben bzw. was sie sich dazu denken. Das geschieht nicht hinter seinem Rücken, sondern öffentlich. Das könnte unangenehm sein, doch wenn der Betroffene weiß, dass es Freunde sind, die um ihn herumsitzen, und dass ihre Rückmeldung ein Geschenk ist, kann er daraus lernen. Diese Methode eignet sich sehr gut, um Vertrauen zu bilden.« Dabei hüllt sie sich in ihren großen purpurfarbenen Schal. »Meiner Ansicht nach besteht das Wunder darin, dass du zuerst denkst, jeder wird vor allem meine Schattenseiten sehen, und das wird schrecklich sein … aber dann nimmst du auch die Schönheit wahr, die damit verbunden ist. Das Ganze hat viel mit der Kunst zu tun, Anerkennung anzunehmen, Zuneigung, weil ich die bin, die ich bin, und auch damit, zu sehen, wie viel Schönheit alle mitbringen, mit denen ich zusammenlebe.«

Im ZEGG nehmen viele an, dass Gewalt als Ergebnis verloren gegangener Verbindungen entsteht. Das Forum versucht, Kontakt mit dem Selbst, seinen Sehnsüchten und Potenzialen, seinen Schattenseiten und Wünschen herzustellen, und indem es diese Emotionen allen sichtbar macht, vertieft es das Verständnis und die Verbindungen untereinander. Ein Forum dauert kaum länger als eine Stunde, findet einmal in der Woche statt oder auch spontan, wenn in einer Arbeitsgruppe Spannungen aufkommen. Diese Technik wird von manchen als »Kommunikationsritual« und von anderen als »Schule des Lebens« beschrieben.[190] Sie zielt nicht unbedingt darauf ab, Konflikte zu lösen, macht aber tiefere Strömungen des Gemeinschaftslebens sichtbar, die, blieben sie in einem dunklen Winkel, destruktive Auswirkungen zeitigen; werden sie aber geteilt und ausgedrückt, können sie dazu beitragen, Menschen zusammenzubringen.

Leider haben wir kein Forum miterleben können, denn es steht nur den Mitgliedern der Gemeinschaft offen. Es ist schon schwer genug, unter Freunden und Geliebten eine Kultur des vollkommenen Vertrauens aufzubauen; Hunderte durchziehender Besucher in den Prozess einzubeziehen, kann nicht funktionieren. Was wir allerdings miterlebt haben, ist die Gemeinschaftssauna.

»Es gibt einen Menschen, den ihr unbedingt kennenlernen müsst: Dolores«, versichert uns Barbara, während wir eine Diashow für die öffentliche Seminarreihe des ZEGG zusammenstellen. »Aber derzeit geht es ihr nicht gut, und sie nimmt sich eine Auszeit vom Gemeinschaftsleben. Sie wird sich an euch wenden, wenn sie mit euch sprechen möchte.« Dolores ist eine der Matriarchinnen des ZEGG. Wir haben Einiges von ihr gelesen und ihren Namen mehrfach gehört. Sie wird wohl zu unserem Vortrag kommen, und wenn wir Barbara richtig deuten, könnte sich Dolores bereit finden zu einem Interview, wenn wir es geschickt anstellen.

An diesem Abend sind wir auf einer Party in einer der öffentlichen Bars auf dem Gelände. Sinead O'Connors verführerische Stimme schwebt über der Tanzfläche: »Reach out and you'll touch me.« Eine Disco-Kugel aus den Siebzigern lässt vielfarbige Lichtstreifen über die Tänzerinnen und Tänzer huschen. Die Körper wiegen und bewegen sich sanft oder heftig, Küsse und Zärtlichkeiten werden ausgetauscht, es wird zum Teil sehr ausdrucksvoll getanzt. Ein junger Mann entledigt sich seines Oberteils und rollt auf dem Boden in Richtung einer Frau im engen schwarzen Abendkleid. Eng umschlungen rollen sie mühelos zwischen den Beinen der anderen Tänzer am Boden entlang, bis sie sich geschmeidig aufrichten und ihre Umarmung in eine Art »dirty dancing« übergeht. Auf den Sofas knutschen und befummeln sich mehrere Paare, während andere daneben plaudern und trinken. Wir stehen an der Bar, als eine große, auffällige Frau auf uns zukommt. »Ich bin Dolores«, sagt sie und schüttelt uns fest die Hand. »Ich möchte euch für den kommenden Sonntag in die Sauna einladen.« Isa und ich tauschen erleichterte, aber auch leicht verlegene Blicke. »Das wäre super«, antworte ich, ohne dass ich weiß, worauf wir uns da einlassen. »Wir sehen uns also am Sonntag.« Ihr Lächeln wirkt einladend. Mir fallen ihre schönen Lippen auf. Sie geht weg. Ob sie ihre Interviews immer in der Sauna gibt?

Im Verlauf der nächsten Tage kommen verschiedene Leute strahlend auf uns zu: »Wir haben gehört, ihr seid in die Sauna eingeladen worden«, verkünden sie begeistert. »Wir kommen auch.« Es wird also am Ende doch kein Interview mit Dolores alleine sein, offenbar gesellt sich das halbe ZEGG auch dazu. Wir sind etwas nervös. Vielleicht steckt irgendwas dahinter, was wir nicht durchschauen. Ist es eine Einladung zu einer Orgie, und wir haben es nur nicht verstanden?

Schließlich werden unsere Befürchtungen etwas zerstreut, als uns klar wird, warum so viele zur Sauna gehen: Jeden Sonntag gibt es eine gemeinschaftliche Sauna, zu der aber Gäste normalerweise nicht zugelassen sind. Es scheint ein großes Privileg zu sein, dass wir eingeladen wurden. Unsere Dia-Show muss Dolores doch einigermaßen gefallen haben.

Draußen ist es schon dunkel, es wird hier früh Nacht. Isa und ich gehen bis ans andere Ende des Geländes, wo in einem Wohnblock 25 Menschen leben. Eine kleine Holztür auf der Rückseite führt in die Sauna. Bei unserem Eintritt schlägt uns warme Luft entgegen. Wir halten uns etwas verkrampft an unseren Badetüchern fest. Nachdem wir die Schuhe ausgezogen haben, wagen wir uns weiter in den höhlenartigen Keller. Die Wände hier sind in zartem Orange gestrichen. Links blicken wir in einen großen Raum mit Duschen und einem Dipping Pool, rechts in einen Umkleideraum. Vor uns ist die holzverkleidete Sauna. Wir ziehen uns aus und verpacken uns gut in unsere Badetücher. Dann bewegen wir uns in Richtung der gedämpften Stimmen, die aus der Sauna dringen. Ich bin angespannt, nicht, weil ich mich vor der Nacktheit fürchte, sondern weil ich keine Ahnung habe, was geschieht, wenn wir an einer Orgie teilnehmen sollen. Das macht mir wirklich Angst.

Dolores hockt zusammen mit einem Dutzend anderer auf den einfachen Holzbänken, und man unterhält sich. Die Hitze haut mich fast um, und alles, worauf ich mich bei Dolores trotz ihres außerordentlichen Charismas konzentrieren kann, sind ihre üppigen Brüste. Immer mehr Leute strömen in die Sauna, und allmählich wird es zu voll. Dolores bietet an, uns die anderen Räume hier unten zu zeigen. Ein spärlich beleuchteter Flur führt an Zimmern vorbei, die eher Buchten ähneln. In jedem ist ein Doppelbett, das durch einen blauen Samtvorhang abgeteilt ist. »Die sind da, falls die Sauna inspirierend wirkt, dann hat man hier Plätze für mehr Sinnlichkeit. Wenn du nackt und entspannt bist, hast du manchmal Lust auf was anderes«, witzelt Dolores, die sich unterdessen in ein Frottee-Gewand hüllt. »Jede dieser Nischen hat ein bestimmtes Thema: Erde, Feuer, Wasser und Luft.«

Sie führt uns immer tiefer ins Innere des Kellers und schließlich in einen langgestreckten Raum, der von Kerzen erleuchtet wird, in der Mitte befindet sich eine merkwürdige runde Bühne. Menschen lagern auf Teppichen am Boden, manche besorgen sich Getränke an einer kleinen hölzernen Bar in einer Ecke. Wir bestellen uns einen Fruchtsaft und lassen uns mit Dolores zusammen auf ein paar Kissen nieder. Interessanterweise wirkt hier nichts zwielichtig, man hat nicht das Gefühl, in einem Swinger Club oder einem Puff zu sein. Es erinnert eher an die gesellige Atmosphäre in einer Nachbarschaftskneipe – alles völlig normal, außer dass wir halbnackt sind.

»Als ich zu der Gemeinschaft dazustieß«, erzählt Dolores, »hatte ich viele Liebhaber gehabt, als sexuell aufgeschlossene Frau aber immer das Gefühl, von Männern mit Geringschätzung behandelt zu werden. Für sie war ich zu leicht zu haben, zu offen, zu sehr wie eine Nutte. Als ich zu der Gemeinschaft kam, erlebte ich zum ersten Mal im Leben, dass ich uneingeschränkt akzeptiert und meine weibliche Sexualität mit Respekt behandelt wurde, mehr noch, man ehrte und respektierte mich sogar um ihretwillen.«

Die Anerkennung der weiblichen Sexualität ist eine der Grundlagen des Lebens hier. »Ich liebe Sex«, schrieb die Mitbegründerin des ZEGG, Sabine Lichtenfels. »Aber weil ich dafür auf dem Scheiterhaufen verbrannt und im Verlauf der Geschichte immer wieder dafür bestraft wurde, wenn ich es nur andeutete, habe ich versucht, diese Realität aus meinem Leben zu tilgen...«[191] Ihre Streitschrift *Die sexuelle Natur der Frau* fordert eine Gesellschaft, aus der sexueller Zwang und die Scham verschwinden, sobald die Frauen ihre Macht wiedergewinnen, indem sie ihrer sexuellen Energie freien Lauf lassen. Lichtenfels schlägt den Bau eines »Tempels der Liebe« vor, in dem Frauen die Männer lehren, die Angst vor der weiblichen Lust abzulegen.

Diese Saunaanlage hat tatsächlich Ähnlichkeit mit einem Tempel, aber merkwürdigerweise fühle ich mich hier zu niemandem hingezogen. Ich spüre, dass eine gewisse sexuelle Energie, unmerklich fast, durch die Gemeinschaft fließt und man sich hineinziehen lassen könnte. Ich fühle es förmlich in der Leistengegend, bin offen, und doch blockiert etwas mein Begehren. Alle hier im ZEGG sind ausgesprochen freundlich und aufgeschlossen, zeigen ein hohes Niveau emotionaler Intelligenz, doch das Ganze ist kein bisschen sexy. Obwohl hier theoretisch die allgegenwärtige Möglichkeit sexueller Verwirklichung zelebriert wird, zieht mich niemand an. Sicher sind die Winterwinde nicht gerade hilfreich und auch die ostdeutsche militärische Architektur ist es nicht. Vielleicht sind wir durch archetypische Szenen der Sinnlichkeit verwöhnt, wie sie uns auf unserer Reise immer wieder begegnet sind: die schönen gebräunten Körper unserer Freundinnen und Freunde, der Squatter von Can Masdeu, die rebellische Schäferin, wie sie durch bewaldete Hügel schritt, die muskulösen Oberkörper von Punks, die schwitzend mit ihren gewaltigen Arbeitspferden das Land pflügten …

Dolores meint, es ist unsere Furcht vor der Unsicherheit und Unvorhersehbarkeit des Lebens, die uns dazu treibt, herrschen zu wollen. Wir fürchten, was wir nicht kontrollieren oder organisieren können: Gefühle, Sehnsüchte, Einsamkeit, Schwäche oder aber andere, die nicht so sind wie wir. Sie denkt, dass »wir die Lebenskraft, die in uns und in der Welt ist, nicht kontrollieren können, doch wir fühlen uns nicht wohl, wenn wir loslassen und uns der ständigen Veränderung öffnen, die die Basis allen Lebens ist. Wirkliche Nähe zu Menschen scheuen wir, weil sie uns direkt mit dem Unbekannten in uns selber konfrontiert. Wir können über Ökologie, Finanzen, Politik diskutieren und Entscheidungen treffen und verstecken uns doch ständig voreinander. Das Leben verlangt echte Gemeinschaft, dass wir andere von innen her kennen, dass sie uns auf den tiefsten Ebenen sichtbar und wir von ihnen gesehen werden. Doch diese Art von Kontakt kann beunruhigend sein und führt unvermeidlich zu Veränderung und Chaos.«[192]

»Drehst du hier nicht vor Eifersucht durch?«, frage ich Barbara, die mir gerade erzählt hat, dass der Mann, mit dem sie gestern in der Arbeitspause Sex hatte, heute mit einer Freundin von ihr zusammen war, und dass am Wochenende eine der Freundinnen ihres Partners zu Besuch gewesen ist. Sie antwortet lachend. »Manchmal schon. Es ist sehr wichtig für jeden, der sich auf das Feld der freien Liebe begibt, sich mit der Eifersucht auseinanderzusetzen … Wir glauben nicht, dass sie naturgegeben ist; sie zeigt uns unsere eigenen Ängste. Wenn ich eifersüchtig bin, ist es womöglich die Angst, etwas zu verlieren, was ich mit meinem Partner habe. Oder ich fürchte, er könnte an jemand anderem etwas finden, was er bei mir nicht hat. Es ist also eine Unsicherheit bezüglich unserer Beziehung, und wenn ich mir in meiner Beziehung mit einem Partner sicher bin, reagiere ich normalerweise nicht eifersüchtig.« Wieder sind wir beim Thema Transparenz und Vertrauen.

»Wenn mein Freund mir erzählt, was er bei dieser anderen Frau sucht«, fährt sie fort, »oder was er mit ihr teilt und mit mir nicht teilen kann, wenn das also offengelegt wird, brauche ich nicht eifersüchtig zu sein. Einer meiner Partner beispielsweise öffnet sich total, wenn er mit einer anderen Frau zusammen ist, wenn er sich verliebt. Für mich ist es eine Freude, ihn so zu erleben, wie er sich öffnet, und ich mag es sehr, wenn er sich verliebt, weil er dann glücklich ist, mir mehr erzählt, zärtlicher mit mir ist. Sein ganzes Verhalten ändert sich, und ich freue mich, wenn er sich verliebt.«

»Aber wie definierst du Liebe?«, will ich wissen.

»Als den Zustand, wenn ich den anderen genau so sehe wie er ist, ohne ihn oder sie verändern zu müssen … Und das fängt damit an, dass ich mich selber liebe: Wenn ich es nicht brauche, dass mich der andere anders wahrnimmt als ich bin.« Sie schweigt. »Schwer zu beantworten … ›definier mir mal die Liebe!‹« Sie lacht und neigt den Kopf, ihr blondes Haar fällt auf ihre Schultern.

ZEGG stellt das befreiende Potenzial von Fragen im Unterschied zu statischen Antworten in den Vordergrund, was in vielen radikalen linken Zusammenhängen mit ihrer Fixierung auf Sicherheiten und Lösungen versäumt wird. Hier findet man tatsächlich die tiefe Einsicht in die Möglichkeit, durch Fragen das, was zu entdecken ist, auszudehnen, und die Welt, die wir sehen, zu umreißen. Trotzdem verlassen Isa und ich die Gemeinschaft mit einem Gefühl der Frustration, das manche unbeantwortete Fragen in uns zurückgelassen haben. Wir sind klüger geworden, aber auch verwirrt, besonders angesichts der an diesem Ort uneingeschränkt dominierenden Heterosexualität. Die queere Kultur scheint im ZEGG vollkommen zu fehlen, was für eine Gemeinschaft, die seit dreißig Jahren mit alternativer Sexualität experimentiert, sehr befremdlich ist.

Wir fahren los, und ich mache den CD-Player an … »Burn, Babylon, burn«, dröhnt der Punksong los. »Das war's, was mir beim ZEGG gefehlt hat!« Ich drehe mich zu Isa: »Der Punk.« Bei all der gewaltfreien Kommunikation, der Akzeptanz und Offenheit, dem Fließen und Loslassen fehlte etwas. Wo war die Veränderung vorantreibende Energie von Konflikt und Wut? Eine der Grundlagen des gewaltfreien Lebens, auf das im ZEGG hingearbeitet wird, ist die Ausschaltung aller Feindbilder. So sollen die Trennungen unserer Welt überwunden, die Definitionen von »Wir« und »Sie« aufgelöst werden, die so oft den Boden für Krieg und Völkermord bereiten. Zweifellos wäre die Welt ein besserer Ort, wenn der Begriff des Feindes verschwände, doch ich kann nicht umhin, zugleich festzustellen, dass dieser Wunsch reale Machtverhältnisse und Privilegien verkennt. In der komfortablen Umgebung des ZEGG, inmitten der Welt einer weißen Mittelschicht, besteht vielleicht das größte Privileg darin, dass man ein Leben ohne Angst vor Gewalt führen kann. Wenn deine Gegner mit Worten und nicht mit Waffen gegen dich antreten, kannst du leicht zu der Auffassung gelangen, dass radikale gesellschaftliche Veränderung ohne Konflikte und Feinde vonstatten gehen könnte.

Während unseres Besuchs beim ZEGG bekam ich eine E-Mail von Mika, einem befreundeten Aktivisten, der viele

Jahre in Palästina gearbeitet hat. Sein palästinensischer Freund Sanquur, ein Widerstandskämpfer, war an einem ruhigen Freitagmorgen bei sich zu Hause durch ein Fenster erschossen worden, als er gerade mit Freunden plauderte. Mika schrieb: »Er versuchte zu entkommen, war aber zu schwer getroffen, um sich noch weit wegbewegen zu können. Die Israelis (Soldaten in Zivil) jagten ihn und feuerten weitere Schüsse auf ihn ab. Dann ließen sie ihn liegen, und er verblutete.« Sanquur hatte bereits zuvor drei Mordanschläge überlebt. In einem Fall lag er im Krankenhaus auf der Intensivstation mit Geschossen im Bauch, als die Armee dort einfiel und er aus dem Fenster springen musste. Ein anderes Mal war er gezwungen, tagelang unter dem Geröll eines von Bulldozern zermalmten Gebäudes zu liegen, während die israelischen Soldaten in den Ruinen herumliefen. Seine an Wunder grenzende Fähigkeit, dem Tod zu entgehen, galt im Balata-Flüchtlingslager, wo er lebte, als Symbol der Hoffnung. Nun war er, wie so viele andere, die sich den Überfällen der Armee entgegenstellten, einer im Heer der Toten und Verschwundenen.

Mikas Mail erreichte mich, nachdem ich mich gerade lange mit Sharan über Gewaltlosigkeit unterhalten hatte. Sharan, ehemaliger Yoga-Lehrer, ist einer der Koordinatoren des »Politischen Salons«, der Aktivisten-Gruppe beim ZEGG, die kürzlich erst gentechnisch manipulierte Pflanzen ausgerissen hatte. »Du verlierst Macht, wenn du wütend bist … du verlierst die Kontrolle … wir brauchen Mitgefühl mit uns selber«, sagte er. »Feindbilder haben viel mit unseren eigenen Ängsten zu tun.« Aber ich fragte mich, wie oft Sharan schon vor Kugeln wegrennen musste. Wusste er überhaupt, wie es sich anfühlt, wenn man um sein Leben fürchten muss oder um das seiner Freunde oder seiner Familie? Die meisten Aktivistinnen und Aktivisten des globalen Nordens genießen das Privileg, sich moralisch im Recht fühlen zu dürfen, wenn sie Gewaltlosigkeit fordern.

Wenige haben je von Sanquurs Tod erfahren. Hätte er jedoch einen israelischen Soldaten erschossen, wäre die Geschichte um die Welt gegangen und hätte für medialen Wirbel gesorgt. Zweifellos gebiert Gewalt weitere Gewalt, und doch trifft auch zu, was Derrick Jensen über unsere Kultur sagt: Sie geht von einer eindeutigen, wenn auch kaum explizit benannten Hierarchie akzeptabler und nichtakzeptabler Gewalt aus. »Gewalt, die von denen ausgeübt wird, die weiter oben in der Hierarchie stehen und sie gegen jene richten, die weiter unten stehen, bleibt zumeist unsichtbar«, schreibt er. »Gewalt, die von denen weiter unten in der Hierarchie gegen die oben ausgeübt wird, ist undenkbar, und wenn sie dennoch vorkommt, reagiert man auf sie schockiert, entsetzt und indem man die Opfer fetischisiert.«[193]

»Ich weiß immer noch nicht, wie ich trauern soll, wenn meine Freunde durch Raketen zerfetzt werden oder ihnen eine Kugel in den Kopf geschossen wird«, schrieb Mika, »obwohl das immer und immer wieder geschieht. Mein Zorn will mich schier zerfressen, aber er hat kein Ziel. Noch Stunden, nachdem ich gelesen hatte, dass Sanquur umgebracht worden war, zitterte ich vor Wut, als ich im Bus durch London fuhr. Ich will sie nicht runterschlucken, nicht nichts fühlen.«

Mikas E-Mail war voll von einer Wut, aus der genauso viel Leidenschaft für das Leben wie Trauer um einen toten Freund sprach. »Das Individuum muss in den Bereich des Guten vordringen, indem es sich blind seinen Leidenschaften unterwirft«, schrieb Charles Fourier. Vielleicht werden beim ZEGG die Leidenschaften und Gefühle so sorgfältig studiert und beobachtet, dass es keine Unterwerfung unter sie mehr gibt. Vor lauter Wahrnehmung und Kontrolle ist womöglich etwas Wesentliches verloren gegangen. Sie mögen von den Besitzansprüchen in der Liebe losgelassen haben, und sie mögen eine Gemeinschaft aufgebaut haben, die frei ist von Angst und Täuschung, doch in ihrer Feier des Lebens, des Lichts und der Gewaltlosigkeit haben sie vielleicht vergessen, dass es im Bereich des Eros, wie ihn Georges Bataille verstand, auch das Düstere von Gewalt und Verletzung oder Überschreitung gibt. Das Paradox der Liebe besteht gerade darin, dass wir, um uns verbinden zu können, uns auch verlieren müssen, und in diesem Chaos begegnen wir direkt der Kontinuität allen Lebens. »Erotik«, so Bataille, »ist Zustimmung zum Leben bis hin zum Tod.«[194]

Christiania

Es ist gerade mal sieben Uhr, aber bereits tiefschwarze Nacht, und ein arktischer Wind macht uns zu schaffen. Wir werden uns wohl an das skandinavische Wetter gewöhnen müssen: Soeben sind wir in Kopenhagen angekommen und planen, einen Monat zu bleiben. Wir gehen an der Festungsmauer einer – wie es von außen scheint – mittelalterlichen Stadt entlang. Nach ein paar Minuten stehen wir vor einem Torbogen, der wohl der Eingang zu dieser mysteriösen Enklave ist. Mit einem Mal ist es, als wären wir in eine andere Welt oder eine andere Epoche eingetaucht. Verglichen mit der hektischen Stadt, die wir gerade verlassen haben, wirkt das hier unglaublich friedlich. Keine Straßenbeleuchtung, kein Neon, keine Werbeflächen. An die Stelle des Hupens und des ohrenbetäubenden Motorenlärms ist die Stille gepflasterter Straßen und einfacher Pfade getreten, auf denen nur Radfahrer und Fußgänger unterwegs sind. Mitten in einer europäischen Hauptstadt können wir frei atmen, die Sterne sehen und uns unterhalten, ohne zu schreien! Willkommen in Christiania, seit 1971 »Freistadt« und Hauptstadt des Unerwarteten.

Wir kommen an einem gewaltigen Gebäude aus Backstein vorbei, aus dem das dumpfe Pulsieren eines Rock-Konzerts dringt, durch die Fenster sehen wir die Silhouetten der Tanzenden. Da, wo eine der gepflasterten Gassen eine Kurve macht, steht eine ganze Reihe von Metallfässern, in denen Feuerchen brennen. Leute stehen drumherum und versuchen sich zu wärmen. Manche von ihnen sind maskiert, drücken sich um improvisierte Verkaufsstände herum und wirken irgendwie suspekt. Wir begreifen schnell, dass wir uns hier der berühmten Pusher Street (Straße der Dealer) nähern, wo Haschisch und Marihuana frei verkauft werden. Ich hatte ein Hippie-Nest erwartet, aber was wir hier vor uns haben, ist halb mittelalterlicher Markt, halb Stereotyp vom urbanen Ghetto. Ich fühle mich nicht wohl: Zwar deutet hier nichts auf irgendeine Gefahr hin, aber die latente Spannung ist ebenso wenig zu leugnen wie die Funken, die durch die Nacht schwirren.

Im Augenblick geht es für uns darum, eine gewisse Charlotte zu treffen, die uns die Schlüssel eines Apartments übergeben wird. Dort kommen wir im Rahmen des Projekts CRIR oder Christiania Researcher in Residence[195] unter. John, den unverkennbar irische Folk-Geigenklänge magisch anziehen, bewegt sich unbeirrt in die Richtung, aus der sie ertönen: zu einer Bar in einem langgestreckten Holzhaus, die so aussieht, als könnte jeden Moment John Wayne dort herauskommen. Kurz verschwindet John in der Bar und kommt leicht benommen zurück: »Der Schuppen ist unglaublich, sag ich dir. Nicht gerade ideal, um da auf jemanden zu warten, so müde wie wir sind. Aber das ist wirklich irre da drinnen!«

Schließlich finden wir gegenüber in einer Baubude, in der eine Bäckerei aufgemacht hat, eine winzige Tapas-Bar, in der es so eng ist, dass man ohne weiteres die gegenüberliegenden Wände berühren kann. Der sanfte Jazz ist nach der intensiven halben Stunde, die wir hinter uns haben, erholsam. Wir rufen Charlotte an. Sie ist ein paar Minuten später da und bringt uns zu »unserer« Wohnung: ein einfach eingerichtetes kleines Apartment, ausgestattet mit einem beeindruckenden gusseisernen Ofen, der in Christiania selber hergestellt wurde. Die Wohnung liegt in einem dreieckig angeordneten Gebäudekomplex aus dem 18. Jahrhundert mit orangefarbenen Fassaden. Man blickt in einen begrünten Innenhof, in dem Kinderspielzeug herumliegt. Zu erreichen ist er durch einen grandiosen Torbogen mit einer vergoldeten Krone darüber. Gegenüberliegend fällt uns ein von Kerzen erleuchtetes buddhistisches Monument in einem Alkoven mit traditionellen Malereien auf. Von dort weht uns der Duft von Essenzen an. Das tröstet mich nach der etwas einschüchternden Erfahrung mit der Pusher Street. Wusste ich's doch, hier muss es auch Hippies geben!

Unsere ersten Stunden in Christiania gestern Abend kommen uns rückblickend wie ein bizarrer Traum vor. Normalerweise enden die Träume mit dem Aufwachen, doch unserer begleitet uns noch am Vormittag, wenn auch jetzt in eher bukolischer Form: Wir machen uns auf, die rund 34 Hektar zu durchstreifen, über die sich die »Freistadt«, ein seit fast vierzig Jahren bestehendes Modell der Selbstverwaltung, erstreckt.

Wir brauchen nicht viel weiter als zehn, zwanzig Meter zu laufen, und schon sind wir am Ufer eines großen, von Bäumen gesäumten Sees. Wir folgen dem Pfad, der um ihn herumführt, und genießen die Stille der grünen Oase. Nach jeder Wegbiegung fällt der Blick auf ein neues architektonisches Kleinod. Das Seeufer ist mit Häusern gesprenkelt, die die Christianianer im Laufe der Jahre gebaut und gebastelt haben. Dabei bestanden die einzigen Einschränkungen, die sie sich auferlegten, in ihrem Geschmack, ihrer Lust und ihren Phantasien. Man entdeckt mal ein schwimmendes Haus, mal ein üppiges Schloss aus Holz, mal eine Wohnung, die ganz aus Glas besteht. Etwas weiter entfernt zeichnet sich so etwas wie ein Raumschiff neben einem verwinkelten Arrangement von Bauwagen ab, die mit nepalesisch wirkenden Malereien dekoriert sind.

Zurück im Zentrum laufen wir auf Wegen, die von Bäumen oder renovierten Altbauten gesäumt sind, manche von ihnen Holzhäuser und gestrichen, andere bunt verputzt. Mit den kleinen Gärtchen davor wirken sie fast wie das Klischee eines pastoralen Dorfs. Eine ganze Reihe Bars, Restaurants, Läden und Ateliers und eine der größten Skateboard-Bahnen Europas unterstreichen den Eindruck, dass wir uns in der Stadtmitte befinden. Hier ist auch die berühmte Fahrradmanufaktur *Christiania Bikes* angesiedelt, die seit über zwanzig Jahren vor allem robuste Dreiräder mit einer großen, vorne angebrachten Kiste für den Transport von Kindern, Waren und allem Möglichen herstellen.

Außerdem gibt es hier eine Kunstschreinerei, die Werkstatt eines Restaurateurs traditioneller Öfen und eine Schmiede, in der nur Frauen arbeiten (was ganz besonders Johns Neugierde anregt…). Alle Hauswände sind bemalt, sei es mit riesigen, farbenfrohen Fresken, sei es mit Graffitis, überlebensgroßen Portraits von Rappern oder orientalischen Göttinnen und Göttern, nicht eine Wand, die frei geblieben wäre. In einer Zeit, da europäische Innenstädte sich immer ähnlicher werden und hinter den Werbetafeln und Logos multinationaler Ketten und einer kalten und stereotypen Architektur verschwinden, stellt Christiania eine Ode an die Phantasie dar.

Allerdings ist Christiania, verglichen mit den anderen Projekten und Gemeinschaften, die wir besucht haben, mit seinen rund 900 Bewohnerinnen und Bewohnern riesig und funktioniert wie eine kleine Stadt: jeder wohnt für sich und geht seinen persönlichen und familiären Angelegenheiten nach. Es ist daher auch viel schwieriger, sich als Besucher an den gemeinschaftlichen Aktivitäten zu beteiligen, um die Bewohner näher kennenzulernen und genauer zu verstehen, wie das Projekt tatsächlich funktioniert. Während wir uns treiben lassen, wohin uns die Wege zufällig führen, fällt uns ein handgepinseltes Holzschild auf: »Geführter Rundgang durch einen Bewohner von Christiania. Beginn täglich um 15 Uhr, 20 Kronen (ca. 2,50 Euro)« Das scheint uns ein guter Einstieg zu sein, hat doch jeder unserer Besuche einer Gemeinschaft mit solch einem Rundgang begonnen. Mit rund einer Million Touristen, die die Enklave jährlich besuchen (und Christiania so nach den berühmten Tivoli-Gärten zur zweitwichtigsten Attraktion des Landes machen), erstaunt es nicht, dass die Gemeinschaft versucht, die Touristenflut durch das Gelände zu schleusen.

Rechtzeitig finden wir uns am Ausgangspunkt der Tour ein und hoffen, dass sie genauso unkonventionell ausfällt wie alles, was wir bisher von diesem Ort wahrgenommen haben. Wir werden nicht enttäuscht: Unser Führer, der einen langen schwarzen Mantel und das weiße Haar unter einem breitkrempigen Hut zum Pferdeschwanz gebunden trägt, kommt uns mit einem breiten Lächeln entgegen: »Hallo, ich heiße Morten und wohne seit 1974 in Christiania. Ich bin mit 17 hier angekommen und wollte nie an einem anderen Ort wohnen.« Seine Bindung an Christiania ist auch nach 34 Jahren intensiv und lebendig, und er erzählt uns zwei Stunden lang die Geschichte dieses ungewöhnlichen Viertels. Er erklärt genau die Struktur und wie das Ganze funktioniert, zeigt uns die ausgefallensten Häuser und plaudert auch ein paar Geheimnisse aus.

Die Geschichte Christianias beginnt mit dem Jahr 1971, als eine Gruppe junger Leute die Umzäunung einer riesigen verlassenen Kaserne niederreißt, um sich Zugang zu dem grünen Gelände zu verschaffen und dort einen Kinderspielplatz einzurichten. Die Armee vertreibt sie und repariert den Zaun. Die Aktivistinnen und Aktivisten kommen mehrfach zurück, jedesmal zahlreicher, und schließlich setzen sie sich durch. Der Zaun wird ein letztes Mal abgerissen, und die Bewohnerinnen und Bewohner von Christianshavn, dem Viertel, wo sich die Auseinandersetzung abspielt, erobern sich ihren Spielplatz, während Hippies, Hausbesetzerinnen und Hausbesetzer ihre *Free Town* bekommen und anfangen, die ehemalige Kaserne zu renovieren und zu bewohnen. Angesichts zunehmender Wohnungsnot und zugleich einer politischen Aufbruchsstimmung, in der die Träumer die Oberhand zu gewinnen scheinen, wird Christiania zum Eldorado für all jene, die eine andere Lebensform erproben wollen. Deren Zuwanderung wird durch das alternative Blatt *Hovedbladet* gefördert, auf dessen Seite eins dazu aufgerufen wird, »mit dem Bus Nr. 8 zu emigrieren«.

Im Jahr 1972 wird die Freistadt offiziell als »Soziales Experiment« anerkannt. Der Eigentümer, das Verteidigungsministerium, und Christiania unterzeichnen einen Zehn-Punkte-Vertrag, in dem es in erster Linie um die Zahlung von Wasser und Strom durch die Bewohner geht. Dennoch sind die folgenden Jahre durch eine ganze Reihe von Kämpfen zwischen den Christianianern und den Behörden gekennzeichnet, zumeist auf juristischer und politischer Ebene, doch auch auf der Straße; denn Stadt und Staat wären nur zu gerne diese allzu sichtbaren Libertären losgeworden. Obwohl die Christianianer immer im Schatten der Bedrohung leben müssen, reagieren sie auf jeden Angriff mit einer bewunderungswürdigen Verbindung aus Kreativität und politischer Intelligenz, was ihnen bei den Dänen größte Sympathien einträgt: Zusammen scheinen Anwälte und Künstler unbesiegbar zu sein. Petitionen, Debatten, Verhandlungen und Wahlen sind Teil der Verteidigungsstrategie der Christianianer, doch jede Offensive der Regierung fällt auch in Form eines frechen Journals, einer Platte, einer Ausstellung oder einer Zeitungsente auf sie zurück. Die Theatertruppe von Christiania Solvognen (»Sonnenwagen«) stellt so eine ganze Reihe anspruchsvoller Straßentheater-Produktionen auf die Beine, an denen Christianianer, Schauspieler und Passanten beteiligt sind. »Ich habe auch bei vielen Produktionen von Solvognen mitgewirkt. Das war jedes Mal wirklich abenteuerlich«, erzählt uns Morten, und sein verschmitztes Lachen lässt ahnen, dass er sich an die wilden Zeiten seiner Jugend erinnert. 1973, als die Nato in Kopenhagen tagte, bildeten mehr als fünfhundert Personen »Bataillone« und »Regimenter«, um unter dem Motto »Den Feind im eigenen Land neutralisieren!« die Studios des nationalen Radiosenders und ein paar strategisch wichtige Plätze der Stadt zu besetzen. Die dänische Öffentlichkeit durchlebte ein paar angespannte Stunden … bis sie dann begriff. Im darauffolgenden Jahr hebt Solvognen eine Weihnachtsmänner-Armee aus, die sich im größten Kopenhagener Kaufhaus selbst bedient, um Geschenke und Spielzeug »umzuverteilen«. Mit der Großzügigkeit dieses Happenings gelingt es den Organisatorinnen und Organisatoren, die Sympathien vieler Menschen zu gewinnen, und die Bilder von Weihnachtsmännern, die von der Polizei verprügelt werden, schaffen es im ganzen Land auf die Titelseiten. Im selben Jahr wird eine junge Christianianerin in den Stadtrat von Kopenhagen gewählt und löst einen Skandal aus, als sie während einer Sitzung ihr Baby stillt.

Als drei Jahre später – 1976 – eine konservative Regierung an die Macht kommt, beschließt das Parlament, Christiania zu räumen. Die Gemeinschaft reagiert darauf, indem sie die Regierung wegen »Nichteinhaltung von Zusagen, Bruch von sieben Punkten des Vertrags und Nichtberücksichtigung des Status eines sozialen Experiments« anklagt. Parallel dazu schlägt auch Solvognen erneut zu: mit einer Parodie auf die offizielle Geschichte des Landes. Mehr als vierzig Mal wird das Stück vor vollen Sälen aufgeführt und sorgt dafür, dass die Freistadt bei den Kopenhagenern noch beliebter wird. Als Christiania den Prozess verliert, antworten die Bewohnerinnen und Bewohner, indem sie ein großes Bau-Festival organisieren, zu dem Tausende kommen und dabei helfen, den Platz und seine Gebäude in Ordnung zu bringen. 1978 wird wieder ein Christianianer in den Stadtrat gewählt, und seine flammenden Reden gegen die Immobilienspekulation erlangen Berühmtheit. Unter dem Druck der Bevölkerung setzt das Parlament den Räumungsbeschluss vorübergehend aus. »Kurz«, so das Resümee des britischen Fotografen Mark Edwards, der bis 1979 in Christiania lebte, »es gibt Tage, an denen es auch den Marx Brothers schwerfiele, da noch mitzuhalten«.[196]

Doch die Herausforderungen kommen nicht nur von außen. Christiania stand manches Mal vor dem Kollaps, weil die internen Probleme so schwer auf ihm lasteten. So mussten 1979 radikale Maßnahmen ergriffen werden, um den immer massiver nach Christiania einfließenden harten Drogen Einhalt zu gebieten. Der Verkauf von Haschisch und Marihuana war immer toleriert worden, doch der Konsum harter Drogen stellte die Gemeinschaft vor ernste Probleme. »Die Situation war beängstigend, und zwar ganz besonders genau hier«, erklärt uns Morten und zeigt auf den »Friedensbogen«, wie sich das ehemalige Hauptquartier der Kaserne nennt, im Übrigen das größte Fachwerkhaus Europas. »Da drinnen war es einfach unerträglich geworden. Da gab es nur noch Zombies. Im Laufe der Zeit sind dort etwa zwanzig Menschen an einer Überdosis gestorben. Dazu muss man sagen, dass die Polizei, wenn sie Abhängige aufgriff, sie hier absetzte! Da haben wir beschlossen, dass wir selber aktiv werden müssen. Wir fanden einen Bauernhof, in dem wir eine Entziehungskur angeboten haben. Die konnten alle Junkies wahrnehmen. Wer das tat, dem haben wir versprochen, dass ihm sein Platz in Christiania erhalten bleibt, wenn er nach sechs Monaten *clean* zurückkommt. Die anderen, einschließlich der Dealer, wurden rausgesetzt und hatten auch nicht das Recht zurückzukehren. Seither gilt ein absolutes Verbot aller harten Drogen auf dem Gelände. Wer sich nicht daran hält, fliegt raus. Wir tolerieren nur den Verkauf von Haschisch und Marihuana. Ich denke, das ist ein guter Kompromiss«, meint er.

Die *junk blockade* war in der Geschichte Christianias eine entscheidende Etappe. In diesem Moment hatte sich die Gemeinschaft bewiesen, dass sie in der Lage war, alle Kräfte zu mobilisieren und auch schwerwiegende Probleme ohne externe Hilfe anzupacken.

Dieses Vorgehen stellte auch die ultraliberale Praxis infrage, die darin besteht, jeden tun zu lassen, was er möchte, ohne sich um die Konsequenzen zu kümmern. Dazu schrieb die schwedische Forscherin Maria Hellström: »Die *junk blockade* traf die alternative Gemeinschaft an ihrem schwächsten Punkt, das heißt beim Versuch, Regeln und Normen aufrecht zu erhalten, obwohl es keine expliziten Sanktions- oder Bestrafungsstrukturen gab.«[197]

Das Verbot harter Drogen stellt zusammen mit dem von Autos, Gewalt, Waffen und Motorradbanden (Konsequenz aus einer mörderischen Auseinandersetzung zwischen rivalisierenden Gangs in den 1980er Jahren) die einzige allgemein und unumstößlich geltende Regelung in Christiania dar. »Wenn jemand im Verdacht steht, Drogen zu nehmen, muss er sich einer ärztlichen Untersuchung unterziehen«, erklärt Morten. »Das nehmen wir sehr genau.«

Selbstverständlich haben die Behörden den »alternativen« Markt, der lange ein Boheme-Image zur Schau trug, indem dort offen Haschisch und Marihuana verkauft wurde, nicht gerne gesehen, zumal die hölzernen Verkaufsstände besonders phantasievoll dekoriert waren und einer der schönsten sogar zum Ausstellungsstück im dänischen Nationalmuseum avancierte. Im Laufe der Jahre diente der Handel auf der Pusher Street immer wieder als Vorwand, die Christianianer auszuweisen und sie mit ungezählten Polizeieinsätzen zu terrorisieren, bei denen keineswegs mit Tränengas und Knüppeln gegeizt wurde. (Amnesty International veröffentlichte mehrere Berichte dazu und prangerte die Polizeigewalt und den exzessiven Einsatz der Untersuchungshaft an.) Unterdessen beschloss die Regierung 2004, den Haschisch-Verkauf endgültig zu unterbinden, und verschärfte den polizeilichen Druck. An der Tür zur schönen alkoholfreien Bar »Zum Mondfischer«, die gleich hinter der Pusher Street zu finden ist, heißt es auf einem Plakat ironisch: »6000 Polizeieinsätze in 4 Jahren – der ›Mondfischer‹ ist das sicherste Café der Welt!« Schließlich beschlossen die Christianianer und die Dealer gemeinsam, die Stände abzubauen, um eine Eskalation zu vermeiden. Der Verkauf von Haschisch ist deshalb trotzdem nicht verschwunden. Andere haben ihn wieder aufgenommen, und heute ist die Pusher Street immer noch ein Markt, weniger offen, aber noch aktiv.

Doch Christiania lässt sich beileibe nicht auf die Pusher Street reduzieren, und Morten ist sehr erpicht darauf, uns das zu demonstrieren. Stolz zeigt er uns das Kino mit seinem Wochenprogramm; dort finden auch die großen Versammlungen der Gemeinschaft statt. Er zeigt auf das auffällige Gebäude, in dem die Oper und der Jazz Club von Christiania zu Hause sind. Er erzählt uns, dass es in der Grå Hal, in der bis zu 1500 Menschen Platz haben, Auftritte von Bob Dylan, den Red Hot Chili Peppers oder Rage Against The Machine gegeben hat. »Sogar den Prinzen von Dänemark hatten wir hier schon mal in einer Privataudienz!«, ruft er mit maliziösem Unterton. An einer

Wegkreuzung fällt uns ein Stein auf, in den ein paar dänische Worte gemeißelt sind, und wir bitten Morten, sie für uns zu übersetzen. Er strahlt, und ohne unsere erstaunten und zugleich bewundernden Mienen zu beachten, fängt er an zu singen: »Christiania, mein Herz gehört dir …« – Es ist die Hymne von Christiania, die hier jeder auswendig kennt. Die Kinder lernen sie schon im Kindergarten.

Angesichts solcher Begeisterung fällt es schwer, mit Fragen nach der Unterdrückung durch die neue Regierung die Stimmung zu verderben. Doch tatsächlich ist es so, dass sich seit 2001 der Wind gedreht hat. Noch in den Jahren 1980 bis 1990 hatten die verschiedenen Regierungen und Christiania Auseinandersetzungen um Machbarkeitsstudien, Architektenentwürfe und Untersuchungsberichte zur Frage der Legalisierung der Gemeinschaft geführt. Doch wie die meisten anderen europäischen Länder hat sich auch Dänemark um die Jahrtausendwende eine scharf rechte Regierung gegeben. Die verkündete ein Ende der Kultur der Toleranz, auf die die Dänen so lange stolz gewesen waren. In diesem Zusammenhang schlägt den Christianianern und ihrer antiautoritären und antikapitalistischen Einstellung ein immer unverhohlenerer Hass entgegen, und der Druck auf diese Nonkonformisten erhöht sich zusehends. Im Jahr 2004 verabschiedete das Parlament ein Gesetz, das ausdrücklich die »Normalisierung« Christianias zum Ziel hatte. Die Regierung verkündete, dass »die Normalisierung des Viertels nicht die Normalisierung seiner Bewohner bedeutet«, und »dass es lediglich darum geht, dass Christiania wieder zu den Gesetzen und Regelungen zurückkehrt, die im übrigen Dänemark gelten«.[198] Die Heuchelei einer solchen Haltung ist nicht zu übersehen. Denn wozu sonst sind Gesetze und ein reglementierender Rahmen da, wenn nicht dazu, (unter anderem) die Annehmbarkeit gewisser Verhaltensweisen und Lebensstile zu kodifizieren und vorzuschreiben?

Für viele geht es nur darum, die Christianianer von diesen Grundstücken erster Güte zu vertreiben, um sich an der Immobilienspekulation zu bereichern. Christiania liegt tatsächlich in einem der begehrtesten Viertel der Hauptstadt, wo man sich um die sündhaft teuren Luxusapartments mit Blick auf den Hafen reißt. Die Christianianer verteidigen aber seit 35 Jahren das Prinzip des Rechts auf kollektive Nutzung und lehnen jegliche Umwandlung der Immobilien ab: Kein Gebäude kann von Privatpersonen verkauft oder vermietet werden, und das Ganze wird von der Gemeinschaft verwaltet. Genau das ist aber der Stein des Anstoßes in den Augen der Regierung, die für Christiania unbedingt eine »Kombination von Eigentumsarten« einführen möchte, darunter selbstverständlich auch Immobilien und Apartments in Privatbesitz.

In Christiania zahlt jeder erwachsene Bewohner, ob er in einem Zimmer im »Friedensbogen«, einem ausgebauten Bauwagen in der Stadtmitte oder einem weitläufigen Haus am See mit Bad und Sauna wohnt, monatlich dieselbe Summe (2008: 1800 Kronen, ca. 240 Euro), unabhängig von Größe oder Ausstattung; die »Miete« ist ein Beitrag zum allgemeinen Funktionieren Christianias. Außerdem zahlt jeder den eigenen Verbrauch für Stom und Wasser. »Natürlich gehört dir das Haus oder die Wohnung, solange du darin wohnst, niemand kann dich rauswerfen. Aber wenn du ausziehst, hast du keinerlei Rechte darauf: weder finanziell noch was deine Nachfolger betrifft. Darüber entscheidet das Viertel«, erklärt uns Morten.

Christiania ist in 14 Viertel eingeteilt, deren Namen wie Oden an die Zeit klingen, als sie entstanden: *Löwenzahn, Caramel bleu, Milchstraße, Pagode* oder *Fakirschule*. Mehrere Jahre lang hat sich Christiania ausschießlich mittels eines Plenums verwaltet, doch die Ineffizienz dieses Systems führte dazu, dass man es mit der Dezentralisierung versuchte. Jedes Viertel verwaltet sich selbst, das heißt seine Bewohner entscheiden gemeinsam, wer einzieht, wenn eine Wohnung frei wird; welche Gemeinschaftsarbeiten zu erledigen sind (die Reparatur eines Dachs betrifft die, die darunter wohnen, also beispielsweise die Bewohner des Friedensbogens; die Instandhaltung der Uferböschung diejenigen, die am See ihre Häuser haben); wie ein Nachbarschaftsproblem oder die Angelegenheiten geregelt werden sollen, die mit den Unternehmen und Werkstätten im Viertel zusammenhängen. Jedes Viertel ist völlig frei darin, seine Selbstverwaltung zu gestalten. Manche arbeiten sehr strukturiert mit monatlichen Versammlungen, Tagesordnung, Berichten etc., anderen ist es lieber, wenn der Einzelne unabhängiger bleibt, und kommen nur einmal im Jahr zusammen.

Eine wichtige Gemeinsamkeit gibt es aber doch: Alle Entscheidungen werden im Konsens getroffen, und jedes unlösbare Problem »steigt« auf die höchste Ebene der Entscheidungsfindung in Christiania, die Vollversammlung, zu der alle Bewohner eingeladen sind. Einberufen wird sie nur bei Bedarf. Auf ihr werden die Fragen behandelt, die die gesamte Gemeinschaft betreffen. Das Jahresbudget wird dort beschlossen, der Stand der Verhandlungen mit der Regierung diskutiert, bisher ungelöste Probleme werden geregelt.

Wie bei jeder anderen Stadt auch sind die Viertel im Zentrum urbaner und belebter (wenn auch ohne Autos). Zugleich ist es der Teil Christianias, der überwiegend aus den Kasernenaltbauten oder zu Wohnungen umgebauten Bauwagen besteht, während die Peripherie, überwiegend Häuser im Eigenbau, eine wahre Oase der Ruhe ist, wo ganze Kinderrudel ungehindert rennen, spielen und Rad fahren können.

»Sicher, Christiania ist nicht perfekt, die Versammlungen verlaufen oft chaotisch, die Entscheidungsprozesse schwierig, aber unterm Strich funktioniert es doch. Und vor allem akzeptiert man die Leute so, wie sie sind, jeder kann der sein, der er wirklich ist. Ich muss sagen, nirgendwo sonst habe ich mich so respektiert gefühlt. Und aus diesem Grund sind wir immer noch bereit, Christiania zu verteidigen, und werden es auch weiterhin sein. Wir haben gerade viel Stress, das stimmt schon, aber das ist nicht das erste Mal. Ich bin sicher, dass wir eine Lösung finden werden«, so die abschließenden Worte unseres Stadtführers.

Dass dieser Optimismus keineswegs von allen geteilt wird, entdecken wir, als wir Nils Vest und Britta Lillesøe treffen, beide Künstler und Christianianer der ersten Stunde, deren Engagement für Leben und Überleben der Freistadt nie nachgelassen hat. Nils ist Dokumentarfilmer. Er hat den berühmten Film *Christiania, mein Herz gehört dir* von 1991 gemacht, der eine Innensicht der Gemeinschaft und die Erfahrungen von fast zwanzig Jahren darstellt. Britta war viele Jahre lang Schauspielerin und Mitglied von Solvognen. Als wir in ihrer wunderschönen Wohnung eintreffen, spüren wir schon nach wenigen Minuten Gespräch, wie beunruhigt und frustriert unsere Gastgeber hinsichtlich der Aussichten für Christiania sind.

»Die endlosen Diskussionen, um eine gemeinsame Entscheidung herbeizuführen, wie wir dem Druck der Regierung begegnen können, sind sehr ermüdend«, findet Britta und wirkt sichtlich gestresst. »Wir kommen und kommen zu keiner Einigung, und die Deadline rückt unerbittlich näher. Das nervt extrem«, ergänzt Nils.

Nils, um die sechzig, weißhaarig und stattlich, ist ebenso bedächtig wie seine Frau temperamentvoll. Während sie spricht, schüttelt sie im Rhythmus ihrer Rede die lange rote Mähne und unterstreicht ihre Aussagen mit einem ganzen Feuerwerk von Grimassen und lautmalerischen Extras. Obwohl dieses Paar sich immer noch mit viel Energie einsetzt, scheint es doch auch erschöpft zu sein, und das nicht nur, weil beide gerade eine Grippe hinter sich haben.

»Viele in Christiania sagen sich einfach, es wird schon gut ausgehen, weil wir so viele schwierige Situationen letztlich überstanden haben. Aber das jetzt ist nicht wirklich mit dem vergleichbar, was wir bisher erlebt haben: Diese Regierung verachtet förmlich alles, wofür Christiania steht, und ist außerdem selber unter Druck seitens der Immobilien-Spekulanten, die ihren Teil vom Kuchen abhaben wollen. Für mich ist ganz klar, dass wir weiter reden und verhandeln müssen. Das hat uns noch jedesmal gerettet. Die Einstellung ›Sollen sie uns doch den Buckel runterrutschen‹ ist einfach zu riskant. Aber das wollen viele hier nicht einsehen«, seufzt Nils.

Die Verhandlungen, von denen die Rede ist, beziehen sich wohl auf den Vorschlag, den die Regierung nach Inkrafttreten des Normalisierungsgesetzes gemacht hat. Dabei bedient sie sich der Strategie des »Teile und herrsche«, denn das Angebot beinhaltet die Aufteilung der Gemeinschaft in drei Teile, die jeweils einen vollkommen unterschiedlichen Status und unterschiedliche Rechte haben sollen: Die Häuser am See sollen abgerissen werden, während das Zentrum bestehen bleiben, jedoch in zwei Teile unterteilt werden würde. Die vorgeschlagene »Lösung« verbietet die Form des Kollektiveigentums und der Selbstverwaltung durch die Bewohnerinnen und Bewohner, indem es die Überführung mehrerer Gebäude in Hunderte Privatwohnungen vorsieht, die von einer externen Instanz verwaltet würden. Diese soll eine Mischung aus Stiftung, Genossenschaft der Mieter von Sozialwohnungen und Kooperative sein und zum Teil in Zusammenarbeit mit den Christianianern verwaltet werden – ein allzu schwacher Trost.

Das Gesetz von 2004 ist letztendlich gleichbedeutend mit der Annullierung des umfassenden Vertrags, der seit Jahrzehnten in Kraft ist und der Gemeinschaft das Recht auf die kollektive Nutzung des Geländes von Christiania einräumt. Seit dreißig Jahren ist Christiania genau das und wird als solches anerkannt. Es wurde bekämpft, bedrängt, unterdrückt, aber nie negiert. Mit dem neuen Gesetz haben die dänische Regierung und die Parlamentsmehrheit beschlossen, die Gemeinschaft nur noch unter einem materiellen Gesichtspunkt zu sehen: In ihren Augen ist Christiania nichts weiter als ein großes Gelände mit Gebäuden, somit eine Ressource. Vom »gesellschaftlichen Experiment«, das seit dreißig Jahren läuft, vom System der Selbstverwaltung, von der ökologischen Herangehensweise will die Regierung nichts wissen. Es handelt sich also um eine tiefgreifende Veränderung der Beziehungen zwischen den Autoritäten und Christiania. Im Kern beinhaltet sie die sehr reale Möglichkeit, dass die Freistadt verschwindet. Die Regierung kann noch so wohltönend verkünden, die Normalisierung bedeute nicht, »dass es keinen Raum für alternative Lebensstile gibt«[199], es ist trotzdem klar: Der vorgeschlagene Plan wäre das Ende von Christiania, denn das ist nicht durch seine Gebäude definiert, sondern durch die sozialen Beziehungen, die dort gepflegt werden. Und genau die will die Regierung loswerden.

Die brennende Frage, vor der die Bewohnerinnen und Bewohner der Freistadt stehen, ist die Reaktion auf den Vorschlag der Regierung, wobei sie versuchen müssen, die möglichen Konsequenzen einer Ablehnung einzuschätzen, während sie zugleich wissen, dass die Zukunft ihrer Gemeinschaft auf dem Spiel steht. Ist es vorstellbar, dass die Regierung die 900 Bewohner Christianias mit Gewalt vertreibt? Die jüngste Geschichte der dänischen Hauptstadt sollte denen, die über das weitere Vorgehen in Christiania entscheiden, zu denken geben: im März 2007 räumte die Polizei (mit Hilfe von Antiterrorbrigaden und Hubschraubern) das seither berühmte »Haus der Jugend« im Norden der Stadt, ein autonomes, von unter 25-Jährigen selbstverwaltetes Projekt, seit annähernd dreißig Jahren Hochburg dänischer Gegenkultur (und zuvor länger als ein Jahrhundert bedeutendes Zentrum der Arbeiterbewegung). Diese Entscheidung führte zu einem mehrtägigen Aufstand in Kopenhagen, zu dessen Niederschlagung die dänische Regierung auch auf Verstärkung durch die schwedische Polizei zurückgreifen musste. Zudem wurden die Grenzkontrollen verschärft, um europäische Aktivisten, die ihre Solidarität mit den jungen dänischen Aktivisten zeigen wollten, daran zu hindern. Wenn die Räumung des Hauses der Jugend bereits eine solche Reaktion hervorrief, stellt sich die Frage, was ein Angriff auf Christiania auslösen würde, zumal bekannt ist, dass sich die Freistadt einer außerordentlich breiten Unterstützung in der Bevölkerung erfreut. Die Umfragen ergeben regelmäßig, dass drei Viertel der Kopenhagener und fünfzig Prozent der Dänen die Enklave, so wie sie ist, erhalten wissen wollen.[200] Die T-Shirts, Fähnchen, Anstecker und andere Accessoires mit der Aufschrift »Bevar Christiania« (Rettet Christiania) verkaufen sich wie warme Semmeln an die Millionen Menschen, die jedes

Jahr die Enklave besuchen. Aber natürlich sind solche Überlegungen kein Schutz, und so bleibt die Unsicherheit.

Während wir an dem großen Tisch in Nils' und Brittas Esszimmer sitzen, können wir sehr gut nachvollziehen, welche Ängste für sie mit der aktuellen Situation verbunden sind. Das Paar hat seine beiden Kinder in dem Flügel einer Kaserne großgezogen, den sie selber im Laufe der Jahrzehnte sorgsam und fast ohne finanzielle Mittel restauriert haben. Dabei ist eine Wohnung herausgekommen, die man leicht auf der Titelseite eines einschlägigen anspruchsvollen Magazins abgebildet sehen könnte. In diesem Künstler-Haus, das ganz aus Holz gebaut ist, findet man eine typische Mischung aus skandinavischem Komfort, irgendwo aufgesammelten und neu gestrichenen Möbeln, Kerzen in allen Ecken und Winkeln, weichen Teppichen und warmen Farben: eine Einrichtung im *shabby chic* und absolut *hyggelig*, wie es auf Dänisch heißt und wohl in etwa dem deutschen »gemütlich« entspricht. Doch es geht hier um sehr viel mehr als eine schöne und gemütliche Wohnung. Die Regale voller Bücher, die Teppiche und die Fotos an den Wänden erzählen von 35 Jahren Erinnerungen, Kinderlachen, Investitionen finanzieller wie emotionaler Art, 35 Jahren Leben, die zu einem Nichts werden könnten. Dieses etwa sechzigjährige Paar könnte plötzlich auf der Straße sitzen, denn heute ist es zum Stein des Anstoßes geworden, an irgendetwas anderes als das sakrosankte Privateigentum zu glauben.

Der Grund von so viel Hass auf die Freistadt könnte auch in ihrer unbezähmbaren Natur liegen, wie es die dänische Architektin Merete Ahnfeldt-Mollerup so treffend analysiert hat: »In jedem Dorf, in welchem Winkel des Landes auch immer, gibt es inzwischen einen Laden, der den Stil verkauft, den man in Christiania findet. Man kann sich also durchaus fragen, was es mit der von gar nicht wenigen Konservativen zum Ausdruck gebrachten Aversion gegen die Kultur dieses Stadtviertels auf sich hat; man kann sich fragen, warum Christiania genau in dem Moment durch konventionelle Wohnungen ersetzt werden soll, da sein schräger Stil so sehr en vogue ist. Vielleicht geht es nicht darum, dass Christiania zerstört werden muss, sondern vielmehr darum, dass das bourgeoise Dänemark es gerne kaufen würde und gar nicht begeistert ist, feststellen zu müssen, dass es nicht zu verkaufen ist.«[201]

Wenn es für Nils und Britta auch unerlässlich ist, das Gespräch mit den Behörden nicht abreißen zu lassen und nicht in die Falle der reinen Konfrontation zu tappen, kommt es doch für sie auch nicht in Frage, beim Thema Privatisierung nachzugeben. »Zu einem System des Privatbesitzes überzugehen, wäre für Christiania der Tod. Wir wollen uns einsetzen und zeigen, dass es möglich ist, ohne Hierarchien und mit anderen Werten als dem der Habgier und des Profits um jeden Preis zu leben«, erklärt Nils und verleiht seinen Worten Nachdruck, indem er mit dem Finger auf den Tisch klopft.

Rasmus, der wunderbare, scheue Postler der Gemeinschaft, hat uns geholfen, uns im Christiania-Milieu weniger verloren zu fühlen. Obwohl wir in den letzten Tagen ein paar großartige Interviews führen konnten, gelingt es uns doch nicht so recht, in die Gemeinschaft einzutauchen. Nachdem wir sechs Monate in Gruppen verbracht haben, in denen man sich ohne Weiteres fast wie zu Hause fühlen konnte, wenn man sich nur ein bisschen darum bemühte, ist der riesige Komplex der Freistadt fast ein Schock für uns. Wir haben versucht, eine kleine Anzeige in das Info-Blättchen der Christianianer *Ugespejl* (Wochenspiegel) zu setzen, wo alle Nachrichten, die mit Namen unterzeichnet sind, veröffentlicht werden. Um einen Artikel, eine Zeichnung, eine kleine Anzeige, eine Unmutserklärung unterzubringen, kann man zwei Wege gehen: entweder den modernen per E-Mail oder den traditionellen und in diesem Fall praktischeren, der darin besteht, seinen Text am Montag vor 18 Uhr in den Briefkasten des Lebensmittelladens zu werfen, damit er in der am Mittwoch gedruckten Ausgabe erscheint. So haben wir es mit unserer Bitte an Christianianer gemacht, sich mit uns zu treffen, doch die Resonanz war minimal. Vielleicht sind sie der ständigen Aufmerksamkeit, der Studien und Interviews überdrüssig. Der Einzige, der an unsere Tür klopfte, war Anders, ein etwas exzentrischer Bildhauer. Rasmus war dann unser Retter.

Wir trafen ihn zuerst in dem Café am Eingang zu Christiania, wo er zusammen mit ein paar Freundinnen und Freunden jede Woche die Volxküche organisiert. Junge Freiwillige bereiten aus den unverkauften Lebensmitteln, die sie am Abend zuvor in den Müllcontainern der Supermärkte finden, ein großes Essen für rund hundert Personen. Für zwanzig Kronen (weniger als drei Euro) pro Nase wird man satt. Die Atmosphäre in der Küche ist nett, die Musik bestimmt den Rhythmus des Schnippelns, und wir sind froh, endlich wieder die Art kollektiven Lebens anzutreffen, die uns in den letzten Tagen so gefehlt hat. Außerdem ist Rasmus einer der Koordinatoren des Programms (CRIR), in dessen Rahmen wir hier sind, und bewährt sich im Übrigen als kundiger Aufklärer in all den schwer durchschaubaren Zusammenhängen der Gemeinschaft.

»Ich kenne Christiania immer schon: Wir sind beide im selben Jahr geboren! Ich bin schon als Kind hergekommen, und seit ich 15 war, habe ich an Aktivitäten in Christiania teilgenommen. Aber erst seit zwei Jahren wohne ich auch hier. Ich lebe mit dem ältesten Bewohner von Christiania zusammen, einem 92-jährigen Maler. Wir verstehen uns sehr gut«, erzählt er uns mit seinem – ganz seltenen – ironischen Lächeln.

Rasmus studiert Ethnologie, ist verrückt auf Schach und aufs Reisen, zwei Leidenschaften, die er miteinander zu verbinden weiß. »Wenn ich irgendwo ankomme, ist das Erste, wonach ich mich erkundige, der örtliche Schachklub. Das ist überall auf der Welt ein unfehlbares Mittel, die ersten Schritte in einem Land zu tun, ohne sich der Tourismusbranche auszuliefern. Auf die Art reise ich seit fast zehn Jahren, und quasi ohne Geld auszugeben. Als ich vom Herumziehen genug hatte, habe ich beschlossen, gründlich in mich zu gehen, um herauszubekommen, was mein Beruf werden sollte«, erzählt er, während er uns das winzige Mansardenzimmer zeigt, das er in der Atelier-Wohnung seines Freundes Laurie innerhalb des weitläufigen »Friedensbogens« bewohnt. »Ich hatte eine Erleuchtung, die mich darauf hinwies, dass ich Postbote werden sollte. Das fand ich einfach lächerlich und habe weiter meditiert. Aber die Erleuchtung hielt sich hartnäckig. Ich sagte mir also, dass ich es ausprobieren sollte. Und so wurde ich königlich dänischer Postbote. Ich liebe diesen Beruf (es ist wirklich meine Berufung), und natürlich bin ich im Postamt von Christiania eingestiegen.«

Ich habe nie wirklich ergründen können, ob Rasmus tatsächlich so exzentrisch ist, wie es schien, oder ob es ihm einfach gefiel, Anekdoten zu sammeln. Vielleicht arrangierte er sich mit der Realität, um nette Geschichten erzählen zu können. Letztendlich ist es nicht wichtig, entscheidend ist, dass wir uns anfreundeten und ihn als faszinierend, witzig und großzügig kennenlernten. Sein Blick auf die Welt im Allgemeinen und insbesondere auf Christiania ist im Übrigen ganz und gar einzigartig. Im Verlauf unseres Monats in Christiania lädt er uns immer wieder bei sich zum Essen ein und serviert die berühmten skandinavischen belegten Brote, begleitet uns in ein Jazz-Konzert und hilft uns, mit den interessantesten Gesprächspartnern der Gemeinschaft in Kontakt zu kommen. Ihm haben wir es zu verdanken, dass wir manchmal vergünstigt im luxuriösen Restaurant essen können, das innerhalb des Loppen (Der Floh) beheimatet ist, und wo die Christianianer ein verbilligtes Spezialmenü bestellen können.

Wir besuchen ihn gerne in der Kunstgalerie, in der er zweimal in der Woche halbtags arbeitet, oder in dem kleinen Postamt, das mit vielfarbigen Spruchbändern geschmückt ist. Dort kümmert er sich um die Post der 900 Christianianer. »Die Kopenhagener Postboten haben schon vor langer Zeit die Hoffnung aufgegeben, dass es ihnen jemals gelingen würde, hier die Briefe zuzustellen: Es gibt (fast) keine Straßennamen, man muss einfach alle Leute hier kennen. Also wird die Post hier abgeladen, und wir beschäftigen uns dann damit. Wir tragen sie nicht aus, wir sortieren sie nur, und die Bewohner holen sie sich ab. Ich hatte mich angeboten, aber die Budget-Gruppe fand, dass ein Postbote zu teuer sei. Also ist es nicht dazu gekommen – so funktioniert das hier.« Während er das sagt, ist ihm keinerlei Verbitterung darüber anzumerken, dass sein Vorschlag nicht umgesetzt wurde.

2004 verlangte die Regierung, dass alle Gebäude erfasst, die Straßen benannt und auch für Christiania die Postleitzahl festgelegt würde. »Das ist dann auch gemacht worden, blieb aber eher theoretisch. Die meisten Christianianer entschieden sich für die 69 als ihre Hausnummer – zu Ehren des Hauses der Jugend,[202] mit dem sie sich auf diese Weise solidarisch erklärten; dessen Anschrift war 69 Jagtvej. In manchen Straßen von Christiania gibt es nur Häuser mit der Hausnummer 69. Da findet sich doch kein Briefträger zurecht, Gesetz hin oder her«, meint Rasmus, und es ist nicht zu übersehen, dass ihm die nach wie vor wache Widerständigkeit der Gemeinschaft gefällt.

Als ich gestehe, dass ich einfach nicht durchblicke, wie Christiania genau organisiert ist, besonders hinsichtlich des Budgets und der Entscheidungsfindung, fällt ihm gleich ein, an wen er mich verweisen kann. »Wenn ihr verstehen wollt, wie Christiania ökonomisch funktioniert, müsst ihr euch an Kirsten wenden, die ist in der entsprechenden Arbeitsgruppe.«

Ich treffe Kirsten in einem großen, etwas düsteren Raum an, in dem sie zwei Tage in der Woche arbeitet. Es ist das Archiv mit den sorgsam aufbewahrten Dokumenten zu dreißig Jahren Geschichte Christianias (leider ganz überwiegend auf Dänisch). Ich bin dem Charme dieser Sechzigjährigen mit ihren lebhaften Augen, dem orange gefärbten Haar und mit Gesichtszügen, die von einem erfüllten Leben zu erzählen scheinen, sofort verfallen. Sie ist 1980 als Anthropologie-Studentin nach Christiania gekommen. Ein Christianianer, den sie damals bei einer Forschungsreise in Tansania traf, meinte, eine Anthropologin müsse Christiania untersuchen, und so beschloss sie, sich die Gemeinschaft einmal anzusehen … und ging nie wieder weg. »Als ich hier ankam, traf ich gleich meinen zukünftigen Ehemann. Wir haben uns in einem Haus ohne fließend Wasser, ohne Strom, ohne Heizung niedergelassen. Es war eigentlich nicht als Wohnung zugelassen. Aber im Laufe der Jahre haben wir es renoviert und eingerichtet. Na ja, so ist es hier ja immer gelaufen: Die Dinge wurden nach und nach verbessert, indem wir sie an die Bedürfnisse angepasst und aus Fehlern der Vergangenheit gelernt haben«, beschreibt sie den Aufbauprozess. »Heute funktioniert Christiania sehr gut, denn wir haben alle möglichen Strukturen etabliert, auf deren Grundlage alles für ein angenehmes Leben Erforderliche zur Verfügung steht.«

So gibt es nicht nur eine medizinische Versorgungsstation, ein Büro für Sozialarbeit, eine Informationsstelle und die Post, sondern auch vier Horte und Kindergärten, eine Hausmeisterei für die Gemeinschaftsgebäude, eine Müllabfuhr, ein Recyclingcenter, eine Gärtnergruppe und ein öffentliches Bad mit Sauna: mit anderen Worten eine ordentliche Grundversorgung mit städtischen Dienstleistungen, die absolut nicht in das häufig bemühte stereotype Bild von einem Ghetto passt, in dem Kriminelle in Dreck und Chaos hausen.

»Man muss sich vor Augen halten, dass wir dem Staat eine Grundsteuer zahlen, obwohl wir sehr viel weniger Serviceleistungen als die übrigen Dänen in Anspruch nehmen, da wir ja die meisten Dinge in Eigenverantwortung selber regeln«, so Kirsten.

Der monatliche Beitrag jedes Bewohners, jedes Kleinunternehmens, jeder Werkstatt und Kooperative in Christiania füllt die gemeinsame Kasse, in die im Jahr 2008 18 Millionen Kronen (ca. 2,5 Millionen Euro) flossen.

»Wir machen sogar ein Plus«, verkündet sie stolz, »und anders als viele Leute sich das vorstellen, zahlen wir jedes Jahr unsere Steuern, einschließlich der Mehrwertsteuer für die Unternehmen. Die Regierung musste sogar öffentlich einräumen,

POST CHRISTIANIA POST
32952004
KUN POST MED
C.A. MÆRKE
UD AF STADEN: + FRIMÆRKE
NO SERVICE WITHOUT
LOCAL STAMP
FOR EXTERNAL USE + DANISH STAMP

dass wir in diesem Sinne ›vorbildliche Bürgerinnen und Bürger‹ sind. Also, man soll uns bloß nicht damit kommen, wir seien nicht in der Lage, unsere Angelegenheiten ordentlich zu verwalten.«

Seit 1997 prägt Christiania sogar sein eigenes Geld, den Løn, der fünfzig Kronen (ca. 6,50 Euro) entspricht, und den jedes Jahr ein neues, von einem Christianianer entworfenes Motiv ziert. Der erste Løn von 1997 war mit einer Schnecke geschmückt, einem der Symbole der Gemeinschaft, 1999 war es ein Fahrrad, und 2002 entwarf unser Freund Morten ein sich liebendes Paar, »um diesem ziemlich traurigen Ding, dem Geld, ein bisschen Zärtlichkeit einzuhauchen«. Der Løn wird in allen Cafés, Geschäften, Restaurants und Unternehmen Christianias angenommen, und mit ihm kann man auch die internen Dienstleistungen bezahlen. Während die Christianianer selber nicht unbedingt alle diese Währung angenommen haben, wird durch sie dank der vielen Münzen, die Touristen als Souvenirs kaufen, doch ein Profit erwirtschaftet. Auf diese Weise konnten bis zu 120000 Kronen (ca. 16000 Euro) für die Gemeinschaftskasse eingenommen werden.

Diese wird in mehrere Unterbudgets aufgeteilt (für Investitionen in die Infrastruktur, beispielsweise das Recycling oder die Energieeinsparung; für Anwalts- und Beratungskosten, um die Angriffe der Regierung abzuwehren; für die Finanzierung der medizinischen Station oder der Kindergärten etc.). Über die Höhe des Budgets jedes Bereichs entscheidet die Vollversammlung, im Allgemeinen im November. Nicht selten ziehen sich die Verhandlungen über Monate hin.

Die Zuteilung der Gelder an verschiedene Projekte ist Aufgabe der Arbeitsgruppe Ökonomie, in der zum einen die »Kassierer« jedes Viertels zusammenkommen (der Kassierer, der für das Budget seines Viertels verantwortlich ist, hat die undankbare Aufgabe, den Monatsbeitrag jedes Bewohners einzusammeln). Zum anderen gehören zu dieser Arbeitsgruppe der »Generalkassierer« von Christiania (ein professioneller Buchhalter) sowie eine Repräsentantin oder ein Repräsentant jeder aus der Gemeinschaftskasse finanzierten Institution wie beispielsweise der Kindergärten. Diejenigen Einzelpersonen, die einen Antrag auf Unterstützung gestellt haben, müssen ebenfalls erscheinen, um ihr Anliegen zu diskutieren. Jeder Arbeitsgruppe oder Institution obliegt es, die eigenen Aktivitäten zu organisieren, ihr Budget zu verwalten und ihre Angestellten zu entlohnen. Christiania stellt einige (weniger als hundert) seiner eigenen Bewohnerinnen und Bewohner an, um die alltäglichen Abläufe zu gewährleisten. Wer möchte, kann an den Treffen jeder Arbeitsgruppe oder Institution teilnehmen – Transparenz wird hier großgeschrieben.

»Unser System funktioniert sehr gut. Wir haben dreißig Jahre gebraucht, um es auf die Beine zu stellen, es ist inzwischen durchdacht und erprobt. Deshalb möchte ich nicht, dass es verändert wird, und setze mich dafür ein, es zu erhalten«, so diese ungewöhnliche Buchhalterin mit resoluter Stimme.

Ich verlasse das Archiv, wo mich die Diskussion mit Kirsten

bis zum Abend festgehalten hat, und gehe zu meiner Verabredung mit John und Rasmus im Jazz Club. Wir wollen uns ein Konzert mit den Liedern aus Christiania anhören, zu dem jeder Bewohner kommen und seine eigenen Kompositionen beitragen oder die Hymnen der Gemeinschaft singen kann. Unversehens bin ich inmitten einer Menschenmenge. Alles strömt zu den vielfältigen kulturellen Veranstaltungen an diesem Vorabend des Wochenendes: von einem Hip-Hop-Konzert in der Oper bis zu einer Punkband im Loppen ist für jeden Geschmack etwas dabei. Im Jazzclub treffen wir Eugene, er ist Ire und seit über 25 Jahren Christianianer. »Ich bin zufällig hier gelandet«, erzählt er uns. »Nicht wirklich aus ideologischen Gründen bin ich hiergeblieben«, fährt Eugene fort, »ich habe zwar die Werkstatt für traditionelle Ofenrestaurierungen eröffnet, aber seit ein paar Jahren organisiere ich die Tourneen von Folk-Gruppen.«

Als sich der Abend im Jazz Club dem Ende zuneigt, lädt uns Eugene ein, zum »Woodstock« weiterzuziehen, das er als eine Art Ersatz für die »Cantina« von Mos Eisley beschreibt, die Bar aus den *Star Wars*-Filmen. Wir erinnern uns: Da trafen sich die Außerirdischen aller Planeten im Umkreis. Der Schuppen verdient tatsächlich das Prädikat »wie im Wilden Westen«, das John dem Etablissement zuschrieb, in das wir am ersten Abend gestolpert sind. Woodstock ist eine Art Scheune aus Holzplanken, mit ungezählten Bannern in den allgegenwärtigen Farben Christianias, Rot und Gelb, und gut besucht: Eine aufgekratzte, lärmende Menge hängt an der Bar herum oder sitzt dicht gedrängt um die Tische, auf denen sich Bierflaschen sammeln. Im Vorraum werden die Joints rumgereicht, und Dealer bieten ihre Ware mit gedämpfter Stimme an. In jeder Ecke der Kneipe sieht man zusammengesackte Körper Eingeschlafener oder Besoffener. Die Mitte des Raums ist gerammelt voll mit Tänzerinnen und Tänzern, die alle mehr oder weniger betrunken zu sein scheinen, darunter ein junger Mann im Dreiteiler, ein Grönländer[203]-Pärchen, aneinander festgeklammert, um nicht umzukippen, eine Gruppe ungestüm tanzender junger Mädchen in Miniröcken und mit hohen Stiefeln. Plötzlich geht ein Unbekannter, der von oben bis unten schwarz gekleidet ist und sicher nicht an dem Gespräch mit Eugene teilgenommen hat, auf John zu und flüstert ihm ins Ohr: »Man könnte sich in *Star Wars* versetzt fühlen, oder?«

Wir haben nicht genug Energie, um bis zum Schluss durchzuhalten. Woodstock setzt seine Gäste um sechs Uhr früh auf die Straße, um gegen sieben zum Frühstück wieder aufzumachen; in der Zwischenzeit darf sich niemand in einer der Ecken herumdrücken. Jeder muss für seinen Zustand Verantwortung übernehmen, betrunken oder nicht. Auf dem Rückweg zu unserer Wohnung, als wir durch die dunklen Straßen tappen, in denen die Christianianer noch nie eine Beleuchtung haben wollten, »um die Sterne besser sehen zu können«, treffen wir eine Gruppe Models und Designer, die sich in das kleine Entrée des Loppen drängen, um an der *after party* teilzunehmen, die sich dort an eine Modenschau anschließt. Nach unserem Abend im Woodstock verdeutlicht uns das Auftauchen dieser großgewachsenen, überschlanken Menschen, die sich alle ein wenig ähneln, wie reich an kulturellen Facetten Christiania ist.

Dank der Großzügigkeit eines Christianianers können wir zwei der berühmten und allgegenwärtigen *Christiania Bikes* ausleihen und haben großen Spaß, den Alltag in Christiania zu erleben: unsere Einkäufe im Koop-Laden an der Ecke zu machen, im wunderbaren vegetarischen Café mit Blick auf den Platz einen Happen zu essen und schließlich bis zur Großen Grünen Halle zu radeln. Es ist eine ehemalige Reithalle, die ganz aus Holz erbaut wurde und in der ein Lieferant Materialien der Gemeinschaft lagert, so auch die geheimnisvolle »Elefantenscheiße« (eine sehr kompakte Holzmischung), zu der man uns als Brennmaterial für unseren Ofen geraten hat, weil deren Glut sich über Nacht hält. Unter dem herrlichen gezimmerten Dachstuhl finden wir eine Art Höhle des Ali Baba voller Schätze aus zweiter Hand: auf zwei Etagen, insgesamt mehrere Hundert Quadratmeter, sind Dutzende Türen und Fenster, Fliesen, Holz, Klempner-Materialien, Kühlschränke, Gasherde, Geschirr, Möbel, Bücher, Spielzeug und vieles andere gelagert. Hier gibt es sehr günstig alles Mögliche zum Bauen, Renovieren und zur Einrichtung eines Haushalts. Man versteht besser, wie im Laufe der Jahre in Christiania so viele kleine architektonische Wunderwerke entstehen konnten.

Leider verbietet die Regierung seit 1990 den Bau neuer Häuser. Die Wohnungsnot, die dadurch in Christiania entsteht, ist akut und für viele Bewohner frustrierend: Selbst die hier Geborenen sehen sich gezwungen, außerhalb nach einer Wohnung zu suchen, sobald sie die der Eltern verlassen, und die Warteliste derer, die nach Christiania ziehen wollen, ist unendlich lang. Das wurde uns klar, als wir Eugenes Tochter, die 22-jährige Ella, kennenlernen, die in Christiania geboren ist, jetzt aber in der Stadt wohnen muss, weil es fürs Erste hier keine freie Wohnung für sie gibt. »Das Apartment, in dem ihr gerade wohnt, hat mir immer sehr gefallen. Ihr habt wirklich Glück«, sagt sie. Obwohl ihre Bemerkung ohne Hintergedanken ist, haben wir doch Schuldgefühle und lächeln verlegen.[204]

Margit, die seit elf Jahren Christianianerin ist, kennt das Problem ebenfalls: Seit sie sich vor acht Monaten vom Vater ihrer beiden Kinder getrennt hat, ist sie vorübergehend im Haus von Nachbarn untergekommen, die länger verreist sind. »Ich habe schon fünf Mal für verschiedene Häuser einen Einzugsantrag gestellt, bin aber bisher von der Versammlung des Viertels nicht akzeptiert worden. Das ist ganz schön hart, man fühlt sich abgelehnt, aber im Großen und Ganzen ist es ein gutes System. Jedenfalls lebe ich sehr gerne in Christiania, ich werde also nicht klein beigeben!«, versichert sie lächelnd und mit unüberhörbar US-amerikanischem Akzent, sie hat ein paar Jahre in Florida gelebt.

Wir haben Margit im »Haus der Gesundheit« getroffen, wo

sie mehrere Tage die Woche als Ehrenamtliche arbeitet. Sie ist groß und schmal, trägt das blonde Haar als Knoten, und ihr Blick wirkt belustigt und zugleich gelassen. Sie passt in das beruhigende Dekor des Orts. In dem großen, mit hellem Holz ausgekleideten Raum stehen Regale mit vielen Glasgefäßen, die mit verschiedenen Kräutern gefüllt sind. Mit den in lebhaften Farben gestrichenen Holzmöbeln und dem Küchentisch, auf dem mehrere Tassen Kräuteraufguss abkühlen, wirkt dieser Raum so gar nicht wie eine sterile und aseptische Arztpraxis, sondern eher wie ein Wohnzimmer, in dem man sich gerne aufhält.

»Wir bieten der ganzen Gemeinschaft von Christiania Erste Hilfe und auch alternative Therapieformen an, z. B. Massagen und Akupunktur. Es gibt auch einen Arzt, der einmal in der Woche gratis Sprechstunde hat, und eine Kräuterkundige, die eine ganze Reihe von Cremes, Seifen und Ölen auf Pflanzenbasis herstellt. Alles, was wir hier anbieten, ist vollkommen natürlich«, erklärt uns Margit, die selber Masseurin und diplomierte Sanitäterin ist. Unser Gespräch wird unterbrochen, als zwei grönländische Ratsuchende eintreten, die die Möglichkeit einer Akupunkturbehandlung als flankierende Maßnahme im Rahmen ihres Alkoholentzugs nutzen wollen. Margit empfängt sie lächelnd und begleitet sie in die obere Etage, wo ein Raum eigens dafür eingerichtet ist. »Der Alkoholismus ist hier ein großes Problem, und in geringerem Maße sind es auch andere Drogen. Das gilt besonders für Teile der grönländischen Community. Deshalb versuchen wir, möglichst günstige Behandlungen anzubieten. Hier läuft alles sehr informell: Wir heben keine Informationen über die Patienten auf, wir fragen sie nicht nach ihrem Namen, und daher sind sie ganz entspannt und fühlen sich wohl. Außerdem organisieren wir regelmäßig Entgiftungen außerhalb von Christiania sowie Anschlussbehandlungen für die Leute, die zurückkommen. Wir versorgen sie mit Vitaminen und begleiten sie bei dem schwierigen Prozess der Entgiftung und Suchttherapie«, erklärt sie.

Unsere idealisierenden Vorstellungen, die wir über Christiania hatten, geraten durch diese Eröffnungen etwas ins Wanken. Wir sind nämlich immer davon ausgegangen, dass viele psychischen Probleme letztlich durch die gesellschaftlichen Verhältnisse verursacht sind. So schreibt Erich Fromm 1955: »Nicht wenige Psychiater und Psychologen lehnen die Vorstellung ab, dass es der Gesellschaft insgesamt durchaus an Gesundheit fehlen könnte. Sie behaupten, dass sich das Problem der mentalen Gesundheit in einer Gesellschaft auf die Tatsache ›unangepasster‹ Einzelner reduzieren lasse und nichts mit irgendeiner Art mangelnder Anpassung der Kultur selber zu tun habe.«[205] So hat auch der »Antipsychiater« Bruce Levine in seiner Kritik der institutionellen Psychiatrie (und der mit ihr verbundenen pharmazeutischen Industrie) gefordert, die explosionsartige Zunahme der psychischen Krankheiten in der westlichen Welt (laut der WHO gibt es weltweit 450 Millionen Betroffene und ist in Europa eine von vier Personen im Laufe ihres Lebens psychisch krank) nicht als Epidemie, sondern als eine Form der Rebellion zu begreifen. Für ihn ist ein Großteil der emotionalen und Verhaltensprobleme, unter denen so viele Menschen leiden, nur eine natürliche Reaktion auf eine Gesellschaft, in der alles so institutionalisiert ist, dass die Eigenständigkeit, das Gemeinschaftsgefühl und die Menschlichkeit der Bürgerinnen und Bürger erstickt werden. Die Störungen, die daraus resultieren, sind letztendlich nichts anderes als ein »ganzes Bündel von Reaktionen auf das Gefühl, vor allem beherrscht und weniger verstanden zu werden«.[206]

Wir hatten gehofft, dass eine Gemeinschaft, deren Mitglieder dank einer intelligenten kollektiven Verwaltung mit wenig Geld leben können, wo die Kreativität ermutigt wird und allgegenwärtig ist, wo sich jeder an den Entscheidungen beteiligen kann, die ihn betreffen, wo Luftverschmutzung und Lärm gebannt sind – kurz, wo Eigenständigkeit, Gemeinschaftssinn und Menschlichkeit recht weitgehend verwirklicht zu sein scheinen, von den Übeln befreit wäre, die auf der Gesellschaft »draußen« lasten. Doch es ist offenbar eine Vereinfachung anzunehmen, dass die persönlichen und gesellschaftlichen Traumatisierungen innerhalb von drei Jahrzehnten verschwinden könnten (besonders, wenn diese von einem permanenten Kampf gegen die Behörden überschattet waren und sind). Unser Wunsch, hier die Planskizze einer anderen Gesellschaft zu sehen, einer gesunderen, befriedigenderen, weniger traumatisierenden Gesellschaft, war sicher naiv. Immerhin bleibt uns, falls Christiania doch nicht das Zauberland ist, das wir (vielleicht) gerne entdeckt hätten, die Großherzigkeit des Kollektivs, die wir kennengelernt haben, und seine Offenheit für die Schwächsten und Angreifbarsten, die hier Zuflucht finden. Und das allein ist schon Inspiration genug.

Im Verlauf unserer Rundreise fiel uns immer wieder auf, dass die Integration der Schwächsten eine extrem komplizierte Herausforderung darstellt. Dabei ist uns bewusst, dass die meisten von uns besuchten Projekte sehr viel eingeschränkter in ihren Möglichkeiten sind als Christiania. Selbstverständlich ist es einfacher, Menschen, die große persönliche Schwierigkeiten haben, etwa weil sie drogenabhängig sind oder mit schwerwiegenden psychischen Problemen zu kämpfen haben, in einer Gemeinschaft von 900 Personen aufzufangen, als in einer mit 15, 30 oder auch 80 Mitgliedern. Immer, wenn wir diese Frage aufwarfen, lag die Antwort nicht auf der Hand. So haben wir in Longo Maï lange mit Joëlle darüber diskutiert, als sie zwei Squatter auffordern musste, mit ihren Wohnwagen und Hunden das Gelände zu verlassen. Es war ganz offensichtlich, dass die beiden psychisch labil und ökonomisch mittellos waren. Und bedauerlicherweise gelang es den Bewohnerinnen und Bewohnern von Longo Maï nicht, eine Alternative zum Rauswurf zu finden, so sehr es auch zu wünschen gewesen wäre: »Wir können uns nicht zum Rehabilitationszentrum für alle die machen, die zu schwach sind«, erklärte uns Joëlle traurig. »Wir haben dazu weder die Mittel, noch die Ressourcen. Diese beiden wären nicht in der Lage, sich hier einzufügen. Aber gerne schicke ich sie ganz bestimmt nicht weg, in die Gesellschaft ›da draußen‹.«

Laut Margrit liegt einer der Gründe, weshalb es in Christiania die Bereitschaft gibt, selbst den Schwächsten unter ihnen einen Platz einzuräumen, in einer gewissen vagen und nebulösen gemeinsamen Identität, auf deren Grundlage sich die unterschiedlichsten Menschen miteinander verbunden fühlen: »Was uns hier verbindet, das ist der Umstand, dass wir alle schwarze Schafe sind; auf die eine oder andere Art sind wir alle marginalisiert.«

Hellström spricht in diesem Zusammenhang von einer »taktischen Negativität«[207]: Obwohl Christiania ein *melting pot* von Menschen unterschiedlichster Hintergründe sei – Intellektuelle, Hausbesetzer, Alkoholiker, Studierende, Künstler, Handwerker, sehr Arme neben mittelständisch Gutsituierten –, vereine diese doch (unter anderem) eine gemeinsame Ablehnung. Seit der Entstehung Christianias interagieren hier diejenigen, die zu arm, zu schwach oder zu abhängig sind, um in der Mehrheitsgesellschaft klarzukommen, mit den im Allgemeinen besser Gestellten, die aus ideologischen Gründen hier sind.[208] Die besondere Ausstrahlung dieser Gemeinschaft rührt gerade daher, dass in ihr immer schon ganz unterschiedliche Gruppen an einem Projekt eines Zusammenlebens beteiligt waren, das weder in einem spezifischen politischen noch einem religiösen Kontext stattfand. Per Løvetand, Redakteur des Journals *Alternative*, schrieb dazu 1972: »Was die unterschiedlichen in Christiania vertretenen Einstellungen vereint, ist der Wunsch, über die eigenen Lebensumstände selber zu entscheiden, gemäß den eigenen Bedingungen und innerhalb einer Gemeinschaft, die einem nicht aufgezwungen ist, sondern die man selber gewählt hat.«[209]

Daher auch der hier überall spürbare Wunsch, jedem den Raum zu lassen, der zu sein, der er ist. Zwar hat das Wohl der Gemeinschaft eine hohe Priorität, doch der Respekt vor der individuellen Freiheit zieht sich wie ein roter Faden durch alle Entscheidungen, die in Christiania getroffen werden, durch alle politischen Debatten, die man hier führt, und durch alle Strukturen, die sich hier entwickelt haben.

»Alle können hier tun und lassen, was sie oder er möchte, solange es nicht die nebenan daran hindert zu tun, was sie wollen. Das ist die absolute Freiheit, die auch einschließt, ›verrückt‹ sein zu dürfen. Für die aus der Bahn Geworfenen, die Durchgeknallten, auch für die muss es einen Platz geben. Wir werden sie nicht einsperren … Jeder von uns muss sich mit seinen Dämonen konfrontieren, und jeder tut es auf seine Art. Sowieso weiß man, dass das Modell der Isolierung überhaupt nicht funktioniert.« So sieht es Margrit und rät uns, auch mit den Sozialarbeiterinnen und Sozialarbeitern von Christiania zu sprechen, die eng mit dem Gesundheitshaus zusammenarbeiten und im Friedensbogen untergebracht sind.

Am nächsten Tag stellen wir uns also bei *Herfra og Videre* (»Von Hier nach Da«) vor, besser bekannt als HoV.

Hier treffen wir auf eine ganz andere Atmosphäre als in der anheimelnden und heiteren medizinischen Beratungsstelle. Man muss zunächst verstaubte Treppen erklimmen und durch Flure voller Graffitis und Tags laufen, ehe man die Büros des HoV erreicht, die irgendeinem Sozialdienst in irgendeiner europäischen Großstadt zum Verwechseln ähnlich sehen – ganz anders als der ansprechende Aufenthaltsort des Gesundheitshauses, ist hier alles anonym und grau: überquellende Aktenordner, volle Regale, Schreibtische, auf denen sich die Papiere türmen. In einem Punkt allerdings spüren wir auch hier den Geist von Christiania sofort: Die drei Christianianerinnen, die hier fest angestellt sind, empfangen uns mit der gewohnten Herzlichkeit. »Es ist ganz wichtig, dass wir selber auch hier wohnen, dass man unsere Gesichter kennt«, erklärt uns Lisbeth, die bereits seit dreißig Jahren in Christiania lebt. »Es bedeutet auch, dass wir die Lebensverhältnisse derer, die zu uns kommen, kennen.« Seit 1979 kümmert sich HoV um alle sozialen Probleme der Gemeinschaft, ob es um Drogenabhängigkeit, finanzielle Probleme, häusliche Gewalt oder einfach darum geht, dass man sich aussprechen möchte.

HoV wird zum Teil von der Stadt Kopenhagen finanziert, was immer wieder Anlass zu hitzigen Debatten in der Gemeinschaft gibt (für viele bedeutet die Annahme öffentlicher Gelder einen Verrat an dem, wofür Christiania steht), doch auch viel über den öffentlichen Nutzen des Dienstes weit über die Mauern der Enklave hinaus aussagt. »Tatsache ist, dass die Regierung dank uns sehr viel einspart«, erläutert Lisbeth. »Viele, die bei den sozialen Diensten der Stadt Kopenhagen landen würden, kommen nach Christiania, wo sich die Gemeinschaft um sie kümmert.«

Christiania ist für die, die die Gesellschaft tendenziell ausschließt, laut Lisbeth immer schon ein Anziehungspunkt gewesen. Die Gemeinschaft ist offener, toleranter, die Leute hier zeigen sehr viel mehr solidarisches Verhalten. »Hier ist eigentlich alles möglich, du brauchst kein Diplom vorzuweisen oder andere Voraussetzungen zu erfüllen. Du brauchst nur andere zu finden, die dieselben Interessen haben wie du. Und das gibt es immer! Außerdem steht niemand plötzlich alleine da. Wenn jemand zum Beispiel krank wird, dann sind immer Nachbarinnen und Nachbarn, Freundinnen und Freunde da, sie organisieren, dass du versorgt bist. Soweit ich weiß, ist in Christiania noch niemand alleine gestorben«, sagt sie nach einem tiefen Zug an ihrer Zigarette.

Wie im Gesundheitshaus sind hier zwei Grundsätze entscheidend: Respekt und keine Formalitäten. Kein Besucher muss sich ausweisen, und jeder wird von Gesprächspartnern empfangen, die nicht urteilen. Für Lisbeth ist das einer der wichtigsten Faktoren für den Erfolg von HoV: »Wir sind uns bewusst, dass diejenigen, die ganz große Probleme haben, sich mit Alkohol oder anderen Drogen betäuben, oft besonders sensible und zerbrechliche Persönlichkeiten sind. Wir sehen in ihnen keine gescheiterten Existenzen oder ›den Abschaum‹. Im Gegenteil, wir wissen, dass sie oftmals besonders viel zu bieten haben, dass sie zum Beispiel sehr kreativ sein können. Sehr verletzliche Menschen finden hier wieder ihre Würde. Jetzt arbeite ich schon viele Jahre hier, aber ich habe noch nie jemanden wütend aus diesem Büro kommen sehen. Ich glaube, das ist ein gutes Zeichen.«

Wir wurden selber auch mehrfach Zeugen dieser Toleranz. Wenn wir beispielsweise Rasmus in der kleinen Galerie besuchten, wurden wir in unseren Gesprächen regelmäßig von Karsten unterbrochen, einem philosophierenden Christianianer, der stark alkoholabhängig ist. Worüber wir auch diskutieren, Karsten kann nicht anders, er muss eingreifen, lautstark Beschimpfungen und Anwürfe von sich geben und dabei in alle Richtungen spucken. Ehrlich gesagt, geht er John und mir manchmal auf die Nerven, und wir haben seine ewigen Unterbrechungen satt. Aber wir haben nie erlebt, dass Rasmus die Geduld verlor. Im Gegenteil, er hat uns mehrfach darauf hingewiesen, wie recht Karsten mit manchen seiner Einschätzungen inmitten seiner verworrenen Reden doch hat. Und nie hat er versucht, ihn aus der Galerie zu vertreiben. Ich kann mir nicht vorstellen, dass es viele Orte in Europa gibt, wo ein grölender Besoffener seine Nachmittage vor sich hin schwadronierend in einer öffentlich zugänglichen Kunstgalerie verbringen könnte. Wie viele Minuten vergehen normalerweise, bis Polizei oder Sicherheitsdienste gerufen werden, um den Störenfried abzuführen?

Für das HoV-Team wäre die Normalisierung von Christiania ein Desaster: »Das würde unsere Möglichkeiten, so zu arbeiten, wie wir es tun, untergraben, und vor allem würde es das zunichte machen, was es Christiania ermöglicht, all jene zu integrieren, die der Rest der Gesellschaft einfach nicht haben will. Die Kreativität ist eine der Grundvoraussetzungen hier, der die Normalisierung den Garaus machen würde. Diese drohende Möglichkeit hat schon jetzt einen enormen Druck aufgebaut, und wir können die Auswirkungen sehr genau ermessen: Seit drei Jahren werden deutlich mehr Menschen krank, es gibt zum Beispiel mehr Krebsfälle, und die Ältesten bauen schneller ab. Wir sind überzeugt, dass die Mortalitätsrate deutlich gestiegen ist.«

Da Lisbeth mit den Menschen in Christiania befasst ist, die, besonders durch Drogenabhängigkeit, in eine schwierige Lage geraten sind, wüssten wir gerne, was sie zur Pusher Street meint. Als wir ein paar Tage zuvor mit Nils und Britta sprachen, hatten sie uns gesagt, dass sie sich wegen des offenen Marktes am Eingang von Christiania zunehmend Sorgen machten. Nils geht davon aus, dass die Pusher Street Christianias Achillesferse ist. »Ich habe nichts gegen den Verkauf von Haschisch, ich meine sogar, man sollte es legalisieren, doch seit 2004, das heißt, nachdem die Stände abgebaut wurden, sind andere Verkäufer gekommen, städtische Gangs haben sich hier eingefunden. Man hat nicht mehr das Gefühl, dass es Christianianer sind, die zur Gemeinschaft gehören, wie das jahrelang der Fall war. Die Atmosphäre auf der Pusher Street ist jetzt viel gewalttätiger, unglaublich, was sich da entwickelt hat, und ich finde es sehr bedrückend.«

Kommt man erstmals an den zu Kohlebecken umfunktionierten Metalltonnen und den mit Balaklavas maskierten Männern vorbei und wird angeschnauzt, dass man bloß kein Foto machen soll, wenn einem der Fotoapparat lieb ist – dann wirkt das jedenfalls einschüchternd. »Außerdem verstärkt das natürlich nur die Vorurteile der Medien gegen Christiania. Sie interessieren sich nur für uns, wenn es Konfliktstoff gibt. Die Selbstverwaltung, das Theater, die Konzerte, die Festivals, all das wird gar nicht erwähnt«, hatte Nils beklagt.

Lisbeth wiederum sieht das gelassener. »Ich glaube, ich höre dieselbe Kritik an der Pusher Street schon seit dreißig Jahren. Ich denke nicht, dass es jemals ein goldenes Zeitalter in Christiania gegeben hat, als alles still und friedlich war und nur nette Hippies hier gedealt haben, die das aus Indien oder Marokko mitgebrachte Haschisch verkauften, um ihr Dach neu decken zu können. Um das Dealen herum hat es immer auch Gewalt gegeben«, meint sie achselzuckend und lächelt.

Doch die Verärgerung über die Pusher Street klingt aus vielen Gesprächen mit Christianianern, die verzweifelt nach einer Lösung für die mit der neuen Generation von Dealern entstandenen Probleme suchen. Außerdem wiegt neben der bedrohlichen Atmosphäre auf der Pusher Street auch die fehlende Kooperationsbereitschaft in Zeiten schwer, die für die Gemeinschaft besonders unsicher sind. Das erklärt uns Tata, eine schöne Italienerin, seit 35 Jahren Christianianerin, in ihrer Werkstatt, wo sie Schuhe nach Maß anfertigt. »Ich fürchte, wenn irgendetwas Christiania eines Tages in den Abgrund führt, dann ist es die Pusher Street. Das Schlimmste dabei ist, dass man nicht mehr darüber reden kann: Jedesmal, wenn es in der Versammlung angesprochen wird, kommen zehn oder mehr Verkäufer, schreien herum und stoßen Drohungen aus. Das macht Angst, und weil von außen zusätzlich viel Druck kommt, wissen wir nicht, wie wir das Problem angehen sollen.« Sie spannt das Leder für einen Gesundheitsschuh, an dem sie gerade arbeitet. Ihre Verdrossenheit ist unübersehbar, doch ihre Liebe zu der Gemeinschaft bleibt ungebrochen: »Ich lebe wahnsinnig gerne hier. Ich bin stolz auf das, was wir erreicht haben, es gibt so viel Schönes, was wir zusammen verwirklicht haben. Ich würde es einfach gerne noch weiter verbessern, weil ich weiß, dass wir es könnten.«

Zugleich ist sie bereit, jederzeit zuzugeben, dass es auch Probleme gibt, die mit den Christianianern selber zusammenhängen: »Man muss ganz ehrlich sagen, dass es in Christiania sehr schwierig ist, Entscheidungen im Konsens zu treffen. Wir haben alle ein sehr starkes Ego, was manchmal ganz eindeutig gute Entscheidungen verhindert. Unsere Versammlungen sind vollkommen unstrukturiert, und es kommt ein bisschen darauf an, wer am längsten am lautesten schreit … Es gibt viele, die deshalb gar nicht mehr teilnehmen, weil es einfach zu belastend ist. Deshalb bin ich auch in eine Arbeitsgruppe gegangen, die sich vorgenommen hat, Techniken zur Verbesserung der Versammlungen zu entwickeln.«

Ich verstehe nur zu gut, was sie meint, als ich an einer der Versammlungen in dem schönen Kino mit den roten, samtbezogenen Sesseln teilnehme. Es erinnert mich an die Zusammenkünfte in Longo Maï; allerdings sind es dort fünfzig und hier dreihundert Teilnehmerinnen und Teilnehmer. Sie sitzen alle aufgereiht hintereinander und können sich nicht anschauen. Es scheint keinen Moderator zu geben, und wer zu

Wort kommen möchte, muss sich das Mikro schnappen oder lauter als alle andere schreien … kurz, keine Atmosphäre, in der eine produktive Diskussion geführt werden könnte. Ich spreche nicht Dänisch, aber trotzdem ist mir klar, dass nur wenige im Raum aufmerksam zuhören. Die meisten diskutieren mit ihren Nachbarn, andere regen sich auf, flüstern oder buhen den aus, der sich des Mikros bemächtigt hat. Wieder mal kann ich nicht umhin, an die im Klima-Camp und anderswo erfolgreich angewandten Techniken der Diskussionsleitung zu denken, die auch hier sehr hilfreich wären. Doch wie für alles, so gilt auch hier, der Kontext ist entscheidend. So erzählt mir Rasmus, dass auch er an der Arbeitsgruppe zur Verbesserung der Versammlungen teilnimmt, dass er sich aber zugleich auch der ganz spezifischen Natur dieser Gemeinschaft bewusst ist, die ihre Schönheit, aber auch ihre Grenzen ausmachen: »Man darf nicht vergessen, dass viele, die hier leben, gar nicht in der Lage sind, sich in eine übermäßig geordnete Umgebung einzufügen. Ich spreche nicht von denen, die zu egoistisch sind, sondern von denen, die es effektiv nicht *können*. Sie sind psychisch zu fragil, um sich dazu zu zwingen. Rigide Methoden einzuführen, würde bedeuten, diese Leute auszuschließen. Wir müssen also Kompromisse finden, was nicht einfach ist, denn es gibt auf der anderen Seite auch viele, die im Laufe der Jahre ihren Einfluss genau auf diesem ›System Christiania‹ aufgebaut haben. Die haben nicht die geringste Lust auf Veränderungen, die für sie das Risiko bergen, ihren Einfluss und ihre Macht zu verlieren.«

Um so wichtiger dürfte es sein, sich sehr ernsthaft mit dem Prozess der Entscheidungsfindung auseinanderzusetzen. Es scheint mir bezeichnend, dass die Müllabfuhr, die Buchführung, die Pflege der Gärten oder der Gebäude bezahlten Kräften anvertraut wird, während die Vorbereitung der Versammlungen, auf denen für alle Bewohner Christianias bedeutsame Entscheidungen getroffen werden, so behandelt wird, als sei es etwas, was irgendwie von allein laufen würde. Und schließlich frage ich mich, ob nicht *da* Christianias Achillesferse liegt und weniger in der Pusher Street: in der grundsätzlichen Schwierigkeit, zu Enscheidungen zu kommen, die einen Konsens darstellen.

Heute ist unser letzter Abend in Christiania … und das Ende unserer Reise. Morgen werden wir die Nordsee überqueren, um wieder nach England zurückzukehren. Nach sieben Monaten auf Reisen, sieben Monaten voller Begegnungen, voller Entdeckungen und Lehren, nach sieben Monaten, die unseren Horizont erweitert haben, ist die Vorstellung, nach London zu unserem Alltag zurückzukehren, befremdlich und etwas erschreckend. Deshalb freuen wir uns sehr, dass ausgerechnet heute Abend ein Kabarett auf dem Programm der Oper steht. Der Champagner und die festliche Stimmung in dem extrem kitschig ausgestatteten Saal vertreiben rasch unsere melancholische Stimmung.

Die meisten Künstler sind aus Christiania, und während des

Programms mit den leicht verunglückten, dabei sehr humorvollen Zaubertricks, den Musikclowns, dem Bauchtanz, einem genialen Puppenspieler oder Komikern, die den ganzen Saal vor Lachen zum Weinen bringen, wird uns nochmals deutlich, dass das ausgelassene Feiern und die Kreativität, so typisch für Christiania, lebendig sind wie eh und je. Es kann gar kein Zweifel bestehen, dass hier immer noch unerschlossene Ressourcen anzuzapfen sind, dass eine neue Generation heranwächst, die genauso kreativ ist wie die ältere, und dass es den echten Wunsch gibt, diese schöne Idee Christiania weiterhin zu verfolgen und immer wieder neu zu beweisen, dass es möglich ist.

Wir hoffen sehr, dass die in allen möglichen Varianten an Wänden und auf anderen Flächen prangenden drei gelben Punkte, das allgegenwärtige Symbol für Christiania, im Grunde Auslassungspunkte sind: Fortsetzung folgt …[210]

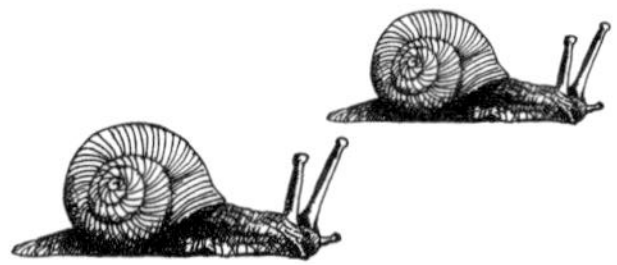

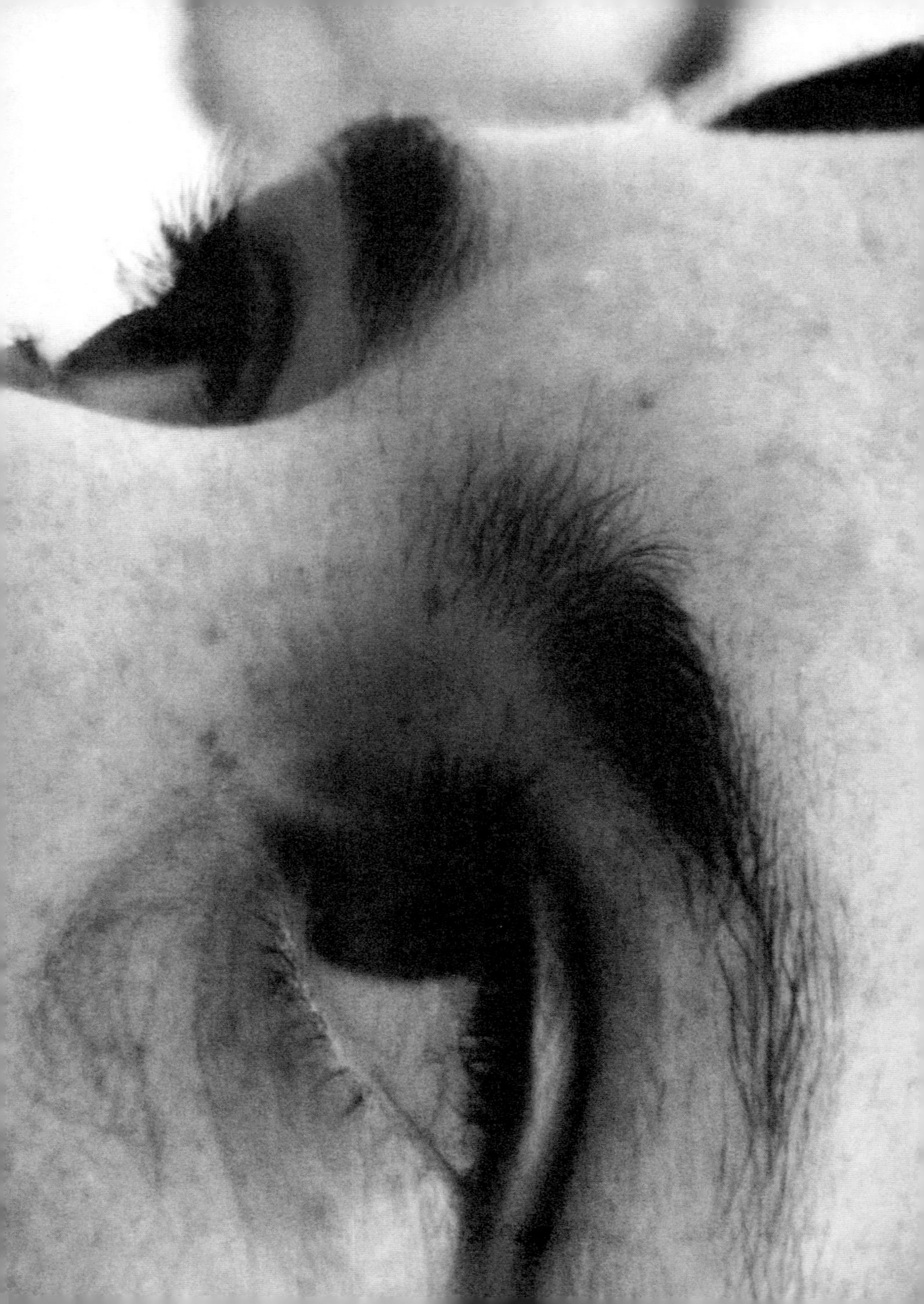

Ameisen und Archipele: Notizen über Zuendegehendes und Neubeginnendes

Aus irgendeinem merkwürdigen Grund sprechen die Zapatisten im Futur. Ich meine, unsere Worte passen nicht in die Gegenwart, sie eignen sich als Teile eines Puzzles, das erst noch beendet werden muss. Subcomandante Marcos

Vor nunmehr bald fünf Jahren haben wir uns auf diese utopischen Pfade begeben. Als wir die ersten Schritte dazu taten, indem wir die flüchtige Utopie des Klima-Camps auf dem Gelände der inzwischen aufgegebenen dritten Landebahn von Heathrow errichteten, konnten wir nicht ahnen, dass genau das allenthalben zur neuen Widerstandsform werden würde: rebellische Zeltstädte auf den öffentlichen Plätzen dieser Welt, von Kairo bis Madrid, von Tunis bis New York, von Bahrain bis Frankfurt, von Athen bis Santiago de Chile. Nie hätten wir gedacht, dass Hunderttausende »normale« Bürgerinnen und Bürger den fröhlichen Widerstand gegen die Übel des Kapitalismus für sich entdecken und mit der Entwicklung neuer Formen zu leben, zu essen, sich zu organisieren oder Entscheidungen zu treffen beginnen würden.

»Sie haben jetzt die Macht, denn die Angst, die sie immer zurückhielt, ist weg«, so beschreibt die 24-jährige ägyptische Aktivistin Gigi Ibrahim die Stimmung in der Zeltstadt auf dem Tahrir-Platz. Es »war wirklich ein Beispiel im Kleinen, wie direkte Demokratie aussehen kann«, sagte sie im Mai 2011 in einem Interview. »Die Leute haben sich einfach um alles selber gekümmert: Müll, Essen, Sicherheit. Es war ein sich selbst tragendes und erhaltendes Gebilde. Und mittendrin, in jedem Zelt und an jeder Ecke, diskutierten die Leute miteinander über ihre Forderungen, über die Zukunft, wie es wirtschaftlich laufen sollte. Es war faszinierend. Es spiegelte das, was Ägypten als Demokratie sein würde.«[211]

Die ägyptischen Aufständischen, die spanischen Indignados, die US-amerikanischen Besetzer, die 99 % hatten alle eines gemeinsam, und nichts fürchten die Herrschenden mehr: Sie erkannten, dass sie zu denen, die sie unterdrücken, auch Nein sagen können und Ja zueinander, denn sie erlebten sich im gemeinsamen Widerstand und in ihrer Fähigkeit, solidarische Netzwerke zu schaffen, die sie vorher nicht für möglich gehalten hätten. Was sich auf diese Weise noch entwickeln wird, ist offen, doch der Funke ist auch auf uns übergesprungen.

In einer kühlen Nacht auf einem Hügel in Longo Maï haben wir uns vorgenommen, dass wir nie mehr irgendwo leben wollen, wo wir die Sterne nicht sehen können. Wir haben ein Weilchen gebraucht, aber inzwischen bewundern wir vor dem Einschlafen die Konstellationen der Gestirne über einem wunderschönen französischen Tal. Was uns hierher verschlagen hat, war eine zufällige Begegnung mit Gleichgesinnten, die genau wie wir an lokalen und globalen Protesten gegen die verhängnisvollen Auswirkungen des Kapitalismus beteiligt sind. Einen von ihnen, Eric, hatten wir im Dezember 2009 im tief verschneiten Kopenhagen getroffen, wo wir ein Projekt zum Recycling Hunderter weggeworfener Fahrräder organisierten. Die Räder funktionierten wir dabei in Mittel des zivilen Ungehorsams um; der Protest richetete sich gegen die Vereinnahmung der UN-Konferenz zum Klimawandel durch die westlichen Regierungen und Unternehmen mit ihrer neoliberalen Agenda.[212] Eric war eines Tages bei unserem Workshop aufgetaucht, unser Projekt sagte ihm zu, und er bot uns an, uns mit seinen Kenntnissen zu unterstützen – er verließ den Workshop zehn Tage lang nicht mehr.

Monate später schrieb uns ein gemeinsamer Freund eine Mail, in der er von Eric und dessen Partnerin erzählte, die in der Nähe ihres Wohnorts in der südlichen Bretagne ein brachliegendes Stück Land aufgetan hätten, es sei eine Ecke, die sich nicht nur durch landschaftliche Schönheit und ein außergewöhnliches Mikroklima auszeichne, sondern auch durch ein unglaublich lebendiges Netzwerk von bäuerlichen Aktivistinnen und Aktivisten. Eric und seine Freundin suchten nach anderen, um gemeinsam das Land zu kaufen und dort eine Gemeinschaft aufzubauen. Wir fuhren hin, erkannten schnell die Möglichkeiten, die in dem Land, den alternativen Netzwerken und den Leuten steckten … und wagten den Sprung.

Das bedeutete, Großbritannien, wo wir die meiste Zeit gelebt hatten, zu verlassen und für Isa, ihren festen Job als Dozentin an der Uni aufzugeben. Die Wohnung musste verkauft werden und wir mussten soziale Bewegungen und viele Freundschaften aus diesen Zusammenhängen zurücklassen, die über die Jahre entstanden waren. Es bedeutete, ganz neu anzufangen. Es war keine leichte Entscheidung, und manchmal machte uns die Vorstellung, unser Leben vollkommen umzukrempeln, alles Gewohnte hinter uns zu lassen, ohne wirklich zu wissen, was uns erwartete, geradezu Angst. Aber Utopien kommen selten, ohne dass man etwas loslässt …

Als Isa ihren Abschied von der Uni ankündigte, fanden ihre Kolleginnen und Kollegen ihren Schritt aufregend und waren vielleicht auch etwas verwirrt. Viele beglückwünschten sie, aber hinter der Begeisterung spürte man doch auch ein gewisses Unverständnis. Oft wurde sie gefragt, was sie denn jetzt beruflich tun würde. Würde sie ihr Gemüse selber anbauen und ohne Geld leben, oder wie hatte man sich ihre neue Existenz vorzustellen? Sarah, die Verwaltungschefin des Fachbereichs, drückte es so aus: »Wenn mich Leute fragen, warum du aufhörst, sage ich, dass du eine ›utopische Gemeinschaft‹ aufbaust. Genau so formuliere ich das«, und sie fügte mit einem Lächeln hinzu: »Aber ich weiß selber nicht richtig, was es eigentlich bedeutet.« Isa versuchte, es zu erklären, doch verließ sie ihr Büro mit dem Eindruck, dass ihr Gerede über einen ökologischen Lebensstil, die Sehnsucht nach hierarchiefreien Beziehungen und einem Alltag, der zugleich Kunst sei, nicht wirklich viel geklärt hatte.

Ein paar Wochen später organisierte eben diese Sarah für Isa eine Abschiedsparty, hatte heimlich eine Sammlung unter den Kollegen organisiert und auch Studierende eingeladen, die Isa im Laufe von zehn Jahren unterrichtet hatte. Als sie das Geschenk auspackte, das Sarah für sie besorgt hatte, sah sie, dass die sehr viel mehr begriffen hatte, als sie zu erkennen gab. In einer kleinen schwarzen Schachtel war ein silberner Anhänger mit folgender Eingravierung: 50°N15.03°W51. »Das sind die geografischen Koordinaten einer kleinen Stadt namens Hope in Devon«, erläuterte Sarah, »das fand ich passend für dich.« Sie wusste, dass Hoffnung an einem Ort verankert sein müsste, sollte sie irgendetwas bedeuten. Ohne einen Ort, um sie auszuprobieren, sind Ideen und Träume wie Reflexionen in einer Welt ohne Spiegel.

Heute, während wir dies schreiben, sind wir dabei, ein verfallenes Steinhaus wieder instand zu setzen, sieben Hektar verwilderter Wiesen und eine große Scheune wieder auferstehen zu lassen. Wir hoffen, daraus einerseits ein radikales kunstaktivistisches Laboratorium zu machen, andererseits ein landwirtschaftliches Projekt mit einem organischen Gemüsegarten, der ausschließlich mit von Pferden gezogenen Geräten bearbeitet wird (ein landloser Bauer aus der Gegend hat sich uns angeschlossen), einem mobilen veganen Catering, einer selbstverwalteten Mechanikerwerkstatt, einem Wald, in dem Essbares wächst (und was immer sonst noch durch Leute dazukommt, die bei uns einziehen).

In wenigen Monaten haben wir, wie so viele andere in letzter Zeit auf die eine oder andere Art an vielen Orten der Welt, unser Leben auf den Kopf gestellt. Bereits jetzt scheint unser früheres Leben als Paar in einer Großstadt Galaxien weit entrückt zu sein.

Als wir diese Reise antraten, sah die Welt anders aus. In unserer ersten Projektskizze aus dem Jahr 2006 kündigten wir an, dass der Film »eine imaginäre Ära nach dem ökologischen und ökonomischen Zusammenbruch« erforschen würde. Diese Fiktion scheint rascher, als wir ahnten, Wirklichkeit geworden zu sein.

Uns wehten auf unserer Reise die ersten Winde des finanziellen Wirbelsturms an, der inzwischen durch unsere Welt gefegt ist. Die US-Immobilien-Spekulationsblase war im Begriff zu platzen, als wir beim Klima-Camp von Heathrow waren. Isa, die dort Ansprechpartnerin für die Journalisten war, plauderte einmal mit einem Mitarbeiter von *Le Monde*, der scherzte: »Ich weiß nicht, ob ihr davon gehört habt, aber die Märkte brechen gerade zusammen. Darüber werdet ihr sicher keine Träne verlieren, oder?« »Freuen tue ich mich aber auch nicht«, hatte sie geantwortet. »Ich weiß nur zu gut, dass es immer die Schwächsten einer Gesellschaft sind, die den höchsten Preis zahlen.«

Als wir unsere nächste Etappe, Landmatters mit seinen selbstgebastelten billigen Wohnmöglichkeiten, gerade hinter uns ließen, war die Northern Rock Bank ins Wanken geraten, und die Leute standen überall in Großbritannien vor den Filialen, voller Angst um ihre Ersparnisse. Es sollte sich als der größte Ansturm auf eine britische Bank seit hundert Jahren erweisen, ganze zwei Milliarden Pfund wurden abgehoben. Einen Monat später, als wir gerade das mietfreie Leben im besetzten La Vieille Valette genossen, wurde das Ausmaß der Subprime-Schulden der US-Banken bekannt. Während wir mit Leuten zusammenlebten, die praktisch kein Geld hatten, dafür aber Zeit, kreativ zu sein und Widerstand zu leisten, erinnerten wir uns, warum in den USA in den 1930er Jahren das private Hauseigentum so sehr gefördert worden war. Der Gedanke dahinter: Arbeiter, die durch Hypotheken verschuldet waren, wären weniger geneigt zu streiken. Das erwies sich als eine derart erfolgreiche Strategie, dass sie in der gesamten westlichen Welt übernommen wurde. Mit dem Neoliberalismus kam ein Niedergang des Lohnniveaus und die Schwächung der Gewerkschaften hinzu. Ein kleines Privateigentum und Verschuldung werden so zu wirksamen Dämpfern der kollektiven Aktion. Kein Wunder, dass Regierungen überall die Menschen darin unterstützen, Häuschenbesitzer zu werden.

Als wir schließlich in den vom Bankrott ausgehöhlten Fabrikhallen in Serbien ankamen, waren die Risse im kapitalistischen System noch breiter geworden. Die Menschen konsumierten nicht mehr genug, die Schuldenblase war geplatzt, der Ölpreis hatte einen Spitzenwert erreicht.

Mathematische Berechnungen, die einer Handvoll von Bankern Milliarden einbrachten, ließen das Vertrauen in das Finanzsystem erodieren. Der Blutkreislauf des Kapitalismus, das Kreditsystem, trocknete aus. Im Februar kamen wir in Christiania an, gerade als die britische Regierung die Welle temporärer Bank-Verstaatlichungen anstieß (Staatseigentum, solange die Banken im fauligen Schuldensumpf stecken, um dann den privaten Aktionären zurückgegeben zu werden, sobald sie wieder Profite machen). Als wir wieder nach Hause fuhren, fragten wir uns, ob solche Lösungen auch vorgeschlagen worden wären, wenn in der Wirtschaft nur Konsensentscheidungen getroffen würden, wie es seit vier Generationen in Christiania erfolgreich geschieht, und die Leute ihr Wörtchen zu sagen gehabt hätten.

Zehn Tage, nachdem wir wieder in London ankamen – es war zufällig der 125. Todestag von Karl Marx –, fiel das Kartenhaus zusammen. Es sollte der Tag sein, an dem laut dem Kolumnisten der *Financial Times*, Martin Wolfe, »der Traum vom globalen freien Marktkapitalismus starb«. Ein breiter Strom von Milliarden Dollar begann im Zuge von Rettungsaktionen von den Steuerzahlern zu den Bankern zu fließen, was den Chef der Deutschen Bank zu der Bemerkung veranlasste: »Ich glaube nicht mehr an die Selbstheilungskräfte des Marktes.« Die westlichen öffentlichen Haushalte belasteten sich mit beispiellosen Defiziten.[213] Der neoliberalen Elite war es einmal mehr gelungen, sich selbst zu schonen und zu retten, indem sie sich am öffentlichen Sektor schadlos hielt, was für die meisten von uns bedeutete, kopfüber ins »Zeitalter der Austerität« gestoßen zu werden: einschneidende Kürzungen bei den öffentlichen Dienstleistungen, Tausende vernichteter Arbeitsplätze, eingefrorene Löhne und Gehälter und ein erhöhtes Rentenalter.

Wir hätten unsere Reise auch als eine Reihe von Stationen des ökologischen Kollaps darstellen können. Als wir durch die Küstenregion um Barcelona und Marseille fuhren, hörten wir vom Rückgang des arktischen Eises, der eine dramatischere Geschwindigkeit als je zuvor erreicht hatte. Wo immer wir Halt machten, sprachen die Menschen von Dürren, den unvorhersehbaren Launen des Wetters in den letzten Jahren und den Herausforderungen für die Landwirtschaft in diesem Zusammenhang. Während unser Auto sein CO_2 in die Luft blies, wurden nach und nach die Folgeberichte des Vierten UN-Klima-Reports von 2007 (IPCC4) veröffentlicht. Sie lasen sich wie die Vorlage für einen gruseligen SF-Roman: Fast alles Eis auf dieser Erde schmolz dahin, Wüsten breiteten sich aus, Meere versauerten, Wirbelstürme wurden immer heftiger. Der Autor Bill McKibben nennt den Bericht »die bedeutendste Warnung, die unserer Spezies bis jetzt gegeben wurde«.[214]

Ob auf der wirtschaftlichen Ebene oder auf der ökologischen, die skrupellose Ausbeutung der Ressourcen durch den Kapitalismus fordert einen exorbitanten Preis, und die Schulden, die dadurch angehäuft werden, wird man nie abtragen können. Exzess und Übertreibung in jeder Hinsicht ist nach wie vor Grundprinzip unserer Zivilisation, und am Ende beschlossen unsere »Führer«, dass die Rettung der Finanzmärkte weitaus wichtiger sei als der Erhalt unserer empfindlichen Lebensgrundlagen.

Die finanziellen Rettungsaktionen haben in dem Sinne gut funktioniert, als sie echte Veränderung vereitelten und dafür sorgten, dass alles so weiterlaufen konnte wie bisher, während die permanente Krise uns auf den nächsten Abgrund zutaumeln lässt.

Es besteht kein Zweifel: Die Zukunft ist düster. Doch Virginia Woolf schrieb 1915, als der Erste Weltkrieg allmählich zum Massenschlachten ausuferte: »(Es) ist im Ganzen das Beste, was die Zukunft sein kann, glaube ich.«[215] Sie gab sich nicht einer pessimistischen Stimmung hin, sondern tröstete sich vielmehr mit der Unvorhersagbarkeit zukünftiger Entwicklungen. Sie wusste, dass im Unbekannten, trotz Risiko und Bedrohung, auch positive Möglichkeiten enthalten sind. Wenn wir das, was als Nächstes kommt, als offenen Horizont auffassen, bietet es uns mehr Raum für eigene Ermächtigung als eine eindeutige Vorhersage von Erfolg oder Untergang. Die Krise eröffnet auch einen Raum.

Vorhersagen über den Weltuntergang mögen lähmend wirken, doch wir wissen auch, eine perfekte Utopie als Lösung für alle Probleme dieser Welt anzustreben, kann genauso gefährlich sein, wie tatenlos zu verharren. Es ist nicht die Zeit für hochfliegende Gedankenkonstrukte, die definitive, einzige Schlussfolgerungen anbieten. Es ist aber auch nicht angebracht, vor radikalen Veränderungen des gesamten alltäglichen Lebens zurückzuschrecken. Die Geschichte ist voll von Kämpfen zwischen Vertretern unterschiedlicher Zukunftsplanungen, perfekt durchkalkulierten Programmen für ein ideales Morgen einschließlich des Endes der Geschichte und jedes einzelnen Schritts, der unbeirrt zum glorreichen Finale führt. Diese Vorstellung von der perfekten Utopie, von einem feststehenden permanenten Happy End des Widerstands zurückzuweisen, bedeutet jedoch nicht notwendigerweise, auch alle Hoffnung fahren zu lassen.

Darin besteht eine der vielen Lehren, die wir von unserer siebenmonatigen Reise mitgebracht haben: Utopien (und nicht »die Utopie«) existieren bereits, als Praxis, die »in der Gegenwart funktioniert«.[216]

Die Utopien, die wir besucht haben, waren allesamt keine Traumprojekte eines zukünftigen Zustands der Makellosigkeit, sondern gelebte Erfahrung, die sich entwickelt. Keine Utopien vom perfekten Ort, sondern fortlaufende Prozesse. Es sind Utopien, die an der Hoffnung auf ein wunderbares Leben festhalten, diese aber in den Unvollkommenheiten des Hier und Jetzt verkörpert sehen.

Unsere Reise hat uns gezeigt, dass in den unsichtbaren Rissen und Winkeln des herrschenden Systems der Geist der Jetztzeit-Utopie blüht und gedeiht. Wir haben nur Stichproben an ein paar Ecken in Europa genommen. Hätten wir unser Feld weiter ausgedehnt, hätten wir noch viel mehr entdecken können: die autonomen zapatistischen Gemeinden in Chiapas, die Volksversammlungen und Nachbarschaftskomitees in Bolivien, die Cyber-Allmenden und Linux-Programmierer der Bewegungen für eine freie Software, die Nachbarschaftskliniken, die in den Ruinen von New Orleans nach dem Hurrikan Katrina aufgezogen wurden, die Bewegung der landlosen Bauern in Brasilien, die selbstverwalteten Gemeinderäte der venezolanischen Städte, die Mohawks und ihre Sezessionsbewegung vom kanadischen Staat, die besetzten Fabriken in Argentinien und Paraguay, die Guerilla-Gärtner in Detroit, die selbstorganisierten Fischereien und Plantagen in Indien oder die Hausbesetzerinnen und Hausbesetzer, die das verfallende Fünf-Sterne-Hotel in Mosambik in eine Stadt in der Stadt verwandelten.

In Krisenzeiten sollten wir uns von ihnen inspirieren lassen und von ihrem Durchhaltevermögen lernen. Die Zukunft gehört ihnen, denn sie leben sie bereits jetzt. Sie fordern die Veränderung nicht, sie schaffen sie, indem sie anstelle des Prinzips des privaten Vorteils das des Allgemeinwohls setzten, anstelle der individuellen Konkurrenz das der gegenseitigen Hilfe.

Manchmal halten sich diese Welten, wie es bei Longo Maï – bereits in der zweiten Generation – der Fall ist, manchmal gleichen sie eher einem Funken, der aufscheint und wieder verlöscht, wie bei der mexikanischen Version der Pariser Kommune, dem sieben Monate andauernden Aufstand von Oaxaca im Jahr 2006. Manchmal können sie völlig unerwartet auf einem Platz oder in einem Park in deiner Stadt auftauchen, wie im Fall der Occupy-Camps der letzten Zeit.

Es sind Laboratorien oder Workshops zur Neugestaltung der Welt. Sie zeigen praktische Wege auf, die wegführen von unserem gegenwärtigen Katastrophenkurs, weg von den Gegebenheiten kollabierender Imperien, die der Archäologe Wright wie folgt kennzeichnet: »Sie halten an tief verwurzelten Überzeugungen und Praktiken fest, berauben die Zukunft, um für die Gegenwart aufzukommen, erschöpfen für eine exzessive Orgie von Protz und Glorie die letzten Reserven des natürlichen Kapitals.«[217]

Von den Alternativen erfahren wir selten etwas (es sei denn, eine dramatische Entwicklung löst Medieninteresse aus), denn sie thematisieren die blinden Flecken unserer Zivilisation und stellen Grundannahmen wie die des permanenten Wachstums als Lösung aller Probleme in Frage. In diesem Sinne radikale Projekte, die praktische Alternativen bieten, selbst solche, die seit Jahrzehnten von Hunderten oder Tausenden erprobt werden, finden kaum Beachtung. Sie werden kriminalisiert, als abwegiger Kult belächelt oder als irrelevant abgetan.

Viele argumentieren, dass diese kleinen Projekte unmöglich das alles durchdringende, gigantische System des Kapitalismus erschüttern können. Erst, wenn dieser überwunden ist, so meinen sie, werden wir Alternativen zur Entfremdung entwickeln können. Doch solche Vorstellungen verkennen die Art, wie komplexe Systeme wie Ökonomie und Ökologie funktionieren.

Dazu meint die Systemtheoretikerin Donella Meadows in ihrem Essay über »Ansatzpunkte«, selten seien eindeutige Interventionspunkte, lineare Ursache-Wirkungs-Zusammenhänge in einem komplexen System vorhanden. Was es gebe, seien zahlreiche »Hebel«, wobei »eine geringfügige Verschiebung in einem Punkt große Veränderungen im Ganzen bewirken kann«.[218] Von zwölf Punkten, die sie aufzählt, sind die drei mit der größten Hebelwirkung: die Ausrichtung eines Systems auf ein bestimmtes Ziel, das Paradigma, demgemäß das System aufgebaut ist und, besonders wichtig, unsere Macht, dieses Paradigma zu transzendieren.

Wenige haben vorausgesehen, wie schnell in den späten 1980er Jahren ein Sturm von Veränderungen über Osteuropa hinwegfegen würde, der schließlich zum Zusammenbruch des Ostblocks führte. Die meisten Experten hatten immer nur die Machtverteilung vor Augen, das heißt die zwischen sozialen Bewegungen und Staat. Ihnen kam nie in den Sinn, wovon Meadows spricht: dass die massenhafte Erwartung einer Veränderung auch eine große Macht entfalten kann. Obwohl die Machtverhältnisse es höchst unwahrscheinlich erscheinen ließen, kam vor allem durch eine Bevölkerung, deren Einstellungen sich radikal änderten, alles in Bewegung, was zuvor starr und fest gefügt gewesen war.

Anlässlich des zwanzig Jahre zurückliegenden Mauerfalls befragte die BBC im Jahr 2009 Menschen aus 27 Ländern, ob ihrer Meinung nach der Kapitalismus gut funktioniere. Nur elf Prozent antworteten mit Ja. Fast jeder Vierte sagte, es sei ein

System, das auf verhängnisvolle Weise versage, und dass ein anderes Wirtschaftssystem vonnöten sei. Die europäische Schuldenkrise stand noch bevor. Und inzwischen scheinen die meisten von uns für die nahe Zukunft das Heraufziehen von etwas grundsätzlich Anderem, wenn auch verschwommen, zu ahnen. Das Problem ist, dass es uns schwerfällt, uns vorzustellen, wie dieses Andere aussieht und wie es sich darin lebt.

Deshalb sind diese Utopien eine hilfreiche Unterstützung unserer postkapitalistischen Vorstellungskraft. Sie entstehen an den Rändern, in den Räumen zwischen verschiedenen Systemen, sie brechen die dominierende Raum-Zeit-Logik des Systems auf. Diese Sphären schaffen Zeitfenster, die die Freiheit für eine andere Art des Denkens und Gestaltens eröffnen, und stellen den Raum und die materiellen Grundlagen zur Verfügung, um mit anderen Lebenstechniken zu experimentieren. Es ist weitaus einfacher, neue Sprachen, gesellschaftliche Institutionen und Paradigmenwechsel in Welten mit weniger Lärm zu schaffen. Wenn wir diese Erfahrung machen, wird eine andere Art zu sein sehr viel eher möglich.

Wie uns die Permakultur lehrt, sind die Zwischenräume zwischen Systemen die in sich vielfältigsten und daher kreativsten Bereiche. Die »rurbane« Oase Can Masdeu mit einem Fuß in der Stadt und einem auf dem Land, ihrer Verbindung von politisch motivierten Hausbesetzern und Gärtnern aus dem Ort, hat uns gezeigt, wie die Ränder neue Beziehungen hervorbringen können, »ungewöhnliche Begegnungen«[219], wie sie der radikale Geograf Paul Chatterton nannte. Eben an den Rändern kommt das Kleine an die Macht, Ameisen gleich überschreiten Ideen und Praktiken unbemerkt die Grenzen, untergraben die alte Welt und fangen an, immer mehr neue Randbereiche hervorzubringen. Natürlich verschwindet der Kapitalismus nicht, wenn wir an seinen Rändern arbeiten, doch sein Zugriff lässt nach. Kapitalismus ist nicht etwas, was wir über Nacht verlassen, wegwerfen oder entwurzeln könnten. Es ist nicht eine Bank, der Aktienmarkt, der Staat oder die Polizei. Er besteht in einer Vielzahl von Beziehungen zwischen Individuen, in Millionen von Arten des Verhaltens, die wir alle täglich in uns tragen. Gustav Landauer, dessen Strategie einer »gelebten Revolution« ein Netzwerk alternativer Gemeinschaften vorsah, das die Kreativität vom Kapitalismus wegsteuern und so dessen Institutionen schwächen würde, schreibt: »Einen Tisch kann man umwerfen und eine Fensterscheibe zertrümmern; aber die sind eitle Wortmacher und gläubige Wortanbeter, die den Staat für so ein Ding oder einen Fetisch halten, den man zertrümmern kann, um ihn zu zerstören. Staat ist ein Verhältnis, ist eine Beziehung zwischen den Menschen, ist eine Art, wie die Menschen sich zueinander verhalten; und man zerstört ihn, indem man andere Beziehungen eingeht, indem man sich anders zueinander verhält. (…) Wir sind der Staat – und sind es so lange, als wir nichts anderes sind, als wir die Institutionen nicht geschaffen haben, die eine wirkliche Gemeinschaft und Gesellschaft der Menschen sind.«[220]

Wir erschaffen den Kapitalismus, und der Kapitalismus erschafft uns, es ist ein gegenseitiges Abhängigkeitsverhältnis. Doch was uns die Reise gezeigt hat, ist der Umstand, dass wir nie vollkommen im Kapitalismus gefangen sind, wir alle können aus der Rolle fallen oder zu einer anderen Melodie tanzen. Wir können uns dem Zugriff des unmittelbar Gegebenen entziehen und die Zukunft sein. Wir können uns weigern, unsere Kreativität in den Dienst der Perpetuierung kapitalistischer Werte zu stellen und unsere Energie auf ein anderes Vorgehen und Verhalten verwenden. Wir können jetzt schon so leben, als wären wir bereits frei.

Je mehr Raum und Zeit wir dafür haben, desto wahrscheinlicher ist es, dass diese Praxis sich entwickelt, von anderen übernommen und Teil einer neuen Normalität im Alltag wird. Je mehr wir diese neuen Arten zu sein und zu handeln, zu produzieren und sich zu beziehen, zu regieren und zu denken einüben, desto wahrscheinlicher wird es, dass sie auf breitere gesellschaftliche Bereiche überspringen. Der Kapitalismus hat sich auf ähnliche Weise aus dem Feudalismus entwickelt, und der Postkapitalismus wird es genauso machen. Es geht darum, sich Utopien eher als Akupunkturpunkte denn als Blaupausen vorzustellen.

Bevor wir das ZEGG kennenlernten, hätten wir uns nicht vorstellen können, dass Projekte, die sich der freien Liebe verschrieben haben, funktionieren könnten. Doch tatsächlich erlebten wir eine Gemeinschaft, in der der Ausdruck uneingeschränkter Liebe für die Geliebte oder den so Geliebten die Möglichkeit größtmöglicher Freiheit eröffnet, und das ZEGG besteht bereits seit über dreißig Jahren. Unsere Annahmen bezüglich dessen, was möglich war, verschoben sich aufgrund dieser Erfahrung. Sie zeigte uns, dass selbst im Zusammenhang mit der Art, wie wir Liebe und Sexualität erleben, etwas also, was besonders schwierig und tief verwurzelt ist, Änderungen möglich sind. Sie sind es an Orten, die die emotionale Aufgehobenheit und den gegenseitigen Halt bieten, der für ein solches Wagnis erforderlich ist. Und diese Erfahrung führte uns auch vor Augen, wie eine Idee, die bisher außerhalb unserer Vorstellungen gelegen hatte, verwirklicht wurde und aus den Laboratorien, in denen sie ausgebrütet und großgezogen worden war, in die Welt hinausgelangte.

Manche haben diese Strategie so umschrieben: die neue Gesellschaft im Gehäuse der alten aufbauen. Doch das Neue, wovon wir sprechen, wird sich nicht an die Hülle des Alten anschmiegen und dessen Form annehmen. Es ist kein Einsiedlerkrebs, der ein verlassenes Gehäuse bewohnt, das ihm passt. Die Form dieser neuen Gesellschaft ist so vollkommen anders als die, die sie ablöst – Nationalstaat und kapitalistische Muster –, dass Ähnlichkeiten kaum zu finden sein werden.

Wenn uns Leute ungläubig fragen, wie unser postkapitalistischer Traum einer dezentralisierten Kommune aus Kommunen an die Stelle des Bestehenden treten soll, denken sie sich, dass Staat und Kapitalismus plötzlich irgendwie verschwinden werden und unser alternatives System das, was nach der Subtraktion übrig bleibt, verwalten wird. Doch wenn das, was übrig bleibt, dem ähnelt, was wir jetzt haben, besteht kaum die Chance auf Veränderung. Das gesamte komplexe Beziehungsgeflecht und Wertesystem, das das Ganze aufrechterhält und ausmacht, muss eine Veränderung durchlaufen, eine Erneuerung durch die allmähliche Transformation und parallele Neu-Entwicklung aller miteinander verschränkten Teile. Angesichts der ökologischen und gesellschaftlichen Krise, die wir erleben, ist keine Zeit zu verlieren. Die Frage beschränkt sich nicht mehr darauf, wie wir gegen den Kapitalismus ankommen, sondern zugleich, wie wir den Niedergang einer Zivilisation überleben und Widerstandskräfte mobilisieren, um nicht vom Zusammenbruch zermalmt zu werden.

Eine andere Welt wird ganz sicher nicht sanft in die einladende alte Hülle gleiten. Zum einen steht die Welt nicht still und wartet nicht auf uns. Wie ein Vogelschwarm formiert sie sich neu, wenn man sie angreift. Anders als das erste Utopia, das von Thomas Morus entworfene, das er zu einer Zeit schrieb, als die mittelalterlichen Allmenden im Zuge der Verschiebung in Richtung kapitalistischer Verhältnisse eingezäunt wurden, sind die postkapitalistischen Utopias keine Inseln, sondern eine endlose Kette aufständischer Archipele.

Gruppen freier Städte und Regionen, von Projekten und Territorien, Kommunen und Siedlungen, von denen manche dieselben Vorstellungen teilen, andere nicht, werden entstehen und sich nach und nach vernetzen. Diese Orte und Projekte werden ihre Unabhängigkeit und ihr Wissen um ihren jeweils einmaligen natürlichen, kulturellen und sozio-ökonomischen Kontext bewahren und Beziehungen unterschiedlicher Art zueinander knüpfen. Eine Vielfalt von Brücken und Verbindungen, Austausch, Kooperationsformen und Gemeinsamkeiten wird sich entwickeln, und das Netzwerk wird durch die sich verstärkenden Wechselwirkungen zwischen den Initiativen rasch gedeihen. Von der anarchistischen Schule Paideia haben wir gelernt, dass Freiheit bedeutet, die Bedürfnisse der anderen wahrzunehmen, im Geist einer kollektiven Verantwortung zusammenzuarbeiten. In dem Maße, wie diese Projekte ihre Kooperation intensivieren und ihre Bedürfnisse gegenseitig wahrnehmen, werden sie sich zusammen um so schneller weiterentwickeln. Expansion, Konkurrenz und Herrschaft als Triebkräfte werden zurücktreten, weil immer deutlicher wird, dass wir die Krise nur überstehen, wenn wir, wie Rooh uns in Landmatters sagte, »Teil eines Netzwerks von allseits zuträglichen Beziehungen« sind. Je vielfältiger diese Beziehungen, desto flexibler und anpassungsfähiger an Veränderungen wird das neue System sein. Starre und brüchige Monokulturen werden nicht standhalten, denn sie sind nicht in der Lage, sich schnell genug zu entwickeln, um zu überleben. Die oder der Starke wird sich vor allem dadurch auszeichnen, wie viel Veränderungs- und damit Überlebenspotenzial jede und jeder von uns in sich hat, nicht durch ihr oder sein Guthaben auf der Bank. Die Vielfalt wird mehr wert sein als Gold, und Liebe wird nicht bedeuten festzuhalten, sondern vielmehr loszulassen.

Die Netzwerke könnten die Form einer Föderation autonomer freier Städte[221] annehmen, die durch die modernen Kommunikationsmöglichkeiten gestützt würde. Schon jetzt verbreiten sich über E-Mail-Listen Ideen wie ein Lauffeuer, jeder kann sich am Computer eine Unterrichtseinheit herunterladen, Verbindendes und ähnliche Interessen lassen sich rasch durch Social Media eruieren und vor einer drohenden Repression kann man via Twitter wirksam warnen. Ob man gerade in einem Zelt auf einem besetzten Platz in der Stadt wohnt oder auf einem einsamen Berg, die Möglichkeiten zu kommunizieren und in Verbindung zu sein haben sich, verglichen mit denen von vor zehn oder zwanzig Jahren, in einem Maße verbessert, wie man es damals nicht für möglich gehalten hätte. Nie war es so leicht, autonome Netzwerke zu bilden.

Niemand von uns ist so naiv anzunehmen, dass sich die herrschenden Mächte ohne Kampf einfach zurückziehen werden. Wir sind beide oft genug von Polizeiknüppeln getroffen worden, um sehr wohl zu wissen, was passiert, wenn man dieses System auch nur in geringem Ausmaß angreift. Wir haben erlebt, wie Ideen von der Logik des Kapitals, allerdings in entstellter Form, absorbiert wurden: Biolandwirtschaft, Gartenstädte, Windturbinen, eine Krankenversicherung für alle.[222] Wer Privilegien zu verlieren hat, wird sie nicht einfach aufgeben. Er wird versuchen, jede mögliche Bedrohung zu zerstören, sei es durch Vereinnahmung oder durch brutale Gewalt.

Die Antwort auf beide Bedrohungen ist dieselbe: Hör nie auf, Widerstand zu leisten, und werde nie unbeweglich. Wenn utopische Gemeinschaften aufhören, Widerstand zu leisten, vergessen sie, wie die Gesellschaft aussieht, die sie ursprünglich einmal ablehnten. Wenn du die Gestalt deines Feindes vergisst, wird es ihm sehr viel leichter fallen, sich bei dir einzuschleichen und deine Ideen zu vereinnahmen, bevor du es überhaupt merkst. Deine »Alternative« kann über Nacht zur Initialzündung für ein »progressives« kapitalistisches Unternehmen werden. Alex von Longo Maï sagte dazu, entscheidend sei, dass man »auf zwei Schienen fahre, der utopischen und der des politischen Engagements«. Und das gilt auch umgekehrt: Ein erfülltes und gesundes Alltagsleben zu führen, lässt dich auch als Aktivist länger durchhalten. Es ist nie ganz leicht, den Kampf aufrechtzuerhalten. Marinaleda hat es geschafft, jahrzehntelang den Kampf um Land zu führen. Nur wenige radikale Aktivistengruppen können auf eine solche Erfahrung zurückblicken. Wenn sich Gemeinschaften ganz von der Gesellschaft lossagen, so Alex, dann »ersticken sie schließlich an sich selbst«, aktiver Widerstand sorgt für frische Luft.

Während von den Knotenpunkten aus Brücken zu anderen Knotenpunkten entstehen, sollte das Netzwerk nicht müde werden, gleichzeitig Beziehungen und Verbindungen zu sabotieren, die es dem Kapital ermöglichen, weiter zu expandieren. Die Arterien müssen abgeschnitten, der Fluss unterbrochen werden. Wenn sie angegriffen werden, müssen die utopischen Knotenpunkte kreative Formen der Selbstverteidigung erfinden, die die Beziehungen untereinander stärken. Um zu überleben, werden die Archipele von Ameisen und Vögeln lernen müssen, die sich schwarmförmig organisieren und ihre Form bei jedem Angriff ändern. Die Schwarmlogik basiert darauf, dass jede einzelne Ameise, jeder einzelne Vogel die Bewegungen des Nachbarn extrem aufmerksam verfolgt. Das ermöglicht eine gemeinsame Reaktion, die schneller erfolgt als die jedes einzelnen Individuums.

Seit unsere Reise begann, hat die Repression sozialer Bewegungen, die eine grundlegende Veränderung anstreben, weiter zugenommen. Das Klima-Camp, das auf Heathrow folgte, war von Polizeikontrollpunkten umzingelt, jeder und jede und jedes Fahrzeug wurde durchsucht, Leute mussten stundenlang anstehen, um diesen Einschüchterungskordon zu überwinden. Tausende Gegenstände wurden beschlagnahmt, darunter Marker, Clownskostüme, Stempel, Regenumhänge, Fahrradreparatur-Sets und zwei Stoffblumen. Im Dezember 2009 entgingen wir auf den Straßen Kopenhagens, während auf der Klimakonferenz die Entscheidungen im Sinne des *Business as usual* fielen, nur knapp der Verhaftung, als die Polizei tausend Personen einkesselte, verhaftete und in Handschellen bei Minus-Temperaturen fünf Stunden lang draußen festhielt, um sie anschließend in speziell dafür bereitgestellte Käfige zu sperren. Keiner von ihnen hatte etwas verbrochen, außer zusammen mit uns und hunderttausend anderen an einer angemeldeten Demo teilzunehmen.[223]

Während wir – im Frühjahr 2012 – dieses Nachwort schreiben, demonstrieren dreißigtausend Menschen in Frankfurt, der deutschen Finanzmetropole, anlässlich einer Konferenz der Europäischen Nationalbank zur Geldpolitik gegen Sparmaßnahmen – und vierhundert, die an Sit-ins teilnehmen, werden verhaftet.

Nachdem es in Spanien im ganzen Land zu Protest-Camps der Indignados, der »Empörten«, kam, legte die Regierung einen Gesetzesentwurf vor, demzufolge es eine Straftat ist, »sich der staatlichen Autorität zu widersetzen, indem man den Sicherheitskräften gegenüber aktiven oder passiven Widerstand leistet«. Auch »jegliches bedrohliche oder einschüchternde Verhalten ist als krimineller Übergriff zu werten«, wie es in der Gesetzesvorlage heißt, und den Verkehr zu blockieren oder Social Media zur Organisation von Protesten zu nutzen, könnte bereits zwei Jahre Gefängnis nach sich ziehen.

Unterdessen verabschiedete das Parlament in Quebec, wo Studierende monatelang gegen eine Erhöhung der Studiengebühren protestierten und damit eine große Protestbewegung gegen Sparmaßnahmen auslösten, das berüchtigte Gesetz 78, das die Versammlungsfreiheit, Proteste, Mahnwachen oder Streiks ohne vorherige polizeiliche Zustimmung drastisch eingeschränkt. Die Konsequenzen sahen etwas anders aus, als es sich die Behörden erhofft hatten: Eine halbe Million Quebecois protestierten eine Woche später in Montreal gegen das Gesetz, und während wir schreiben, finden weiterhin Lärm-Proteste mit Kochtöpfen statt.

Wenn es noch eines Beweises bedurft hätte, dass kleine Projekte, die alternative Formen des Lebens und gleichzeitig des Widerstands vormachen, den Status quo ernsthaft in Frage stellen, dann lieferte die Tarnac-Affäre[224], die in Frankreich einen Monat nach dem Banken-Crash Schlagzeilen machte, ein aufschlussreiches Beispiel. Am 11. November 2008 wurden neun junge Leute von hundert Bullen in Kampfmontur verhaftet. Ihr angebliches Vergehen (für das es keine Beweise gab) bestand in Sabotageaktionen an den Stromleitungen von Hochgeschwindigkeitszügen, was zu Verspätungen geführt hatte. Letztendlich warf man ihnen daher vor, »einer kriminellen Vereinigung zum Zweck terroristischer Aktivitäten« anzugehören. Dass ihnen außerdem unterstellt wurde, die Autorinnen und Autoren des radikalen Pamphlets *Der kommende Aufstand* zu sein, galt als Beweisstück gegen sie. Worte und Gedanken zählen also genauso viel wie Handlungen, wenn der Staat wirksame Dissidenz kriminalisieren will.

Möglicherweise bestand jedoch das eigentliche Verbrechen der Neun von Tarnac darin, dass sie zusammen in ein Dörfchen gezogen waren, dort eine Landkommune gegründet hatten, den örtlichen Lebensmittelladen betrieben und die Essensausgabe für ältere Menschen in der Gegend organisierten – und all das offen mit einer politischen Motivation und mit direkten Aktionen sozialer Bewegungen überall in Europa verbanden.

Überall auf der Welt versuchen Regierungen und Behörden, den Geist der Verweigerung zu unterdrücken, besonders wenn er sich im Zusammenhang mit sinnvollen Vorschlägen äußert. Je mehr das vorherrschende System seine Legitimität verliert, je pathologischer seine offensichtliche Sinnlosigkeit ist, desto mehr neigt es dazu, ein Klima der Angst und der Lähmung unter uns, den Häretikern und Träumern, denen, die das Leben lieben, zu verbreiten.

In der Woche, als die Finanzkrise ausbrach, hielt ein einsamer Protestler auf der Wall Street ein Pappschild hoch, auf dem stand: »Jump! You Fuckers«[225] Die utopische Imagination ist in ihrem Kern der Mut, Dinge zu erschaffen, die es so noch nie gab, und dabei zu Mitteln zu greifen, die noch nie ausprobiert wurden. Die Gemeinschaften, die wir besuchten, haben uns gezeigt, welche Macht das Wagnis hat, welche Macht davon ausgehen kann, sich nicht von düsteren Stimmungen oder Angst lähmen zu lassen, welche Macht darin liegen kann, den Sprung ins Ungewisse zu tun, weil man sicher ist, dass das Leben nicht so sein und bleiben muss. Selbst wenn sich die Zukunft als »dystopischer« Albtraum entpuppen sollte, wäre es den Versuch wert, jetzt anders zu leben und unter Widerständigen Freundschaften aufzubauen. Unsere materiellen und persönlichen Bedürfnisse zu befriedigen, ist an sich schon ein Akt des Widerstands, wie Charles F. Kettering, der Direktor der Entwicklungsabteilung von General Motors, deutlich machte, als er unmittelbar vor dem Börsenkrach 1929 einen Artikel mit dem Titel »Haltet den Konsumenten in Unzufriedenheit« schrieb. Darin argumentierte er, der Schlüssel zu wirtschaftlichem Fortschritt liege in der systematisch herbeigeführten Unzufriedenheit; wenn jeder alles habe, werde er nichts Neues mehr kaufen. In diesem Sinne könnte man behaupten: Glück und Zufriedenheit sind gefährlich für den Kapitalismus.

Utopia ist nicht nirgendwo, sondern überall, wenn wir es

dem Reich der Zukunftsphantasie entreißen und es vom Ende der Geschichte in diesen Augenblick der Gegenwart zurückholen. Utopia ist nicht »kein Ort«, sondern »dieser Ort«, es bedeutet jetzt, hier und genau jetzt hier. Es handelt sich darum, ganz in der Gegenwart zu sein, sodass uns die Zukunft gehört. Sie ist das, was Bloch den »utopischen Moment« genannt hat: der Bruchteil einer Sekunde, bevor irgendetwas getan wird und in dem noch alles möglich ist. Es ist der kleine Atemzug vor unserem Sprung ins Ungewisse, der Funke, der in unserem Hirn überspringt, ehe wir feststellen, dass wir doch fliegen können …

Postskriptum

Alle Tantiemen aus diesem Film-Buch werden in unser frisch geborenes Kollektiv in Frankreich fließen, das r.O.n.c.e. heißt (Resist. Organise. Nourish. Create. Exist oder, frei übersetzt: »Widerstand. Organisieren. Nähren. Erschaffen. Existieren«). Wenn ihr seine Entwicklung verfolgen (oder dazu beitragen) wollt: www.utopias.eu oder twitter@nowtopia.

Danksagung...

... an Hugues Jallon dafür, dass er lange vor uns eine Vorstellung von diesem etwas verrückten Projekt hatte; an Marieke Joly dafür, dass sie es grandios weitergeführt und uns bis zuletzt mit unvergleichbarem Elan und Energie unterstützt hat; an François Gèze und Grégoire Chamayou für ihren Enthusiasmus; an Jade, Xavier und Joseph dafür, dass sie uns mit Hugues bekannt gemacht haben (eigentlich ist alles eure Schuld!) und für stundenlange Diskussionen, Lektüren und kluge Ratschläge. Dank an unsere heldenhaften Übersetzer, Cyril und Alice Le Roy, die eine gewaltige Arbeitsmenge mitten in der amerikanischen Sommerhitze bewältigt haben, und an Leyla Dakhli, die uns im letzten Moment gerettet hat.

Dank an Kim und Carlos, die in Paideia wie die Profis gedolmetscht und uns – singend! – nach Marinaleda geführt haben. Dank an Alex Foti und Zoe Romano für ihre Gastfreundschaft und die Entdeckung der Mailänder Sozialzentren. Dank an Ivan Zlatić und Milenko Srećković, die wunderbaren »serbischen Zapatisten«, nicht nur, weil sie uns durch Zrenjanin geführt und für uns übersetzt haben, sondern auch für die stundenlange Dechiffrierung des unglaublich komplexen und mutigen Kampfes, den sie an Seite der Arbeiter von Zrenjanin führen. Dank an das CRIR, das uns einen Monat lang in Christiania hat wohnen lassen, und an Rasmus für seine utopistischen Briefe und Freundschaft.

Dank an Johns Mutter, die ihm beigebracht hat, wie wichtig es ist, gleichzeitig sein Herz, seine Hände und seinen Kopf einzusetzen. Dank an Jack, seinen Sohn, der unser Auto Humphrey getauft und uns geholfen hat, die Utopie mit Kinderaugen zu sehen. Dank an Tom, seinen Bruder, der das Auto »netzunabhängig« gemacht hat. Dank an Isas Eltern, die ihr von Anfang an die Grundwerte jeder Utopie gezeigt haben: Großzügigkeit, Solidarität und unbedingte Liebe, und an Yann, ihren Bruder, für sein leidenschaftliches Interesse an diesem Projekt, für seine Lektüre der Textentwürfe und für seine gleichbleibend klugen, engagierten und humorvollen Antworten. Und dafür, dass auch er immer weiter kämpft, allem zum Trotz.

Dank an Anouar Brahem, Keith Jarrett und soma fm für die Musik, ohne die wir wahrscheinlich niemals fertig geschrieben hätten. Dank an Kypros Kyprianou, der die Montage des Films mit großer Hingabe übernommen hat, und an Isa Suarez für ihre überzeugende Filmmusik (weitere Danksagungen für den Film finden sich auf der DVD). Dank an Tony und Zole für das Layout und die fantastischen Illustrationen. Dank an Paul Chatterton, Laurence Davis, Uri Gordon, Maria Hellström und James Horrox, die uns Bücher und Artikel geschickt haben für unsere Recherche, und an Ben Trott und Steph Wehowski für die Entmystifizierung. Dank an die Facebook-»Freunde« für ihre Kommentare. Dank an Salette Gressett vom Arts Council England, an Jane und James für ihr Haus im Moor und an Cherry, die freundlichste aller Druckerinnen.

Wir entschuldigen uns bei den Pflanzen, die durch unsere Nachlässigkeit während der Niederschrift des Buchs und der Montage des Films eingegangen sind, obwohl wir sie doch nach unserer Rückkehr von dieser Reise in einem Guerilla-Garten auf dem Bordstein gesät hatten, und bei all unseren Aktivistenfreunden, die unsere Rückkehr an die Front geduldig abgewartet haben.

Ein besonderes Gedenken an Pepa (1944–2009), Mitbegründerin von Paideia, der anarchistischen Schule, die bedauernswerterweise diesen Buch/Film niemals sehen wird, zu dem sie so viel beigetragen hat; und an Michael Jordan (1930–1980), Johns Vater, der die Welt verändern wollte, aber nie das Ergebnis seiner Träume sah.

Und vor allem, das versteht sich von selbst, gilt unser Dank allen Utopisten, die uns empfangen haben. Eure Großzügigkeit, euer Mut, eure Verwegenheit und euer Widerstand sind der Beweis dafür, dass eine Vielzahl anderer Welten, schöner und gerechter, in den Spalten und Ritzen der unseren schon existiert. Man braucht sie nur noch unendlich oft zu vervielfältigen.

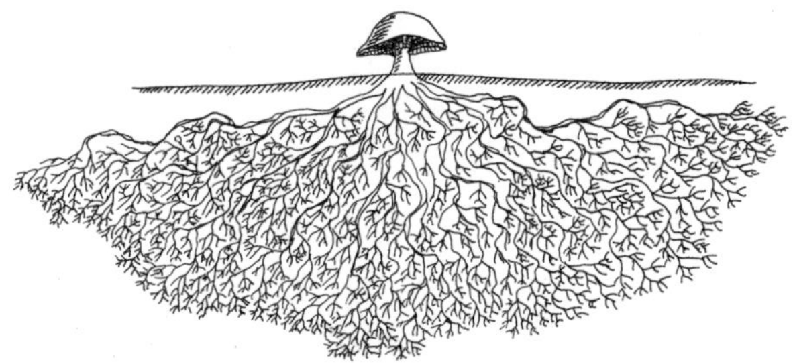

Anmerkungen

1 Die *British Airport Authority* (BAA), die die Flughäfen des Vereinigten Königreichs verwaltet, wandte sich an den obersten Gerichtshof, um eine einstweilige Verfügung gegen alle zu erwirken, die in irgendeiner Weise mit der Organisation des Klima-Camps verbunden waren, wovon auch mehrere Einwohner der benachbarten Dörfer betroffen waren, sowie die Gruppen, die gegen die Flughafenerweiterung angingen, und einige NGOs. Dieser Vorstoß ging für BAA nach hinten los, als sich herausstellte, dass darunter auch alle Mitglieder der königlichen Vogelschutzgesellschaft fielen. Somit hätte auch die Königin selber während einiger Sommerwochen gewisse westliche Stadtteile Londons nicht besuchen und die Picadilly-Linie der U-Bahn nicht benutzen dürfen.

2 In diesem Kontext bedeutet eine Bezugsgruppe eine Gruppe von etwa fünf bis fünfzehn Personen, die gemeinsam an einer direkten Aktion beteiligt sind. Sie organisieren sich nicht-hierarchisch, und oft sind sie miteinander befreundet. Es handelt sich um eine dezentrale, flexible Organisationsform.

3 Die *Tithe Barn* oder auch »Zehnten-Scheuer« in Harmondsworth, so genannt nach dem »Zehnten«, der Abgabe an den Feudalherren, die hier gelagert wurde, steht hier seit ca. 1420 und ist eine der größten Scheunen dieser Art im Land. Sie wurde ganz ohne Metallstifte gebaut. Die Nähe zur dritten Flugpiste wird, vor allem wegen der Erschütterungen durch täglich mehrere hundert Starts und Landungen, das Ende dieses architektonischen Juwels einläuten.

4 Mit *runaway climate change* ist eine Situation gemeint, in der die Klimaveränderung einen Umschlagpunkt erreicht, nach dem die retroaktiven positiven Effekte sie, selbst ohne weitere externe Phänomene, in negativer Richtung verstärken.

5 *Communal Economics in a Post-Petroleum World*, International Conference Communal Studies Association, Communes At Large Letters, Winter 2007.

6 Anarchistischer Künstler-Aktivist aus den USA, der für seinen Humor und seine komödiantischen Aktionen in den 60er Jahren bekannt war (wie beispielsweise, als er an der New Yorker Börse mit tausenden falscher Geldscheine um sich warf, auf die sich die Börsianer stürzten).

7 Diese Schilder erklären, dass das Gelände im Sinne des Paragrafs 6 des britischen Strafgesetzes von 1977 als besetzt gilt. Laut Gesetz ist das gewaltsame Eindringen in ein bewohntes Gebäude, selbst durch den Eigentümer desselben, untersagt. So ist eine Hausbesetzung unter gewissen Bedingungen in Großbritannien legal.

8 Eine Spezialeinheit der britischen Polizei, die mit der Überwachung von Demonstranten und Aktivisten betraut ist. Dies geschieht mittels Foto- und Videokameras, Aufnahmegeräten etc.

9 Im Januar 1996 beschädigten vier Frauen, die zur Bewegung der »Pflugscharen« gehörten, mit Hämmern einen Kampfjet (und verursachten so einen Schaden von über 1,5 Millionen Pfund Sterling), so dass er nicht nach Indonesien exportiert werden konnte, wo ein Genozid an der Bevölkerung von Osttimor in Gange war. Sie wurden freigesprochen, da das Gericht zu dem Schluss kam, dass durch ihre Tat ein größeres Verbrechen verhindert worden war.

10 David Graeber, *Direct Action: An Ethnography*, AK Press, Oakland, CA, 2009, S.203.

11 Die organisatorische Aufteilung eines Protest-Camps auf der Grundlage von Nachbarschaften wurde erstmals im Juli 2002 in Straßburg bei einem No-Border-Camp erprobt.

12 Dank eines lückenlosen Feedback-Systems mittels Sexuallockstoffen schaffen die Ameisen Knotenpunkte vielfacher Rückkoppelung, wobei sich jede Information durch das ganze System verbreitet. Das geschieht, indem sie sehr genau auf das Verhalten ihrer jeweiligen Nachbarn achten und die Informationen weitergeben, aufgrund derer der Ameisenhaufen insgesamt ermitteln kann, wie viel Nahrung in jedem gegebenen Augenblick gebraucht wird. Mehr über Ameisen und Selbstverwaltung im Kapitel »Netzwerke«, in: Notes from Nowhere, *Wir sind überall. weltweit. unwiderstehlich. antikapitalistisch,* Edition Nautilus, Hamburg 2007, S. 67-77. Siehe auch http://artactivism.members.gn.apc.org/allpdfs/063-%5Bessay%5DNetworks.pdf

13 Siehe auch http://www.planestupid.com

14 Der Artikel 44 des britischen Antiterrorgesetzes von 2000 ermächtigt die Polizei, ohne besondere Begründung jede und jeden festzuhalten und zu durchsuchen. Im Januar 2010 stellte der Europäische Gerichtshof für Menschenrechte fest, dass dieser Artikel eine Verletzung des Rechts auf eine geschützte Privatsphäre darstellt, die der Artikel 8 der Konvention zum Schutze der Menschenrechte garantiert.

15 Interview mit Wendy Brown in: Joel Schalit, *The Anti-Captalism Reader: Imagining a Geography of Opposition*, Akashicbooks, New York, 2002.

16 Ewa Jasiewicz, *Time for a Revolution*, *The Guardian*, 21. August 2008, http://www.theguardian.co.uk. Hier geht leider der Reim verloren, der im Französischen wie im Englischen funktioniert: »solution« und »revolution«, AdÜ.

17 Paul Chatterton, »›Give up Activism‹ and change the world in unknown ways: or, learning to walk with others on uncommon ground«, *Antipode*, Heft 38, Nr. 2, 2006.

18 Es gelang uns, den *Evening Standard* zu einem Widerruf und die Redaktion zum öffentlichen Eingeständnis zu veranlassen, dass die Journalisten keinerlei Beweise hatten. Außerdem konnten wir bei der Presse-Beschwerdestelle, einer unabhängigen Organisation, erreichen, dass sie dafür abgemahnt wurden. Doch der Schaden war bereits angerichtet.

19 Ein klassischer Büro-Rechner verbraucht 150 Watt.

20 Siehe auch Notes from Nowhere, *Wir sind überall*, op.cit.

21 Abgekürzt WHO und IWF..

22 Siehe auch John Jordan, »The art of necessity«, in: George McKay, *DIY Culture: Parties and Protest in Nineties Britain*, Verso, London 1998.

23 Fredric Jameson, *Archeologies of the Future: The Desire Called Utopia and Other Science Fictions*, Verso, London 2005, S.242.

24 Marina Sitrin, *Horizontalism: Voices of Popular Power in Argentina*, AK Press, Oakland, CA, 2006.

25 Siehe auch Cyril Cavalié / Sébastien Porte, *Un nouvel art de militer: happenings, luttes festives et actions directes*, Éditions Alternatives, Paris 2009, S.21.

26 Jo Freeman, *The tyranny of structurelessness*, 1970; nachgedruckt in: *Berkeley Journal of Sociology*, Heft 17, 1973.

27 Zitiert nach David Vercauteren, *Micropolitiques des Groupes*, HB Éditions, Forcalquier 2007.

28 Ebd.

29 Zunehmend hört die britische Polizei Telefone von Aktivisten ab oder verschafft sich Einblick in ihre E-Mails.

30 Die »Fünf-Finger-Tatik« ist eine gewaltlose Methode des zivilen Widerstands, um durch Polizeiketten hindurchzustoßen. Indem die Beteiligten in fünf Reihen gleichzeitig an fünf verschiedenen Stellen auf die Polizeikette zugehen, beschäftigen, binden und ermüden sie die Polizei in hohem Maße. Bei den Protesten gegen den G8-Gipfel in Heiligendamm 2007 wurde diese Technik sehr erfolgreich angewandt.

31 Am 12. Mai 2010 kündigte die britische Regierung die Aufgabe des Projekts einer dritten Landebahn an. Wenn dieser Sieg auch mit mehreren Faktoren zusammenhängt, darunter die Wirtschaftskrise als einer der entscheidenden, besteht doch kein Zweifel, dass das Versprechen ebenfalls ins Gewicht fiel, das sich Aktivisten und Bewohner nach dem Klima-Camp gegeben hatten: gegen die Bauarbeiten Widerstand zu leisten und so die Kosten hochzutreiben.

32 Das Klima-Camp hat weltweit inspirierend gewirkt und weitere Klima-Camps in den USA, Ghana, Belgien, Deutschland … angeregt. In Frankreich fanden zwei statt: 2009 gegen den Flughafen von Notre-Dame-des-Landes und 2010 gegen die Erdölindustrie in Le Havre. Siehe auch http://campclimat.org.

33 Stephen Duncombe, *Dream: Re-Imagining Progressive Politics in an Age of Fantasy*, The New York Press, New York 2007.

34 Chris Carlson, *Nowtopia*, AK Press, Oakland, CA, 2008.

35 Zitiert in John Clark, »Anarchy and the Dialectic of Utopia«, in: Laurence Davis / Ruth Kinna, *Anarchism and Utopianism*, Manchester University Press, Machester 2009.

36 Karl Marx / Friedrich Engels, Manifest der Kommunistischen Partei, 1848.

37 Fred Turner, *From Counter Culture to Cyber Culture: Stewart Brand, the Whole Earth Network and the Rise of Digital Utopianism*, University of Chicago Press, Chicago 2006.

38 John Edgar Hoover, Direktor des Federal Bureau of Investigation (FBI) von 1924 bis 1972.

39 Dieses Programm hatte die Aufgabe, dissidente Bewegungen in den USA der 1960er und 1970er Jahre zu beobachten, zu unterwandern und zu unterdrücken.

40 Wortspiel: Landmatters kann bedeuten »Auf's Land kommt's an« oder »ländliche Angelegenheiten«.

41 John Berger, »Against the great defeat of the world«, in: Tom Hayden (Hrsg.), *The Zapatista Reader*, Nation Books, New York 2002.

42 Es ist erstaunlich, wie viel Wasser sich durch Dächer gewinnen lässt. Ein relativ kleines Hausdach von 110 qm ergibt bei einem durchschnittlichen Niederschlag von 60 cm/Jahr 7000 Liter kostenloses Wasser im Jahr.

43 Patrick Reinsborough, *A victory for the Uwa*, www.earthfirstjournal.org/article.php?id=130.

44 Starhawk, *The Fifth Sacred Thing*, Bantam, New York 1993; deutsch: *Das Fünfte Geheimnis*, Hannah Verlagsgesellschaft, Stade 1996.

45 Siehe www.earthactivisttraining.org.

46 Siehe George McKay, *DIY Culture*, op. cit.

47 Starhawk, *The Earth Path: Grounding Your Spirit in the Rhythms of Nature*, Harper One, San Francisco 2004.

48 Als Mykorrhiza (von Altgriechisch *mýks*, Pilz, sowie *rhiza*, Wurzel) bezeichnet man eine Form der Symbiose von Pilzen und Pflanzen, bei der ein Pilz mit dem Feinwurzelsystem einer Pflanze symbiotisch verbunden ist.

49 Bill Mollison / David Holmgren, *Permakultur. Landwirtschaft und Siedlungen in Harmonie mit der Natur*, pala-Verlag, Darmstadt 1984.

50 Herman Daly, »From Adjustment to sustainable development: the obstacle of free trade«, in: Ralph Nader, *The Case Against ›Free Trade‹: GATT, NAFTA and the Globilization of Corporate Power*, North Atlantic Books, Berkeley, CA, 1993.

51 Friends of the Earth, *Paper to the Government Panel on Sustainable Develepement – Forests*, Friends of the Earth, London, 1995.

52 Dave Jacke / Eric Toensmeier, *Edible Forest Gardens*, Bd.1, *Ecological Vision and Theory for Temperate Climate Permaculture*, Chelsea Green Publishing, Vermont 2005.

53 New Economics Foundation, *Nine Meals From Anarchy*, New Economics Foundation, London, 2008.

54 Auf Englisch spricht man in diesem Zusammenhang von »den sieben F«: food, fuel, fiber, fodder, fertilizer, »farmaceuticals« und fun; siehe Ken Fern, *Plants for a Future: Edible and Useful Plants for a Healthier World*, Permanent Publications, Hampshire 1997.

55 Rebecca Hosking, *Farm for the Future*, Doku der BBC, 2009.

56 Patrick Whitefield, *The Earth Care Manual: A Permaculture Handbook for Britain and Other Temperate Climates*, Permanent Publications, Hampshire 2004.

57 Charles Darwin, *Über die Entstehung der Arten im Thier- und Pflanzen-Reich durch natürliche Zuchtwahl, oder Erhaltung der vervollkommneten Rassen im Kampfe um's Daseyn*, E. Schweizerbart'sche Verlagshandlung und Druckerei, Stuttgart 1860.

58 Nick Rosen, *How to Live Off Grid: Journeys Outside the System*, Doubleday, London 2007.

59 Dieses Konzept wurde ursprümglich von Simon Fairlie entwickelt in seinem *Low Impact Development: Planning and People in Sustainable Countryside*, Jon Carpenter Publishing, Chipping Norton, 1996.

60 Die Ludditen waren Handwerker in der Textil-Manufaktur Großbritanniens zu Beginn des 19. Jahrhunderts, die sich gegen die Industrialisierung und die Einführung des freien Marktes wehrten, weil sie im Zuge dieser Entwicklung ihre Arbeit verloren. Häufig zerstörten sie die neuen Maschinen. Heute assoziiert man mit diesem Begriff die Ablehnung von Fortschritt und technologischer Innovation, womit man dieser sozialen Bewegung Unrecht tut. Sie kämpfte für ihre Selbstbestimmung und war nicht bereit, sich dem grausamen Rhythmus der Fabrikarbeit zu unterwerfen.

61 Peter Staudenmeier, »Fascist Ideology: the green wing of the nazi parti and its historical antecedents«, in: Janet Biehl / Peter Staudenmeier, *Ecofascism: Lessons from the German Experience*, AK Press, Oakland, CA, 1995.

62 Colin Ward, *Anarchism: A Very Short Introduction*, Oxford University Press, Oxford 2004.

63 Sean Sheehan, *Anarchism*, Reaktion Books, London 2004.

64 Siehe auch Sam Dolgoff (Hrsg.), *The Anarchist Collectives: Workers' Selfmanagement in the Spanish Revolution 1936 – 1939*, Free Life Editions, New York 1974.

65 Siehe auch Abel Paz, *Durruti. Leben und Tode des spanischen Anarchisten*, Edition Nautilus, Hamburg 1994.

66 Escanda: Espacio Social Colectivo para la Autogestión, la Diversidad y la Autonomía, www.escanda.org.

67 Siehe http://trapese.clearerchannel.org.

68 Summerhill ist eine freie Schule, die 1921 in Großbritannien von dem Psychoanalytiker Alexander Neill gegründet wurde. Siehe auch Alexander Neill, *Theorie und Praxis der antiautoritären Erziehung. Das Beispiel Summerhill*, Rowohlt Taschenbuch, Reinbek bei Hamburg 1969.

69 Das spanische Verb »mandar« bedeutet »befehlen«, »Anweisungen geben« (hier im Passiv).

70 Pierre-Joseph Proudhon, *Idée générale de la révolution au XIXe siècle*, Rivière, Paris 1923.

71 William Godwin, *An Account of the Seminary that Will Be Opened on Monday the Fourth Day of August, at Epsom in Surrey, for the Instruction of Twelve Pupils*, 1783.

72 Michael Smith, *The Libertarians and Education*, George Allan and Goodwin, London, 1983.

73 Paul Avrich, *The Modern School Movement: Anarchism and Education in the United States*, AK Press, Oakland, CA, 2006.

74 Derrick Jensen, *A Language Older Than Words*, Souvenir Press, London 2000.

75 Michael Smith, *The Libertarians and Education*, op.cit.

76 John Clark, *The Anarchist Moment: Reflections on Culture, Nature and Power*, Black Rose Books, Montreal 1984.

77 Allan Ritter, *Anarchism: A Theoretical Analysis*, Cambridge University Press, Cambridge 1980.

78 Peter Kropotkin, *Act for Yourself: Articles From Freedom*, 1886–1907.

79 John Clark, *The Anarchist Moment*, op.cit.

80 Peter Kropotkin, *Anarchistische Moral*, http://www.anarchismus.at/anarchistische-klassiker/peter-kropotkin/6429-peter-kropotkin-anarchistische-moral.

81 Siehe http://www.diggersanddreamers.org.uk und http://www.diggersanddreamers.org.uk.

82 Chris Coates, *Utopia Britannica: British Utopian Experiments 1325–1945*, Diggers and Dreamers Publications, London 2001.

83 Jonestown oder »Tempel des Volkes« war eine utopistische Kommune, die von Reverend Jim Jones geführt wurde und religiöse und kommunistische Elemente verband. Mit dem »kollektiven Selbstmord« von über 900 Anhängerinnen und Anhängern fand sie 1978 ihr tragisches Ende. Ein ähnlicher Fall ist der der »Davidianer« in Mont Carmel in Texas in der Nähe der Stadt Waco. Auch da gaben die Anhänger alle Autorität an einen Führer ab. Polizeieinheiten drangen 1993 in das Gelände der Gruppe ein, um Waffen sicherzustellen. Es kam zu einem Schusswechsel und einer 55-tägigen Belagerung, die damit endete, dass

66 Frauen, Männer und Kinder in einem brennenden Gebäude umkamen.

84 Murray Bookchin, *Social Anarchism or Lifestyle Anarchism: An Unbridgeable Chasm*, AK Press, Oakland, CA, 1995.

85 Ebd.

86 Andrew X, »Give up anarchism«, in: *Do or Die*, 2001, Nr. 9, www.eco-action.org/dod/no9/activism.htm.

87 Siehe auch Jonathan Beecher, *Charles Fourier, The Visionary and His World*, University of California Press, Berkeley, CA, 1986.

88 David Boyle / Andrew Simms, *The New Economics. A Bigger Picture*, Earthscan, London, 2009.

89 Zu Beginn des 15. Jahrhunderts wurden in England die bis dahin Jahrhunderte lang von den Dorfbewohnern gemeinsam genutzen Wälder und Wiesen, die sie ernährten, von den Besitzenden systematisch eingefriedet. Sie machten sie zu Privateigentum und ließen dort die Schafe weiden, die den Rohstoff Wolle für die rasch wachsende Textilindustrie lieferten. Das wiederum zwang die landlosen Bauern, sich in den Fabriken der Städte zu verdingen, um zu überleben. *Utopia* von Thomas Morus stellt eine Kritik an eben diesem Aneignungsprozess, am Privateigentum, dar. Der Autor bezeichnet England als ein Land, in dem die Schafe »die Menschen verschlingen«.

90 David Boyle / Andrew Simms, *The New Economics*, op. cit.

91 Murray Bookchin, *Pour un municipalisme libertaire?* Atelier de création libertaire, Lyon 2003; siehe auch Janet Biehl, *The Murray Bookchin Reader*, Cassell, London 1997.

92 Wie dies beispielsweise für die Grünen in Deutschland in den 1980er Jahren zutraf.

93 Sharon Zukin, *The Culture of Cities*, Wiley-Blackwell, New York 1995, S.28.

94 André Gorz, *Kritik der ökonomischen Vernunft. Sinnfragen am Ende der* Arbeitsgesellschaft. Rotbuch, Berlin 1989; Neuauflage Rotpunktverlag, Zürich 2009, S.40.

95 Ebd., S.69.

96 Ebd., S.74.

97 André Gorz, *Wissen, Wert und Kapital. Zur Kritik der Wissensökonomie*, Rotpunktverlag, Zürich 4. Auflage 2010.

98 Das @ ist in diesem Kontext eine Form, männlich und weiblich (nosotras/nosotros) gleichzeitig und gleichberechtigt zu signalisieren.

99 Der Polizist und sein Vorgesetzter wurden freigesprochen, während Martin und Gesine für schuldig befunden wurden, den Verkehr blockiert und damit Menschen gefährdet zu haben. Siehe auch www.aubonnebridge.net

100 In der chinesischen Philosophie sind Yin und Yang die beiden gegensätzlichen und zugleich komplementären Elemente oder Prinzipien, die jede Einheit ausmachen. Dabei bezeichnet Yin die »weiblichen« Eigenschaften (Sanftheit, Langsamkeit, Emotionalität etc.) und Yang die »männlichen« (Dominanz, Rationalität, Geschwindigkeit etc.).

101 Unsichtbares Komitee, *Der kommende Aufstand*, Edition Nautilus, Hamburg 2010, S.53-54.

102 »Economics must be at the heart of any discussion of how to fight climate change«, *Boston Review*, Januar 2007.

103 Laut der Weltbank leben mehr als die Hälfte der Bewohnerinnen und Bewohner des Planeten von weniger als 2,50 $ pro Tag.

104 Anspielung auf den unter Mitterand errichteten monumentalen Triumphbogen im Viertel La Défense; »la défonce« bedeutet so viel wie »Drogentrip«, während »la défense« »die Verteidigung« bedeutet und sich in diesem Fall auf die Verteidigung von Paris 1870 gegen den deutschen Angriff bezieht.

105 Alvin Gibbs, *Destroy! L'histoire définitive du punk*, Camion Blanc, Rosières-en-Haye 2007.

106 Stephen Duncombe, »Introduction«, *Cultural Resistance Reader*, Verso, New York 2002, S.4.

107 Abkürzung für »Service du travail obligatoire« oder »Verpflichtender Arbeitsdienst«: Während der deutschen NS-Besatzung Frankreichs wurden hunderttausende französische Arbeiterinnen und Arbeiter gezwungen, in Deutschland zu arbeiten, um zur Kriegswirtschaft der Besatzungsmacht beizutragen.

108 Die Emotionen schlugen solche Wellen, dass einige Tage später eine Versammlung einiger Parlamentarier und Bewohner aus der Region zusammenkam, um zu besprechen, warum es zu dem gewaltsamen Vorgehen gekommen war.

109 Die Formulierung »Armee im Schatten« für das Netz der französischen Widerstandskämpfer gegen die Nazis geht auf den gleichnamigen Roman von Joseph Kessel zurück, verfilmt mit Lino Ventura und Simone Signoret.

110 Im Verlauf des Jahres 2008 fanden u.a. auch in folgenden Ländern heftige Hungerrevolten statt: Haiti, Mexiko, Marokko, Usbekistan, Jemen, Guinea, Mauretanien, Senegal, Philippinen, Bangladesch, Brasilien, Burkina Faso, Kamerun, Elfenbeinküste, Ägypten, Äthiopien, Mosambik, Pakistan, Russland, Somalia.

111 Der Preis für die meisten Getreidearten hat sich bereits verdoppelt; der für Reis ist um 20% gestiegen.

112 Ein Liter Erdöl enthält ungefähr 10 kWh pro Tag, ein Mensch verbraucht etwa 5 kWh pro Tag bei einem Arbeitstag von 10 Stunden.

113 Deshalb auch kommt Cravirola – abgesehen von dem Bild des toten Zickleins, in dessen Auge sich die Kamera spiegelt – in dem Film nicht vor.

114 Siehe www.revuesilence.net.

115 »Preisstop für landwirtschaftliche Flächen«, *L'Anjou agricole*, 31.5. 2007.

116 2005 hat die Durchschnittsgröße landwirtschaftlicher Betriebe 74 Hektar, somit 32 Hektar mehr als noch 1988, erreicht. Siehe auch Agreste, *Enquête Structure 2005* und *Recensement 2000*.

117 Von diesen gibt es heute weniger als 200 000. Siehe: Agreste, ebd.

118 Diese Abkoppelung des Einflusses vom eingelegten Kapital bedeutet, dass die traditionelle Formel, »je mehr Kapital ich mitbringe, desto mehr zählt meine Stimme«, nicht zutrifft. Für den Arbeitgeberverband Medef geht es darum, gewissen Leuten, die zum Beispiel strategisch bedeutsame Kontakte oder spezifische Kompetenzen haben, im Unternehmen ein größeres Gewicht zu verschaffen, ohne dass sie entsprechend Kapital einzubringen haben.

119 In dieser Hinsicht hat sich etwas bewegt: Cravirola hat inzwischen Trainings in zivilem Ungehorsam (www.desobeir.net) und Versammlungen junger Bauern-Aktivistinnen und -Aktivisten von Reclaim the Fields (www.reclaimthe fields.org/fr) beherbergt.

120 Das Paar hat schließlich das Projekt verlassen und sein eigenes auf einem Familienbesitz im Limousin aufgezogen, um dort Ziegen zu halten.

121 Das Magazin der Marseillaiser »Offensive libertaire et sociale« (OLS), http://offensive.samizdat.net.

122 www.reseaurepas.free.fr.

123 In den 1970er Jahren gab es in Großbritannien eine bedeutende Bewegung für kostenlose Musikfestivals, die meistens ohne offizielle Genehmigung organisiert wurden (z.B. in Windsor, Glastonbury, Stonehenge).

124 Damals beschlossen auch viele Hippies, Punks und Menschen, die sich der New Age-»Philosophie« verbunden fühlten (und durch die Traditionen der Nomadenvölker inspiriert waren), nomadische Gemeinschaften zu bilden und in Konvois von Campingbussen zu reisen, wobei sie sich häufig von einem *free festival* zum nächsten bewegten.

125 Nach über dreißig Jahren gibt es keine feste Bezeichnung für die Bewohner von Longo Maï. Wir halten uns an das von Joëlle benutzte »Longos« (und nicht »Longo Maïer«).

126 Beatriz Graf: *Longo Maï – Revolte und Utopie nach '68. Gesellschaftskritik und selbstverwaltetes Leben in den Europäischen Kooperativen*, Thesis Verlag, Egg bei Zürich 2005.

127 Im Juli 2001 demonstrierten in Genua rund 400 000 Aktivisten gegen den G8-Gipfel. Die Repression durch die Polizei war von beispielloser Gewalt: etwa 7000 Aktivisten wurden verletzt, manche von ihnen schwer, besonders bei einem brachialen Polizeieinsatz in einer Schule, die als Treffpunkt und Schlafplatz diente. Mehr als zehn Menschen wurden dort schlafend überfallen, zusammengeschlagen und später im Knast gefoltert. Carlo Giuliani, ein 23-jähriger Aktivist, wurde von einem Polizisten auf der Straße aus nächster Nähe erschossen. Siehe auch ANON, *On Fire. The Battle of Genoa and the Anti-Capita-list Movement*, One-Off Press, Charleston, SC, 2001.

128 Saint-Michel-l'Observatoire ist ein Dorf im Département Alpes-de-Haute-Provence, in dem ein bedeutendes astronomisches Forschungszentrum ansässig ist.

129 Vor allem Spartakus und Hydra.

130 Zitiert in Beatriz Graf, *Longo Maï*, op.cit.

131 Ebd.

132 Näheres ebd.

133 Der einzige Kurde, der sich tatsächlich dort aufhielt, war ein Anwalt und langjähriger Freund von Longo Maï. Er war infolge des Staatsstreichs von 1980 in der Türkei als politischer Flüchtling gekommen.

134 Die Ähnlichkeit mit einem anderen Polizeieinsatz ist kaum zu übersehen: dem vom 11.11.2008 auf dem Hof Goutailloux in Tarnac, dessen Bewohner ebenfalls in aller Frühe von 150 Polizisten geweckt wurden, die auf der Suche nach gefährlichen Terroristen waren. In diesem Fall allerdings nahm die Polizei eine Gruppe junger Leute mit, wobei sie sich auf der Anti-Terrorgesetze berief, und einer von ihnen, Julien Coupat, blieb über sechs Monate ohne Anklage oder Beweise in Haft. www.soutien11novembre.org.

135 Die Liste der Samensorten ist in Frankreich als offizieller Katalog der Arten und Unterarten bekannt. Nur die darin verzeichneten Arten und ihre Varianten sind für den Handel zugelassen. In Deutschland gelten entsprechende Regelungen.

136 Food and Agriculture Organization of the United Nations (Ernährungs- und Landwirtschaftsorganisation der Vereinten Nationen).

137 Vandana Shiva, *The Violence of the Green Revolution*, Zed Books, London 1991.

138 Laut Angaben des National Crime Records Bureau der indischen Regierung.

139 Vandana Shiva sieht einen direkten Zusammenhang zwischen den tragischen Konsequenzen der Grünen Revolution und den ethnisch und religiös motivierten Konflikten, die Indien destabilisieren. Tatsächlich spiegeln diese die enormen Spannungen wider zwischen den desillusionierten Bauern einerseits und einem Zentralstaat, der die Agrar- und die Finanzpolitik, die Kreditvergabe und die Preise für landwirtschaftliche Produkte kontrolliert, andererseits. Siehe auch Vandana Shiva, *The Violence*, op.cit., S.113.

140 Interview in *Alerte à Babylone* von Jean Druon (2005, Film, Voir et Agir).

141 Siehe zum Beipiel die Website der französischen Regierung, auf der die Vorzüge der gentechnisch veränderten Sorten hervorgehoben werden: angeblich sind sie »reichhaltiger an gewissen Molekülen, weshalb sie zur Prävention eingesetzt werden können (»Goldener Reis« enthält viel Vitamin A, was ihn insbesondere in den Entwicklungsländern zur Prävention gegen Blindheit geeignet erscheinen lässt) oder auch zu therapeutischen Zwecken« (www.ogm.gouv.fr/).

142 http://www.kokopelli.org.

143 Vandana Shiva, *Monoculture of the Mind. Perspectives on Biodiversity and Biotechnology*, Zed Books, London, 1993, S.4.

144 Seit dem 1. Januar 2010 in der gesamten EU eingeführt.

145 Siehe auch Beatriz Graf, *Longo Maï*, op.cit.: »Im September 1973 ließ der Innenminister Raymond Marcellin acht Gründungsmitglieder der Pionier-Dörfer ausweisen. Begründet wurde dies offiziös mit der Nähe des Albion-Plateaus, wo bis vor Kurzem die französischen Atomstreitkräfte stationiert waren, die den Einzug von ›jungen Europäern, die einer gefährlichen Linken zuzurechnen sind‹ in nächster Nähe nicht hinnehmen wollten. (...) Unbeabsichtigte Folge: Ein paar Presseartikel über die Ausweisungen machen das *Village Pionnier* bekannt. Hunderte junger Franzosen kommen nach Limans, um das Dorf zu unterstützen oder auch einfach nur, um es kennenzulernen. Das schafft Organisations- und Versorgungsprobleme, vor allem aber eine tiefgreifende Veränderung: Die Zuwanderung von Franzosen und Französinnen setzt der ›germanischen Vorherrschaft‹ ein Ende, und die Zahl der ›Pioniere‹ nimmt schlagartig zu.«

146 Michèle Salmona, *Souffrance des Paysans français*, L'Harmattan, Paris 1994.

147 Edward S. Herman / Noam Chomsky: *Manufacturing consent: the political economy of the mass media*. Pantheon Books, New York 1988, 2002.

148 Siehe auch Steve Wright, *L'assaut du ciel*, Senonevero, Marseille 2007.

149 Freedom Fight ist Mitglied des Komitees, das die Demonstrationen der serbischen Arbeiter koordiniert.

150 Die »Pioniere Titos« waren eine Art staatlicher Pfadfinderorganisation, der die meisten Schülerinnen und Schüler in der Sozialistischen Föderativen Republik Jugoslawien angehörten.

151 Bosnien-Herzegowina, Kroatien, Kosovo, Mazedonien, Serbien,

Montenegro und Slowenien. Mit der Abspaltung von Kroatien, Slowenien, Mazedonien und Bosnien-Herzegowina begann 1992 der Zerfall der Föderation. Der Name »Jugoslawien« verschwand 2003, als die Staatenunion Serbien und Montenegro entstand, die sich wiederum mit der Unabhängigkeit Montenegros 2006 auflöste. Im Jahr 2008 erklärte der Kosovo einseitig seine Unabhängigkeit.

152 Branka Likić Brborić, *Democratic Governance in the Transition from Yugoslav Self-Management to a Market Economy*, Doktorarbeit im Fach Wirtschaftsgeschichte, Acta Universialis Upsaliensis, 2003.

153 Sie machten also über ein Drittel des Inlandseinkommens aus. Siehe auch Nick Beams, »IMF ›Shock Therapy‹ and the Recolonisation of the Balkans«, April 1999, http://www.ess.uwe.ac.uk/kosovo/Kosovo-controversies43.html.

154 www.country-data.com/cgi-bin/query/r-14874.html.

155 Laut Michel Chossudovsky »ist die Implosion Jugoslawiens teilweise den intriganten Manövern der Vereinigten Staaten geschuldet [...]. Die Reagan-Administration hatte sich in einem geheimen Dekret zur nationalen Sicherheit 1984 (NSDD) [...] die jugoslawische Wirtschaft vorgenommen; dieses Dokument griff großenteils ein anderes dieser Art von 1982 (NSDD 64) auf, das Osteuropa zum Thema hatte. Es sah die ›Verdopplung der Anstrengungen‹ vor, ›eine sanfte Revolution herbeizuführen, die die kommunistischen Regierungen und Parteien kippen würde‹. Dies sollte durch eine Reintegration dieser Länder in eine ›Freie Marktwirtschaft‹ geschehen.« Michel Chossudovsky, *Global brutal. Der entfesselte Welthandel, die Armut, der Krieg*, Zweitausendeins, Frankfurt am Main 2002.

156 Ebd.

157 Ebd.

158 1989 wurden etwa 248 Firmen liquidiert und 89 400 Beschäftigte entlassen; im Verlauf der ersten neun Monate des Jahres 1990 wurden 889 Unternehmen mit 525 000 Beschäftigten für bankrott erklärt, im September desselben Jahres schätzte die Weltbank, dass es noch 2435 defizitäre Unternehmen im Land gebe. Siehe auch Nick Beams, »IMF ›Shock Therapy‹ and the Recolonisation of the Balkans«.

159 Michel Chossudovsky, *Global brutal*, op.cit.

160 Naomi Klein, *Die Schock-Strategie. Der Aufstieg des Katastrophen-Kapitalismus*, S. Fischer, Frankfurt am Main, 2007.

161 Michel Chossudovsky, *Global brutal*, op.cit.

162 Mariano Aguirre, »Un tragique enchaînement d'erreurs«, *Le Monde diplomatique*, November 1996.

163 Susan Woodward, *The Balkan Tragedy. Chaos and Dissolution After the Cool War*, Brookings Institution, Washington, DC, 1995, S.18.

164 Znet ist eine Website für radikalen alternativen Journalismus, die in den USA gemacht wird, www.zcommunications.org/zmag.

165 Für die Privatisierung aller serbischen Unternehmen zuständige Regierungsbehörde.

166 Michel Chossudovsky, »Economic Terrorism« von 2001, http://www.ilps-news.com/central-info-bureau/authors/michel-chossudovsky/economic-terrorism.

167 Die Serbische Radikale Partei ist eine rechtsnationalistische, neofaschistische Partei, die für ein Großserbien eintritt.

168 Internationale Norm zur Qualitätssicherung, Grundlage für eine Zertifizierung.

169 *Good Manufacturing Practice*: ein durch die EU entwickeltes Verfahren, das die Methoden, die Ausrüstung, die Installationen und die Kontrollen festlegt, die bei der Herstellung von Produkten zur Schönheitspflege, von pharmazeutischen Produkten (für die Anwendung bei Menschen und Tieren), von medizintechnischen Geräten und von Lebensmitteln zu beachten sind.

170 Jetzt, da wir dabei sind, die Arbeit an diesem Buch abzuschließen, ist Jugoremedija immer noch ein blühendes Unternehmen, doch die Angriffe der Regierung und der Medien lassen nicht nach. Die Arbeiter von Bek haben beschlossen, den Kampf gegen eine finanzielle Wiedergutmachung (statt der durch 100% der Anteile) entgegen Milenas Rat aufzugeben. Zdravko und sie sind unterdessen in die Politik gegangen und wurden in den Regionalrat gewählt. Sie wollen den Kampf auf einem anderen Niveau weiterführen. Die Situation von Šinvoz ist immer noch nicht geklärt, doch die Arbeiter kämpfen weiter und werden dabei nach wie vor von Jugoremedija unterstützt.

171 Persönliche Korrespondenz mit Mark Peter Wege.

172 Die gewöhnlich aus Ästen und Zweigen errichtete Schwitzhütte oder *sweat lodge* dient bei amerikanischen Ureinwohnern der (spirituellen) Reinigung, der Anbetung und der Initiation. Rein äußerlich ähnelt sie in ihrer Wirkungsweise einer Sauna.

173 Frank Manuel / Fritzie Manuel, *Utopian Thought in the Western World*, Harvard University Press, Cambridge (Mass.) 1979.

174 Sigmund Freud, *Das Unbehagen in der Kultur*, Internationaler Psychoanalytischer Verlag, Wien 1930.

175 Jonathan Beecher, *Charles Fourier*, op.cit.

176 Die meisten dieser Gedanken sind dem Konferenzpapier von Saskia Poldervaart, »The Recurring Movements of ›Free Love‹«, entnommen, das sie beim International Institute for Social History, Amsterdam, am 6. Oktober 2000 vorlegte; www.iisg.nl/womhist/polder.pdf.

177 Dieter Duhm, »Biological humanism as the framework for a new culture«, in: Jock Millenson (Hg.) *Liberating Love: Readings from the German Meiga Communities*, Juggler Press, Forres, 2001.

178 http://www.mlwerke.de/me/me04/me04_459.htm#Kap_III_3.

179 Murray Bookchin, »Anarchismus in der Nach-Mangelgesellschaft«, in: ders., Die Formen der Freiheit. Aufsätze über Ökologie und Anarchismus, Büchse der Pandora, Asslar-Werdorf 1977, S. 41

180 AAO, *Das AAO-Modell*, AA-Verlag, Neusiedl/See 1976; siehe auch William Levy, *Ottoismus in Holland*, Transactions of the Invisible Language Society, Amsterdam 1993.

181 Anderseits wurde Muehl unmittelbar nach seiner Entlassung eingeladen, seine Gemälde im Louvre zu zeigen.

182 Siehe Interview: www.archivesmuehl.org.

183 Dieter Duhm, »Biological humanism«, op.cit.

184 Ebd.

185 Zitiert in: Roland Schaer / Gregory Claeys / Lyman Tower Sargent, *Utopie: la quête de la société idéale en Occident*, Fayard, Paris 2000.

186 Interview mit Rotraud: http://www.nfnc.org/~legacy/docs/rotraud.html.

187 http://www.violence-prevention-network.de/mediathek/woerterbuch-der-menschenfeinde/271-national-befreite-zone.

188 Mareike Jörns, »Zivilgesellschaft rechtsextrem«, *Analyse und Kritik* vom 18. Januar 2002, www.akweb/ak_s/ak458/26.htm.

189 Vielen Dank für diesen Hinweis an Starhawk.

190 Dolores Richter / Achim Ecker, »Forum: taking to a common human stage«, *Permaculture Magazine*, Sommer 2004, Nr. 40.
191 Sabine Lichtenfels, »Woman's Sexual Nature«, in: Jock Millenson (Hg.), *Liberating Love*, op.cit.
192 Dolores Richter, »Forum: a way of group communication«, in: Anya Joubert / Robin Alfred (Hg.), *Beyond You and Me: Inspiration and Wisdom for Building Community*, Gaia Education and Permanent Publications, Hampshire 2007.
193 Derrick Jensen, *Endgame: The Problem of Civilization*, Bd. I, Seven Stories Press, New York 2006.
194 Georges Bataille, *Die Erotik*, Matthes & Seitz, München 1994.
195 Forscher, die das Projekt Christiania zum Gegenstand haben und zu diesem Zweck vorübergehend dort wohnen; www.crir.net.
196 Mark Edwards, *Christiania: A Personal View of Europe's Freetown*, Information Forlag, Kopenhagen 1979.
197 Maria Hellström, *Steal this Place. The Aesthetics of Tactical Formlessness and »The Free Town of Christiania«*, Doctoral thesis, Swedish University of Agricultural Sciences, Alnarp 2006, S.57.
198 Ebd., S.90.
199 Ebd.
200 Siehe Manfred Ertel, »Friede in den Hütten«, *Spiegel*, 9. Juli 2007, http://www.spiegel.de/spiegel/print/d-52185943.html.
201 Merete Ahnfeldt-Mollerup, »Christiania's Aesthetics – You can't kill us/We are part of you«, in: Kim Dirckinck-Holmfeld / Martin Keiding (Hg.), *Christianias Lære / Learning from Christinia*, The Danish Architectural Press, Kopenhagen 2004, S.56.
202 Das neue »Ungdomshuset« hat seine Tore nach über sechzehn Monaten allwöchentlicher Demonstrationen am 1. Juli 2008 in Bispebjerg, einem Stadtteil im Nord-Westen von Kopenhagen, geöffnet.
203 Grönland ist ein autonomes Gebiet, das zu Dänemark gehört, und relativ viele Inuit leben in Christiania.
204 Inzwischen hat Ella eine Wohnung in Christiania gefunden.
205 Erich Fromm, *The Sane Society*, Rinehart & Company, New York 1955; auf deutsch: *Wege aus einer kranken Gesellschaft*,.
206 Bruce Levine, *A Common Sense Rebellion. Taking Back Your Life from Drugs, Shrinks, Corporations and a World Gone Crazy*, Continuum, New York 2003.
207 Maria Hellström, *Steal this Place*, op.cit., S.47.
208 Ursprünglich war die Ablehnung der Konsumgesellschaft und zugleich von Stalinismus und marxistischem Determinismus genauso wichtig wie der kommunitäre Anarchismus. Christiania wurde von den Aktivisten als Möglichkeit gesehen, das alltägliche Leben zu politisieren.
209 Maria Hellström, *Steal this Place*, op.cit., S.40.
210 Im Juni 2011 entschieden die Bewohner Christianias, dem Vorschlag des Staates Dänemark zuzustimmen, Grund und Boden sowie die Gebäude Christianias zu kaufen. Die »Übereinkunft« ist sehr kompliziert und beinhaltet verschiedene Varianten von Eigentum, Miete und Hausverwaltung, sie ist auch noch immer Gegenstand von Neuinterpretationen durch beide Seiten. Am 26. September 2011, dem 40. Geburtstag der Gemeinschaft, wurde die Stiftung Freistadt Christiania (Fonden Fristaden Christiania) gegründet, die Geld aufbringt, um das Land zu kaufen, das seit 1971 besetzt ist. Die Übereinkunft mit dem dänischen Staat sichert der Gemeinschaft die formale Kontrolle über ihre 34 Hektar zu sowie die Verantwortung für die Erhaltung der Infra-

struktur des Gebiets. Am 2. Juli 2012 wurde die erste Abschlagszahlung von 51,8 Millionen dänischen Kronen (ca. 780000 Euro) für diesen historischen Kauf übergeben.

211 Fear no more: power of the people. http://www.newint.org/featu res/web-exclusive/2011/04/20/egypt-revolution-gigi.

212 Das Projekt, das unter der Überschrift »Spaß zwischen die Beine: Werde Teil des Bike Block« lief, war in der Arnolfini Gallery in Bristol ausgedacht und in Kopenhagen während der Klimakonferenz COP15 umgesetzt worden. Es ging darum, Fahrräder zu Werkzeugen des zivilen Widerstands zu machen und so am Tag massenhafter Aktionen teilzunehmen, der unter dem Motto »Reclaim Power« stand. An diesem Tag sollten auch die Delegierten, die mit der Entwicklung der Verhandlungen unzufrieden waren, die Konferenz verlassen, sich mit den Aktivisten draußen zusammmentun und gemeinsam die People's Power Assembly bilden. Die Repressionen waren brutal, Delegierte, die die Konferenzhalle zu verlassen versuchten, wurden zusammengeschlagen und Hunderte Aktivisten verhaftet, aber die People's Power Assembly fand trotzdem statt.

213 Bekanntlich rettet die US-Regierung die Banken mit 700 Milliarden Dollar, während die Regierung Großbritanniens den Bankern 850 Milliarden Pfund zukommen ließ und so die öffentlichen Schulden um 1,5 Milliarden und damit fast den Betrag des gesamten Bruttosozialprodukts des Landes erhöhte.

214 http://www.nybooks.com/articles/archives/2007/mar/15/warning-on-warming.

215 Zitiert in: Rebecca Solnit, *Hope in the dark. Untold histories, wild possibilities,* Nation Books, New York 2004.

216 Peter Marshall, »Preface«, in: Laurence Davis / Ruth Kinna, *Anarchism and Utopianism*, op.cit.

217 Ronald Wright, *A short history of progress*, House of Anansi Press, Toronto, 2004, S.78.

218 Donella Meadows, *Leverage points: Places to intervene in a system*, Sustainability Institute, Hartland 1999.

219 Paul Chatterton, »›Give up Activism‹«, op.cit.

220 James Horrox, *A Living Revolution, Anarchism in the Kibbutz Movement*, AK Press, Oakland, CA, 2009.

221 Diese Föderation könnte sich von mittelalterlichen europäischen Vorbildern inspirieren lassen. Siehe auch Murray Bookchin, *From Urbanization to Cities. Towards a new politics of citizenship*, Cassel, London 1992.

222 Chris Coates, *Utopia Britannica*, Diggers and Dreamers, London 2001.

223 Beides wurde später gerichtlich überprüft, und die Polizei musste zugeben, dass sie außerhalb des rechtlichen Rahmens gehandelt hatte. Es mussten sogar Entschädigungen gezahlt werden, doch das änderte nichts daran, dass sie Angst und Schrecken verbreitet hatte, was Menschen in Zukunft davon abhalten würde sich zu wehren.

224 Unsichtbares Komitee, *Der kommende Aufstand*, op.cit.

225 Eine ironische Anspielung auf die Bilder von verzweifelten Bankern, die während der Finanzkrise von 1929 aus den Fenstern gesprungen waren.